UTB 2992

D1706185

Eine Arbeitsgemeinschaft der Verlage

Beltz Verlag Weinheim · Basel
Böhlau Verlag Köln · Weimar · Wien
Verlag Barbara Budrich Opladen · Farmington Hills
facultas.wuv Wien
Wilhelm Fink München
A. Francke Verlag Tübingen und Basel
Haupt Verlag Bern · Stuttgart · Wien
Julius Klinkhardt Verlagsbuchhandlung Bad Heilbrunn
Lucius & Lucius Verlagsgesellschaft Stuttgart
Mohr Siebeck Tübingen
C. F. Müller Verlag Heidelberg
Orell Füssli Verlag Zürich
Verlag Recht und Wirtschaft Frankfurt am Main
Ernst Reinhardt Verlag München · Basel
Ferdinand Schöningh Paderborn · München · Wien · Zürich
Eugen Ulmer Verlag Stuttgart
UVK Verlagsgesellschaft Konstanz
Vandenhoeck & Ruprecht Göttingen
vdf Hochschulverlag AG an der ETH Zürich

Tobias ten Brink

Staatenkonflikte

Zur Analyse von Geopolitik und Imperialismus — ein Überblick

Lucius & Lucius · Stuttgart

Anschrift des Autors:
Dr. phil. Tobias ten Brink
Dipl.-Politikwissenschaftler
Universität Frankfurt
Institut für Sozialforschung
Senckenberganlage 26
60325 Frankfurt
Tobias.ten.Brink@em.uni-frankfurt.de

Bibliografische Information der Deutschen Bibliothek

Die Deutsche Bibliothek verzeichnet diese Publikation in der Deutschen Nationalbibliografie; detaillierte bibliografische Daten sind im Internet über http://dnb.ddb.de abrufbar

ISBN 978-3-8282-0419-5 (Lucius & Lucius)

© Lucius & Lucius Verlagsgesellschaft mbH Stuttgart 2008
   Gerokstr. 51, D-70184 Stuttgart
   www.luciusverlag.com

Druck und Einband: Fa. Pustet, Regensburg

Printed in Germany

UTB-Bestellnummer: 978-3-8252-2992-4

Inhaltsverzeichnis

Einleitung

Das vorliegende Buch stellt verschiedene Ansätze zur Erklärung zwischenstaatlicher Konkurrenzverhältnisse, einer militarisierten Außenpolitik und weiterer internationaler, teilweise gewaltsamer Konflikte vor. Es zielt darauf, einen für Studierende und weitere Interessierte nützlichen Wegweiser durch eine mitunter komplexe Debatte bereitzustellen.

Mit dem Ende der bipolaren Weltordnung nach 1989 verbanden sich große Hoffnungen auf ein Zeitalter des Friedens und Wohlstandes – die „neue Weltordnung" sollte einen kooperativen Charakter ausbilden. Zunächst schien es so, als sei der politische Multilateralismus der „internationalen Staatengemeinschaft", unterfüttert von der zunehmenden Internationalisierung der Weltwirtschaft und ihrer Integration fördernden Tendenzen, bereinigt von störenden antiliberalen Faktoren, das neue übergreifende Merkmal kapitalistischer Modernisierung. In der Globalisierungsdebatte bewerteten Gesellschaftswissenschaftler Prozesse ökonomischer Desintegration und Krisenhaftigkeit, Staatenkonkurrenz, Rüstung und Krieg als nicht mehr zeitgemäße Phänomene. Wenn überhaupt seien militärische Interventionen des „Westens" Antworten auf „äußere", den liberalen Kapitalismus bedrohende, archaische Verhaltensweisen. Zuversichtlich wurde eine „zweite Moderne" oder eine „Postmoderne" prognostiziert, die die in Nationalstaaten zergliederte Welt ablösen sollte.

In der jüngeren Vergangenheit mehren sich die Anzeichen dafür, dass diese Hoffnungen trügerisch waren. Die in unterschiedlichen Disziplinen der Gesellschaftswissenschaften antizipierte „Pazifizierung der Weltgesellschaft" (Beck 1998, 26 ff.) trat nicht ein. Begriffe wie Imperium, Imperialismus und Geopolitik kehren wieder in die öffentliche Diskussion zurück – freilich diesmal unter anderen Vorzeichen: Zunächst waren es nicht wie zu Beginn des 20. Jahrhunderts die Vordenker sozialer Bewegungen oder kritische Wissenschaftler, die sich dieser Kategorien erneut annahmen. Die Protagonisten nicht nur der US-amerikanischen Außenpolitik selbst führten in unmissverständlicher Weise diese Begriffe wieder ein.

Die Folgen des „Kriegs gegen den Terror" belebten den Diskurs über Staatenkonkurrenz und imperiale Politik auch in den Gesellschaftswissenschaften. Damit einher ging eine Rückbesinnung auf

Ansätze, deren Gebrauch noch vor wenigen Jahren als Symptom dafür erscheinen konnte, unverbesserlich an einer theoretischen Tradition festhalten zu wollen, die sich bereits als historisch bewältigt erwiesen hatte. Doch der Zustand der Welt drängte geradezu zur Suche nach historischen und zeitgenössischen Theorien, die die mit dem Diskurs der „Globalisierung" einhergehende These der Harmonisierung internationaler Beziehungen kritisch hinterfragen. Das vorliegende Buch bietet einen Überblick über derartige Ansätze.

Um die lange und facettenreiche Geschichte der Aufarbeitung von sozio-ökonomischen Abhängigkeiten, staatlicher Gewalt, zwischenstaatlicher Konkurrenz, und erweitert, Konflikten sowie Kriegen darzustellen, werden die bedeutendsten theoretischen Ansätze seit Beginn des 20. Jahrhunderts rekonstruiert. Die Diskussionen über die außenpolitischen und außenwirtschaftlichen Beziehungen moderner Staaten fanden in drei historischen Zeiträumen statt, die Folge gewaltiger tektonischer Verschiebungen im Weltsystem waren. Der erste Schub der Debatte fand zu Beginn des 20. Jahrhunderts vor dem Hintergrund des klassischen Kolonialismus und sich verschärfender Konflikte zwischen den stärksten Staaten der „westlichen" Welt statt, die schließlich im Ersten Weltkrieg mündeten. Ende der 1960er entwickelte sich vor dem Hintergrund des Kalten Krieges und mit dem Ende des langen Nachkriegsaufschwungs ein zweiter Schub an theoretischen Auseinandersetzungen, in denen unter anderem die Beantwortung der Frage nach dem möglichen Ende der amerikanischen Hegemonie im Brennpunkt stand. Mehr als vor dem Zweiten Weltkrieg verlagerten sich diese Diskussionen nunmehr auf die universitäre Ebene, was zur zeitweiligen Etablierung marxistischer, historisch-soziologischer und weiterer kritischer Ansätze führte. Der dritte Schub der Theoretisierung von „Geopolitik"[1] setzte bereits in

---

[1] Der Begriff der Geopolitik kann im deutschen Sprachraum provozierend wirken. Die deutsche geopolitische Schule um Friedrich Ratzel und Karl Haushofer hat dieses Konzept geprägt – und mit einem biologistischen Staatsbegriff, einer sozialdarwinistischen Auffassung zwischenstaatlicher Beziehungen als Kampf um „Lebensraum" und einer Bestimmung des Politischen durch den „natürlichen" Raum verbunden. Später erlebte die Geopolitik als offensive Legitimationstheorie nationalsozialistischer Großraumpolitik ihren Höhepunkt. Gegenwärtig wird der Begriff insbesondere im angelsächsischen Raum dazu benutzt, um die (unterschiedlich konzeptualisierten) räumlichen Kontrollstrategien moderner Staaten zu

den 1980ern und dann mit dem Ende des Kalten Krieges ein. Nach 2001 gewann diese Debatte an Bedeutung.

Aufbau des Buches

Die Auseinandersetzung um die Einschätzung der Triebkräfte von Staatenkonflikten hat eine Geschichte, die aufzuarbeiten ist. Dabei bietet sich eine Einteilung der Perioden der Theoretisierung von imperialistischer Politik bzw. von Geopolitik in drei historische Phasen an: der nicht-hegemonialen Phase des „klassischen Imperialismus" (1870-1945), der Weltordnungsphase des „Kalten Krieges" (1945-1989) und der Phase der „neuen Weltunordnung" ab 1989.

Im Hauptteil des Buches wird anhand dieser drei Phasen ein Überblick über die relevanten Ansätze und ihre Begründungen geliefert. In den differierenden theoretischen Herangehensweisen zur Erklärung imperialer Politikformen werden regelmäßig zwei Bereiche thematisiert: Die Verhältnisse zwischen den reichsten Staaten („Zentrum") und den ärmsten Staaten („Peripherie") sowie diejenigen zwischen den reichsten Staaten des entwickelten Kapitalismus. Den „Nord-Nord-Konflikten" gilt in dieser Arbeit das Hauptaugenmerk. Dabei stehen unter anderem folgende Fragestellungen im Mittelpunkt:

- Welches sind die Triebkräfte von Geopolitik und Staatenkonflikten? Behandelt werden im Folgenden Autoren, die vorwiegend ökonomische Ursachen betonen, aber auch solche, die stärker auf politische Momente unterschiedlicher Art wie zum Beispiel eine machtpolitisch begründete Staatenkonkurrenz, nationalistische Bewegungen und andere innergesellschaftliche Verhältnisse rekurrieren.

- Wie entwickeln sich die weltweiten Kräfteverhältnisse? Dargestellt werden Ansätze, die zwischen der theoretischen Herleitung einer sich weltweit homogenisierenden, gemeinsamen Herrschaft („Ultraimperialismus", Herrschaft „des" Nordens, „Empire"), der Konstatierung eines in der Mitte des 20. Jahrhunderts etablierten amerikanischen „Superimperia-

---

beschreiben, ohne dass dabei eine direkte territoriale Kontrolle über die betroffenen Räume vorliegen muss.

lismus" und der These sich historisch durchhaltender zwischenstaatlicher Konkurrenzverhältnisse schwanken.

Den verschiedenen Ansätzen werden in den drei Perioden der Debatte jeweils in kurzer Form der historische Kontext sowie die aus diesem Zusammenhang resultierenden Fragen und Kontroversen vorgeschaltet, um ein besseres Verständnis der Theorien zu gewährleisten. Das Buch versucht eine theoriegeschichtliche Rekonstruktion. Die Anordnung der diskutierten Texte der Referenztheoretiker bzw. -theoretikerinnen erfolgt (mit Ausnahme der gesonderten Darstellung unterschiedlicher Ansätze im ersten historischen Schub der Debatte) entlang einschneidender Kontroversen in den jeweiligen Zeiträumen sowie der Unterteilung in Disziplinen der Gesellschafts- und Geschichtswissenschaften. Leider konnten nicht alle relevanten Autoren in angemessener Form dargestellt werden, weil dies andernfalls den Text gesprengt hätte.[2] Ich konzentriere mich auf die Analyse der Strukturen und Akteurskonstellationen, die Staatenkonflikte befördern – politische Schlussfolgerungen der Autoren werden nur in den Fußnoten kurz geschildert.[3]

---

[2] Unberücksichtigt bleiben etwa die Theorien der „neuen Kriege", die vor dem Hintergrund einer vermuteten Aushöhlung der Autonomie des Staates formuliert werden (vgl. Kaldor 2000; Münkler 2002; kritisch: Chojnacki 2006; Schlichte 2006; Schmidt 2002).

[3] Ein Problem bei der Rekonstruktion der Theorien besteht darin, dass die Adressaten der Autoren variieren. Zielen die Ansätze in der Disziplin der Internationalen Beziehungen für gewöhnlich auf die professionelle Politikberatung, so orientieren sich die meisten marxistischen Ansätze an den Akteuren in linken Parteien und sozialen Bewegungen. Robert Cox unterscheidet die sogenannten „Problem-Lösungs-Theorien", die die vorgefundene Welt als den gegebenen Handlungsrahmen akzeptieren und dazu beitragen wollen, mittels der Politikberatung die Funktionsweise der herrschenden gesellschaftlichen Beziehungen und Institutionen zu verbessern, indem einzelne „Störungsursachen" wirksam beseitigt werden, von den „kritischen" Theorien. Letztere versuchen, einen Standpunkt jenseits der herrschenden Weltordnung einzunehmen und sind darum bemüht, historische Wandlungsprozesse zu verstehen, um die politische Perspektive einer (unterschiedlich weitreichenden) Veränderung der Gesellschaft begründen zu können (Cox 1998, 32).

Einigen, teils vergessenen Autoren oder Ansätzen wird dabei mehr Platz eingeräumt, als ihnen eigentlich „zuzustehen" wäre. Ferner werden den Ansätzen, die internationale Konflikte betonen, jeweils Positionen entgegengestellt, die von einer abnehmenden Relevanz der Staatenkonkurrenz ausgehen (beispielsweise Schumpeter, Keohane/Nye und Zürn). Zweifellos nimmt die vorliegende Arbeit eine Reihe von thematischen Beschränkungen vor und bleibt auf die angelsächsischen und westeuropäischen Debatten zentriert. Einige der angeführten Quellen und Sekundärtexte verweisen auf ausführlichere Darstellungen (vgl. zur Übersicht auch: Bieling 2007; Brewer 1990; Deppe u.a. 2004; Heinrich 2003; Kemp 1967; Mommsen 1987; Nachtwey 2005; Wehler 1970). Die den Teilen des Buches korrespondierenden Literaturverzeichnisse umfassen neben den zitierten auch weitere relevante Quellen und Hinweise zum Weiterlesen. Eigene Hinzufügungen in Zitaten sind in eckige Klammern gesetzt worden.

Ob und inwiefern einzelne der in den historischen Debatten bereits vorweggenommenen Thematiken und Fragestellungen auch gegenwärtiger Diskussionen als kritische Anknüpfungspunkte für die Analyse der zukünftigen Entwicklung des Weltsystems dienen können, bleibt dem Urteil des Lesers überlassen. Der Autor dieses Buches versucht in einem abschließenden Kapitel lediglich in Ansätzen, diese Fragen anhand von Erkenntnissen, Weiterentwicklungen und Defiziten der Debatten zu erörtern.

Drei Perioden der Theoretisierung imperialistischer Politik

I. Erste Periode 1875 bis 1945

1. Historischer Hintergrund

Die Epoche von 1870 bis 1945 wurde von der Durchsetzung des kapitalistischen Weltsystems geprägt, das im Zuge eines doppelten Durchbruchs seine Gestalt gewann: Erstens der wissenschaftlich-industriellen Revolution und zweitens der politischen Revolutionen, die in Frankreich 1789 und in den ehemaligen nordamerikanischen britischen Kolonien 1776 ihren Ausgang nahmen.

Einen charakteristischen geistigen Ausdruck erhielt die Durchsetzung der kapitalistischen Wirtschaftsweise im Liberalismus und einem verbreiteten Fortschrittsglauben. Das Signum des 19. Jahrhunderts war das der Veränderung, die in dem kapitalistischen Fortschritt, mit dem kulturelle Entwicklungen wie beispielsweise die Emanzipation des geistigen Lebens von der Religion einhergingen, eine materielle Basis besaß und in der Bevölkerung auf Anerkennung stieß. Die kapitalistische Moderne sollte Gerechtigkeit und Frieden befördern. Veränderung war gleichbedeutend mit „Fortschritt", und genau dieser, so die Einschätzung vieler Zeitgenossen, nährte die Hoffnung auf ein Ende kriegerischer Konflikte. Das Fortschrittsdenken entwickelte sich allgemein zur vorherrschenden nationalen Ideologie. Die gesellschaftlichen Zukunftsaussichten stimmten zuversichtlich. Rückblickend sprachen viele der Überlebenden der Zeit vor 1914 sehnsüchtig von der „Belle Époque".

Dennoch reifte in dieser Periode eine Ära des beispiellosen Krieges heran – die Jahre 1914 bis 1945 sind von Arno Mayer treffend als „Dreißigjähriger Krieg des 20. Jahrhunderts" bezeichnet worden –, eine Entwicklung, die in der bürgerlichen Öffentlichkeit kaum antizipiert wurde (Mayer 1984).[4] Damit war der Boden bereitet für

---

[4] Freilich kam es vor allem außerhalb Europas auch schon vor 1914 zu Kriegen und Gewaltexzessen im Namen der Zivilisation und des Fortschritts.

eine Krise liberaler Ideen. Vieles davon, was sich im Wandel des politischen Bewusstseins des Bürgertums ausdrückte, hatte mit der sich entwickelnden Rolle des Einzelstaates im Zeitalter der sich verschärfenden ökonomischen wie geopolitischen Konkurrenz und des Aufkommens der Arbeiterbewegung zu tun. Verlangt wurde nun ein starker „Staat, der über die Massen eine wirkliche Autorität ausübt und der jederzeit fähig ist, eine ,rote' Rebellion niederzuwerfen. Der moderne Großkapitalist verlangt ferner, dass der Staat ihm durch Zölle die fremde Konkurrenz fernhält und durch eine erfolgreiche Außen- und Kolonialpolitik ihm neue Märkte erschließt" (Rosenberg 1962, 229).

Mit dem Übergang zum „Zeitalter des Imperialismus" änderte sich nicht nur die Konzeption des Staates, sondern auch die der Politik. Sie fand einen zugespitzten ideologischen Ausdruck in der Blüte des „Neomachiavellismus" (Deppe 1999, 374), in dem Politik als „ewiger" Machtkampf zwischen den Klassen und Nationen betrachtet wurde. Politisches Agieren galt letztlich als Gewalthandeln in Konstellationen mit extrem divergierenden Interessen, die nicht mehr durch Diskussion, Verhandlung und schließlich Kompromissfindung, sondern nur noch durch die Anwendung direkter Gewalt, durch Sieg oder Niederlage, Überleben oder Vernichtung entschieden werden konnten.[5] Die Dauerkrise ab 1914 vertiefte die

---

[5] Max Weber, der sich der Krise des Liberalismus bewusst war, kennzeichnete diesen machtbetonenden, sozialdarwinistischen Etatismus 1895 in seiner akademischen Antrittsrede: „Nicht Frieden und Menschenglück haben wir unseren Nachfahren auf den Weg zu geben, sondern den *ewigen Kampf* um die Erhaltung und Emporzüchtung unserer nationalen Art. Und wir dürfen uns nicht der optimistischen Hoffnung hingeben, dass mit der höchstmöglichen Entfaltung wirtschaftlicher Kultur bei uns die Arbeit gethan sei und die Auslese im freien und ,friedlichen' ökonomischen Kampfe dem höher entwickelten Typus alsdann von selbst zum Siege verhelfen werde […] *Macht*kämpfe sind in letzter Linie auch die ökonomischen Entwicklungsprozesse; die Machtinteressen der Nation sind, wo sie in Frage gestellt sind, die letzten und entscheidenden" (Weber 1993, 560). Später bezog Weber diese Position auf die Begründung, warum imperialistische Politik notwendig sei: „[J]ede erfolgreiche imperialistische Zwangspolitik nach außen stärkt normalerweise mindestens zunächst auch ,im Innern' das Prestige und damit die Machtstellung und den Einfluß derjenigen Klassen, Stände, Parteien, unter deren Führung der Erfolg errungen ist" (Weber 1964, 527).

Wirkmacht etatistischer Philosophien. Politisch beförderte dies den Aufstieg konservativer und reaktionärer Ideen. Die entstehenden faschistischen Massenbewegungen knüpften an diesen Ideen an und radikalisierten deren Inhalt weiter.[6]

Im Folgenden werden einige Kerncharakteristika der Zeit nach 1875 dargestellt, *erstens* die konkurrierenden Großmächte in einer sich ausbildenden Weltwirtschaft, *zweitens* die Schaffung von Kolonialreichen und *drittens* das Wachstum staatlicher Aktivitäten.

Eine ökonomisch und politisch multipolare Welt

Die Mitte des 19. Jahrhunderts markierte einen Höhe- und Wendepunkt des von den späteren Imperialismustheoretikern als „klassisch" bezeichneten Kapitalismus. Handelsschranken und Zölle wurden effektiv abgebaut. Mit der Entwicklung des Industriekapitalismus bildete sich seit den 1870er Jahren die bis dato größte Welle der „Globalisierung". Viele Kommentatoren hielten den Internationalisierungsprozess für unumkehrbar (James 2003, 36). Mit der Etablierung des kapitalistischen Weltsystems kam jenes Element zum Tragen, das Marx als charakteristisch für dessen Entwicklung herausstellte: wiederkehrende Wirtschaftskrisen. 1856-59 fand die erste Weltwirtschaftskrise statt. Die Zeit von 1873 bis 1892 wurde als „Große Depression" bezeichnet, in der teilweise tiefe Konjunkturkrisen aufeinander folgten. Trotz der Rezessionen erlebte die Weltproduktion jedoch insgesamt einen Anstieg. In der Zeit von 1880 bis 1914 erreichte das Wachstum von Produktion und Handel höhere Werte als in den Jahrzehnten des „freihändlerischen" Kapitalismus der Mitte des 19. Jahrhunderts.

Die 1870er bildeten den Angelpunkt für eine Pluralisierung der Weltwirtschaft. Das Zeitalter der Übermacht und Quasi-Hegemonie des britischen Empire ging ihrem Ende entgegen. Verschiedene Pfade der kapitalistischen Entwicklung zeichneten sich ab. US-

---

[6] Es ist an dieser Stelle darauf hinzuweisen, dass bereits im „Zeitalter des Liberalismus" der Begriff der „Rasse" florierte. Die Menschheit wurde in Rassen geschieden – „Zivilisierte" standen „Barbaren" gegenüber, und Despotismus daher legitim im Umgang mit Barbaren, wie etwa John Stuart Mill argumentierte (vgl. Hobsbawm 1999, 49).

amerikanische und deutsche Unternehmen nutzten die Krise zur Restrukturierung der Unternehmen und führten neue, kapitalintensive Technologien ein, um gegenüber dem bisherigen Weltmarktführer Großbritannien konkurrenzfähiger zu werden. Begleitet wurde dieser Prozess von Konzentrations- und Monopolisierungstendenzen sowie von der Entstehung einer gewichtigen Finanzwirtschaft (vgl. Tipton/Eldrich 1987). In Großbritannien reorganisierten sich die Unternehmen erst später. Der englische Staat versuchte derweil, die angespannte Situation durch sein Imperium zu lösen, das ihm neue Investitionsräume versprach. Später kreuzten sich die beiden Wege der Modernisierung: In Großbritannien häuften sich die Konzentrationsprozesse und Deutschland legte sich ein formales Kolonialsystem zu, was zu Konflikten mit den alten Kolonialmächten führte. In vielen Ländern löste die Internationalisierung innerhalb kurzer Zeit Ansprüche nach einem staatlichen Schutz vor den Folgen der Veränderungen und Krisen aus. Die Ära des (relativen) Wirtschaftsliberalismus im Warenverkehr wurde beendet, wenn auch nicht bei den Finanzen. Angefangen mit Schutzzöllen auf Textilien seitens Deutschlands und Italiens wurde diese Politik bis zu ihrem Höhepunkt zu Beginn der 1890er Jahre zu einem festen Bestandteil staatlicher Wirtschaftspolitik.

Einzig Großbritannien hielt unter den Großmächten am Freihandel fest, obwohl dieser intern nicht unhinterfragt blieb. Grund dafür war die langsam erodierende Vormachtstellung Großbritanniens (Hobsbawm 1999, 57). In den Jahrzehnten nach 1875 entwickelte sich eine sowohl ökonomisch wie auch politisch multipolare Welt. Insgesamt verlagerten sich die Achsen der Machtstrukturen langsam nach Westen (Vereinigte Staaten) und später auch nach Osten (Russland/UdSSR, Japan). Der wachsende Pluralismus der Weltwirtschaft wurde zwar noch durch anhaltende Abhängigkeiten anderer Großmächte von finanziellen, kommerziellen und Transportdienstleistungen Großbritanniens überdeckt, der relative Abstieg gegenüber dem Deutschen Reich und den USA war jedoch kaum noch zu übersehen. Zum ersten Mal in der Geschichte konnte man von Ansätzen einer reellen weltweiten kapitalistischen Konkurrenz sprechen, die von einer geopolitischen Staatenkonkurrenz begleitet war.

Wie auch immer man diesen Prozess theoretisch zu fassen versuchte – die militärische Macht der Staaten hing mehr und mehr vom Grad ihrer Industrialisierung ab. Auch die bislang wenig kapitalistisch entwickelten Mächte waren gezwungen, die Ausdehnung einer eigenen industriellen Basis zu fördern, um den Aufbau einer modernen Armee zu gewährleisten. Der sich wechselseitig verschärfende Prozess der ökonomischen und militärischen Konkurrenz steigerte sich in einen regelrechten Aufrüstungswettlauf. Am bedeutendsten wurden das deutsch-englische Flottenwettrüsten und die Bildung von großen Militärblöcken in Europa. Kulminationspunkt war der Erste Weltkrieg. Die Nachkriegszeit brachte nur eine kurze Pause der militärischen Rivalitäten – mit dem erneuten Versuch des Griffs Deutschlands nach mehr Macht im weltweiten Kräfteverhältnis mündeten der Zweite Weltkrieg und der Holocaust im furchtbarsten Horror der Menschheitsgeschichte.

Dennoch war das Zeitalter des „klassischen Imperialismus" auch durch verschiedene Formen der Kooperation, der Diplomatie, der Absprachen und Allianzen charakterisiert (z.B. dem 1920 gegründeten Völkerbund). Dies war sowohl in der politischen wie der ökonomischen Sphäre der Fall, beispielsweise im Finanzbereich. Ab den 1870ern schlossen sich immer mehr Länder dem von Großbritannien gesetzten Goldstandard an, etwa zeitgleich zur Zunahme protektionistischer Tendenzen. Dabei beteiligten sie sich an einem internationalen Zahlungssystem, welches nach liberalen Grundsätzen funktionierte. Derart bildete sich ein auf Interessenharmonie beruhendes Gegengewicht zum auf Intensivierung staatlicher Konflikte basierenden Regime der anschwellenden Kapitalexporte aus (vgl. van der Pijl 1996, 85). Längst nicht alle politischen Rivalitäten schlugen in Kriege um. Die gegen Ende des 19. Jahrhunderts konfliktträchtige Beziehung zwischen Großbritannien und Frankreich wurde unter anderem durch den französisch-englischen Sudanvertrag von 1899, einem Kolonialvertrag zur Regelung von Grenzen, bereinigt.[7] Erste Formen der Rüstungskontrolle dienten dem Versuch, die Weltpolitik berechenbarer zu gestalten (Müller/Schörnig 2006, 32 ff.).

---

[7] Auch ein anderes Beispiel deutete auf das gleichzeitige Vorhandensein von Konflikt und Kooperation hin. Bevor der Kampf um die „Bagdadbahn" nach 1903 zu einem Politikum wurde, als festgelegt wurde, dass die Bahn als rein deutsches Unternehmen geführt werden sollte und dies den Unmut Großbritanniens weckte, gab es Vereinbarungen zwischen deutschen, französischen und englischen Banken über eine gemeinsame Finanzierung (Schöllgen 1986, 54).

Überhaupt bildeten eine Vielzahl von wechselnden Staatenbündnissen ein wesentliches Charakteristikum der Zeit nach 1875.[8] Insgesamt hing der Erfolg bzw. Misserfolg „imperialistischer" Unternehmungen in gesteigertem Umfang vom Zustand der sich verstärkt über die Bündnissysteme definierenden Beziehungen zwischen den Mächten in Europa ab.

Die Schaffung von Kolonialreichen

Die Durchsetzung der kapitalistischen Produktionsweise in Europa hatte bedeutende Auswirkungen auf das Produktivitätsgefälle in der Welt. Bis zum Jahr 1800 war die Industrieproduktion des gesamten späteren „Westens" niedriger als die Chinas. Um 1860 steuerten Europa und Nordamerika bereits zwei Drittel, und 1913 mehr als neun Zehntel der gesamten weltweiten Industrieproduktion bei (Mann 1998, 163). Aber auch innerhalb des Westens änderten sich die Relationen. 1860 gingen die Hälfte aller Exporte aus Asien, Afrika und Lateinamerika nach Großbritannien. Die Verhältnisse zwischen entwickelter und „unterentwickelter" Welt wurden einseitig von Großbritannien bestimmt. Im Anschluss bildete sich eine vielgestaltigere Beziehung zwischen einzelnen kapitalistischen Ländern und schwächeren Gebieten heraus. Der Monozentrismus der Nord-Süd-Beziehungen wurde aufgehoben. Zudem nahm die indirekte wie direkte Kolonialherrschaft erheblich zu, mit hiermit verbundenen, massiven Gewaltexzessen.

Zwischen 1876 und 1914 wurde etwa ein Viertel der Landoberfläche der Erde unter einem halben Dutzend Staaten verteilt bzw. neuverteilt. Die Schaffung von Kolonialreichen galt als bevorzugtes Moment europäischer, später auch US-amerikanischer und japanischer Großmachtpolitik. Bis auf den amerikanischen Kontinent und Teile Asiens war der Erdball 1914 fast komplett kolonialisiert (Hobsbawm 1999, 80 f.). In diesem Zusammenhang wurde der Begriff des Imperialismus in den 1890ern zu einem festen Bestandteil der öffentlichen Debatte.

---

[8] In den 1890ern erlangte beispielsweise der mit einer anti-englischen Spitze beschlossene „Ostasiatische Dreibund" (Russland, Frankreich, Deutsches Reich) Bedeutung in der Zurückdrängung der japanischen Expansionspolitik. Später ging er vor dem Hintergrund neuer Rivalitäten unter.

Die koloniale Herrschaft erzeugte diverse Ausprägungen, wie das Beispiel der Kolonien Großbritanniens zeigte. Zentraler außereuropäischer Angelpunkt des Weltreichs war der indische Subkontinent, für eine weitere territoriale Ausdehnung sorgten die relativ unabhängigen, weißen Siedlungskolonien, die „Dominions" wie Kanada, Australien oder Neuseeland. Dem gegenüber oblag das sogenannte abhängige Empire über das Kolonialministerium der direkten Kontrolle Großbritanniens – mit Ausnahmen: Ägypten etwa unterstand der Oberhoheit des Sultans und wurde bis 1914 indirekt über das Außenministerium mitverwaltet. Die Schaffung des „British Commonwealth" von 1911 war schließlich der Versuch, die sich selbst verwaltenden Kronländer wieder enger anzubinden, um auf diese Weise der deutschen Herausforderung wirksamer entgegentreten zu können.

Die Bedeutung der Kolonien wurde in der ersten Imperialismusdebatte ebenso kontrovers diskutiert wie die Frage nach dem Verhältnis von politischer und wirtschaftlicher Konkurrenz. Festgehalten werden kann, dass Teile der Machteliten mit der Schaffung von Kolonialreichen auf die Steigerung ihres Einflusses zielten, auch wenn sich diese nicht immer verwirklichte. Die Beherrschungsstrategien galten nicht nur dem Ziel, Überproduktion über Exportoffensiven zu lösen. Dies konnte in den kaufkraftarmen Ländern der künftigen „Dritten" Welt nur schwer realisiert werden. Insgesamt verlief der Internationalisierungsschub vorwiegend zwischen den entwickelten Ländern ab. 80 Prozent des Handels und der Auslandsinvestitionen wurden zwischen entwickelten Ländern getätigt. Großbritannien blieb für das Deutsche Reich bis 1914 einer der wichtigsten Absatzmärkte (Schöllgen 1986, 125). Dennoch waren die überseeischen Märkte und Bezugsquellen von agrarischen und industriellen Erzeugnissen für Großbritannien von großer Bedeutung. Die im Zuge des Stop-and-Go-Wachstums von 1873 bis 1896 relativ zu ihren Weltmarktkonkurrenten schwächelnde britische Volkswirtschaft konnte mithilfe des Kolonialsystems ihre finanzielle Vormachtstellung aufrechterhalten. Das englische Empire erwirtschaftete jährlich riesige Überschüsse in seinen Wirtschaftsbeziehungen mit Indien und China, mit denen die hohen

Handelsdefizite gegenüber den Vereinigten Staaten, Deutschland und den Dominions ausgeglichen wurden (Davis 2004, 300).[9]

Der Vorteil Großbritanniens hinsichtlich des Bedarfs hochspezialisierter Volkswirtschaften an importierten Nahrungsmitteln und Rohstoffen spielte schließlich im Ersten Weltkrieg eine wichtige Rolle. Die überlegene Seemacht Großbritanniens ermöglichte es sowohl die eigenen Seewege zu schützen als auch den Zugang des Deutschen Reichs zu Nahrungsmitteln und Rohstoffen, die es importieren musste, zu blockieren. Die Rolle der Kolonien gewann erneut während der 1930er Jahre an Bedeutsamkeit, als die Welt im Zuge der Weltwirtschaftskrise in große Handels- und Währungsblöcke zerfiel. Diejenigen Großmächte wie Großbritannien oder Frankreich, die sich auf Kolonien und deren geschützte Märkte sowie Rohstoffe stützen konnten, überstanden die Krise besser als beispielsweise das Deutsche Reich oder die Vereinigten Staaten. Im Deutschen Reich erschienen den Machteliten der Beginn des Zweiten Weltkriegs und der Versuch, eine Kolonialisierung Osteuropas gewaltsam durchzuführen, als „Ausweg" aus dieser Situation.

Zunahme der staatlichen Intervention

Die Geschichte kapitalistischer Gesellschaften wurde durch eine Tendenz der zunehmenden innen- und außenpolitischen Intervention des Staates geformt. Die volkswirtschaftliche Entwicklung wurde flankiert durch politisch garantierte rechtliche, soziale und infrastrukturelle Integrations- und Anpassungsleistungen. Der Trend hin zum „starken Staat" durchzog die unterschiedlichsten Bereiche moderner Gesellschaften, wiewohl die Herrschaftssysteme

---

[9] Auch wenn die industrielle Revolution von der Unterwerfung Asiens bis nach Mitte des 19. Jahrhunderts nicht besonders abhängig war – der Sklavenhandel und die Plantagen der „Neuen Welt" waren im 17. und 18. Jahrhundert für den Zufluss von Kapital und natürlichen Ressourcen zur Ankurbelung des industriellen Aufschwungs in Großbritannien und anderen Ländern wichtiger –, vergrößerte sich die Bedeutung der südasiatischen Region im letzten Drittel des 19. Jahrhunderts. Indien entwickelte sich Ende des 19. Jahrhunderts zum größten englischen Absatzmarkt. Die Kehrseite der Integration Indiens in den Weltmarkt bildeten die schlimmsten Hungersnöte des Subkontinents seit Menschengedenken.

unterschiedlich ausgeprägt waren (und etwa liberal-demokratische oder repressiv-autoritäre Formen annahmen).

Zu den wichtigsten Folgen der sozio-ökonomischen Instabilität der 1870er Jahre gehörten wie beschrieben die Konzentrations- und Zentralisationstendenzen der Unternehmen. Die Beherrschung einzelner Märkte durch wenige Unternehmen, Trusts oder Syndikate, führte zur Entwicklung oligopolistischer Strukturen. In diesem Zusammenhang konnten Prozesse beobachtet werden, die in Verflechtungen zwischen Nationalstaat und Unternehmen mündeten. Für die aufstrebenden Industriestaaten war – zumindest aus Sicht großer Teile der nationalen Machteliten – der staatliche Schutz der einheimischen Unternehmen erforderlich. Dabei wirkte der Protektionismus weder allgemein, noch schützte er anhaltend vor ausländischer Konkurrenz oder begünstigte er alle Kapitalgruppen gleichermaßen; im Deutschen Reich kam er vor allem den Großgrundbesitzern zugute.

In der Realität bildete sich das, was Hilferding „organisierten Kapitalismus" nennen sollte, die Zentralisation ökonomischer Macht im Staat, sehr unterschiedlich aus. Die ungleichzeitige und kombinierte Entwicklung der Welt wirkte sich auf Spätentwickler wie das Deutsche Reich anders aus als auf Großbritannien. Im Deutschen Reich oder in den USA entwickelten sich interventionistische Staaten heraus, um beispielsweise ihre verarbeitenden Industrien vor der Konkurrenz durch britische Produkte zu schützen. In Großbritannien dagegen bedurfte es der massiven Krise der 1930er Jahre, um den Freihandel als Leitbild und praktische Politik abzulösen.[10] Die Weltwirtschaftskrise ab 1929 beförderte eine längerfristige qualitative Ausdehnung der staatlichen Wirtschaftslenkung. Nachhaltigen Einfluss auf die Ausweitung staatlicher Tätigkeiten übten ebenso die staatsdirigistischen Kriegswirtschaften von 1914-18 und 1939-45 aus.

---

[10] Wenn auch bereits Mitte des 19. Jahrhunderts die Freihandelsideologie überdeckte, wie stark der englische Staat in das innenpolitische Leben und außenpolitische Geschäft eingriff.

1.1. Fragen in den Debatten

Wie ließ sich die Epoche der Entstehung der kapitalistischen Weltwirtschaft, die verbunden war mit Aufrüstung, politischen Rivalitäten, Kolonialismus und Krieg, theoretisch fassen? Diese Frage stellten sich zuerst einige Vordenker in der Arbeiterbewegung und linksliberalen Öffentlichkeit. Sie waren es, die den Begriff des Imperialismus zu einem Politikum machten, um das Phänomen der Staatenkonflikte zu erklären.[11] Die Verfechter des klassischen Marxismus (im Folgenden unter anderem Bucharin, Hilferding, Kautsky, Lenin, Luxemburg), einer Strömung, die sich heftige Auseinandersetzungen mit dem sozialdemokratischen „Revisionismus" lieferte, sich jedoch intern spaltete, sahen sich im ersten Drittel des 20. Jahrhunderts vor die Aufgabe gestellt, den Zusammenhang zwischen der internationalen militärischen Konkurrenz und der Dynamik der Kapitalakkumulation herauszuarbeiten.[12]

Auch außerhalb der Arbeiterbewegung wurden, oft in Reaktion auf die marxistischen Theorien, anspruchsvolle theoretische Beiträge formuliert. Genau genommen nahm die Debatte sogar seitens eines englischen Linksliberalen, John A. Hobson, ihren Ausgang. 1919 unternahm Joseph A. Schumpeter den wohl anspruchsvollsten liberalen Versuch, die imperialistische Politik zu deuten. In den 1920er Jahren entwickelten sich zudem die Anfänge der akademischen Disziplin der Internationalen Beziehungen (IB). Die zwei Hauptströmungen, der Idealismus (Angell) und der Realismus (Carr, Morgenthau), ergänzten die Debatte um Beiträge, die das Verständnis internationaler Politik prägen sollten.

---

[11] Ursprünglich tauchte der Begriff „Imperialismus" Mitte des 19. Jahrhunderts in der Kritik an der Außenpolitik Napoleons III. auf, später benutzten ihn britische Liberale. „Bezeichnete der Begriff Imperialismus um die Jahrhundertwende noch überwiegend den Kolonialismus der Seemächte, so verlagerte sich seine Bedeutung seit dem Aufkommen umfassender Theorien über den Imperialismus mehr und mehr auf eine komplexe Ebene ökonomischer Ziele und Antriebskräfte" (Reifeld 1987, 24 f.).

[12] Der Streit um den Revisionismus kulminierte mit dem Ausbruch des Ersten Weltkrieges, als zahlreiche Parteien der 2. Internationale den Kriegskurs der jeweiligen Regierungen billigten.

Die aufkommenden nationalistischen und faschistischen Massenbewegungen bildeten den Anstoß für eine weitere Theorie – daher wird
in diesem Teil Hannah Arendts Ansatz vorgestellt, wiewohl dieser
wie Morgenthaus Beitrag erst ab den 1940ern verfasst wurde.

Wesentliche Streitgegenstände in dieser Periode waren *zum einen* die
offene Frage nach den Triebkräften des modernen Imperialismus
bzw. der Staatenkonflikte und *zum anderen* das Verhältnis von
Kooperation und Konflikt zwischen den Staaten.

2. Die Debatten nach 1875

2.1. Klassische Imperialismustheorien

2.1.1. Hobson: Imperialismus als Krisenlösungsstrategie

Das Buch *Der Imperialismus* (erschienen 1902 / im Folgenden in der Ausgabe von 1968) des Linksliberalen John Atkinson Hobson gilt als erster umfassender Beitrag der Theoretisierung des klassischen Imperialismus. Ausgangspunkt ist Hobsons Kritik des Burenkriegs, einem militärischen Konflikt Großbritanniens mit ehemals niederländischen Kolonisten in Südafrika, den er als Exempel eines allgemeinen Expansionsdrangs der kapitalistischen Länder diskutiert.

Imperialistische Politik bringt Hobson zufolge weder den Menschen in den Kolonien noch der Bevölkerung in den expandierenden Ländern Vorteile.[13] Sie wird zudem als ein schlechtes „Geschäft" erörtert, die den industriellen Fortschritt eher behindert als ihn zu befördern. Zwar kann imperialistische Herrschaft unter bestimmten Bedingungen legitimiert werden – „zivilisierte Regierungen" können die „Oberaufsicht über ‚niedere Rassen' übernehmen", wenn damit die Sicherheit und der Fortschritt der Weltkultur „gefördert" werden und eine internationale Organisation der „zivilisierten Menschheit" dies überwacht (Hobson 1968, 206, 243) –, insgesamt hat sie aber eine extreme Fehlentwicklung der modernen Staaten in Gang gesetzt. Obwohl sich der Expansionsdrang auf einen weitgehenden Konsens innerhalb der herrschenden Schichten stützen konnte, so Hobson, existieren beträchtliche Missverhältnisse zwischen den Kosten für Erwerb und Aufrechterhaltung der Kolonien und den Handelsgewinnen, die aus ihrem Besitz gezogen werden.

Um die Frage nach den Ursachen imperialer Politik zu klären, antwortet Hobson im Rahmen einer wirtschaftssoziologischen und einer ökonomisch-strukturellen Perspektive. In der wirtschaftssoziologischen Perspektive werden soziale Interessengruppen diskutiert,

---

[13] Dabei zieht Hobson einen Trennstrich zwischen Kolonialismus und Imperialismus. Ersterer ist als „Verpflanzung" der Nationalität und der aus ihm hervorgegangenen Zivilisation zu verstehen. Kanada, Australien und Neuseeland werden als geglückte Beispiele dieser Politik geschildert.

die sich bereichern möchten – etwa an der Lieferung von Waren in die Kolonien interessierte Güterproduzenten, die Rüstungsindustrie oder Teile der Streitkräfte, die er als „wirtschaftliche Parasiten des Imperialismus" bezeichnet (ebd., 67). Ihre Partikularinteressen versuchen diese Gruppen mithilfe der Beeinflussung des öffentlichen Lebens als „nationales Interesse" erscheinen zu lassen. Dass sich der Staat auf eine imperiale Politik festlegt, wird ebenso durch den Charakter des Finanzwesens erklärt. Die Verbindung des Staates zum Finanzkapital entsteht auf eine doppelte Art und Weise. Zum einen hegen die Banken als Kreditgeber ein Interesse an kapitalstarken, staatlich geschützten Unternehmen, zum anderen möchten sie an der wachsenden Staatsverschuldung (über höhere Rüstungsinvestitionen und den steuerfinanzierten Erhalt der Kolonien) mitverdienen. Dabei wird die Politik des Protektionismus zum „Zweig des imperialisti-schen Finanzwesens" (ebd., 113; vgl. Heinrich 2003, 283 f.).

In der ökonomisch-strukturellen Perspektive wird darauf verwiesen, warum das Ende des 19. Jahrhunderts den am Imperialismus interessierten Gruppen eine günstige Gelegenheitsstruktur bietet. Den Anstoß für imperialistische Politik liefern insbesondere die Sicherung des jenseits der nationalen Grenzen investierten Kapitals und der damit verbundenen hohen Gewinne. Im Gefolge dieses Prozesses entwickeln nicht nur bestimmte Unternehmer, sondern ebenso Banken und Finanzkapitalisten ein Interesse daran, einen „Tribut aus dem Ausland" einzustreichen und die „öffentliche Politik, die öffentliche Geldbörse und die öffentliche Gewalt zu benutzen, um das Feld ihrer privaten Kapitalanlagen auszudehnen und ihre bestehenden Anlagen abzuschirmen und zu verbessern" (Hobson 1968, 72). Der Antrieb für imperialistische Politik liegt in den Bemühungen von finanzstarken Kreisen, angesichts übersättigter Binnenmärkte einträgliche Kapitalanlagen in überseeischen Gebieten zu finden.

Das ökonomietheoretische Fundament dieser Argumentation ist die Unterkonsumtionstheorie, von der Keynes in seinem Hauptwerk von 1936 behauptet, dass Hobson mit ihr in gewissem Sinne ein neues Zeitalter des ökonomischen Denkens eingeläutet habe (Keynes 1955, 308).[14] Etwas vereinfacht ausgedrückt, beschreibt Hobson folgende

---

[14] Bereits vorher entwickelten andere Theoretiker ähnliche Gedanken, so Sismondi oder Louis Blanc und Moses Hess. Blanc weist etwa auf die

Entwicklung: Die Monopolisierung der nationalen Volkswirtschaft steigert den Profitanteil bestimmter Unternehmergruppen und konzentriert ihn gleichzeitig in weniger Händen. Hieraus resultiert das Sparen eines Teils des Profits, was zu einer Begrenzung inländischer Investitionen führt. Dies zieht einen Nachfragemangel nach sich. Wenn die Sparquote auch durch die Beeinflussung der Zinsraten nicht gesenkt wird, kann das exzessive Sparen eine Depression bewirken. Einen Ausweg aus dieser Lage sehen Unternehmergruppen im Kapitalexport. Dieses Interesse findet im konstanten Druck zur Annektierung von neuen Territorien und Märkten seinen politischen Ausdruck (vgl. Hobson 1968, 92-102).

Dabei spielt weniger das Ringen um Absatzmärkte als die Suche nach profitablen Investitionen eine Rolle. Weil diverse Interessengruppen fortwährend ihre sektionalen Interessen als die der gesamten „Nation" propagieren und falsche Informationen durch „schlecht informierten Nationalismus" streuen, gedeiht der Imperialismus (ebd., 194 f.). Psychologische Faktoren allein können ihn nicht erklären. Insgesamt mündet derart eine „Kombination von ökonomischen und politischen Kräften" (ebd., 179) in den Drang zur gewaltsamen Expansion.[15]

---

politisch-militärischen Folgen des wirtschaftlichen Expansionszwanges hin (vgl. Schröder 1970, 109 f.).

[15] Weil der Kapitalüberschuss im Inneren und der aus ihm resultierende Kapitalexport seine Ursache in der „mangelhaften Verteilung der Konsumtionskraft" hat (Hobson 1968, 96), glaubt Hobson an eine politische Lösung des Problems. Er hält (im Gegensatz zu Rosa Luxemburg) den inneren Markt bei Steigerung der Kaufkraft für unbegrenzt entwicklungsfähig, wobei insbesondere der Staat durch Steuerung der Verteilung des Sozialprodukts dazu beitragen kann. Internationale Anlagen sind nicht zwingend notwendig (ebd., 302). Nicht das kapitalistische Wirtschaftssystem, sondern die plutokratische Struktur Großbritanniens bewirkt die Unterkonsumtion. Durch eine Steigerung der Kaufkraft kann diesem Teufelskreislauf ein Ende bereitet werden: „Doch wenn das konsumierende Publikum in unserem Lande seinen Konsumtionsstandard derartig steigern würde, dass er mit jeder Steigerung der Produktivkräfte Schritt hielte, dann könnte es gar keinen Überschuss an Waren, könnte es gar kein Kapital geben, das laut nach dem Imperialismus ruft, damit er ihm Absatzgebiete verschaffe" (ebd., 92). Um die Macht der imperialistischen Kräfte zu brechen, bedarf es freilich der „Errichtung einer echten Demokratie" (ebd., 301).

2.1.2. Hilferding/Lenin/Luxemburg: Kapitalismus und Imperialismus

Die klassischen marxistischen Imperialismustheorien (im Folgenden kmIt) stellen den Versuch dar, die Verbindung von ökonomischen Prozessen und staatlicher Gewaltpolitik zu analysieren. Sie erläutern, dass aus der kapitalistischen Produktionsweise permanent internationale Abhängigkeiten und Konflikte entkeimen. Im Gegensatz zum bis dato vorherrschenden weiten Verständnis des Imperialismus – einem zu allen Zeiten gültigen Konzept, welches auf die Beherrschung schwacher durch stärkere Staaten abhebt – entwickeln Lenin, Bucharin und Luxemburg auf der Basis der Theorien Hobsons und Hilferdings eine engere, historisch fokussierte Definition. Der Imperialismus kann in dieser Perspektive nicht auf eine Politik bestimmter Regierungen reduziert werden, sondern wird als eine neuartige Stufe der kapitalistischen Entwicklung bezeichnet. Die (theoretisch unterschiedlich konzeptualisierten) Verwertungsschwierigkeiten des Kapitals veranlassen es, mithilfe des jeweiligen Staates sich international auszudehnen und nach höheren Profiten zu streben. Die nationale ökonomische Konkurrenz wird auf internationaler Ebene reproduziert und schlägt schließlich in politische Staatenkonflikte um.

Im Gegensatz zu späteren Theoriesträngen, die vor allem die Verhältnisse zwischen „Zentrum" und „Peripherie" in den Blick nehmen, sehen die kmIt die Notwendigkeit, die Verhältnisse zwischen den reichsten Ländern in den Blick zu bekommen – die Nord-Nord-Verhältnisse sozusagen – auch und gerade um die Nord-Süd-Verhältnisse verstehen zu können. Lenins und Bucharins Imperialismustheorien gehen davon aus, dass ab dem Zeitpunkt, an dem die kapitalistische Produktionsweise die zentrale Grundlage menschlichen Handelns wird, zwischenstaatliche Konflikte als eine spezifische Form der Konkurrenz zwischen den Kapitalien konzeptualisiert werden müssen. Der Erste Weltkrieg wird als Produkt einer 40 Jahre andauernden Transformation des klassischen Kapitalismus in einen stark monopolisierten Kapitalismus verstanden, der zur Überwindung seiner Widersprüche zunehmend abhängig von imperialistischer Expansion wird.

Basis für die kmIt sind neben den Schriften Hobsons die Ausführungen des Politökonoms Rudolf Hilferding. In seinem Werk *Das Finanzkapital* (1910/1955) untersucht er, anschließend an die bereits bei Marx diskutierten Zentralisations- und Konzentrationstendenzen, wie sich die Markt- und Unternehmensformen im Verlauf der kapitalistischen Entwicklung ändern. Dabei wird mit der These, der zufolge die mächtigsten Akteure des „Monopolkapitalismus" ein Interesse an staatlicher Intervention und Protektion gegenüber Konkurrenten auf dem Weltmarkt entwickeln, eine ökonomische Begründung für die imperialistische Politik zu liefern versucht.

Auf der einzelwirtschaftlichen Ebene zeigt Hilferding, wie mit der Unternehmensform der Aktiengesellschaft nicht nur die Durchschnittsgröße des einzelnen Unternehmens steigt, sondern auch, wie die Konkurrenz zwischen den Einzelkapitalien zunimmt und den Konzentrationsprozess des Kapitals beschleunigt: „[D]iese Tendenz löst nun ihrerseits dort, wo die Kapitalkraft hinreichend stark ist, die Gegentendenzen zu ihrer Überwindung aus. Diese Gegentendenz führt schließlich zur Aufhebung der freien Konkurrenz" (Hilferding 1955, 274). Die Ausschaltung der Konkurrenz erfolgt auf verschiedene Art und Weise – es entstehen Interessensgemeinschaften, Fusionen, Trusts, Kartelle oder Syndikate. Gemeinsam ist ihnen die überhöhte Preissetzung (ebd., 282 ff.). Aus den Veränderungen der einzelnen Unternehmen folgt die Änderung der Makrostrukturen der Gesamtwirtschaft: auf die Marktform des „Konkurrenzkapitalismus" folgt der „Monopolkapitalismus". In Hilferdings theoretischer Perspektive hat die Monopolisierungstendenz keine ökonomische Begrenzung. Das Kapital konzentriert die Kontrolle über die Produktion. Gleichzeitig treibt es die Vergesellschaftung der Produktion auf fortwährend höhere Ebenen, die nur durch die nationalstaatliche Unterteilung des Weltmarktes begrenzt wird. Die letzte Stufe dieses Prozesses bildet das „Generalkartell" (ebd., 349, 556 ff.).

Aus der Tendenz der Monopolbildung bei Industrie und Banken entwickelt Hilferding seine Kategorie des „Finanzkapitals". Im Verhältnis zwischen Industrie- und Bankkapital spielt das letztere die dominante Rolle: „Ein immer wachsender Teil des Kapitals der Industrie gehört nicht den Industriellen, die es anwenden. Sie erhalten die Verfügung über das Kapital nur durch die Bank [...] Andererseits muss die Bank einen immer wachsenden Teil ihrer Kapitalien in der Industrie fixieren. Sie wird damit in immer größerem Umfang industrieller Kapitalist. Ich nenne das Bankkapital, also Kapital in Geldform, das auf diese Weise in Wirklichkeit in industrielles Kapital verwandelt ist, das Finanzkapital" (ebd., 335).

Monopole bzw. Kartelle bewirken, dass die Konkurrenz innerhalb von Produktionszweigen ausgeschaltet wird. Die Konkurrenz um Anlagesphären und überhaupt die internationale Konkurrenz können sie allerdings nicht verhindern. Hierin liegt für Hilferding das Bindeglied zwischen den veränderten Strukturmerkmalen der nationalen Kapitalismen und dem Aufstieg des Imperialismus. Die Monopole entwickeln ein Interesse an einer protektionistischen Handelspolitik des Staates mit Zöllen und Subventionen als den Hauptinstrumenten. Diese hat zwei wichtige Effekte. Erstens ergeben sich aus den Schutzzöllen der anderen Länder und den Unterschieden in den Profitraten die Motivationen für den verstärkten Kapital- und nicht mehr nur Warenexport, der „Ausfuhr von Wert, um im Ausland Mehrwert zu hecken" (ebd., 468). Paradoxerweise trägt der Schutzzoll somit zur „Durchkapitalisierung der Welt und zur Internationalisierung des Kapitals bei" (ebd., 466). Zweitens steigt die Bedeutung der Größe des eigenen Wirtschaftsgebietes. Eine große Volkswirtschaft begünstigt einen höheren Grad der gesamtwirtschaftlichen Arbeitsteilung und eine wachsende Betriebsgröße. Dies wiederum bedeutet, dass selbst bei hohen Fixkosten die Erträge steigen können. Je größer das eigene Wirtschaftsgebiet, desto eher können die Monopole höhere Extraprofite auf dem Heimatmarkt erzielen, mit denen sie auf dem Weltmarkt operieren. Letztlich bedroht aber die internationale Konkurrenz das Fortbestehen des Weltmarktes: „Die Heftigkeit der Konkurrenz weckt [...] das Streben nach ihrer Aufhebung. Am einfachsten kann dies geschehen, wenn Teile des Weltmarktes in den nationalen Markt einbezogen werden, also durch Einverleibung fremder Gebiete, durch die Kolonialpolitik. [...] Hier stoßen die Staaten unmittelbar feindlich aufeinander" (ebd., 485).

In Wladimir I. Lenins Buch *Der Imperialismus als höchstes Stadium des Kapitalismus* (1917/1977) wird Hilferdings Analyse popularisiert, um die Einsichten Hobsons und Bucharins ergänzt und auf ihre politischen Konsequenzen hin zugespitzt. Die gegen die „Kapitulation" der meisten sozialistischen Parteien vor dem Weltkrieg und gegenüber ihren jeweiligen Machteliten gerichtete Analyse Lenins besitzt unter den kmlt den größten Einfluss. Lenin möchte beweisen, dass der Erste Weltkrieg von allen Seiten ein imperialistischer Krieg, ein „Eroberungskrieg, ein Raub- und Plünderungskrieg" (Lenin 1977, 194) ist. Hierfür entwickelt er seine These, dass der Imperialismus als Fortsetzung und Weiterentwicklung der Grundeigenschaften des Kapitalismus entstand, letzterer aber erst auf einer bestimmten Stufe,

„als einige seiner Grundeigenschaften in ihr Gegenteil umzuschlagen begannen" (ebd., 269) – womit die Monopolbildung anstelle der freien Konkurrenz des „klassischen" Kapitalismus gemeint ist – eine genuin imperialistische Form annimmt.

Mit dem „höchsten", an anderen Stellen und je nach Übersetzung, „jüngsten" Stadium des Kapitalismus ist das vom Finanzkapital dominierte monopolistische bzw. imperialistische Stadium des Kapitalismus erreicht. Es zeichnet sich durch fünf „Grundmerkmale" aus: „1. Konzentration der Produktion und des Kapitals, die eine so hohe Entwicklungsstufe erreicht hat, dass sie Monopole schafft, die im Wirtschaftsleben die entscheidende Rolle spielen; 2. Verschmelzung des Bankkapitals mit dem Industriekapital und Entstehung einer Finanzoligarchie auf der Basis dieses ‚Finanzkapitals'; 3. der Kapitalexport, zum Unterschied vom Warenexport, gewinnt besonders wichtige Bedeutung; 4. es bilden sich internationale monopolistische Kapitalistenverbände, die die Welt unter sich teilen, und 5. die territoriale Aufteilung der Erde unter die kapitalistischen Großmächte ist beendet" (ebd., 271). Lenin schränkt allerdings ein, dass der Imperialismus erst dann erschöpfend definiert werden kann, „wenn man nicht nur die grundlegenden rein ökonomischen Begriffe (auf die sich die angeführte Definition beschränkt) im Auge hat, sondern auch den historischen Platz dieses Stadiums des Kapitalismus in bezug auf den Kapitalismus überhaupt oder das Verhältnis zwischen dem Imperialismus und den zwei Grundrichtungen innerhalb der Arbeiterbewegung" (ebd.).

Weil die Aufteilung der Welt zu Beginn des 20. Jahrhunderts praktisch abgeschlossen ist, kommt es nun zur „Neuaufteilung" (ebd., 259). Die Interessen des Kapitals drängen es nach außen und zur Eroberung von Kolonien, denn auf geschützten Kolonialgebieten können Konkurrenten einfacher ausgeschaltet werden. Hinzu treten „außerökonomische" Gründe für den Drang zur Eroberung von Kolonien – die „Lösung" der sozialen Frage innerhalb der europäischen Staaten beispielsweise. Lenin zitiert den berühmten britischen Imperialisten Cecil Rhodes, der in der Schaffung neuer Absatzmärkte und dem Auffangen von „Bevölkerungsüberschüssen" die Lösung der sozialen Frage sieht und folgenden Satz geprägt hat: „Das Empire, das habe ich stets gesagt, ist eine Magenfrage. Wenn Sie den Bürgerkrieg nicht wollen, müssen Sie Imperialisten werden" (zit. in: ebd., 261).

Der Imperialismus ist zugleich vor allem Ergebnis einer krisengetriebenen Kapitalakkumulation, welcher die Widersprüche des Kapitalismus nicht löst, sondern sie im Gegenteil auf die Weltebene hebt. Damit verbunden ist ein wichtiges, weiteres Merkmal des Imperialismus, der „Parasitismus". Lenin erklärt diesen Zustand mit dem Vorhandensein von Monopolpreisen, die zu bis zu einem gewissen Grad den Antrieb zum industriellen Fortschritt bremsen. Stagnation und „Fäulnis" sind die Folgen, wenn auch Wachstumsschübe nicht ausgeschlossen werden (ebd., 305 f.).[16]

Rosa Luxemburg vertritt in ihrem Werk *Die Akkumulation des Kapitals* (1913/1981) eine originäre Sichtweise. Der Drang zum Imperialismus und insbesondere der gewaltige Drang nach Kolonien sind ihrer Ansicht nach nicht einfach als Resultat der Konkurrenz um möglichst hohe Profite zu verstehen. Vielmehr muss der Kapitalismus als Ganzes in nichtkapitalistische Gebiete vordringen, um seine Existenz zu sichern.

Das kapitalistische System braucht grundsätzlich neue Absatzmärkte außerhalb seiner bisherigen Grenzen, um den in der Produktion geschaffenen Mehrwert auch tatsächlich realisieren zu können, so Luxemburg. Sie gründet ihren Ansatz auf einer Kritik der von Marx im 2. Band des *Kapitals* entwickelten „Reproduktionsschemata" und geht davon aus, dass die für den Kapitalismus eigentümliche, unbegrenzte Entwicklung der Produktivkräfte in einen fundamentalen Widerspruch zur Konsumtionsfähigkeit der Gesellschaft gerät. Die „erweiterte Reproduktion" stößt im „reinen" Kapitalismus an ihre nationalen Grenzen. Unter diesen „reinen" Voraussetzungen muss der Kapitalismus relativ schnell in sich zusammenbrechen.

Die kapitalistische Akkumulation als Ganzes entwickelt sich nach zwei Seiten: Erstens produziert sie den Mehrwert und wirkt damit als ein ökonomischer Prozess zwischen Lohnarbeit und Kapital; zweitens spielt sie sich zwischen dem Kapital und „nichtkapitalistischen" Produktionsformen ab. Luxemburg schließt daraus, dass es zur Rettung des Kapitalismus aus seinen inneren Widersprüchen der Expansion in „nicht-kapitalistische Milieus" bedarf (Luxemburg 1981, 363). Der Kapitalismus beansprucht zu seiner Existenz und

---

[16] Die politisch-strategischen Schlussfolgerungen laufen insbesondere bei Lenin, Bucharin und Luxemburg auf die These der Überwindung des Kapitalismus durch eine sozialistische Revolution hinaus.

Fortentwicklung nichtkapitalistische Produktionsformen, die die notwendige Nachfrage zur Realisierung des überschüssigen Mehrwerts bereitstellen. Im Prozess der Unterwerfung von Kolonien werden dabei neue kapitalistische Aneignungsformen geschaffen, ein Prozess, den Marx als „ursprüngliche" oder „primitive Akkumulation des Kapitals" bezeichnete.

Die Kapitalakkumulation wird als ein „Prozess des Stoffwechsels" beschrieben, „der sich zwischen der kapitalistischen und den vorkapitalistischen Produktionsweisen vollzieht" (ebd., 364), dabei die nicht-kapitalistischen Formen auflöst und sie in die kapitalistischen Produktionsverhältnisse eingliedert. Resultat ist die paradoxe Erscheinung, dass „die alten kapitalistischen Länder füreinander immer größeren Absatzmarkt darstellen, füreinander immer unentbehrlicher werden und zugleich einander immer eifersüchtiger als Konkurrenten in Beziehungen mit nichtkapitalistischen Ländern bekämpfen" (ebd., 316).

Eine besondere Bedeutung hat in diesem Zusammenhang der Militarismus als „Gebiet der Kapitalakkumulation" (ebd., 404). Nicht nur dass der Militarismus die Akkumulation in all ihren geschichtlichen Phasen begleitete: von der Eroberung und Plünderung Indiens, über die Zerstörung der sozialen Verbände kolonialer Gesellschaften oder der Erzwingung des Warenhandels in bestimmten Ländern, deren soziale Struktur der Warenwirtschaft hinderlich war, bis hin zum Mittel des Konkurrenzkampfes starker Staaten untereinander um Gebiete nichtkapitalistischer Produktion. Der Militarismus übt auch ökonomisch eine wichtige Funktion aus: „In Gestalt der militärischen Aufträge des Staates wird die zu einer gewaltigen Größe konzentrierte Kaufkraft der Konsumentenmassen […] der Willkür, den subjektiven Schwankungen der persönlichen Konsumtion entrückt und mit einer fast automatischen Regelmäßigkeit […] begabt" (ebd., 410).

Zusammengefasst betrachtet Luxemburg den Imperialismus als politischen Ausdruck des Prozesses der Kapitalakkumulation in Konkurrenz um „die Reste des noch nicht mit Beschlag belegten nichtkapitalistischen Weltmilieus" (ebd., 391).

2.1.2.1. Die marxistische Debatte nach dem Ersten Weltkrieg

Vor und während des Ersten Weltkriegs stellen die kmIt den ambitionierten Versuch dar, die Veränderungen des Kapitalismus und seine geopolitischen Folgen zu erfassen. Diese Debatte, die in ihrer Vielfalt an dieser Stelle nicht hinreichend diskutiert werden kann (vgl. Nachtwey 2005), verliert ab den 1920ern an Lebendigkeit. Insbesondere die um sich greifende Stalinsche Dogmatik verhindert die Weiterentwicklung der Theorien. Mehr und mehr wird die Leninsche Imperialismusanalyse dabei von einer konkreten politischen Interventionsbroschüre in den Rang eines epochemachenden Werkes gehoben. Von nun an geben weniger die theoretische Weiterentwicklung als das Zurechtstutzen im Interesse politisch-taktischer Bedürfnisse der Sowjetunion den Ton an. In den verschiedenen sowjetischen Handbüchern zur Politischen Ökonomie, die ab Ende der 1920er Jahre zirkulieren, geht es nicht um viel mehr als das Paraphrasieren von Lenins Theorie und der Ergänzung um einige aktualisierte empirische Daten (Kemp 1967, 107 ff.). Zugleich wird ein neues Konzept propagiert, dem zufolge einzelne Länder sich separat zu entwickeln vermögen – eine Analyse, die den Weltmarkt nicht als ein organisches Ganzes versteht und dem zufolge eine Loslösung aus diesem Geflecht für möglich hält. Sie korreliert mit der Analyse der Möglichkeit des Aufbaus des „Sozialismus in einem Land" (vgl. Stalin 1972). Die Welt wird mechanisch in zwei Lager geteilt.[17]

Jenseits der stalinistischen Dogmatik leisten einige Theoretiker originäre Beiträge. Bekannt werden etwa die Analysen des Ökonoms Eugen Varga. Ab den 1920ern unternimmt er in zahlreichen Schriften den Versuch, Veränderungen des kapitalistischen Systems im Rahmen der Leninschen Imperialismusdeutung auszuleuchten (Varga 1930; 1974). Auch wenn durch staatliche Eingriffe zeitweise die immanenten Krisentendenzen des Kapitalismus ausgesetzt werden können, so wird der Kapitalismus insgesamt als sich in einer „Nie-

---

[17] Dabei verlagert sich vor dem Hintergrund des Aufkommens nationaler Befreiungsbewegungen der Schwerpunkt, vor allem im Rahmen der „offiziellen" marxistischen Debatte unter Stalin, in Richtung der Nord-Süd-Abhängigkeiten. Es entstehen sowohl Thesen über die Rolle, die die Kolonien für den entwickelten Westen spielen, als auch über die Auswirkungen imperialistischer Politik im Süden.

dergangsperiode" befindend analysiert. Um diese „allgemeine Krise" hinauszuzögern, reagiert das imperialistische System mit unterschiedlichen Arten seiner eigenen Transformation: hin zum Faschismus und zum „staatsmonopolistischen Kapitalismus".[18]

Ähnlich wie Antonio Gramsci in seinen Notizen über *Amerikanismus und Fordismus* (Gramsci 1999, 2063 ff.)[19] diskutiert Leo Trotzki in den 1920ern einen neuen Entwicklungsschub des Weltsystems – den Aufstieg der Vereinigten Staaten von Amerika – als einen Prozess von fundamentaler Bedeutung. Er erachtet einen Krieg zwischen den USA und Großbritannien als reale Möglichkeit, etwas, dass ihm zufolge aber nicht zuletzt durch die gesellschaftlichen Kräfteverhältnisse in den jeweiligen Staaten bestimmt wird. Unter der Voraussetzung, dass Großbritannien sich friedlich „zur Seite" schieben lässt und zu einer „Macht zweiter Ordnung" degradiert wird, geht Trotzki davon aus, dass auf längere Sicht auch ein „neues kapitalistisches Gleichgewicht der Welt" entstehen kann (Trotzki 1972b, 116). Er schreibt: „Bei der Rivalität zwischen Amerika und England sind für England nur Rückzüge möglich. Um den Preis dieser Rückzüge erkauft sich das englische Kapital das Recht auf Mitwirkung bei den Geschäften des amerikanischen Kapitals. Es entsteht gewissermaßen ein angelsächsisches Koalitionskapital" (Trotzki 1972a, 40). In einer Polemik gegen den „pazifistischen" Imperialismus unter Wilson und danach diskutiert Trotzki die Vorzüge, die Amerika als wirtschaftlicher Nachzügler hat: „Die Geschichte wird dem amerikanischen Kapital für jedes Raubgeschäft eine Befreiungsparole in die Hand drücken. [...] ‚Freiheit der Meere!' Das klingt wunderschön! Und was bedeutet diese Parole in Wirklichkeit? Sie besagt: ‚Mach Platz, englische Flotte, gib mir den Weg frei!' Offene Tür in China bedeutet: ‚Japaner, mach dich fort und lass mich hinein'" (ebd., 41 f.).

---

[18] Nach 1945 vertritt Varga im Gegensatz zur offiziellen sowjetischen These der „allgemeinen Krise" des Kapitalismus die Ansicht, daß sich die Überlebenschancen des Systems tendenziell verbessert hätten.

[19] Gramsci diskutiert an einigen Stellen auch direkt den Begriff des Imperialismus. Er rekurriert dabei auf Hilferding und Lenin, wenn er schreibt: „Die moderne Expansion ist finanzkapitalistischer Art" (Gramsci 1998, 1927). Sein Ansatz wird weiter unten in der Darstellung des Neogramscianismus wieder aufgenommen.

Trotzkis Analysen basieren auf einer Weiterentwicklung der These der „ungleichen" Entwicklung. Im Gegensatz zu liberalen aber auch marxistischen Modellen, die die Weltwirtschaft nur als Summe nationaler Volkswirtschaften betrachten, versteht er die Weltwirtschaft als ein selbständiges Ganzes. Bezugssystem einer Analyse muss der Kapitalismus als weltweites System sein: „Der Marxismus geht von der Weltwirtschaft aus nicht als einer Summe nationaler Teile, sondern als einer gewaltigen, selbständigen Realität, die durch internationale Arbeitsteilung und den Weltmarkt geschaffen wurde und in der gegenwärtigen Epoche über die nationalen Märkte herrscht" (Trotzki 1969, 7). Diese These bildet den Ausgangspunkt der Vorstellung einer ungleichen *und* kombinierten Entwicklung. Sie unterscheidet sich von dem bekannten, eher Lenin zugeordneten „Gesetz der ungleichen Entwicklung". Im imperialistischen Zeitalter schlägt das Marxsche Evolutionsschema, dem zufolge die fortgeschritteneren Nationen den weniger entwickelten das Bild ihrer eigenen Zukunft aufzeigen, um. Der Imperialismus blockiert bzw. verhindert die radikale Modernisierung und Industrialisierung der zurückgebliebenen Länder. Trotzdem kann ein „rückständiger" Staat von der Entwicklung in reicheren Staaten profitieren. Die Wettbewerbsvorteile Großbritanniens Ende des 19. Jahrhunderts sind in Fesseln derselben umgeschlagen – Deutschland und die USA überholten die einstige Hegemonialmacht, indem sie entwickelte Produktionsmethoden beim englischen Kapitalismus übernahmen und diese effektiver einsetzten. Alles in allem führt die Entwicklung einer „historisch verspäteten Nation" zu einer spezifischen „Verquickung verschiedener Stadien des historischen Prozesses. In seiner Gesamtheit bekommt der Kreislauf einen nicht planmäßigen, verwickelten, kombinierten Charakter" (Trotzki 1973, 15). „Die geschichtliche Gesetzmäßigkeit hat nichts gemein mit pedantischem Schematismus. Die Ungleichmäßigkeit, das allgemeinste Gesetz des historischen Prozesses, enthüllt sich am krassesten und am verwickeltsten am Schicksal verspäteter Länder. Unter der Knute äußerer Notwendigkeit ist die Rückständigkeit gezwungen, Sprünge zu machen. Aus dem universellen Gesetz der Ungleichmäßigkeit ergibt sich ein anderes Gesetz, das man mangels passenderer Bezeichnung das Gesetz der kombinierten Entwicklung nennen kann im Sinne der Annäherung verschiedener Wegetappen, Verquickung einzelner Stadien, des Amalgams archaischer und neuzeitiger Formen" (ebd.).

In Großbritannien bezieht sich Maurice Dobb in seinem Buch *Political Economy and Capitalism* (1937/1953) auf Lenins Imperialismustheorie und bestätigt dessen Aussage, dass der Imperialismus das Merkmal des Kapitalismus im Monopolstadium ist. Niedrige Profitraten bzw. zu dürftige Aussichten auf profitable Investitionen treiben das Kapital nach außen und lassen monopolistische Praktiken entstehen (Dobb 1953, 245). Auch die Leninsche These von der „Arbeiteraristokratie", der zufolge Teile der Arbeiterklasse von der Ausbeutung der Kolonien profitieren und derart an das System gebunden werden, trifft weiterhin zu, so Dobb, genauso wie die Unmöglichkeit einer „ultraimperialistischen Phase" (Kautsky) aufgrund der durch den Imperialismus sich beschleunigenden ungleichen Entwicklung (ebd., 250). Dobbs Beitrag liegt im Vergleich merkantilistischer und modern-imperialistischer Praktiken. Während im Merkantilismus der charakteristische Zug der Ausbeutung der Kolonien im staatlich regulierten Handel und dem künstlichen Hochhalten von Warenpreisen lag, findet der moderne Imperialismus seinen Ausdruck vor allem im, wiederum staatlich umsorgten Kapitalexport. An diesem Punkt schließt er an der von Marx im 3. Band des *Kapitals* eröffneten Debatte um die „entgegenwirkenden Ursachen" zum tendenziellen Fall der Profitrate an. Der Kapitalexport ist Dobb zufolge eine solche entgegenwirkende Tendenz.[20]

In Deutschland entspannt sich in den 1920ern eine Debatte entlang der Luxemburgschen Theorie, die bei sozialdemokratischen Theoretikern auf harsche Ablehnung stößt. Einer der wenigen Autoren, der Luxemburgs Theorien aufgreift, ist Fritz Sternberg. Marx hat, so Sternberg in seinem Buch *Der Imperialismus* (1926/1971), im *Kapital* den Kapitalismus in einer „Reinheit" dargestellt, die es in

---

[20] In Großbritannien und in den Vereinigten Staaten entsteht ab Ende der 1930er das Hauptwerk von Karl Polanyi, *The Great Transformation* (1944/1978), das an einigen Stellen die Frage imperialistischer Politik behandelt. Polanyi argumentiert gegen den liberalen „Mythos" des imperialistischen „Wahnsinns" (Polanyi 1978, 283), dass „Imperialismus und kaum bewusste Autarkievorbereitungen" ab Ende des 19. Jahrhunderts „die Linie jener Mächte [waren], die sich in zunehmendem Maße von einem immer unzuverlässiger werdenden Weltwirtschaftssystem abhängig sahen" (ebd., 291). Imperialistische „Rivalitäten" stehen nicht, wie es die „populäre politische Theologie" des Liberalismus behauptet, in einem radikalen Gegensatz zur kapitalistischen Entwicklung, sondern sind Ausdruck der Desintegration der Weltwirtschaft, die gerade im „utopischen Bemühen des Wirtschaftsliberalismus zur Errichtung eines selbstregulierenden Marktsystems" ihre Ursache findet (ebd. 54).

der Wirklichkeit nicht gibt. Der Kapitalismus kann nur existieren und wachsen, wenn ein „nichtkapitalistischer" Raum vorhanden ist, in dem Mehrwertpotentiale aufgesaugt werden können (Sternberg 1971, 23). Diese Räume existieren zuallererst innerhalb der kapitalistischen Länder und werden in die Verwertung eingesogen, zum Beispiel über die Abwanderung der feudal-bäuerlichen Bevölkerung in die Städte. Der Kapitalismus schafft sich eine innere „exogene Surplusbevölkerung", von der er zehrt. Schließlich geht die Entwicklung des Kapitalismus dazu über, eine „äußere Surplusbevölkerung" zu schaffen, die in der nichtkapitalistischen Peripherie lebt. Die Erschließung dieser Räume führt zur industriellen Umgestaltung – im Gegensatz zur Zeit des Feudalismus, in der der innere ökonomische Aufbau der Kolonien relativ unangetastet blieb (ebd., 37). An mindestens einer Stelle geht Sternberg über Luxemburg hinaus, in dem er ein Durchdenken des bisherigen Verständnisses von „Krisenprozessen" einfordert. Sternberg sieht im Krieg die „heutige Form der Krise" (ebd., 322) und argumentiert: „Der Krieg als notwendige Folge des Imperialismus durchbricht das Marxsche Entwicklungsschema an einer entscheidenden Stelle. [...] Der Krieg spielt im gesamten marxistischen System keine entscheidende Rolle" (ebd., 299). Er fordert damit eine erweiterte Diskussion über das Verhältnis von Geopolitik und Wirtschaft ein.

Mit der Sternberg-Kritik *Eine neue Theorie über Imperialismus und soziale Revolution* (1928/1971) und einer Aufsehen erregenden Arbeit mit dem Titel *Das Akkumulations- und Zusammenbruchsgesetz des kapitalistischen Systems* (1929/1970), dem ersten Band einer Schriftenreihe des Frankfurter Instituts für Sozialforschung, nimmt Henryk Grossmann an der Debatte teil. Er versucht anhand der Marxschen Reproduktionsschemata (auf einem hohen Abstraktionsniveau) den Nachweis zu führen, dass der Kapitalismus aus Mangel an Mehrwert zusammenbrechen muss. Grossmann entwickelt die gewissermaßen erste „marxistische" Theorie nach Marx, die das Gesetz des tendenziellen Falls der Profitrate systematisch in ihr Zentrum stellt. Er teilt zwar mit Luxemburg und Sternberg die „Zusammenbruchsthese", sieht ihre Begründung jedoch als defizient an. Grossmanns Ausgangspunkt ist die These, dass zur Herleitung des Krisenmechanismus insbesondere die Produktions- und nicht die Zirkulationssphäre betrachtet und der Wirtschaftsprozess aus dem Wirken des Wertgesetzes erklärt werden muss (Grossmann 1970, 13). Grossmann zeigt auf, dass der tendenzielle Fall der Profitrate aufgrund einer steigenden organischen Zusammensetzung des

Kapitals – eines Anwachsens des konstanten (Ausgaben für Maschinen, Rohstoffe) im Verhältnis zum variablen Kapital (Ausgaben für Arbeitskräfte) – sich notwendig durchsetzen muss. Zwar entwickelt sich in seiner hypothetischen Annahme zuerst eine beschleunigte Akkumulation und eine steigende Profitmasse. Im Verlaufe weiterer Akkumulationsschübe entwickelt sich jedoch eine absolute Abnahme der Profitmasse, bis die Akkumulation schließlich verunmöglicht wird (ebd., 118 ff.). Die „ökonomische Zersetzung des kapitalistischen Mechanismus" nimmt ihren Lauf, nicht wie Rosa Luxemburg denkt, weil „*zu viel* an Mehrwert produziert wurde [...], sondern weil im Verhältnis zu der akkumulierten Kapitalmasse *zu wenig* an Mehrwert vorhanden ist" (ebd., 128).

Grossmanns profitratentheoretische Argumentation ist sein Schlüssel zum Verständnis imperialistischer Politik. Kapitalexport und Außenhandel können als eine unter mehreren Gegentendenzen zum Fall der Profitrate verstanden werden: „Freilich gibt es, wie Lenin richtig sagt, keine absolut ausweglosen Lagen. Auch in unserem Fall muss sich die Zusammenbruchstendenz nicht notwendig durchsetzen. Es können entgegenwirkende Tendenzen ihre absolute Realisierung unterbrechen. So wandelt sich der absolute Zusammenbruch in eine vorübergehende Krise, nach welcher der Akkumulationsprozess von neuem auf geänderter Basis einsetzt. Es besteht nämlich die Möglichkeit des *Kapitalexports* zwecks Verwertung des überakkumulierten Kapitals in den Ländern, wo die Kapitalakkumulation sich noch auf einer niedrigeren Stufe befindet und wo daher die Verwertung höheren Profit erzielt" (ebd., 179). Der Mangel an Anlagemöglichkeit im Inland ist „der letzte Grund des Kapitalexports" (ebd., 561). Der Sprung von der ökonomischen in die politisch-militärische Sphäre wird anschließend mit Lenin gemacht. Des Weiteren kritisiert Grossmann aber dessen Theorie. Nicht der „Monopolcharakter" an sich verursacht den Imperialismus. Es ist die Zusammenbruchstendenz, von der das Monopol nur eine Folge bzw. ein Mittel ist, durch Preiserhöhungen die Gewinne zu steigern, die „den aggressiven Charakter des heutigen Kapitalismus" ausmacht (ebd., 269). Damit, so Grossmann, kann man mit Marx über Lenin hinaus gehen: „Man hat die *Erscheinungen* gesehen und beschrieben, so wie sie sich an der Oberfläche zeigen, ohne dass man versucht hätte, sie in das Gesamtsystem von Marx einzubauen" (ebd., 498).

In Beiträgen der *Diskussionen aus einem Seminar über Monopolkapitalismus* (1937), einer Mitschrift von Debatten zwischen Grossmann, Max

Horkheimer, Julian Gumperz und Karl August Wittfogel ergänzt er, dass zusätzlich zum Kampf „um die Anlagesphären" neue Mittel der Austragung des sich verschärfenden Konkurrenzkampfes auf dem Weltmarkt zur Anwendung kommen: Nun sind auch „die Währungen in den Kampfbereich miteinbezogen [...] Der Kampf um die Währungen als letztes Mittel, sich im Konkurrenzkampf einen Preisvorsprung zu sichern, führte [im Zuge der Weltwirtschaftskrise nach 1929] zur Aufgabe des Goldstandards und des mit diesem verbundenen internationalen automatischen Ausgleichsmechanismus, führte zur Spaltung der Weltwirtschaft in einzelne, isolierte, durch Zollmauern, Devisenzwangsregelung und Kontingente abgesonderte Gebiete, führte zur Zerstörung des internationalen Kreditwesens und des Kapitalexportes und zur unzweckmäßigen Goldverteilung" (Grossmann et al. 1985, 420).

Die Ablösung Grossmanns als Ökonom des Instituts für Sozialforschung durch Friedrich Pollock bedeutet eine Zäsur. An die Stelle der Zusammenbruchsprognose tritt bei Friedrich Pollock die These von der Stabilisierung des Kapitalismus in seiner „staatskapitalistischen Phase". Pollock sieht in seinem Aufsatz *Ist der Nationalsozialismus eine neue Ordnung?* (1941/1975a) das Hauptproblem des Kapitalismus nicht in der Tendenz zum Fall der Profitraten, sondern in der Anarchie der Produktion. Seiner Meinung nach tritt nun an die Stelle der krisenbehafteten Konkurrenz zunehmend die staatliche Lenkung der Produktion und Verteilung der Güter, eine staatskapitalistische Kommandowirtschaft. Die staatliche Lenkung kann Krisen beseitigen: „Wenn ich die Struktur des Staatskapitalismus analysiere, kann ich keine wirtschaftlichen Kräfte entdecken, die das Funktionieren der neuen Ordnung verhindern würden. Die Befehlswirtschaft verfügt über Mittel, um die wirtschaftlichen Ursachen von Depression, kumulativer destruktiver Prozesse und Unterbeschäftigung von Kapital und Arbeit auszuschalten. Wirtschaftliche Probleme im herkömmlichen Sinne wird es dann nicht mehr länger geben, wenn die Koordination aller wirtschaftlichen Aktivitäten mit Bewusstsein ins Werk gesetzt wird anstatt durch die ‚natürlichen Gesetze' des Marktes" (Pollock 1975a, 117). Das Wert- und das Akkumulationsgesetz werden außer Kraft gesetzt.[21]

---

21 Pollocks Einsichten bilden eine wichtige ökononomietheoretische Grundlage für die Schriften Horkheimers und Adornos und ihrer Betonung des „autoritären Staates" und der „total verwalteten Welt". Franz Neumann

Weil es keine öder kaum noch aus ökonomischen Krisenprozessen generierte Antriebe für imperialistische Politik gibt, wird das Problem auf eine andere Ebene verlagert. Imperialismus bzw. das innenpolitische Aufbauschen einer „äußeren Gefahr" seitens der Machteliten im totalitären Staatskapitalismus hat die Absenkung des Lebensstandards zwecks Herrschaftssicherung zum Ziel. Pollock schlussfolgert in seinem Artikel *Staatskapitalismus* (1941/1975b): „Warum kann die Politik des Angriffs nicht zum Stillstand kommen, ehe ein Staat die ganze Welt erobert hat? Selbst wenn ein totalitärer Staat die volle Autarkie in seinem eigenen Land erobert hat, müssen ‚Bereitsein' und Kriege nach außen in rasendem Tempo weitergehen, um sich gegen Angriffe von draußen und Revolution von drinnen zu schützen. Ein demokratischer Staatskapitalismus ist zwar im Innern gesichert, aber von Angriffen des Totalitarismus bedroht und muss bis zu den Zähnen bewaffnet, zum Kampf bereit sein, bis alle totalitären Staaten zu Demokratien geworden sind" (Pollock 1975b, 95).

Auch außerhalb Europas und der Sowjetunion nehmen Theoretiker an der Debatte teil, zum Beispiel Paul Baran und Paul Sweezy in den USA, deren Einschätzungen für die zweite Welle der Imperialismusdebatte einen wichtigen Einfluss besitzen. Ihre Analysen werden weiter unten behandelt.

---

kritisiert in seinem Werk *Behemoth. Struktur und Praxis des Nationalsozialismus 1933-1944* (1944/1977) den Pollockschen Begriff des Staatskapitalismus (Neumann 1977, 274) und begründet seine These, dass politische Eingriffe in den Markt dessen Eigendynamik höchstens zeitweise oder lokal begrenzt aufheben können (ebd., 367 ff.). In der Kritischen Theorie taucht der Begriff des Imperialismus zur Beschreibung wesentlicher Merkmale des Kapitalismus immer wieder auf, beispielsweise bei Herbert Marcuse (Marcuse 1967). In der *Dialektik der Aufklärung* (1947/1998) beschreiben Adorno/Horkheimer im Rahmen ihrer Diskussion der instrumentellen Vernunft den „Imperialismus" als „die furchtbarste Gestalt der Ratio" (Adorno/Horkheimer 1998, 108).

2.1.3. Schumpeter: Imperialismus als historisches Überbleibsel

Der Ökonom Joseph Alois Schumpeter wartet 1919 mit der avanciertesten Gegenposition zur linksliberalen und marxistischen Theorie des Imperialismus auf. Schumpeter kritisiert in seinem Text *Zur Soziologie der Imperialismen* (1919/1953) den Ansatz von Hobson und Lenin aus einer universalhistorischen Perspektive.[22] Seiner Annahme zufolge ist der moderne Imperialismus ein historisches Überbleibsel, ein „Atavismus" aus vorkapitalistischen Epochen und politischen Strukturen, insbesondere aus der Zeit des absolutistischen Fürstenstaates. Der Kapitalismus dagegen ist „seinem Wesen nach antiimperialistisch" (Schumpeter 1953, 126).[23]

Die Ergebnisse seiner Forschungen sind Schumpeter zufolge in drei Thesen zusammenzufassen: *Erstens* lässt sich historisch nachweisen, „dass ‚objektlose' Tendenzen zu gewaltsamer Expansion ohne bestimmte zweckgebundne Grenze, also arationale und irrationale, rein triebhafte Neigungen zu Krieg und Eroberung in der Geschichte der Menschheit eine sehr große Rolle spielen. So paradox es klingt, zahllose Kriege, vielleicht die Mehrzahl aller Kriege sind ohne – nicht etwa vom moralischen Standpunkt, sondern vom Standpunkt verständigen und verständlichen Interesses – zureichenden ‚Grund'

---

[22] Im Folgenden wird lediglich der Imperialismusaufsatz Schumpeters vorgestellt. Das umfassende Werk Schumpeters und seine weiteren theoretischen Erkenntnisse, etwa die Unterscheidung von Unternehmer und Kapitalist, bleiben unberücksichtigt (vgl. Schumpeter 1950).

[23] Der ordoliberale Ökonom Wilhelm Röpke ist ein anderer Vertreter der These, der zufolge imperialistische Politik den objektiven Interessen des Kapitalismus zuwider läuft. In seiner Schrift *Kapitalismus und Imperialismus* (1934), in er sich positiv auf Schumpeter bezieht (vgl. auch Röpke 1945, 113), werden imperialistische Praktiken als eine „systemfremde" und „systemwidrige Begleiterscheinung" des Kapitalismus analysiert. In einer direkten Auseinandersetzung mit der marxistischen Imperialismustheorie wendet er sich gegen die Idee, einen Kausalzusammenhang von kapitalistischer Wirtschaft zu imperialer Politik herzustellen (Röpke 1945, 77). Letztlich ist der Imperialismus ein politisches Phänomen und als solches ein „Geschöpf von Gefühlen, Leidenschaften und Instinkten" (Röpke 1934). Da diese „irrationalen Kriegsinstinkte" den Menschen stärker beherrschen als allgemein angenommen, ist Röpke pessimistisch, wenn es um die Perspektive einer sich sukzessive durchsetzenden „wirtschaftlichen Vernunft" geht.

geführt worden" (ebd., 118). *Zweitens* liegt die Erklärung des kriegerischen Funktionsbedürfnisses nicht nur im Trieb des Menschen begründet, sondern auch in den „Lebensnotwendigkeiten einer Lage, in der Völker und Klassen zu Kriegern geformt wurden [...] und in dem Faktum, dass die in dieser Lage ferner Vergangenheiten erworbenen psychischen Dispositionen und sozialen Strukturen, einmal da und festgeworden, sich lange noch erhalten und fortwirken, nachdem sie ihren Sinn und ihre Funktion der Lebenserhaltung verloren haben" (ebd., 119). *Drittens* erleichtern gewisse „unterstützende Momente" die Aufrechterhaltung dieser Dispositionen und Strukturen. So führen spezifische innenpolitische Interessenlagen herrschender Schichten und bestimmte Gruppen, die individuell am Krieg zu gewinnen versuchen, zur Aufrechterhaltung imperialistischer Politik und der Staatenkonflikte.

In universalhistorischer Perspektive werden diese Thesen begründet. Das antike Ägypten gilt als ein „typischer Imperialismus", dessen Eroberungswillen durch eine Position gekennzeichnet war, „ins Weite, ohne angebbare Grenze, in Positionen hinein[zustoßen], deren Unhaltbarkeit klar war" (ebd., 89). Das „Kriegervolk" der Perser ab dem 6. Jahrhundert n. Chr. versinnbildlicht einen Fall der Entstehung imperialistischer Politik, dessen soziale Struktur auf die „militärische Funktion" eingestellt wurde. Eine besondere geographische Lage machte dem Volk den Krieg zur einzigen „Methode der Lebenserhaltung". Die dadurch hervorgerufene „psychische Disposition" wirkte nun „objektlos" weiter (ebd., 90). An der Schwelle des modernen Europa steht eine weitere Form des Imperialismus. Sie ankert in der Natur des absolutistischen Fürstenstaates des 17. und 18. Jahrhunderts. Die Kriegslust zur Zeit Ludwig des XIV erklärt sich aus den sozialen Strukturen und den „ererbten Dispositionen" seiner Zunft, nicht aus den unmittelbaren Vorteilen dieser Politik. Dementsprechend votierte diejenige Person, die eigentlich wirtschaftlich motivierte Kriege hätte fordern sollen − Colbert (als Synonym für den Merkantilismus) − gegen die Kriegspolitik (ebd., 115).

Mit der Entwicklung des Kapitalismus in Großbritannien findet Schumpeter zufolge ein epochemachender Bruch statt. Die Interessen dieser ersten echten Handelsnation sind „pazifistisch". Nicht der englische Staat griff nach den Kolonien − er „griff in der Regel erst schützend ein, wenn die Kolonie schon da war" (ebd., 84). Die Eroberer der Kolonien waren vom Typus des Abenteurers oder Vertriebenen, nicht des Handelskapitalisten. Insgesamt ist daher die

Kriegspolitik Großbritanniens ab dem Ende des 17. Jahrhunderts eigentlich nicht mehr als imperialistisch zu bezeichnen, vielmehr war sie Reaktion auf die Aggression der Fürstenstaaten auf dem europäischen Festland. Allerdings wirkten Nationalismus bzw. Herrschafts- und Kampfinstinkte auch in Großbritannien noch nach. Zudem rief der Krieg selbst sie immer wieder zu neuem Leben.

Gegenwärtig besitzt der Imperialismus nur noch einen „atavistischen" Charakter (ebd., 119). Er fällt in die Gruppe von Überbleibseln früherer Epochen, „vom Standpunkt der ökonomischen Geschichtsauffassung also jeweils aus den vergangnen, nicht aus den gegenwärtigen Produktionsverhältnissen. [...] Da die Lebensnotwendigkeiten, die ihn schufen, für immer vergangen sind, muss er, trotzdem jede kriegerische, wenn auch noch so unimperialistische Verwicklung ihn neu zu beleben tendiert, nach und nach verschwinden. [...] Wenn daher unsere These richtig ist, so müssen die Fälle von Imperialismus an Intensität verlieren, einer je spätern Phase der Geschichte des betreffenden Volks und Kulturmilieus sie angehören. Das trifft so zweifellos zu, dass es keines besondern Beweises bedarf" (ebd., 119f.). All das, was die Gegenwart an imperialistischen Tendenzen birgt, hat sie vom Fürstenstaat übernommen. Zudem verkümmern die aus der Vergangenheit stammenden „Triebe" in der kapitalistischen Welt „verhältnismäßig schnell, ebenso wie eine ‚unzweckmäßige' Betriebsform. Den Rationalisierungsprozess sehen wir am Werk selbst bei den stärksten Impulsen. [...] Eine rein kapitalistische Welt könnte daher kein Nährboden für imperialistische *Impulse* sein" (ebd., 122). Dem zufolge vermutet er, dass die Vereinigten Staaten von Amerika, die am wenigsten mit vorkapitalistischen Elementen „belastet" sind, von allen Ländern „den schwächsten Imperialismus aufweisen" (ebd., 125 f.).

In seiner Auseinandersetzung mit der aktuellen kapitalistischen Formation konstatiert Schumpeter, dass unter monopolistischen Bedingungen Unternehmer und Hochfinanz durchaus imperialistische Interessen entwickeln können, von Schutzzöllen bis zu Kriegen. Nich immer wirken die spätfeudalen Überbleibsel weiter. Wirklich vorteilhaft fungieren Schutzzölle nur für die Grundherren. Schutzzölle verändern daher die Interessenlagen nicht von Grund auf. Allerdings, hier bezieht sich Schumpeter auf Hilferding, erleichtert die Schutzzollpolitik Kartell- und Trustbildung und damit eine monopolistische Preispolitik im nationalen Rahmen. Zwischen zwei

Ländern, in denen die Unternehmer diese Politik durchsetzen, besteht nun ein Interessengegensatz. In diesem Zusammenhang gewinnt die Eroberung von Kolonien eine neue Bedeutung. Die mit der Ausnahme Großbritanniens in vielen Ländern bis zur Personalunion gehenden Allianzen „zwischen der Hochfinanz und den Kartellmagnaten" agieren aber nicht „im Interesse des Kapitals als solchen. Der bloße private Kapitalist erfährt mehr von den Kosten als dem Gewinn" (ebd., 133). Weil die Monopolisierung nicht aus dem Automatismus der Konkurrenzwirtschaft hervorgeht – Schutzzölle beispielsweise sind „Kinder politischer Aktion" im Interesse minoritärer Strömungen – kann sich mit der Zeit, so die Annahme, wieder der „normale Sinn allen Wirtschaftens" durchsetzen. „Auch Kartelle können der Kundschaft ihrer auswärtigen wirtschaftlichen Blutsverwandten nicht entraten. Auch exportmonopolistische Volkswirtschaften sind in vielen Belangen aufeinander angewiesen" (ebd., 135). Genau genommen entsprang der ursprüngliche Sinn der Zölle dem finanziellen Interesse der noch immer mächtigen fürstlichen Gewalten. Weil der Kapitalismus auf dem europäischen Kontinent noch nicht vollständig durchgreifen konnte, bleibt dieser Einfluss geschichtsmächtig (ebd., 141).

Schumpeter fasst seine Argumentation wie folgt zusammen: „Die soziale Pyramide der Gegenwart ist nicht vom Stoff und Gesetz des Kapitalismus allein gebildet, sondern von zwei verschiednen sozialen Stoffen und von den Gesetzen zweier verschiedner Epochen. Wer Europa verstehen will, darf das nicht vergessen [...] die feudalen Elemente sind auch psychisch bodenständig. Wie ihre Lebensform, so ist auch ihre Ideologie stabil [...] Die Bourgeoisie ist nicht einfach an die Stelle des Fürsten getreten [...] sie hat ihm nur einen Teil seiner Gewalt entwunden und sich im übrigen ihm unterworfen. Sie hat den Staat nicht als abstrakte Organisationsform von ihm übernommen, sondern er blieb eine besondre, ihr gegenüberstehende soziale Macht" (ebd., 142). Diese Umstände machen das Paradox begreiflich, dass Nationalismus und Militarismus, entstanden und verankert im Fürstenstaat, unter ungünstigen Umständen „kapitalisiert" werden können und ihre „beste Kraft aus dem Kapitalismus" (ebd., 145) saugen.

2.1.4. Arendt: Imperialismus als Produkt nationalistischer Massenbewegungen

Unter dem Eindruck des Faschismus und des Holocaust verfasst Hannah Arendt bis 1949 das Werk *Elemente und Ursprünge totaler Herrschaft* (1951/2003). Im zweiten Teil ihres Buches beschäftigt sie sich intensiv mit dem Imperialismus, den sie als Produkt nationalistischer Massenbewegungen kennzeichnet. Dabei diskutiert sie die sozialen und ideologischen Voraussetzungen für das Entstehen unterschiedlicher *Typen* von Imperialismen innerhalb des sich entwickelnden Kapitalismus.

Arendt knüpft in ihrer Analyse kritisch an frühere, meist apologetische Imperialismusdeutungen an, aus denen sie wesentliche Argumente für imperialistische Politik herausliest (vgl. Friedjung 1919; 1922). Vor der Zeit überwiegend ökonomischer Erklärungen war die genuin politische Definition des Imperialismus vorherrschend, so Arendt. Letztere löste die ursprüngliche Bedeutung des Imperialismusbegriffs als persönliche, imperiale Herrschaft ab und diskutierte fortan den Imperialismus, weniger personalisiert, als Politik der Ausdehnung des Nationalstaates über seine Grenzen hinaus. In den zeitgenössischen Quellen galt etwa ein Kolonialreich als Voraussetzung der „kraftvollen" Fortentwicklung der eigenen Nation oder als Quell neuer Vitalität und der Nationalismus als stärkste Triebkraft des einzelstaatlichen Imperialismus. Von Großbritannien und Charles Dilke's Bestsellern, die die Überlegenheit der Angelsachsen propagierten, über Frankreichs Ministerpräsidenten Jules Ferry, der den Kolonialerwerb als einzige Chance sah, den Platz unter den Großmächten zu erhalten, bis hin zum Deutschen Reich und den nationalistischen „Enthusiasten" um Carl Peters sowie dem Alldeutschen Verband oder national-liberalen Intellektuellen wie Friedrich Naumann, der den Imperialismus als Selbstbehauptung der deutschen Nation nach außen verstand: Der Nationalismus, auch und gerade im Deutschen Reich als Massenbewegung, war als eine Basis des Imperialismus allgegenwärtig.[24]

Hannah Arendt analysiert in erster Linie das Phänomen des „Totalitarismus". Sie denkt dabei vor allem an den deutschen Faschismus,

---

[24] Der nationalistische „Flottenverein" konnte 1906 über eine Million Mitglieder aufweisen.

als eine neue Form politischer Macht, als völlige „Pervertierung" von vielem, was für die „Moderne" im Innersten prägend gewesen ist. Hierbei legt sie einen wenig bekannten, aber wichtigen Ansatz über das Entstehen unterschiedlicher Typen des Imperialismus vor, die sie als Zwischenschritt vom klassischen Nationalstaat hin zur totalitären Diktatur versteht. In der Beschäftigung mit der Existenzphilosophie der 1920er und Heidegger erarbeitet sie einen handlungstheoretischen Ansatz, in der das Agieren einer neuen sozialen Schicht, des „Mob", im Bündnis mit dem „Kapital" zur Durchsetzung imperialistischer und schließlich totalitärer Staaten führt. Die nationalistischen Massenbewegungen im kontinentalen Europa werden zur zentralen Größe in der Analyse imperialistischer und totalitärer Politik. Dies steht im Gegensatz zu einer Version der marxistischen Theorie, etwa bei Lenin, der innergesellschaftlich eher das Bündnis des Kapitals mit der „Arbeiteraristokratie" als ein wesentliches Moment für das Wirken imperialistischer Ideologien versteht.

Arendt verneint nicht die Existenz ökonomischer Merkmale des Imperialismus. „Der imperialistischen Expansion war eine merkwürdige Art wirtschaftlicher Krise vorangegangen, die in der Überproduktion von Kapital bestanden hatte, das, da es produktiv innerhalb der nationalen Grenzen nicht zu investieren war, einfach überflüssiges Geld darstellte. Dieses Geld musste exportiert werden, und so kam es, dass zum ersten Mal die politischen Machtmittel des Staates den Weg gingen, der ihnen vom exportierten Geld vorgewiesen war, anstatt dass umgekehrt Gewalt und Eroberung den Weg freilegten, auf dem finanzielle Investierungen folgten" (Arendt 2003, 308). Im Gegensatz zu Schumpeter denkt sie, dass die Bourgeoisie durch den Imperialismus ihre Mündigkeit überhaupt erst erlangte. Er ist „jedenfalls das erste (und vielleicht zugleich auch das letzte) Stadium der politischen Herrschaft des Bürgertums" (ebd., 316). Arendt betont jedoch besonders einen zweiten, wesentlichen Faktor: Die Entwicklung des Imperialismus bis hin zum Totalitarismus als Resultat des politischen Handelns völkischer Nationalisten und konservativer Eliten, des „Bündnis zwischen Kapital und Mob" (ebd., 332 ff.). Der „Mob" dient als zentraler sozialer Unterbau der Radikalisierung moderner Politik. Gemeint ist die Schaffung einer

Masse „überflüssiger", „deklassierter" Menschen als Folge des industriellen Wandels.[25]

Am bedrohlichsten vermengten sich diese Faktoren in den Teilen Europas, deren imperiale Ambitionen überwiegend fehlschlugen. Die sogenannten „Panbewegungen" (etwa der Pangermanismus oder der Panslawismus in Mittel- und Osteuropa) sind als besonderer Typus der Verbindung von Eliten und verarmten Massen zu begreifen: „In dem Bündnis zwischen Mob und Kapital, das das imperialistische Zeitalter kennzeichnet, hatte die Initiative […] bei den Vertretern des Kapitals gelegen. In den Panbewegungen lag umgekehrt die Initiative von Anfang an ausschließlich beim Mob, der damals wie später von einer Intelligenzschicht geführt wurde" (ebd., 480). Damit verbunden war der Aufstieg des völkischen Nationalismus: „So wie der kontinentale Imperialismus in den Ländern entsteht, die glauben, bei der Neuverteilung der Erde im imperialistischen Zeitalter zu kurz gekommen zu sein, so verbreitet sich der völkische Nationalismus überall da, wo europäischen Völkern eine nationale Emanzipation gar nicht oder nur halb gelungen war. Beide Bestrebungen entstanden als Reaktion auf die offenbar glücklichere und erfolgreichere Geschichte der westeuropäischen Länder und vor allem Englands" (ebd., 483). In den Ländern Österreich-Ungarn und Russland, in welchen sich das „Zu-kurz-gekommen-sein" in der territorialen Expansion mit dem „Unvermögen zum Nationalstaat" verband, fanden die Panbewegungen fruchtbaren Boden vor und bedienten sich des Antisemitismus als einer politischen Waffe (ebd., 485). Im Bündnis mit dem Mob gelang es dem Kapital, seine imperialistische Strategie sozial zu verankern. Dabei erwiesen sich, so Arendt, antisemitische Parolen als das erfolgreichste Mittel zur Aufreizung und Organisierung der Massen zum Zwecke der Expansion der Staaten.

---

[25] Der Mob setzt sich zusammen aus dem „Abfall" der bürgerlichen Gesellschaft, verschiedenen ehemaligen Kleinbürgern, bürgerlichen Absteigern etc. und ist von der Unterschicht zu unterscheiden. Arm zu sein bedeutet nicht automatisch, Teil des „Mob" zu sein. Es geht um Menschen, denen gemeinsam ist, aus dem sozialen System herauszufallen, zu keiner bestimmten Klasse mehr zu gehören und die insofern einen „festen Bezugsraum, eine stabile Identität und Erwartungen, die sie mit anderen teilen, verloren haben. Da sie keine bestimmte soziale Perspektive haben, aus der sie die Welt sehen, sind sie für ideologische Manipulation besonders offen" (Benhabib 1998, 117).

Ein agressiver Nationalismus auch in erfolgreicheren Nationen wird bei Arendt hauptsächlich auf die Folgen der kolonialen Eroberungen, die zur Barbarisierung der Politik beigetragen haben, zurückgeführt. Der „scramble for Africa" pervertierte die Moral und Verhaltensweisen und begünstigte mit dem wissenschaftlich legitimierten Rassismus als politischer Waffe und der Bürokratisierung der Kolonialverwaltungen neue, dem alten Beamtenapparat des Nationalstaates entgegengesetzte Herrschaftsformen (ebd., 356, 405). Arendt analysiert die rassistischen Ideologien und anti-liberalen Strukturen imperialistischer Politik als Vorläufer des Faschismus. Dabei argumentiert sie, habe die Entdeckung der ökonomischen Ursachen des Imperialismus die eigentliche politische Struktur, „den Versuch nämlich, die Menschheit in Herren- und Sklavenrassen" einzuteilen, eher verdeckt als aufgeklärt (ebd., 288 f.). Den Imperialismus insgesamt bezeichnet sie als „kurioses Gemisch von Kapital-Export, Rassen-Wahnsinn und bürokratischer Verwaltungsmaschine" (ebd., 303), der im Widerspruch zur ursprünglichen Idee des Nationalstaates steht.[26] Stellvertretend hierfür steht Cecil Rhodes Ausspruch „Expansion is everything. I would annex the planets if I could".

---

[26] Arendt sieht im Verlust der progressiven Substanz des klassischen Nationalstaates eine wesentliche Ursache für diese Entwicklung. Der klassische Nationalstaat wird als stabilitätserzeugend beschrieben, der die „unvorhersehbare Dynamik" des Handelns begrenzen kann. Zugleich hat er mit der Schaffung des modernen Rechtssubjekts und der Menschenrechte eine Bedingung für eine anti-totalitäre Regierungsform gelegt. Arendt betrachtet daher den Staat der Französischen Revolution als Vorbild des Republikanismus und als Damm gegen totalitäre Bewegungen.

2.2. Ultraimperialismus, globale Anarchie oder friedliche Weltgesellschaft?

In der Begründung der Ursachen von Staatenkonflikten werden vor dem Hintergrund des Verhältnisses von Kooperation und Konflikt verschiedene Entwicklungsprognosen des Weltsystems formuliert. Im Folgenden werden die Autoren Kautsky und Parvus vorgestellt, die eine gemeinsame Herrschaft über die Weltbevölkerung prognostizieren, außerdem Lenin, Bucharin sowie Carr und Morgenthau, die von einer fortgesetzten Staatenkonkurrenz ausgehen, und zudem der Ansatz von Angell, der Tendenzen hin zu einer pazifizierten Weltgesellschaft beschreibt.

2.2.1. Kautsky/Parvus: Der Ultraimperialismus

Karl Kautsky, bedeutendster marxistischer Theoretiker zur Zeit des Ersten Weltkriegs, entwickelt die These des „Ultraimperialismus", die er unter Bezugnahme auf Hilferding ausarbeitet. Er fragt, inwieweit die Weiterentwicklung des weltweiten Kapitalismus die anarchischen Kämpfe der Nationalstaaten untereinander beenden kann.

Schon 1897, in seiner Arbeit *Ältere und neuere Kolonialpolitik* (1897/1898), legt Kautsky Grundlagen für seine spätere Imperialismusdeutung. Er unterscheidet zwischen „Arbeitskolonien", in denen sich die europäischen Auswanderer eine Existenz aufbauen, und den „Ausbeutungskolonien", die allein der Ausplünderung der einheimischen Bevölkerung dienen. Nur die ersteren kommen als Absatzmarkt für europäische Exporte in Betracht. Die „Ausbeutungskolonien" erfüllen nach Kautsky das Interesse der vorindustriellen Klassen, die „Arbeitskolonien" das Interesse der industriellen Klassen. Das industrielle Kapital besitzt am alten Kolonialsystem kein Interesse, weil es Konsumenten und keine Sklaven benötigt. Das merkantilistische Kapital war kriegerisch, das industrielle Kapital dagegen „predigte nicht bloß Freihandel, sondern auch den Frieden" (Kautsky 1897/98, 805).

In seinen Aufsätzen von 1914 und 1915 bezeichnet Kautsky den Imperialismus, wie andere Marxisten auch, erst einmal als Produkt des hochentwickelten Kapitalismus: „Er besteht in dem Drange jeder industriellen kapitalistischen Nation, sich ein immer größeres *agrarisches* Gebiet zu unterwerfen und anzugliedern" (Kautsky 1914,

909). Das Missverhältnis zwischen landwirtschaftlicher und industrieller Produktion wird zur Ursache von Überproduktion und Inflation erklärt. Diese „Disproportionalitäten" lösen den Drang nach gesteigerter Kapitalausfuhr „aus den Industriestaaten in die agrarischen Gebiete der Welt" und „das Streben, diese Gebiete ihrer Staatsgewalt zu unterwerfen", aus (ebd., 919). Dennoch darf nicht jedes Streben nach territorialer Vergrößerung als „Imperialismus" charakterisiert werden. Der Eifer, ein Reich durch Angliederung von Nachbargebieten zu vergrößern, kann auch schlicht nationalistisch motiviert sein.

Kautskys Vorstellung der Entstehung einer neuartigen, ultraimperialistischen Phase des Weltkapitalismus wird mithilfe der Vorstellung begründet, dass der Konkurrenzkampf zwischen den stärksten Ländern wesentlich Ausdruck politischer Entscheidungen ist sowie von Partikularinteressen der Rüstungsindustrie diktiert wird. Die Konflikte sind also nicht Ausdruck kapitalistischer Konkurrenz als solcher. Dementsprechend folgert er: „Die wütende Konkurrenz der Riesenbetriebe, Riesenbanken und Milliardäre erzeugte den Kartellgedanken der großen Finanzmächte, die die kleinen schluckten. So kann auch jetzt aus dem Weltkrieg der imperialistischen Großmächte ein Zusammenschluss der stärksten unter ihnen hervorgehen, der ihrem Wettrüsten ein Ende macht. Vom rein ökonomischen Standpunkt ist es also nicht ausgeschlossen, dass der Kapitalismus noch eine neue Phase erlebt, die Übertragung der Kartellpolitik auf die äußere Politik, eine Phase des Ultraimperialismus" (ebd., 921). Weiterdenkende Teile des Kapitals können, so Kautsky, die Irrationalität des Krieges durchschauen. Die kapitalistische Wirtschaft als Ganzes wird durch die Gegensätze der Staaten, durch den Weltkrieg, bedroht. Deshalb müsste jeder Kapitalist seinen „Genossen zurufen: Kapitalisten alle Länder vereinigt euch!" (ebd., 920). An die Stelle des Wettbewerbs der nationalen „Finanzkapitale" kann die gemeinsame Ausbeutung der Welt durch das international verbündete „Finanzkapital" treten.

Diese „Friedensutopie", wie es Rosa Luxemburg ein wenig abschätzig nennt, kann für Kautsky durch zwei Formen international veränderter Beziehungen erreicht werden – einem Staatenbund oder einem europäischen Imperium. In seiner Arbeit *Nationalstaat, Imperialistischer Staat und Staatenbund* (1915b) schreibt er: „Das beste und zukunftsreichste Mittel zur Ausdehnung des inneren Marktes besteht [...] in der Zusammenfassung verschiedener Nationalstaaten mit gleichem Recht in einem Staatenbund. Der Staatenbund und nicht der Nationalitätenstaat, auch nicht der Kolonialstaat, das ist die Form für die großen Imperien, deren der Kapitalismus bedarf, um seine letzte, höchste Form zu erreichen [...] Ein solcher Bund kann die mannigfaltigsten Formen annehmen, er kann ein Bund von Bünden werden. Er stellt als solcher die elastische Staatsform dar, die zu unendlicher Ausdehnung fähig ist bis zum Weltbund" (Kautsky 1915b, 75). Der Weg dorthin vermag aber auch über ein europäisch geführtes, übernationales Imperium beschritten werden. Ein vereinigtes Europa, betont Kautsky schon vier Jahre vorher, kann das Gespenst des Krieges für immer bannen, da es über eine gewaltige Übermacht verfügen würde (Kautsky 1911, 105). Den Impuls für die „Vereinigten Staaten von Europa" könnte ein Zollverein des Deutschen Reiches mit seinen Nachbarn geben.[27]

Kautskys Ultraimperialismuskonzept unterstellt zusammengefasst eine vom kapitalistischen Standpunkt aus gesehene Irrationalität des Krieges und thematisiert die Möglichkeit der Kartellbildung über die Nation hinaus sowie die Bildung von Staatenbündnissen oder einem nach-imperialistischen Imperium.

Ein weiterer Autor, der die Potentiale des Internationalisierungsprozesses betont, ist Alexander Helphand, besser bekannt unter seinem Pseudonym Parvus. Er sieht den Weltmarkt und nicht mehr den nationalen Markt als bestimmenden „Knotenpunkt der Produktionsbeziehungen", der immer mehr die „ökonomischen Zustände der einzelnen Länder bestimmt". Die Verallgemeinerung und „Vereinheitlichung der kapitalistischen Produktion" und ein Funktionsverlust des Nationalstaats resultieren hieraus (Parvus 1896, 198). Parvus tritt entschieden für den Freihandel ein und beschreibt die Einführung von Schutzzöllen oder protektionistischen Handelshemmnissen als Partikularinteressen bestimmter Gruppen. Aus Sicht des Kapitals ist Freihandel für die kapitalistische Entwicklung

---

[27] Kautskys Theorie einer Evolution des Kapitalismus hin zu einer ultraimperialistischen Phase korreliert mit seinen historisch-politischen Vorstellungen der Entstehung des Sozialismus als einem organischen Entwicklungsprozess aus dem Kapitalismus heraus. Letzterer erhält im Laufe der Zeit (auch aufgrund liberal-demokratischer Reformen und wohlfahrtsstaatlichen Einrichtungen) eine progressivere Form. Kautsky antizipiert dementsprechend in der Entstehung des Völkerbundes der 1920er eine Grundlage der Pazifizierung der Welt.

optimal (ebd., 824).[28] Seine Schlussfolgerungen ähneln denen Kautskys: „Um in diesem gewaltigen Wettkampf [auf dem Weltmarkt] bestehen zu können, ist für Westeuropa der Freihandel eine unerläßliche Bedingung [...] Europa leidet mehr denn je an der Kleinstaaterei [...] Es ist der Fluch der politischen Tradition. Mit dieser würde der Freihandel allerdings aufräumen, er würde große nationale Komplexe schaffen, er führt zu den Vereinigten Staaten Europas" (Parvus 1900/1901, 784).

2.2.2. Lenin/Bucharin: Die innerimperialistischen Widersprüche

Im Gegensatz zu Kautsky beschreiben Lenin und Bucharin die Vorstellung eines Ultraimperialismus als eine nicht-realisierbare Utopie. Lenins zentraler Gedanke, die ungleiche Entwicklung der Produktivkräfte, hebt hervor, dass durch die Vielfalt in den Voraussetzungen der verschiedenen Länder (natürliche Bedingungen, staatliche Interventionen, bisherige industrielle Entwicklung, gesellschaftliche Kräfteverhältnisse zwischen den Klassen) die Entwicklung der Kapitalismen in unterschiedlicher Geschwindigkeit und Intensität erfolgt (vgl. Lenin 1971). Nicht nur Länder bewegen sich in unterschiedlichem Tempo, sondern auch die verschiedenen Sektoren und Märkte innerhalb eines Landes.

---

[28] Auch der bekannte Theoretiker der SPD, Eduard Bernstein, bezieht sich positiv auf das Freihandelssystem. Es ist diesem die Friedenspolitik inhärent, wie Bernstein am Beispiel der Entwicklung Großbritanniens argumentiert: „Zunächst sind die Kriege, die England geführt hat, seit es in der Mitte des 19. Jahrhunderts zum Freihandel überging, nicht Ausflüsse seiner Handelspolitik, sondern Ausflüsse einer Kolonial- und Weltpolitik gewesen, die von der Partei des Freihandels stets bekämpft wurde. [...] Eine Parallelität, die nur die natürliche Folge des Umstandes ist, dass dem Freihandel die Friedenspolitik als notwendige Tendenz innewohnt. Wer die Zollschranken zwischen den Nationen niederreißen will, muss auch Ungleichheiten im Recht der Staaten und Völker bekämpfen, die zu Kriegen Anlass geben und sie für den Sieger vorteilhaft gestalten. Wo keine Zollschranken sind, verliert das Streben nach Angliederung fremder Landesteile seine Zugkraft im Volke, es sei denn, dass es sich dabei um die Befreiung unterdrückter Volksgenossen handelt" (zit. in: Czempiel 1998, 289 f.).

Auch wenn auf internationaler Ebene monopolistische Strukturen entstehen, stabilisieren diese keineswegs die Weltwirtschaft: „[E]ine Aufteilung der Welt unter [...] Trusts schließt natürlich eine Neuaufteilung nicht aus, sobald das Kräfteverhältnis – infolge der ungleichmäßigen Entwicklung [...] sich ändert" (Lenin 1977, 252). Für Lenin sind internationale Zusammenschlüsse nicht friedenssichernd. Sie zeigen eher an, bis zu welchem Grad die Monopole anwachsen können. Diese Kartelle sind nur der „Form" nach friedlich, vom „Inhalt" her geht es um die Aufteilung der Welt (ebd., 257). Im monopolistischen Stadium des Kapitalismus, wenn die territoriale Aufteilung abgeschlossen ist, kann diese friedliche Form der Konkurrenz auch die Form des Krieges annehmen. Zwar neigt die Weltwirtschaft – wie von Kautsky behauptet – abstrakt betrachtet in Richtung Weltmonopol oder Weltkartell, aber nur als eine Tendenz, die sich nie vollständig realisieren lässt. Die Konkurrenz im Kapitalismus kann nicht abgeschafft werden (ebd., 276). Im Gegenteil verstärken das Finanzkapital und die Monopole die Ungleichmäßigkeiten im Wachstum und die Widersprüche innerhalb der Weltwirtschaft, anstatt sie abzuschwächen. Auch die Betonung des Drangs nach agrarischen Gebieten im Werk Kautskys wird als einseitig kritisiert: Für imperialistische Staaten ist „gerade das Bestreben charakteristisch, *nicht nur* agrarische Gebiete, sondern sogar höchst entwickelte Industriegebiete zu annektieren", auch und gerade, um ihrem Streben nach „Hegemonie" zu entsprechen, „nicht so sehr direkt für sich als vielmehr zur Schwächung des Gegners und Untergrabung *seiner* Hegemonie" (ebd., 273).

Ultraimperialistische Bündnisse sind in der kapitalistischen Wirklichkeit nur temporär vorstellbar, unabhängig davon, „in welcher Form diese Bündnisse geschlossen werden, ob in der Form einer imperialistischen Koalition gegen eine andere imperialistische Koalition oder in der Form eines allgemeinen Bündnisses aller imperialistischen Mächte. Friedliche Bündnisse bereiten Kriege vor und wachsen ihrerseits aus Kriegen hervor, bedingen sich gegenseitig, erzeugen einen Wechsel der Formen friedlichen und nicht friedlichen Kampfes auf ein und demselben Boden imperialistischer Zusammenhänge und Wechselbeziehungen der Weltwirtschaft und Weltpolitik" (ebd., 301).

Diese Analyse, der zufolge der Imperialismus ein spezifisches Stadium der kapitalistischen Entwicklung markiert, die strukturell von scharfen Staatenkonflikten geprägt ist, wird in ihrer anspruchsvollsten Version von Nikolai Bucharin in seiner Schrift *Imperialismus und Weltwirtschaft* (1915/1969) vorgelegt. Sie wird im Folgenden etwas genauer erörtert, weil sie beinahe in Vergessenheit geraten ist.

Während bei Hilferding die Erklärung für die imperialistische Politik aus den Strukturveränderungen der verschiedenen *nationalen* Kapitalismen erfolgt, die er wiederum aus dem Zusammenwirken der Einzelkapitalien analysiert, ist es für Bucharin eine Frage der „Tendenzen der Weltwirtschaft und der wahrscheinlichen Veränderungen in ihrer inneren Struktur" (Bucharin 1969, 16). Nicht die Summe der verschiedenen nationalen Kapitalismen bildet den Weltmarkt, sondern letzterer ist per Definition international und eine eigene wirtschaftliche Entität, ein widersprüchliches Ganzes, das mehr als die Summe seiner Teile repräsentiert. Das extensive und intensive Wachstum der Weltwirtschaft wird hervorgerufen durch die Entwicklung der Produktivkräfte und die Herausbildung einer internationalen Arbeitsteilung; als Voraussetzungen für letzteres gelten das „Vorhandensein eines Weltmarktes und von Weltpreisen" (ebd., 22). Analog zu der von Marx analysierten gesellschaftlichen Arbeitsteilung und der ungleichen Entwicklung von Stadt und Land bildet sich mit der internationalen Arbeitsteilung bei Bucharin ein hierarchisch strukturierter Weltmarkt heraus, in dem die Agrarstaaten hauptsächlich als Rohstofflieferanten für die entwickelten Länder dienen (ebd., 17 ff.).

Bucharin versucht einen Perspektivenwechsel in der marxistischen Theorie durchzuführen, indem er den Weltmarkt zum theoretischen Ausgangspunkt seiner Analyse macht, und in der er die Beeinflussung der nationalstaatlichen Entwicklung durch den Weltmarkt und nicht nur die Weltmarktverformungen durch nationale Strukturveränderungen untersucht. Bucharin analysiert daraufhin zwei miteinander verbundene, aber sich gleichzeitig widersprechende Tendenzen – die *fortschreitende Internationalisierung des Kapitals* und die *progressive nationale Organisation und Integration des Kapitals* –, die zur Konkurrenz staatlich protegierter Kapitalismen führen. Er spricht dabei der letzteren Tendenz eine dominierende Rolle zu, so dass sie den Internationalisierungsprozess letztlich beschränken kann und eine Welt der immanenten, bis zum Weltkrieg eskalierenden Rivalität entstehen lässt.

Das Wachstum der Weltwirtschaft bringt eine Verdichtung der Produktionsverhältnisse zwischen den verschiedenen Ländern mit sich. Dieser Prozess ruft neue wirtschaftliche Gebilde ins Leben – nicht nur internationale Kartelle und Trusts, sondern auch internationale Institutionen und politische Abkommen. In diesen Erscheinungen drückt sich die Internationalisierung des Kapitals aus. Sie bleibt jedoch fragil, da der „Prozess der Internationalisierung des Wirtschaftslebens [...] keineswegs mit einem Prozess der Internationalisierung der kapitalistischen Interessen identisch" ist (Bucharin 1969, 63). Auf nationaler Ebene bildet sich die Gegentendenz heraus: Die nationalen Monopole als logische Fortsetzung des Konzentrations- und Zentralisationsprozesses unterhöhlen den Prozess der Internationalisierung des Kapitals durch ihre vorwiegend nationale Organisationsform. Bucharin hält die internationalen Zusammenschlüsse für instabil, weil sie zum einen meist auf bestehenden nationalen Monopolen aufbauen und zum anderen durch die ungleiche Entwicklung der einzelnen Einheiten sich das Kräfteverhältnis innerhalb der internationalen Zusammenschlüsse beständig verschiebt. Die Produktivitätsunterschiede der verschiedenen nationalen Kapitale erhöhen die Instabilität der internationalen Zusammenschlüsse außerdem. Zusätzlich garantiert die Verbundenheit der Monopole mit dem Nationalstaat ihnen im Inland zusätzliche Profite.

Motor dieser Entwicklung ist die krisenhafte Kapitalakkumulation. Anknüpfend an die Marxsche These, der zufolge sich die inneren Widersprüche durch die Ausdehnung des äußeren Feldes der Produktion auszugleichen suchen, erörtert Bucharin den ökonomischen Druck in Richtung auf den Kapitalexport: „Nicht die Unmöglichkeit einer Betätigung innerhalb des Landes also, sondern die Jagd nach einer höheren Profitrate ist die Triebkraft des Weltkapitalismus [...] Eine niedrigere Profitrate treibt die Waren und Kapitals immer weiter von ihrem ‚Vaterlande' weg. Aber dieser Prozess spielt sich gleichzeitig in verschiedenen Teilen der Weltwirtschaft ab. Die Kapitalisten der verschiedenen ‚nationalen Wirtschaften' stoßen hier als Konkurrenten aufeinander, und je größer das Wachstum der Produktivkräfte des Weltkapitalismus ist, je intensiver die Zunahme des Außenhandels, desto schärfer wird der Konkurrenzkampf" (ebd., 90). Die Überakkumulation von Kapital im Inneren führt zum Kapitalexport und zur Schutzzollpolitik. Das Kapital ist auf den staatlichen Schutz angewiesen. Verschärft wird dieses Bedürfnis noch durch die Tatsache, dass nicht mehr nur zirkulierendes Kapital, sondern Massen von fixem Kapital (Eisenbahnen, große Plantagen, Elektroanlagen) im „fremden Land" angelegt werden (ebd., 110). Drei Hauptmotive des hiermit verbundenen Interesses an Eroberungspolitik werden von Bucharin aufgezeigt – die Verschärfung der Konkurrenz um Absatzmärkte, um Rohstoffmärkte und um Sphären für Kapitalanlagen.

Der Imperialismus ist als Politik des Finanzkapitals zu bezeichnen. Die Herrschaft innerhalb der fortgeschrittenen Länder wird durch eine Finanzoligarchie ausgeübt, die die Produktion, welche durch die Banken in einem Knotenpunkt zusammengefasst wird, leitet. Ein nationaler Raum wird angestrebt, der ein möglichst großes Wirtschaftsgebiet umfasst, das sowohl mehr agrarische Gebiete als auch Rohstoffmärkte sowie erweiterte Absatzmärkte und Sphären der Kapitalanlage zu einem Ausbeutungsgebiet der nationalen monopolistischen Vereinigungen zusammenführt. Schutzzollmauern halten dieses Gebiet gegen die ausländische Konkurrenz abgeschlossen und ermöglichen Extraprofite. Volkswirtschaften verwandeln sich in eine Art „national-staatlichen Trust". Ideologischer Ausdruck hiervon ist ein wachsender Nationalismus, die Hingabe des „Einzelinteresses" an ein höheres „Gesamtinteresse", in der die Klassengegensätze „aufgehoben" werden sollen im Dienste der „Gesamtheit" zwecks Erreichung des Zieles nationaler Größe (ebd., 119 f.). Bucharin analysiert Tendenzen zur Verschmelzung von Staat und Kapital und führt sie zu ihrem logischen Schlusspunkt. Moderne Staaten sind keine unabhängigen Institutionen, sondern Ausdruck wirtschaftlicher Entwicklungen: „Der Prozess der Schaffung moderner Staaten als einer besonderen politischen Form ist selbst durch wirtschaftliche Bedürfnisse und Nöte hervorgerufen worden [...] der staatliche Zusammenschluss war nur ein Ausdruck des wirtschaftlichen Zusammenschlusses" (ebd., 67). Mit der gesteigerten Bedeutung des Staates wird dieser „in einem größeren Maße als je zum geschäftsführenden Ausschuss der herrschenden Klassen". Zwar hat die Staatsmacht stets die Interessen der Oberschichten vertreten, diese stellten aber eine „formlose Masse" dar. „Der Staatsapparat verkörpert gegenwärtig nicht nur die Interessen der herrschenden Klassen im allgemeinen, sondern auch ihren kollektiv entstandenen Willen" (ebd., 143). Am Ende der Konzentrationsprozesse verwandelt sich die gesamte nationale Wirtschaft in einen gewaltigen, kombinierten Trust aus Finanzkapital und Staat – den „staatskapitalistischen Trust" (ebd., 131 ff.). Die Bildung von staatskapitalistischen Trusts zeitigt radikale Folgen: die Konkurrenz auf dem Binnenmarkt wird minimiert bzw. aufgehoben, um schließlich auf einer höheren Stufe – als Konkurrenz der staatskapitalistischen Trusts auf dem Weltmarkt – weitergeführt zu werden. Genauso wie ein Trust vorgelagerte Produktionsstufen integriert, hat der staatskapitalistische Trust die

Tendenz, ganze Länder – und dies beschränkt sich nicht nur auf agrarische Länder – als Ergänzung zu erobern. Alle Widersprüche, die im nationalen Kapitalismus vorhanden sind, werden auf weltweiter Ebene reproduziert (ebd., 134).

Zusammengefasst besitzt der Imperialismus seine Hauptantriebskräfte im Kampf um die globalen Absatz-, Kapital- und Rohstoffmärkte und im „Konflikt zwischen dem [sich internationalisierenden] Wachstum der Produktivkräfte und der nationalen Beschränktheit der Organisation der Produktion" (ebd., 114). Dabei wird die imperialistisch-kriegerische Staatenkonkurrenz als Sonderfall der Konkurrenz beschrieben. Sollte es zum offenen Kampf unter den staatskapitalistischen Trusts kommen, wird dieser nun durch das Verhältnis ihrer militärischen Mittel entschieden.

2.2.3. Angell/Carr/Morgenthau: Idealismus und Realismus in der Disziplin der Internationalen Beziehungen

Philosophische Reflexionen und historische Abhandlungen über zwischenstaatliche Beziehungen sind seit Jahrhunderten betrieben worden – beispielsweise von Thukydides, Aristoteles, Machiavelli, Grotius, Hobbes oder Kant. Zur eigenständigen wissenschaftlichen Disziplin entwickelt sich die Analyse der internationalen Beziehungen erst nach 1919 (vgl. Czempiel 1965). In den ersten Jahrzehnten prägen zwei Strömungen, der *Idealismus* und der *Realismus,* die Disziplin der Internationalen Beziehungen (IB), die im Folgenden, idealtypisch, vorgestellt werden.

Vorherrschend sind bis 1919 machtpolitisch-realistische Ideen, gewissermaßen als Repräsentanten des „Neomachiavellismus", der in der Krise des Liberalismus Ende des 19. Jahrhunderts seinen Siegeszug angetreten hatte. Die Strömung des Idealismus, die den Trend in Richtung einer „Weltgesellschaft" beschreibt, kann jedoch nach 1919 zeitweise eine führende Rolle in der Disziplin der IB einnehmen. In den 1930ern schiebt sich schließlich wieder das Bild der Welt als anarchischem System, der ein zentrales Sanktionsinstrument fehlt – und damit der „realistische" Begriff der Macht – in den Vordergrund.

Beide Strömungen verbindet die Überzeugung, dass internationale Politik grundsätzlich von der Innenpolitik unterschieden werden muss, da sie in anarchische und nicht in hierarchische Strukturen eingebettet ist. Es besteht *über* den zentralen Akteuren keine zentrale Autorität wie innerhalb eines Staates – jeder Staat muss sich daher selbst um seine Sicherheit kümmern. Bei der Frage, wer die Akteure sind, die die internationale Politik beeinflussen, unterscheiden sich die beiden Denkschulen jedoch. Der Idealismus betrachtet die „Gesellschaften" als zentrale Akteure, die im internationalen System durch Staaten vertreten werden. Die grundlegenden Normen und Werte der Gesellschaften beeinflussen die Staatsführung – daher auch besteht die Möglichkeit, die anarchischen Strukturen zu überwinden. Im Realismus steht der rational handelnde Staat im Mittelpunkt, der über das Gewaltmonopol verfügt. Aufgrund der anarchischen internationalen Struktur müssen Staaten zwangsläufig Machtpolitik betreiben und werden sich dabei auch über grundlegende innergesellschaftliche Normen und Werte hinwegsetzen.[29]

Der Idealismus stellt eine auf gesellschaftliche Fortschrittsannahmen basierende Theorie dar, der zufolge die Rivalitäten im internationalen System durch eine bewusste Aufarbeitung ihrer Ursachen beseitigt werden können. Dies wiederum setzt ein Vertrauen auf die Durchsetzungsfähigkeit der menschlichen Vernunft voraus. Ökonomisch wird mit diesen Vorstellungen in der Regel ein liberal-marktwirtschaftliches Modell verbunden. Es wird davon ausgegangen, dass eine arbeitsteilig und freihändlerisch organisierte Weltwirtschaft die Grundlage für eine dauerhafte Friedensordnung bilden kann. Als ein Klassiker des Idealismus in der Tradition Kants (vgl. Kant 1996) kann die Schrift *Die große Täuschung* (1910) von Norman Angell angesehen werden. Zentrale Thesen seiner Arbeit sind die sich selbst regulierende Gesellschaft und die Aussicht auf ein funktionierendes Rechtssystem. Eine Weltregierung hält er weder für nötig noch für wünschenswert. Vor dem Hintergrund des deutsch-britischen Wettrüstens polemisiert Angell gegen die Auffassung, dass militärische Stärke als Garant für Sicherheit und Wohlstand dient und

---

[29] Am ehesten noch kann eine Politik des „Mächtegleichgewichts" Kriege verhindern, so die Realisten. Der Idealismus hingegen sieht in der Demokratisierung der Staaten die größte Chance, den Frieden dauerhaft zu sichern (vgl. Zangl/Zürn 2003, 25-37). Zudem werden politische Hoffnungen in den Völkerbund gesetzt. Der Völkerbund soll dazu beisteuern, das Prinzip der nationalen Souveränität durch das Prinzip der kollektiven Sicherheit zu überlagern.

umgekehrt jede Nation daher gezwungen ist, „sich gegen die eventuelle Habgier des Nachbarn zu schützen" (Angell 1910, VII). Militärische oder politische Übermacht verschafft keinen „kommerziellen Vorsprung", ebenso wenig territoriale Gebietserweiterungen.

Der Krieg als solches erscheint irrational. Vernünftig und im Interesse der englischen „Nation", Angell spricht nicht explizit von Gesellschaft, kann nur die Vermeidung des Krieges sein, auch wenn unter den gegebenen Umständen nicht einseitig abgerüstet werden darf, so der Autor (ebd., 244). Im Windschatten der großen Kriegsrüstungen haben sich kleinere Staaten wie Belgien oder Norwegen ökonomisch entwickelt. Die Anlagen erfahrener Finanziers in diesen Nationen entkräften die Vorstellung, dass Sicherheit mit militärischer Sicherheit korrelieren müsse (ebd., 27 f.). Gerade in „unverteidigten Nationen" kann ökonomische Verwertung erfolgreich gelingen. Das Militär sollte sich stattdessen darauf konzentrieren, ähnlich der Polizei im Inneren, auf der internationalen Ebene Aktionen der Selbstjustiz vorzubeugen, worunter auch britische Interventionen in Indien zur Aufrechterhaltung der „Ordnung" fallen.

Der Erste Weltkrieg wird seitens des Idealismus als Resultat „realistisch" geprägter Machtpolitik verstanden, aufgrund derer die einzelnen Großmächte jeden Machtzugewinn einer anderen Macht als Bedrohung wahrnahmen. Der relative Machtgewinn des Deutschen Reichs wurde in Großbritannien als Drohung bewertet und mit einer Allianzbildung (mit Frankreich, später Russland) beantwortet. Das Deutsche Reich, das sich nur auf das Bündnis mit Österreich-Ungarn stützen konnte, sah sich gezwungen, eine noch rücksichtslosere Machtpolitik zu betreiben. Die Spirale wechselseitiger Bedrohungen mündete schließlich im Krieg. Aufgrund der internationalen, gegenseitigen Abhängigkeit insbesondere der Finanzsphären ist allerdings eine Voraussetzung für das Schwinden der Rivalitäten zwischen Staaten entstanden. Einen Ausweg sieht Angell allerdings solange nicht in herkömmlichen politischen Übereinkommen, wie „die bestehende Ordnung und die ihr zugrunde liegenden Ideen unverändert bleiben" (ebd., 270).[30]

---

[30] Vielmehr muss ein über die Grenzen hinweg geförderter geistiger Fortschritt in Richtung eines „allgemeinen politischen Rationalismus" angestrebt werden (Angell 1910, 271). Dieser wird nur weitertreiben, was ohnehin schon im Hintergrund wirkt: der Fortschritt des Geistes, der mit

Der Realismus in der Disziplin der IB reagiert vor dem Hintergrund der krisenhaften 1930er Jahre, des Scheiterns des Völkerbundes, des Aufstiegs des Faschismus und der Sowjetunion auf die idealistische Herausforderung. Edward H. Carr kritisiert in seinem Buch *The Twenty Years' Crises 1919-1939* (1939/1948) das Fehlen des Faktors der „Macht" in der Theorie.

In der Tradition eines Machiavelli oder Hobbes, aber auch eines gegen den Fortschrittsglauben gerichteten Denkers wie Nietzsche, heben die Realisten die kalte Wirklichkeit in den internationalen Beziehungen hervor. Den Idealisten bzw. „Utopisten" wirft man vor, Illusionen über die Realität zu verbreiten. Wissenschaft darf nicht allein auf noblen Zielsetzungen beruhen, man muss lernen zu unterscheiden zwischen dem, was sein soll, und dem, was ist (Carr 1948, 8). Dabei wendet sich Carr gegen die im 19. Jahrhundert entstandene Idee der „Harmonie" der Interessen, die in der klassischen politischen Laissez-faire-Ökonomie Adam Smiths ihren Ausgang nahm und zudem eine falsche Entgegensetzung von Politik und Ökonomie beförderte (ebd., 114 f.). Die Ökonomie kann nur als Teil der Politik verstanden werden, ökonomische Kräfte sind gleichermaßen politische Kräfte. Ökonomische „Waffen" wie der Kapitalexport werden als Instrumente nationaler Politik eingesetzt (ebd., 124 f.). Carrs Ansicht zufolge sind die idealistisch-internationalistischen Stellungnahmen des amerikanischen Präsidenten Woodrow Wilson der propagandistisch genutzte Ausdruck des nationalen Interesses der Vereinigten Staaten: „What matters is that these supposedly absolute and universal principles were not principles at all, but the unconscious reflexions of national policy based on a particular interpretation of national interest at a particular time" (ebd., 87).[31]

---

einem Bedeutungsverlust der Gewaltanwendung einhergeht (ebd., 187). Angell glaubt an eine veränderliche Natur des Menschen, deren Struktur durch den Fortschritt des Geistes positiv geformt werden kann.

[31] Dennoch sollte politisches Denken auch Elemente des „Utopismus" enthalten (Carr 1948, 93 f.). Carr strebt eine Synthese von Moral und Macht an. Dabei fragt er sich, ob nicht zukünftig neue Einheiten jenseits des Nationalstaates zum Machtträger werden können und ob diese notwendigerweise einen territorialen Charakter besitzen müssen (ebd., 228).

Zu dem wahrscheinlich wichtigsten wissenschaftlichen Exponenten des klassischen Realismus in den IB wird Hans J. Morgenthau.[32] Morgenthau bezeichnet den Idealismus in seinem Buch *Macht und Frieden* (1948/1963) als eine der zwei vorherrschenden Schulen des modernen Denkens. Diese gründet jedoch auf einer falschen Setzung, der zufolge die menschliche Natur „dem Wesen nach gut" ist (Morgenthau 1963, 48). Weil das Bürgertum im 19. Jahrhundert schlechte Erfahrungen mit der Herrschaft des Adels über das Bürgertum machte, stand Letzteres jeder Art von Machtpolitik ablehnend gegenüber. Die Philosophie des 19. Jahrhunderts reflektiert dies teilweise, so Morgenthau. Vor allem die Liberalen waren der Auffassung, Machtpolitik und Krieg wären „Überreste eines überholten Regierungssystems", und hofften darauf, dass mit dem „Sieg von Demokratie und konstitutioneller Regierung über Absolutismus und Autokratie, internationale Harmonie und dauerhafter Friede" triumphieren würden (ebd., 75).

Im Mittelpunkt steht für den „politischen Realismus", so Morgenthaus Selbstbezeichnung, folgende Feststellung: „Da Machtstreben das Merkmal internationaler Politik wie aller Politik ist, muss internationale Politik zwangsläufig Machtpolitik sein" (ebd., 74). Dabei setzt er sich vom Machtbegriff des Marxismus ab, den er durch das Ziel des ökonomischen Zugewinns charakterisiert. Machtinteressen unterscheiden sich von wirtschaftlichen Interessen. „In der Blütezeit des Kapitalismus wurde jedoch mit Ausnahme des Burenkriegs von den Großmächten kein einziger Krieg ausschließlich oder auch nur überwiegend aus wirtschaftlichen Gründen geführt" (Morgenthau 1963, 91). Sowohl der deutsch-französische Krieg 1870 als auch die beiden Weltkriege waren „politische Kriege", Kriege mit dem Ziel einer neuen Machtverteilung: „Was der vorkapitalistische Imperialist, der kapitalistische Imperialist und der ‚imperialistische' Kapitalist wollen, ist Macht, nicht wirtschaftlicher Gewinn" (ebd., 93). Imperialistische Politik wird von den Regierungen geplant, die „sodann die Kapitalisten zu ihrer Unterstützung aufforderten. Das

---

[32] Bis in die 1970er Jahre verfasst Morgenthau zahlreiche Arbeiten, in denen er die amerikanische Außenpolitik, aber auch allgemein die Entwicklung der internationalen Beziehungen anhand seiner theoretischen Prämissen analysiert und die jeweiligen Regierungen stellenweise kritisiert, wenn er idealistische oder moralisierende Elemente zu finden glaubt (vgl. Jacobs 2003, 41).

Zeugnis der Geschichte deutet somit auf den Primat der Politik über die Wirtschaft hin" (ebd., 93). Er gibt Schumpeter recht, der die These der „Herrschaft des Financiers über die Außenpolitik" als ein „Zeitungsmärchen" charakterisiert (zit. in: ebd., 93). Die Kapitalisten „als Gruppe" waren immer gegen den Krieg, wie Morgenthau an dieser Stelle ebenso Norman Angell beipflichtet, denn nur im Frieden sind „rationale" Vorausberechnungen möglich.

Morgenthaus politischer Realismus orientiert sich an dem „im Sinne von Macht verstandene Begriff des Interesses" (ebd., 50), weil Politik von objektiven Gesetzen beherrscht wird, deren Ursprünge in der menschlichen Natur liegen. Staatsmänner handeln im Sinne eines als Macht verstandenen Interesses, auch wenn deren Motive oft bis zur Unkenntlichkeit von den Interessen und Gefühlsregungen der Handelnden und historischen Zufällen verzerrt werden. Macht gilt als Herrschaft von Menschen über das Denken und Handeln anderer Menschen, welche von Gewalt im physischen Sinne zu unterscheiden ist. Insofern stellt politische Macht eine psychologische Beziehung dar. Der „Kampf um Macht" besitzt „universellen Charakter in Zeit und Raum" und stellt „eine unwiderlegliche Erfahrungstatsache dar" (ebd., 75). Letztlich sind hierfür „biopsychologische Triebkräfte" des Menschen verantwortlich: „Der Trieb zu leben, sich fortzupflanzen und zu herrschen, ist allen Menschen gemeinsam" (ebd., 76). Morgenthau leitet diese These aus dem menschlichen Alltagsverhalten ab: „Das Streben nach Herrschaft ist ein Merkmal, das allen menschlichen Gemeinschaften eigen ist, von der Familie über Verbände von Berufs- und Gesinnungsgenossen und lokalen politischen Organisationen bis zum Staat. In der Familie ist der typische Gegensatz zwischen der Schwiegermutter und der Gattin ihres Sohnes dem Wesen nach ein Kampf um Macht, die Verteidigung einer überkommenen Machtstellung gegen den Versuch, eine neue zu errichten. Dieser Gegensatz nimmt den Konflikt vorweg, der auf internationaler Ebene zwischen der Politik des status quo und der Politik des Imperialismus besteht. [...] – überall versucht der Mensch, Macht über andere Menschen zu bewahren oder zu begründen" (ebd., 76 f.).

Morgenthau vertieft seine Thesen in einer Untersuchung der Grundstrukturen der Politik im Inneren wie im Äußeren. Politik sucht, entweder Macht zu erhalten, und verfolgt dann eine „Politik des Status quo", oder Macht zu vermehren, dies führt dann zu einer „Politik des Imperialismus", oder Macht zu demonstrieren, sie betreibt dann „Prestigepolitik" (ebd., 81). Politische Maßnahmen zur Bekämpfung der Politik des Imperialismus unterscheiden sich von den Maßnahmen gegenüber der Politik des Status quo. So bezeichnet Morgenthau die angeblich durch den Idealismus geprägte Appeasement-Politik der Alliierten vor 1938 als schweren Fehler (ebd., 106). Anstatt durch den Machtzuwachs des Deutschen Reichs aufgeschreckt zu werden und diesem entschieden entgegenzutreten, hatten sich die USA, Frankreich und Großbritannien zurückgehalten. Das hierdurch veränderte Kräftegleichgewicht veranlasste das Deutsche Reich noch weiter in die Offensive zu gehen und schließlich den Krieg zu beginnen. Weil im internationalen System im Vergleich zum Inneren eines Staates anarchische Strukturen vorliegen, kann sich der Machtkampf zwischen Staaten umso ungehemmter entfalten. Daher kann eine nationale Macht, und ist sie noch so ausschlaggebend, sich niemals in Sicherheit wiegen, weil es kein dauerhaftes Gleichgewicht der Kräfte gibt. Dies liegt in drei Tatsachen begründet: *Erstens* in der „Ungewissheit" des Gleichgewichts der Kräfte: Machtberechnung ist nicht einfach quantifizierbar, insbesondere dann, wenn sich nicht mehr nur einzelne Staaten, sondern Bündnisse gegenüberstehen. *Zweitens* erscheint das Gleichgewicht der Kräfte „unwirklich": „Eine Nation muss somit versuchen, zumindest einen Sicherheitsabstand zu wahren, der es ihr gestattet, Fehlkalkulationen aufzustellen und trotzdem das Gleichgewicht der Kräfte zu erhalten. Zu diesem Zweck müssen alle Nationen [...] nicht nur Gleichgewicht [...] sondern Überlegenheit ihrer Macht anstreben" (ebd., 184). Kriege sind besonders dann wahrscheinlich, wenn das Mächtegleichgewicht gestört wird. *Drittens* informiert das Gleichgewicht der Kräfte zugleich nur „unzulänglich": „Das Vertrauen in die Stabilität des modernen Staatensystems [...] entspringt nicht dem Gleichgewicht der Kräfte, sondern einer Anzahl von geistigen und sittlichen Faktoren" (ebd., 194).[33]

---

[33] Weil es im Realismus darum geht, „hinter dem Deckmantel der Ideologie die wahre Natur einer Außenpolitik zu erkennen" (Morgenthau 1963, 112), darf sich der Analyst nicht auf vordergründige Stimmungen verlassen. „Vernünftige" Außenpolitik muss dies anerkennen. Weil der Kampf um Macht im anarchischen internationalen System als eine Konstante besteht, die nicht exakt gemessen werden kann, sind die Versuche der Herstellung eines machtpolitischen Gleichgewichts in der Regel zum Scheitern verurteilt. Die einzige Lösung liegt im moralischen, verantwortungsbewussten Umgang mit Macht, dessen Instrument die Diplomatie ist (ebd., 471 ff.).

Aus all dem folgert Morgenthau ein Primat der Außenpolitik über die Innenpolitik und zum anderen ein Primat der Sicherheitspolitik über die Wirtschafts- aber auch Menschenrechtspolitik. Jeder Staat, der auf Machtpolitik verzichtet, wird letztlich zum Opfer der Machtpolitik anderer Staaten, deshalb müssen *alle* Staaten andere Interessen dem Interesse des Machterhalts unterordnen. Dementsprechend qualifiziert er die Idee eines Weltstaates als utopisch-idealistisch ab (ebd., 426). Am Beispiel der Entstehung der Vereinigten Staaten setzt er sich kritisch mit den Ideen der „Weltgemeinschaft" auseinander. Im Gegensatz zur Vorstellung der Idealisten, die in den Vereinigten Staaten eine Art Modell für eine zukünftige staatliche Welt-Vereinigung sehen, argumentiert er: „Als die verfassungsgebende Versammlung 1787 zusammentrat, waren die 13 Staaten mehr dem Namen nach souverän als in der politischen Wirklichkeit. Sie bildeten nicht 13 getrennte Staaten, die sich zu einem einzigen verschmelzen wollten [...]. Durch Gründung der Vereinigten Staaten tauschten sie eine Souveränität, nämlich die der britischen Krone, gegen eine andere ein. Und sie ersetzten eine gemeinsame Bindung durch eine andere gemeinsame Bindung. [...] Die Gemeinschaft des amerikanischen Volkes ist älter als der amerikanische Staat, wie eine Welt-Gemeinschaft vor einem Welt-Staat existieren muss" (ebd., 433). Auch internationale Organisationen können keine nachhaltige Harmonie erzeugen. Sie lassen sich vielmehr als Instrumente zur Machterhaltung starker Staaten verstehen. Daher sind sie auch nur solange wirksam, wie sie von dominierenden Machtinteressen getragen werden. Weil beispielsweise hinter dem Völkerbund keine derartigen Machtinteressen mehr standen, ging dieser spätestens in den 1930ern in der Bedeutungslosigkeit unter.

II. Zweite Periode 1945 bis 1989

1. Historischer Hintergrund

Für eine kurze Zeit nach Ende des Zweiten Weltkriegs bestand weltweit die Hoffnung auf eine friedlichere und gerechtere Zukunft. In der im Juni 1945 unterzeichneten Charta der Vereinten Nationen artikulierte sich die Zuversicht, „künftige Geschlechter von der Geißel des Krieges zu befreien" und Bedingungen zu schaffen, unter denen Frieden, Gerechtigkeit und die „Achtung von Verpflichtungen aus Verträgen gewahrt werden können". In der Charta wurde der Gewaltverzicht als Norm formuliert (Czempiel 1998, 14).

Die Niederlage des Faschismus war auch eine Niederlage des Nationalismus, des Rassenhasses, des Sozialdarwinismus und antidemokratischer Einstellungen. Dennoch folgte auf diesen Einschnitt keine substantielle Umgestaltung. Ein paar Jahre später befand sich die Welt inmitten des Kalten Krieges, im Schatten der atomaren Vernichtung des Planeten. Die in den Konferenzen von Teheran, Yalta und Potsdam ausgehandelte geopolitische Neuordnung spiegelte nackte Interessenpolitik und Machtstreben auf allen Seiten. Zwar wurden Japan und Deutschland erst einmal aus dem Konzert der Großmächte ausgeschlossen, die anderen Akteure kämpften aber untereinander um eine Aufteilung von Interessensphären unter den Bedingungen neuer internationaler Kräfteverhältnisse. Die Struktur der Vereinten Nationen drückte diese neue Kräftekonstellation aus.

Schon früh zeichneten sich die Konturen einer bipolaren Weltordnung ab. Einer der führenden Köpfe amerikanischer Außenpolitik, George Kennan, sprach sich 1946 für eine Strategie der Eindämmung des sowjetischen Systems aus. Bis zum Jahre 1949 und der Gründung der NATO, dem Sieg Maos und seiner Guerillaarmee in China, der Bildung zweier deutscher Staaten und der Verwandlung der Grenze der „zwei Systeme" in einen „Eisernen Vorhang" war dieser Prozess abgeschlossen. Die treibende Kraft hinter diesem Prozess, die Vereinigten Staaten, teilten die Welt in „freie Völker" und „totalitäre Regime", ihr Gegner, die UdSSR, redete nun vom Gegensatz des „Imperialismus" und den „friedliebenden Kräften" als dem Hauptwiderspruch der neuen Epoche. Ein scheinbar neuer

Antagonismus zwischen Kapitalismus und Kommunismus entstand, die „Systemkonkurrenz".

Die Welt nach 1945 erlebte einen langen Wirtschaftsaufschwung, ein „goldenes Zeitalter". Der lange Aufschwung (der in den USA bereits um 1940 begann) wurde von der enormen Ausdehnung staatlicher Tätigkeiten begleitet, was mit der Hoffnung auf die Lösung aller explosiven Gegensätze mittels einer Instanz „jenseits" der Klassenantagonismen einherging. Eine technokratische Ideologie, die auf die Fähigkeiten von „Experten" schwört, das Ideal einer „formierten Gesellschaft", in der jeder seinen Platz hat *und* behält, in der die Wirtschaft reguliert und die Labsale des Wachstums gleichmäßig verteilt werden, in der die Welt im Weberschen Sinne „entzaubert" ist, technischer Rationalität unterliegt, brachte diesen Organisationsglauben zum Ausdruck. Das Vertrauen in die Allmacht der Technologie wurde zu einer vorherrschenden Denkfigur (vgl. Adorno 1993).

Wesentliche Charakteristika der internationalen Beziehungen nach 1945 werden nachfolgend *erstens* im Feld der geopolitisch bipolaren, jedoch sozio-ökonomisch multipolaren Welt, *zweitens* im Feld der Entkolonialisierung und Teilindustrialisierung des „Südens" und *drittens* im Höhepunkt des Staatsinterventionismus verortet.

Pax Americana, Pax Sovietica und die Entwicklung einer geopolitisch bipolaren, aber ökonomisch multipolaren Welt

Mit dem Ende des Zweiten Weltkriegs wandelte sich das internationale Kräfteverhältnis grundlegend. Das europäische Staatensystem war nicht mehr wie einst Dreh- und Angelpunkt der Weltpolitik. Der Weltkrieg hatte gezeigt, dass keine europäische Macht in der Lage war, den Aufstieg des Deutschen Reichs zu einer Weltmacht zu verhindern. Großbritanniens Versuche, das instabile europäische Staatensystem zusammenzuhalten, waren gescheitert.

Überhaupt verdeutlichte der Kriegsverlauf den Niedergang der einstigen Supermacht. Die Vereinigten Staaten ersetzten Großbritannien. Nach 1945 wurden sie zur alles überragenden Macht. Das Land vereinte mehr als die Hälfte der weltweiten Industrieproduktion auf sich, die militärische Übermacht war beinahe noch erdrückender. Das Atombombenmonopol drohte „jedem zukünftigen Feind ein ebenso entsetzliches Ausmaß an Vernichtung wie das von Hiroshima und Nagasaki" (Kennedy 1989, 535). Sowohl die Verlierermächte Japan und Deutschland als auch die Siegermächte wie Russland waren erst einmal geschwächt. Die USA hingegen hatten weder materielle Verluste im Land zu beklagen noch eine derart starke Welle sozialer Auseinandersetzungen zu verkraften wie andere Länder nach Kriegsende. Diese ökonomischen, militärischen und gesellschaftlichen Vorteile waren es, die es plausibel erscheinen lassen, in der Zeit nach 1945 von einer „Pax Americana" zu sprechen. Schon während des Krieges nutzten die amerikanischen Machteliten ihre Vormachtstellung unter den Alliierten, um die Fundamente für eine Nachkriegsweltwirtschaft zu legen, die offen war für amerikanische Investitionen und Exporte. Die Transformation und Institutionalisierung dieser Dominanz-Position in eine, zumindest im „Westen" nicht mehr in Frage gestellte und auf breitem Konsens beruhende *hegemoniale* Position wurde durch die internationale Durchsetzung des „fordistischen" Wirtschaftstyps und der Schaffung neuer, internationaler Institutionen angesteuert. Eine gemeinsame Bedrohungswahrnehmung im Ost-West-Konflikt diente ebenso dem Führungsanspruch der USA.

Die Achsen der Weltproduktion und -politik verschoben sich aber nicht nur nach Westen. Im Osten entstand neben Japan mit der UdSSR ein neuer Industriegigant, der sich auf eine entwickelte Militärmaschine stützen konnte. In der Sowjetunion hatte sich seit den 1920ern ein Wirtschaftssystem etabliert, welches auf einer Verschmelzung ökonomischer und politischer Macht beruhte und als bürokratische Ökonomie betrachtet werden konnte, deren Handeln kapitalistischen Prinzipien glich. Im Zuge der Ausweitung der Macht der UdSSR und der Etablierung ähnlicher Systeme in Osteuropa nach Kriegsende entstand so ein regelrechter wirtschaftspolitischer Gegenentwurf zur amerikanischen Vorstellung der „offenen" Weltwirtschaft – die „Pax Sovietica". Dieser Widerspruch war eine Grundlage der Teilung Europas und der Einbindung in zwei internationale Militärbündnisse.

Der „Systemgegensatz" brachte ein neues Muster der internationalen Konkurrenz hervor. Ökonomische und geopolitische Konflikte zwischen den Staaten wurden fast ausschließlich in ein bipolares Muster gepresst. Waren die andauernden und von allen Seiten betriebenen Bündnismanöver im 19. Jahrhundert noch charakteristisch für die Welt der „vielen" Großmächte gewesen, so verlor die internationale Politik im Zeitalter zweier Supermächte an Beweglichkeit. Zwar blieb die Lage an den Rändern des Weltsystems instabil – die Entwicklung Ägyptens von einer britischen Halbkolonie, über einen neutralen Staat, der zwischen den Supermächten lavierte, zum wichtigsten Verbündeten der UdSSR im Nahen Osten, bis zum befreundeten Staat der Vereinigten Staaten, illustrierte dies –, nichtsdestotrotz wirkte auch hier der Kalte Krieg letztlich wie eine Art Zwangsjacke, der die einzelnen Staaten dazu brachte, ihre Handlungen (zumindest zu einem Teil) nach den Interessen der jeweiligen Blöcke auszurichten. „Heiße" Kriege zwischen den westlichen Staaten sowie zwischen den USA und der UdSSR blieben aus, wobei es einige Male fast zur Anwendung atomarer Waffen gekommen wäre. Kriege tobten eher in den Staaten der „Dritten Welt". Der Begriff des „Stellvertreterkriegs" – zum Beispiel der Koreakrieg in den frühen 1950ern, dessen zwei Kriegsparteien jeweils von einer der beiden Supermächte unterstützt wurden – kam auf (vgl. Greiner/Müller/Walter 2006).[34] Gleichzeitig wurde die Vorbereitung auf den Krieg zum Dauerzustand und der Rüstungswettlauf zu einem beherrschenden öffentlichen Thema. Nach 1945 beanspruchten die Rüstungsausgaben, mit Ausnahme der „stillgelegten" Verliererstaaten des Weltkriegs, 30 Jahre lang einen für Friedenszeiten bislang unerreicht hohen Anteil am Bruttoinlandsprodukt – eine Entwicklung, die unbeabsichtigt den stärksten

---

[34] Ein wichtiges Grundmuster des Kalten Krieges bestand in dem Versuch der beiden Supermächte, so viel Territorium wie möglich in ihre Einflusssphäre zu bringen (unter Absehung direkter kolonialer Kontrolle), um strategische Vorteile zu erlangen. Die Parteien des Koreakrieges wurden nicht wegen des dortigen Reichtums, sondern wegen der geostrategischen Bedeutung für die ganze ostasiatische und pazifische Region unterstützt. Ähnliche Bestimmungen erfuhren die großzügigen Hilfen an „befreundete" Staaten. Mit Geld und Waffen wurden Regime unterstützt, die sich mit der jeweils anderen Supermacht in Konflikt befanden – die USA half z.B. dem „kommunistischen" Jugoslawien, um ihren Einflussbereich auf dem Balkan nahe den sowjetischen Grenzen zu stärken; die UdSSR half Kuba, um einen Brückenkopf in der Karibik nahe den amerikanischen Grenzen zu erhalten; die UdSSR bewaffnete Somalia, um gegen das von den USA bewaffnete Äthiopien zu kämpfen, und später bewaffneten die UdSSR Äthiopien und die USA Somalia. Viele der neuen unabhängigen Staaten wie China spielten in diesen Beziehungen jedoch nicht nur die Rolle des Spielballs.

Wirtschaftsaufschwung in der Geschichte des Kapitalismus unterfütterte.

Die Teilung der Welt in rivalisierende Blöcke erzeugte keine dauerhafte Stabilität, kein „Gleichgewicht des Schreckens". Auch in dem gegenüber dem Warschauer Pakt wesentlich mächtigeren westlichen NATO-Bündnis sorgten „innere" Konflikte für Aufsehen. Die Einbindung fast aller entwickelten Volkswirtschaften in einen politischen Block unter der Hegemonie der USA verhinderte zwar militärische Konflikte wie vor 1945. Relativ entkoppelt von der geopolitischen Staatenkonkurrenz bildeten sich aber insbesondere mit dem Aufstieg Japans, der neben der UdSSR am schnellsten wachsenden Ökonomie der Erde, und Westdeutschlands neue wirtschaftliche Rivalitäten heraus. Die beiden Exportwirtschaften Japan und Deutschland wurden zu ernstzunehmenden Konkurrenten auf dem Weltmarkt (Rödel 1974).

Entkolonialisierung und Teilindustrialisierung
in der Dritten Welt

Der spektakulärste Wandel außerhalb der am stärksten industrialisierten Länder nach dem Zweiten Weltkrieg betraf die Auflösung der großen europäischen Kolonialreiche. Dieser umkämpfte Prozess resultierte aus mehreren Faktoren. Zum einen entsprach er dem Niedergang der europäischen Mächte und der wachsenden Abhängigkeit von den Vereinigten Staaten, die ihrerseits an einem Zugang zu den in der Zwischenkriegszeit für sie geschlossenen Gebiete interessiert waren. Zum anderen bildeten sich starke nationale Befreiungsbewegungen in den betroffenen Ländern – in Algerien, Kenia, Indonesien und Vietnam beispielsweise –, die einen enormen Druck in Richtung auf die Beendigung der Kolonialherrschaft ausübten. „Das wichtigste Guthaben des Imperialismus war verschwunden, nämlich die Bereitschaft der Kolonialvölker, sich nach einer Eroberung ergeben von einer Handvoll Besatzer regieren zu lassen" (Hobsbawm 1995, 692 f.). Hinzu kam, dass große Teile der ehemaligen Kolonien von abnehmender Bedeutung für die entwickelten Volkswirtschaften waren. Auslandsinvestitionen flossen in weitaus geringerem Ausmaß in unentwickelte Länder als in die reichen Industriegesellschaften. Zudem verringerte sich die Abhängigkeit von Rohstoffen – mit der Ausnahme des Rohöls. Ein Erfolg der Autarkiebestrebungen kapitalistischer Staaten in der Zwischenkriegszeit war die Entwicklung synthetischer Ersatzstoffe gewesen, die effizientere Nutzung von Rohstoffen und die gesteigerte Produktivität der eigenen landwirtschaftlichen Produktion.

Die formale politische Unabhängigkeit führte zu neuen informellen Abhängigkeiten gegenüber den „Metropolenstaaten". Die abhängige Akkumulation blieb die Regel, auch wenn es Ausnahmen gab und gewisse Gegenreaktionen hin und wieder auftraten, wie beispielsweise die Entwicklung von einem zwischen den Fronten stehenden Bündnis der „Blockfreien" im Jahr 1956 seitens Indiens, Jugoslawiens und Ägyptens. In der „Dritten Welt"[35], wie man auch in der Wissenschaft die unterschiedlichsten Länder zu bezeichnen pflegte, konnten allerdings im Zuge des langen Wirtschafts- aufschwungs diverse Länder die eigene industrielle Entwicklung vorantreiben. Auf allen Kontinenten, darunter auch in den ehemaligen Kolonien, bildeten sich mithilfe rigider wirtschafts- politischer Interventionen regionale Vormächte heraus – beispiels- weise Indien, China und Südkorea in Asien, Südafrika und Ägypten in Afrika sowie Brasilien und Argentinien in Lateinamerika.

Die differierende industrielle Entwicklung, unterschiedliche interne Sozialstrukturen sowie Traditionen schlugen sich in spezifischen Wachstumspfaden nieder. Wenn es ein einigendes Band gab, dann die mehr oder weniger ausgeprägten wirtschaftspolitischen Interventionen des Staates. Nach 1945 bauten viele periphere Staaten auf die Politik der Importsubstitution und kopierten dabei bis zu einem gewissen Grad die bürokratischen Kommandomethoden der westlichen Staaten oder der UdSSR. In Ländern Afrikas und Asiens bildeten sich „staatskapitalistische" Kommandowirtschaften nach sowjetischem Vorbild. Aber auch dauerhaft „marktwirtschaftlich" protegierte Staaten wie Südkorea planten streng nach Fünfjahresplänen. Die Versuche einer besonders autarken, staatlich getragenen, industriellen Entwicklung schlugen in der Regel nach kürzeren Zeitspannen fehl. Einige Länder Ostasiens und Lateinamerikas, die sich wie Südkorea stärker auf den Weltmarkt orientierten und zusätzlich über weitere günstige Voraussetzungen verfügten – Südkorea wurde im Rahmen des Kalten Krieges von den

---

[35] Hierbei handelt es sich auch um einen ideologisch aufgeladenen Begriff des Kalten Krieges, indem der Westen sich zugleich zur „ersten" Welt stilisierte und den Ostblock zur „zweiten Welt" degradierte.

USA unterstützt –, konnten sich zu neuen, relativ unabhängigen Zentren der Kapitalakkumulation entwickeln. Die Entwicklung dieser Länder enthüllte dabei den gleichen Prozess, der sich auch in den „Zentren" entfaltete – die wachsende internationale Integration der Kapitalakkumulation. Dass die wirtschaftliche Entwicklung dennoch nur partiell erfolgreich verlief, wurde spätestens zu Beginn der „Schuldenkrise" in den 1980ern deutlich, dem ein „verlorenes" Jahrzehnt in Lateinamerika und die Verarmung breiter Bevölkerungsschichten in Afrika folgten.

Höhepunkt des Staatsinterventionismus

Der Bedeutungszuwachs einzelstaatlicher Apparate kann als ein zentrales Kennzeichen des 20. Jahrhunderts bezeichnet werden. Die Verflechtungen zwischen Industrie und Staat, die die frühen Imperialismustheoretiker analysierten, verblassten noch angesichts der Intensität, die die staatliche Intervention im Zuge der großen Kriege des 20. Jahrhunderts annahm (Kolko 1999, 80). Auch die Weltwirtschaftskrise ab 1929 beförderte diese Entwicklung. Die Krise verstärkte eine schon vorhandene Tendenz, sich der globalen Instabilität durch autonome, nationale Entwicklung zu entziehen. Der „Planstaat" trat nach 1945 freilich in unterschiedlichen Varianten auf, im Osten in Form der „sozialistischen Planung", im Westen als „keynesianischer Interventionsstaat" und im Süden als „Entwicklungsstaat" mit der Strategie der importsubstituierenden und später der exportorientierten Industrialisierung. All diese Strategien zielten darauf ab, durch Regulierung die Irrationalität der kapitalistischen Entwicklung zu überwinden (Altvater/Mahnkopf 1996, 395 ff.).

Der lange Wirtschaftsaufschwung, der einen relativen gesellschaftlichen Konsens im Westen ermöglichte und die Überwindbarkeit der gesellschaftlichen Konflikte suggerierte, kam Ende der 1960er dennoch an sein vorläufiges Ende. Mit den ökonomischen und sozialen Krisen der 1970er geriet die Idee nationalstaatlicher Regulierung in die Defensive. Gestützt wurde dies durch eine weitere zentrale Tendenz nach dem Weltkrieg: einem massiven „Globalisierungsschub". Der Prozess der Internationalisierung der Unternehmen beschleunigte sich in der Nachkriegszeit und verstärkte sich ab Mitte der 1970er noch. Die Krisenlösungsstrategien der 1970er erzeugten andere Reaktionen als in den 1930ern. Anstelle eines verschärften Isolationismus überwog der Trend zu verstärkter internationaler Verflechtung. War die Tendenz zum staatlich umgrenzten Kapitalismus bzw. zum Staatskapitalismus nach 1929 vorherrschend, so nahm nun die Bedeutung der Inter- und Transnationalisierung immer mehr zu.

Der Trend zur weltweiten Integration der Kapitalakkumulation, der gleichwohl ein politisch durchsetzter Prozess blieb, wies drei wesentliche Dimensionen auf: Erstens die Internationalisierung der Produktion durch die Herstellung annähernd weltweiter Verarbeitungssysteme, eine Entwicklung, die durch den Aufstieg der multinationalen Konzerne gekennzeichnet war, zweitens der zunehmende internationale Handel, zwischen und innerhalb von Konzernen, begünstigt durch die politische Einheit des Westens und die Schaffung gemeinsamer Wirtschaftsräume wie der Europäischen Gemeinschaft, und drittens die Stärkung internationaler Finanzkreisläufe, die in den 1960ern durch die wachsende Unfähigkeit der USA, als Stabilisator der Weltwirtschaft zu agieren, gefördert wurden. Ab Ende der 1970er drückte der „neoliberale Politikwechsel" der Machteliten nicht nur des Westens die etwas verspätete Einsicht aus, mithilfe der Liberalisierung und Deregulierung des Finanzsektors zur Wiederherstellung der Wirtschaftsleistung beitragen zu wollen.

Der Internationalisierungsprozess traf diejenigen Volkswirtschaften am härtesten, in denen die Tendenz zur nationalstaatlich organisierten Kapitalakkumulation am ausgeprägtesten war. Daher gerieten auch und gerade die Länder des Ostblocks in eine Stagnationskrise. Der Versuch einer autarken Form der wirtschaftlichen Entwicklung bereitete der Sowjetunion und den an den Bedürfnissen des Mutterstaates ausgerichteten Vasallenstaaten ab den 1960ern erhebliche Schwierigkeiten (Haynes 2002, 195 ff.). Da diese Staaten eine Kontrolle über die Ökonomie besaßen, die wiederum mit der weltwirtschaftlichen Konkurrenz auf komplexe Weise verbunden war, konnten sie nicht an der neu entstehenden internationalen Arbeitsteilung teilhaben und gerieten im Systemwettstreit ins Hintertreffen. Ihr ehemals großer Vorteil der wirtschaftlichen Autarkie wurde mehr und mehr zum Hemmnis.

Die 1970er Jahre wurden zum Wendepunkt. Eine neue Phase der kapitalistischen Entwicklung entzog dem alten Entwicklungsmodell den Boden und brachte ein neues hervor: einen stärker auf die internationale Konkurrenz ausgerichteten nationalen „Wettbewerbsstaat" (Hirsch 1998).

1.1. Fragen in den Debatten

Die Zeit des Wirtschaftsaufschwungs nach 1945 beförderte harmonistische Ideenströmungen. Die Imperialismustheorien mit ihrer Betonung scharfer Konflikte wurden als veraltet betrachtet. Ein regelrechtes Auslaufen der Theorie, abgesehen von der sowjet-marxistischen Imperialismustheorie, konnte beobachtet werden (Schmidt 1973, 533). Auf der Linken kam es zu einem Umdenken, welches exemplarisch an John Strachey abzulesen ist, der in den 1930ern ein bekannter Marxist in Großbritannien war. In seiner Schrift *The End of Empire* (1959) versucht er den alten Imperialismus-theorien ihr Ableben zu bescheinigen. Er argumentiert, dass die Erklärung von Hobson und Lenin angesichts des Wachstums der Realöhne in den kapitalistischen Metropolenländern ihre analytische Kraft verloren hat (Strachey 1959, 109 ff.). Eine Kombination von gewerkschaftlichem Druck und Regierungseingriffen erhöhte den Lebensstandard derart, dass das Problem der Unterkonsumtion gelöst ist und die Unternehmer keine Kolonien mehr brauchen, um dort Mehrwert aufzusaugen und Überproduktion im Inneren zu verhindern. Kolonialbesitz wirkt sogar, wie das außerordentliche Wachstum Westdeutschlands zeigt, kontraproduktiv (ebd., 194).

Mit der Entstehung der „Neuen Linken" nach 1956, den aufkommenden sozialen Bewegungen seit Mitte der 1960er und dem Ende des Nachkriegsbooms veränderte sich die Einstellung in Bezug auf die Imperialismustheorien. Daneben fanden aufschlussreiche Debatten in den Geschichtswissenschaften und den gesellschaftswissenschaftlichen Theorien der Internationalen Beziehungen statt, die nicht immer unmittelbar vom Imperialismusbegriff inspiriert waren, gleichwohl aber wichtige Beiträge zur Weiterentwicklung des wissenschaftlichen Diskurses produzierten.

Zentrale Fragekomplexe bildeten die Nord-Süd-Beziehungen bzw. die These eines neuen, informellen, vorwiegend auf ökonomischen Abhängigkeiten basierenden Imperialismus, und ab Ende der 1960er Jahre die Frage nach dem Ende (und den hieraus resultierenden Folgen) der amerikanischen Hegemonie. In der Disziplin der Internationalen Beziehungen bildete neben dem Kalten Krieg der Globalisierungsschub die Folie, auf der theoretische Verallgemeinerungen vorgenommen wurden.

2. Die Debatten nach 1945

2.1. Ansätze in den Geschichts- und Gesellschaftswissenschaften

In den Geschichts- und Gesellschaftswissenschaften findet eine Analyse imperialistischer Politik nach 1945 in der Regel in Abgrenzung gegenüber den klassischen marxistischen Imperialismustheorien statt. Im Mittelpunkt steht die Kolonialpolitik des ausgehenden 19. und beginnenden 20. Jahrhunderts.[36]

Drei wesentliche Gedankenstränge – die in den Theorien oftmals zusammenhängen, hier aber in kurzer Form getrennt dargestellt werden – prägen die Debatte: Imperialistische Gewalt bzw. Staatenkonflikte als eine Funktion des Nationalismus, als universalgeschichtliche Konstante oder, in einer neo-schumpeterianischen Version, als Relikt vorkapitalistischer Strukturen und Handlungsweisen. Demgegenüber setzen in den 1960ern einige Autoren wie Wehler und Robinson/Gallagher auf einen kritischen Anschluss an stärker politökonomisch fundierte Ansätze.

2.1.1. Imperialismus als extremer Nationalismus und machtpolitisches Phänomen

Eine Gruppe von Forschern bezeichnet den Imperialismus im Wesentlichen als ein nationalistisches Phänomen. Ein extremer, überbordender Nationalismus dient als Grundlage des Imperialismus. Ohne einen nationalistischen Enthusiasmus der Massen für eine expansive „Weltpolitik" hätten es die Teile der wirtschaftlichen Eliten, die ein Interesse an kolonialen Gebieten besaßen, vor 1945 schwer gehabt, ihre Pläne zu verwirklichen und die Regierungen zu überzeugen. Die finanziellen Ausgaben für die Verwaltung der Kolonien oder die zunehmenden Rüstungen als Folge der wachsenden zwischenstaatlichen Rivalitäten standen in keinem Verhältnis zum wirtschaftlichen Nutzen der kolonialen Erwerbungen. In der imperialistischen Politik kommt gewissermaßen ein Prozess zu

---

[36] Alles in allem sind bereits 1972 über 30.000 Titel erschienen, die sich mit dem „klassischen" europäischen Imperialismus beschäftigen (Schöllgen 1986, 128).

seinem Abschluss, bei dem sich nationalistische Bewegungen zu eigenständigen Antriebsfaktoren verselbständigen.

Theodor Geiger formuliert eine soziologische Erklärung imperialistischer Politik, die nicht „an den Kapitalismus gebunden" (Geiger 1963, 159), sondern als Funktion des Nationalismus zu verstehen ist: „Die Nation ist eine Vorstellung ohne Substanz. Sie kann sich daher nur in streitbarem Verhältnis zu einem Gegner, mindestens einem Gegenüber, verwirklichen. [...] Entgegen dem lange Zeit hindurch fast unbestrittenen Dogma, dem gemäß der Imperialismus eine Begleiterscheinung des Kapitalismus sein sollte, scheint er heute mehr und mehr eine unmittelbare Funktion des Nationalismus zu sein. Kapitalinteressen haben nicht nur nachweislich keinen Vorteil vom Imperialismus der Staaten, sondern sind durch ihn vielmehr geradezu bedroht und gefährdet. Jeder imperialistische Krieg hat die Stellung des Kapitalismus geschwächt" (ebd., 157 f.). Gleichzeitig, hier ähnelt die Argumentation dem Realismus in der Disziplin der Internationalen Beziehungen, versteht Geiger imperialistische Politik, das heißt extremen Nationalismus, auch als Funktion des Machttriebes – als „eine Ausgeburt des reinen Machttriebes, des Begehrens nach Macht um der Macht willen. Die wahren Träger des Imperialismus sind daher die politischen Machthaber und ihre Trabanten, Cliquen oder Kostgänger" (ebd., 158 f.).

Die These der Verbindung von Nationalismus mit Imperialismus vertritt ebenso George Lichtheim in seinem Buch *Imperialismus* (1971/1972). Die Heraufkunft des imperialen Zeitalters ist nicht isoliert „vom Aufkommen politischer Strömungen, die dem Liberalismus und dem Freihandel entgegenstehen" (Lichtheim 1972, 78), nachzuvollziehen. Nationalismus wurde historisch in Imperialismus „verwandelt", ist aber nicht als Verschwörung, sondern als Volksbewegung zur politischen Kraft geworden: „Demokratische Politiker wie Clemenceau und Lloyd George wurden einfach deshalb zu Imperialisten, weil ihre Wähler es von ihnen erwarteten" (ebd., 79 ff.)

2.1.2. Universalhistorische Imperialismustheorien

Als universalhistorische Thesen können besonders zwei Gedankengänge verstanden werden. Zum einen die Auffassung, imperiale Politik in die Geschichte der Kolonialpolitik zumindest der letzten 500 Jahre einbetten zu können und diese Kontinuität als wesentliches Erklärungsmoment zu begreifen. Zum anderen die Idee, den Imperialismus als Folge einer „ewigen" Ungleichheit von Machtpotentialen rivalisierender Staaten zu verstehen.

Herbert Lüthy beschreibt den Imperialismus, den er als ein Synonym zu Kolonialismus definiert, in seinem Aufsatz *Die Kolonisation und die Einheit der Geschichte* (1961/1970) als Politik einer Nation, die überseeische abhängige Gebiete zu erwerben, auszudehnen oder zu halten sucht. Der Drang zur Expansion besteht als variierende überhistorische Gegebenheit: „Diese planetare Expansion war eine Bewegung, aber sie spielte sich in vielen Formen und in verschiedenen, diskontinuierlichen Wellen ab" (Lüthy 1970, 45). Dabei wird der Zusammenprall von westlicher „Zivilisation" und vergleichsweise rückständigen indigenen „Kulturen" als eine Schlussphase innerhalb einer langfristigen Entwicklung der Ausbreitung der westlichen Zivilisation gedeutet.

David Landes beschreibt in seinem Aufsatz *Über das Wesen des ökonomischen Imperialismus* (1961/1970) den Imperialismus als eine Antwort auf ein Machtungleichgewicht. Landes unterscheidet zwischen einer „ökonomischen Interpretation", die er als einseitig verwirft – „[n]ichts fügt sich so schlecht in die ökonomische Interpretation ein wie die Aufteilung Afrikas" (Landes 1970, 68) –, und dem „ökonomischen Imperialismus", den er als einen unter mehreren Aspekten in der Analyse imperialistischer Formen bewertet. Landes kritisiert die seiner Ansicht nach zentralen Prämissen der marxistischen Theorien scharf: Weder ist eine „fest gefügte Unternehmerklasse" sich eines gemeinsamen wirtschaftlichen Interesses bewusst, noch zielt dieses Interesse auf eine Förderung imperialistischer Politik hin, noch beherrscht die Unternehmerklasse den Staat (ebd.). In Wirklichkeit ist die Bourgeoisie beständig gespalten. Imperiale Besitztümer stellen eine „Belastung" dar – daher hat sich der formelle Imperialismus im Gegensatz zum informellen, auf freien, vertraglichen Bindungen basierende Imperialismus nicht rentiert. Im Staat arbeiten Kräfte, beispielsweise Beamte, deren Interessen mit denen der Unternehmer konfligieren (ebd., 71 ff.).

Landes zieht eine universalhistorische, machttheoretische Schlussfolgerung: „Eine allgemeinere Interpretation scheint wünschenswert, und zu diesem Zweck möchte ich eine Gleichgewichtsanalyse versuchen, die über örtliche Gegebenheiten und spezielle Umstände hinausweist. Es scheint mir, dass man den Imperialismus als eine mannigfaltige Reaktion auf eine stets gleiche, sich einfach aus der Ungleichheit von Macht ergebende Gelegenheit betrachten muss. Wann immer und wo immer eine solche Ungleichheit bestanden hat, waren Völker und Gruppen bereit, sie auszunutzen. Es liegt, so muss man mit Bedauern feststellen, in der Tiernatur des Menschen, andere Menschen herumzustoßen – oder ihre Seelen zu retten oder sie zu ‚zivilisieren‘, je nachdem" (ebd., 77). Unter Macht versteht Landes nicht einfach die staatliche Macht im herkömmlichen Sinne, sondern ein Konglomerat an politischen, wirtschaftlichen, technologischen und kulturellen Machtmitteln, die die Stoßkraft einer sozialen Gruppe bzw. eines Landes ausmachen. Im Speziellen bildete die Expansion des 19. Jahrhunderts, so Landes, „nur die letzte Phase einer langwährigen Explosion [...] sie ist Ausdruck einer fundamentalen und anhaltenden Verlagerung des Machtgleichgewichts zwischen Europa und der übrigen Welt. Und der Macht ist, ebenso wie der Natur, ein Vakuum zuwider" (ebd., 79).[37]

2.1.3. Neo-Schumpeterianische Ansätze

Schumpeters Epigonen in den 1960ern beziehen sich auf den Teil seiner Analyse, der den Imperialismus in der kapitalistischen Gesellschaft als einen „Atavismus" kennzeichnet, als eine Folge gruppenspezifischer Mentalitäten und „fossilienähnlicher" gesellschaftlicher Strukturen. Hiermit verbunden ist die Hoffnung, die globale Durchdringung kapitalistischer Prinzipien und Normen könne der Welt perspektivisch ein friedliches Gesicht verschaffen.

---

[37] In jüngster Zeit hat der Historiker Niall Ferguson mit einigen provokanten Titeln internationale Aufmerksamkeit erregt. In seinem Buch *Das verleugnete Imperium. Chancen und Risiken amerikanischer Macht (2004)* argumentiert er für die Errichtung eines liberalen amerikanischen Imperiums. Ferguson bedient sich eines universalhistorischen Analysemodells, indem er die amerikanische Geschichte als die Geschichte eines weiteren Imperiums interpretiert – genau genommen des „achtundsechzigsten" in der Weltgeschichte (ebd., 24).

In Walt W. Rostows einflussreichem modernisierungstheoretischem Buch *Stadien des wirtschaftlichen Wachstums. Eine Alternative zur marxistischen Entwicklungstheorie* (1960), in der er die wirtschaftliche Entwicklung der Gesellschaften mit einem Aufsteigen entlang von „fünf Wachstumsstadien", beginnend mit den „traditionellen" Gesellschaften, charakterisiert, beschreibt er das höchste Stadium, das „Zeitalter des Massenkonsums" (Rostow 1960, 94-116) als einen Kapitalismus, der, „was immer die wirtschaftlichen Schwierigkeiten sein mögen, [...] nicht vom Imperialismus abhängig ist" (ebd., 186). Zwar hat es noch im vorherigen Stadium, dem „Reifestadium", das Mittel des nationalen Eifers nach Macht und Einfluss gegeben (ebd., 94), nun aber ist imperiales Streben dem Kapitalismus nicht mehr eigentümlich. Wenn überhaupt führen „politische" Faktoren zu Konflikten, die traditionalistischer Natur sind. Der Erste Weltkrieg, der Zweite Weltkrieg und der Kalte Krieg beispielsweise sind nicht als Austragung der Konkurrenz verschiedener kapitalistischer Staaten, sondern als Austragung der Konkurrenz von Staaten verschiedener Wachstumsstadien in Verbindung zu ihrem Militärpotential zu verstehen (ebd., 148). Besonders relevant sind der zu differierenden Zeitpunkten stattfindende Eintritt in das Reifestadium und die „Versuchung" bzw. die „Furcht" von Nationen, „die sich neuerdings im Reifestadium befinden, gegenüber den traditionellen Gesellschaften in Osteuropa und in China" (ebd.). Eine Modernisierung bzw. „Entwicklung" von rückständigeren Gesellschaften wird daher als Strategie und Lösung zugleich präsentiert.

Eine weitere, der neo-schumpeterianischen Strömung zuzurechnende Position besteht in der „peripherieorientierten" Imperialismustheorie, die Krisen in der Peripherie zum Antriebsfaktor für imperialistische Reaktionen auf seiten der europäischen Kolonialmächte diskutiert. So beschreibt David Fieldhouse in seinem Buch *Economics and Empire. 1830-1914* (1973) die Errichtung formeller Kolonialreiche als Reaktion auf „unbefriedigende" Verhältnisse in der Peripherie, beispielsweise den Zusammenbruch traditioneller Ordnungen oder die Unfähigkeit der indigenen Völker, mit den durch die europäische ökonomische Durchdringung ausgelösten politischen Problemen fertig zu werden. Nicht primär der wirtschaftliche Druck in Europa oder das vermehrte Interesse an kolonialer Expansion, sondern die peripheren Krisen, die auf vorkapitalistische Widersprüche verweisen, zwingen zur Schaffung neuer Ordnungsrahmen (vgl.: Mommsen 1987, 58 ff.).

Ralf Dahrendorf bezieht sich in seinem Werk *Gesellschaft und Freiheit. Zur soziologischen Analyse der Gegenwart* (1963) auf Schumpeter, um ein neues Zeitalter, in der kriegerische Handlungen seitens der Eliten tendenziell abnehmen, theoretisch zu begründen. Seiner Ansicht nach hat mit dem Kriegsende in Deutschland die Bildung einer „neuen Oberschicht" begonnen, die sich aus dem Scheitern der alten Eliten begründet (Dahrendorf 1963, 305). Die neue Oberschicht zeichnet sich durch ein neuartiges Verhalten aus: Sie agiert streng nach wirtschaftlichen Kriterien. Persönliches Erfolgsstreben, Sachlichkeit und die betonte Ablehnung aller militärischen Diszplin stellen Normen dar, nach denen sich auch die Mehrheit der Bevölkerung mehr und mehr richtet. Erst nach 1945 ist daher von einer „kapitalistischen" Gesellschaft zu sprechen. Die Industrialisierung selbst war „nicht im strengen Sinn kapitalistisch". Bis 1945 blieb die Entwicklung von der bleibenden „Vorherrschaft der staatstragenden Schichten der vorindustriellen Zeit" geprägt. „Demgegenüber hat das ökonomische Wunder der westdeutschen Nachkriegsentwicklung geradezu revolutionäre Bedeutung. Hier haben sich zum ersten Mal [...] kapitalistische Entwicklungen angebahnt. Hier ist daher auch zum ersten Mal eine Gesellschaft entstanden, von der durchgängig gilt, dass sie nicht – um ein Bild von Schumpeter aufzunehmen – in staatliches, sondern in wirtschaftliches Licht getaucht ist" (ebd., 313 f.).[38]

---

[38] Einige neo-schumpeterianische Positionen werden auch nach den 1970ern für die Imperialismusforschung fruchtbar gemacht. Arno Mayer nimmt die These auf, der zufolge der Imperialismus Ausdruck der bis 1914 weiter bestehenden Beherrschung Europas durch quasi-absolute Monarchien und den grundbesitzenden Adel ist. Der Krieg von 1914-1918 stellte keinen Kampf des Industriekapitalismus, sondern den Kampf der alten Ordnung ums Überleben dar (Mayer 1984, 17, 132 f.). Auch in Großbritannien gab das „aristokratische Element" den Ton an. Die nationalen Aristokratien waren nicht nur „quantitativ stärker als die aufstrebenden Bourgeoisien, sie hatten mehr Korpsgeist und größeres Selbstvertrauen" – deshalb waren es die „aufstrebenden nationalen Bourgeoisien, die sich wohl oder übel der Aristokratie ihres Landes anpassen mussten, ebenso wie der vorwärtsdrängende Industrie- und Finanzkapitalismus gezwungen war, sich einer vorindustriell geprägten gesellschaftlichen und politischen Struktur anzupassen" (ebd., 83).

2.1.4. Wehler/Robinson/Gallagher: Kritische Ansätze in den Geschichtswissenschaften

Ab den 1960ern erhalten politökonomische Ansätze wieder eine wichtigere Rolle. Einige der Autoren verstehen ihre Forschung über den „klassischen" Imperialismus als eine Warnung vor einem erneuten Abgleiten in zwischenstaatliche Konflikte. „Damit soll freilich keineswegs der Blick auf die weitere Entwicklung der imperialistischen Strukturen bis in die Gegenwart hinein abgeschnitten oder gar einer apologetischen Tendenz das Wort gesprochen werden, die den Imperialismus als eine hinter uns liegende, im Prinzip schon 1918, definitiv jedenfalls aber 1945 abgeschlossene historische Formation ansieht" (Mommsen 1971, 10).[39]

Zu den bekannteren kritischen historischen Abhandlungen in Deutschland gehört das Werk von Hans Ulrich Wehler, dessen These vom „Sozialimperialismus" eine Weiterentwicklung der klassischen Imperialismustheorie beinhaltet. Wehlers Aussage zufolge, die er in seinem Buch *Bismarck und der Imperialismus* (1969/1984) vorstellt, war die imperialistische Expansion in Deutschland Folge der Krisenphase nach 1873 sowie eines „pragmatischen [wirtschaftlichen] Expansionismus, der primär von tatsächlichen oder vermeintlichen [...] Sachzwängen bestimmt wurde" (Wehler 1984, 501) und gleichzeitig dazu geschaffen wurde, als „Sozialimperialismus" einen innenpolitischen „Konsens" herzustellen – „aus Rücksicht auf die Stabilität einer bestimmten politischen Ordnung" (Wehler 1970, 85, vgl.

---

[39] Mit Bezug auf das theoretische Instrumentarium Max Webers wird bei Mommsen das Zusammenspiel wirtschaftlicher Entwicklungen mit hiervon unabhängig ablaufenden militärischen und politischen Prozessen betont (Mommsen 1987, 139). Gilbert Ziebura untermauert diese These anhand einer Untersuchung über die Ursachen des französischen Imperialismus. Zwar haben wirtschaftliche Motive in der französischen Expansionspolitik vor 1914 eine Rolle gespielt, sie konnten aber nur deshalb durchgesetzt werden, weil nationalistische Emotionen in der Bevölkerung mobilisiert wurden. Frankreichs Nationalismus war ein „Nationalismus der Verteidigung", der insbesondere nach der Niederlage 1870 die „Aufrechterhaltung seines Status als große europäische und koloniale Macht" (Ziebura 1972, 127) anstrebte. Zugleich argumentiert er: „Das bedeutet nicht, dass führende Ideologen und politische Träger der kolonialen Expansion nicht subjektiv von der Notwendigkeit neuer Absatzmärkte und sicherer Rohstoffquellen überzeugt waren" (ebd., 126).

Wehler 1984, 454-502). Der Sozialimperialismus wird als ein „Weltbild" verstanden, mit dem Ziel, „die Sprengkraft, die von den ökonomischen Erschütterungen her auf die Gesellschaft einwirkte, durch die Expansion ab[zu]mildern und die traditionelle Gesellschaftsverfassung dadurch von einem unerträglichen Druck entlasten zu können" (Wehler 1970, 85). Stärker als Lenin und andere, die diesen Punkt bereits betonten, versteht Wehler imperialistische Politik als Versuch, von inneren „Mängeln" abzulenken oder zumindest über die „Steigerung des nationalökonomischen Prestiges" (ebd., 86) etwas zu kompensieren. Dabei betont er, dass die Wirksamkeit von gewissen Weltbildern eine geschichtsmächtige Kraft bildet, die in Wechselwirkung mit einer Analyse der spezifischen sozialökonomischen Verhältnisse zu begreifen sind.[40] Konkret wird an der Außenpolitik Bismarcks nachgewiesen, dass diese nicht nur der „wirtschaftlichen Dynamik" folgte, sondern auch eine „spezielle Integrations- und Ablenkungsfunktion hatte": „[E]rfolgreicher Imperialismus sollte seine Herrschaft erneut legitimieren" (Wehler 1984, 454). Die Entstehung und Prägung von Weltbildern, dazu gehörten beispielsweise der „Kolonialenthusiasmus" oder die „Anglophobie", ist hierfür entscheidend gewesen (ebd., 464, 474). Wehler steht damit insgesamt in einem Gegensatz sowohl zur These des Imperialismus als einem rein nationalistischen Phänomen als auch zum neo-schumpeterianischen Ansatz. Letzterem wirft er folgendes vor: „Wenn es dennoch zum Imperialismus von Industriestaaten kam, so stellte er im Grunde eine Serie von Betriebsunfällen dar, die in schöner Regelmäßigkeit durch das Verschulden und den unheilvollen Einfluss alter Eliten verursacht wurden" (Wehler 1970, 16).

Im angelsächsischen Raum wird das Werk von Ronald Robinson und John Gallagher bekannt. In ihrem Aufsatz *Der Imperialismus des Freihandels* (1953/1970) versuchen sie, die Legende einer „prinzipiellen Empirefeindlichkeit" des „mittelviktorianischen Zeitalters" in Großbritannien zu unterminieren. Sie weisen auf die zentrale Bedeutung des britischen „informellen" Empire bis zur Mitte des 19.

---

[40] Er zitiert Max Webers bekannten Satz: „Interessen (materielle und ideelle), nicht Ideen beherrschen unmittelbar das Handeln der Menschen. […] Aber: Die ‚Weltbilder', welche durch Ideen geschaffen werden, haben sehr oft als Weichensteller die Bahnen bestimmt, in denen die Dynamik der Interessen das Handeln fortbewegte" (zit. in: Wehler 1970, 83).

Jahrhunderts hin, einer Zeit, in der aufgrund der britischen Hegemoniestellung keine formelle imperiale Politik betrieben werden musste. Damit wenden sie sich gegen die orthodoxe Position, der zufolge man zwischen Perioden des Antiimperialismus und des Imperialismus zu unterscheiden hat, „je nachdem wie stark der Glaube an den Wert der englischen Herrschaft in Übersee war" (Robinson/Gallagher 1970, 183). Großbritannien weitete sich immer sowohl auf informellem als auch formellem Weg aus, so Robinson/Gallagher. Das Empire besetzte oder annektierte zwischen 1841 und 1851 zum Beispiel Neuseeland, den Pandschab und Hongkong. In den nächsten 20 Jahren wurden weitere Gebiete (etwa in Niederburma oder Lagos) in das britische Weltreich einverleibt. „Handel und informelle Herrschaft wenn möglich, Handel und direkte Herrschaft wenn nötig" (ebd., 196).

Der Begriff des Imperialismus erhält bei den Autoren eine modifizierte Bedeutung. Er firmiert als „politische Funktion" des Prozesses der „Eingliederung neuer Gebiete in eine expandierende Wirtschaft", seine „Erscheinungsform ist weitgehend durch die verschiedenen und wechselnden Beziehungen zwischen den politischen und wirtschaftlichen Elementen der Expansion" charakterisiert (ebd., 188). Weil eine Abhängigkeit des wirtschaftlichen Vordringens von politischer Tätigkeit besteht, entstand im englischen Handel die allgemeine Tendenz, „der unsichtbaren Flagge des informellen Empire zu folgen" (ebd., 194). Dabei ist imperialistische Politik nur mittelbar mit der wirtschaftlichen Expansion verbunden, da sie „gelegentlich die Gebiete wirtschaftlicher Entwicklung überschreitet, jedoch deren strategischem Schutz dient" (ebd., 188). Auch ist sie keine notwendige Folge der wirtschaftlichen Expansion – hierüber entscheiden die Strukturen und politischen Verhältnisse der einzugliedernden Gebiete. „In abhängigen Gebieten mit europäischer Bevölkerung, wie zum Beispiel Lateinamerika oder Kanada, entwickelten sich starke Regierungssysteme; in Gebieten dagegen, die von Europäern nie besiedelt worden waren, wirkte die Expansion auf die einheimischen Gesellschaftsstrukturen derart zerstörerisch, dass sie sich in der Regel zersetzten und endlich sogar zusammenbrachen. Diese Tendenz erklärt in vielen Fällen [etwa in Ägypten] die Ausdehnung der informellen englischen Verantwortung und schließlich den Wechsel von indirekter zu direkter Herrschaft" (ebd., 197).

Der Hinweis auf die Kontinuität des britischen Imperialismus, die eine Brücke zur Vorstellung eines neuen, auf dem informellen

Imperialismus beruhenden Weltsystem nach 1945 bildet, übt einen Einfluss in den Geschichtswissenschaften[41], aber auch in der Entwicklung der Dependenztheorie aus. Unter imperialistischen Abhängigkeitsverhältnissen wird nicht mehr nur die direkte politische Herrschaft verstanden, auch und gerade Formen des informellen, vorwiegend wirtschaftlichen Einflusses werden mit dem Begriff des Imperialismus belegt.[42]

---

[41] Heute ist in der Forschung weitgehend akzeptiert, sowohl von einer Phase des Frühimperialismus zu sprechen, die dem Hochimperialismus vorausging, als auch zwischen unterschiedlichen Varianten des Imperialismus zu unterscheiden.

[42] Ab Ende der 1970er überwiegt unter Historikern weiter die Untersuchung der Zeit des „klassischen" Imperialismus bis 1914 (vgl. Reinhard 1991). Die These, der zufolge der Imperialismus ein zeitlich einzugrenzendes Phänomen darstellt, setzt sich mehr und mehr durch. Wie Immanuel Geiss in einer Kritik der klassischen Imperialismustheorien schreibt, ist „das Ende des Imperialismus relativ problemlos mit der Dekolonisation nach dem Zweiten Weltkrieg anzusetzen" (Geiss 1991, 17).

2.2. Nord-Süd-Abhängigkeiten und Neo-Kolonialismus

2.2.1. Baran/Frank: Die Dependenztheorien

Das außerordentlich bedeutende, allmähliche Ende der Kolonialreiche nach 1945 hat zur Folge, dass es einigen Staaten des „Südens" gelingt, einen Entwicklungspfad einzuschlagen bzw. fortzusetzen, wenn auch im Rahmen fortbestehender ungleicher Strukturen der Weltwirtschaft, die stark auf das Wachstum des Zentrums ausgerichtet sind. In diesem Zusammenhang der prekären „peripheren Industrialisierung" bilden sich die Dependenztheorien heraus – vor allem in Lateinamerika.

Unter den Dependenztheorien bzw. der „Dependencia" ist ein Set an heterogenen Ansätzen zu verstehen, welche durch den Gedanken der „Abhängigkeit" zusammengehalten werden. Die Erfahrungen mit der Entwicklung der lateinamerikanischen Industrialisierung („Importsubstitutionspolitik") zwischen 1930 und 1960 veranlasst viele derjenigen, die diesen Prozess miterleben und zum Teil mitgestalten, zu einer Kritik der weltwirtschaftlichen Mechanismen, die ihres Erachtens sowohl Anlass wie auch Ursache des Scheiterns dieser Politik gewesen sind. Die Wirtschaftspolitik hatte weder den erwarteten nachhaltigen Aufschwung geschaffen noch die sozialen Widersprüche substantiell verringert. Viele der Kritiker dieses Prozesses radikalisieren ihre Annahmen (Seers 1981, 14).[43] Die Entwicklung der Dependenztheorien ist verbunden mit einer Kritik an den vorherrschenden Entwicklungstheorien (vgl. Rostow 1960). Die Modernisierungstheorien, mit ihrer Dichotomie von traditioneller und moderner Gesellschaft und ihrer Überzeugung, Entwicklung bestehe in nichts anderem als der Ausbreitung des modernen auf Kosten des traditionellen Sektors, waren in Lateinamerika zuvor auf fruchtbaren Boden gefallen. Die Kritiker dieser Ansichten setzen dem entgegen, dass für die Entwicklung der „modernen" Gesellschaften zumindest teilweise die Ausbeutung der „traditionellen" Gesellschaften notwendig war. Hieraus bildeten sich, so die These,

---

[43] Versionen der Dependenztheorie wurden von diversen politischen Strömungen aufgegriffen, in einigen Fällen sogar von der extremen Rechten in Lateinamerika.

Abhängigkeiten der traditionellen gegenüber den modernen Gesellschaften, die strukturell in das moderne Weltsystem eingelassen sind.[44] In einigen Versionen der Dependencia, beispielsweise bei Kwame Nkrumah, wird der „Neokolonialismus" als „höchstes Stadium des Kapitalismus" bezeichnet (vgl. Mommsen 1987, 104). An diesem Punkt setzt auch die Verwendung des Begriffs Imperialismus in der Dependencia ein, der gewissermaßen als Synonym für Kapitalismus gebraucht wird.

Die Dependenztheorien haben verschiedene Wurzeln, darunter auch die klassischen marxistischen Imperialismustheorien und deren Interpretationen in der Stalin-Ära, besonders ab 1928 (vgl. Palma 1981).[45] Im Folgenden werden die Theorie der Unterentwicklung von Paul Baran und der Ansatz bei Andre Gunder Frank geschildert.

---

[44] Der brasilianische Soziologe Theotonio dos Santos hat eine Definition der Abhängigkeit vorgelegt: „Unter Abhängigkeit verstehen wir eine Situation, in der die Wirtschaft bestimmter Länder bedingt ist durch die Entwicklung und Expansion der Wirtschaft eines anderen Landes, der sie unterworfen ist. Das Verhältnis der Interdependenz zwischen zwei oder mehr Volkswirtschaften sowie zwischen diesen und dem Welthandel nimmt die Form der Abhängigkeit an, wenn einige Länder (die beherrschenden) in der Lage sind, zu expandieren und sich aus eigener Kraft kontinuierlich zu entwickeln, während andere (die abhängigen) das nur als Reflex dieser Expansion tun können, was entweder positive oder negative Auswirkungen auf die unmittelbare Entwicklung letzterer haben kann" (dos Santos 1976, 243).

[45] Eine weitere Quelle sind die Arbeiten von Raúl Prebisch, Vordenker der Wirtschaftskommission der Vereinten Nationen für Lateinamerika (CEPAL), der bereits 1949 eine Kritik der klassischen Außenhandelstheorie des komparativen Kostenvorteils formuliert, nach der jedes Land sich auf diejenigen Wirtschaftssektoren spezialisieren soll, in denen es relativ am kostengünstigsten produzieren kann. Prebisch stellt dem die These einer asymmetrischen, internationalen Arbeitsteilung zwischen dem industrialisierten Zentrum und der abhängigen Peripherie entgegen, die zu einem ständigen ungleichen Austausch und damit schlechteren Handelsbedingungen führen (Prebisch 1984). Der gesteigerte Importbedarf zwingt die Dritte Welt, auch zu ungünstigen Preisen, immer mehr zum Export. Zusammengefasst verdichten sich bei Prebisch diese strukturellen Gegebenheiten im Handel zwischen Zentrum und Peripherie sowie in der Diffusion des technischen Fortschritts zu einem andauernden Realeinkommenstransfer aus dem Süden in den Norden, der ursächlich Unterentwicklung bewirkt. Prebisch selbst ist kein grundsätzlicher Gegner der Weltmarktintegration wie

Paul Barans *Politische Ökonomie des wirtschaftlichen Wachstums* (1957/1966) nimmt in der Debatte um die Nord-Süd-Abhängigkeitem einen ähnlich wichtigen Platz ein wie Hobson in der ersten Imperialismusdebatte. Baran nimmt an, dass eine mangelnde Entwicklung nicht das Ergebnis von „Rückständigkeit" oder fehlender kapitalistischer Produktion ist. Vor allem die „Infiltration des westlichen Kapitalismus in die heutigen Entwicklungsländer" hemmte deren Entwicklung und führte gleichzeitig zum Reichtumtransfer in die stärksten Länder (Baran 1966, 239). Am Beispiel Indiens, dessen Ökonomie schon frühzeitig in Abhängigkeit gehalten wurde, und Japans, das die Möglichkeit zu unabhängiger Entwicklung hatte, wird verdeutlicht, dass die „Unterentwicklung" letztlich aus dem Bestehen imperialistischer Machtstrukturen innerhalb der Weltwirtschaft resultiert. Die kapitalistische Ordnung hat in abhängigen Ländern wie Indien den „Rahmen für wirtschaftliche Stagnation, veraltete Technik und soziale Rückständigkeit abgegeben, statt als Motor der wirtschaftlichen Expansion, des technischen Fortschritts und des sozialen Wandels zu dienen" (ebd., 265). Japan dagegen konnte eine beachtliche Entwicklung bewerkstelligen, weil es das „einzige Land" gewesen ist, „das nicht in eine Kolonie oder in ein unter der Schutzherrschaft des westeuropäischen oder amerikanischen Kapitalismus stehendes Gebiet verwandelt wurde" (ebd., 258).

Bedeutsam sind bei Baran der indirekte Einfluss von ausländischen Unternehmen und die Bildung von Interessengruppen und Regierungen innerhalb der armen Länder, die ein Interesse an der Aufrechterhaltung des Status Quo besitzen. Es handelt sich hierbei unter anderem um eine Schicht von Händlern, die von Auslandskapitalinvestitionen profitiert und an die Spitze der einheimischen Oberschicht gelangt – die „Kompradoren" (ebd., 306). „Dies führt zu einer politischen und sozialen Koalition von wohlhabenden Kompradoren, einflussreichen Monopolisten und Großgrundbesitzern, die sich für die Verteidigung des bestehenden feudalistisch-merkantilen Systems einsetzen. Einerlei welcher politischen Form sie sich bedient" (ebd., 307). Insofern unterscheidet sich ein „unabhängiges" Kompradorenregime qualitativ kaum von einer direkten, kolonialen Herrschaft.

---

viele spätere Dependenztheoretiker, sondern sieht eine protektionistische Politik als zeitlich begrenztes Instrument zur Erreichung internationaler Wettbewerbsfähigkeit an.

Die Industrienationen hegen ein Interesse an der Erhaltung dieser willfährigen Regierungen, weil diese den „Fortgang der Ausbeutung der Entwicklungsländer durch ausländische Unternehmungen und ihre Beherrschung durch die imperialistischen Mächte" garantieren (ebd., 308). Baran sieht die „Hauptaufgabe" des Imperialismus dementsprechend darin, „den wirtschaftlichen Fortschritt der Entwicklungsländer zu verhindern oder, wenn das unmöglich ist, zu hemmen und zu kontrollieren" (ebd., 309). Baran illustriert, dass es sich mit dem Imperialismus um ein immanentes Merkmal des Kapitalismus handelt. Obwohl Baran sich auf Hobson, Lenin, Hilferding und Luxemburg bezieht, die stärker die „inner-imperialistischen" Widersprüche betonen, postuliert er für die Zeit nach dem Zweiten Weltkrieg eine qualitative Veränderung des Imperialismus hin zu einer Art Konfrontation „des" Imperialismus mit dem Sozialismus und den 3.-Welt-Bewegungen. Das wichtigste Ergebnis der neuen Weltstruktur nach 1945 ist der Verlust des direkten Zugriffs auf Territorien – zuerst nach 1917 auf Russland, dem folgten 1949 China und das Problem eines „nahezu weltweite[n] Erwachen der Völkermassen, die in abhängigen oder kolonialen Gebieten wohnen" (ebd., 64). Resultat dieser Entwicklung, die noch durch die Leistungsfähigkeit der UdSSR gesteigert wird, ist das Entstehen eines „konterrevolutionäre[n] Bündnis aller imperialisti-schen Länder", welches „die Form eines organisierten Kreuzzuges gegen nationale und soziale Revolutionen" annimmt (ebd., 67). Auch deshalb widersetzen sich die herrschenden Klassen des Westens bewusst einer Industrialisierung der unentwickelten Welt.[46]

Ende der 1960er und Anfang der 1970er, vor dem Hintergrund einer Welle antikolonialer Kämpfe (Vietnam, Angola, Mosambik, Guinea-Bissau, Simbabwe) erreicht die Dependenztheorie den Höhepunkt ihrer Anerkennung. Teile der Neuen Linken in Europa und Nord-amerika nehmen sie auf und arbeiten an der Weiterentwicklung. Als wohl bekanntester Autor gilt Andre Gunder Frank, der in seinem Buch *Kapitalismus und Unterentwicklung in Lateinamerika* (1967/1969) die These der „Entwicklung der Unterentwicklung" in zugespitzter Weise formuliert, wenn er schreibt, „dass es der Kapitalismus auf

---

[46] Eine echte Entwicklung kann nur durch solche Revolutionen, die eine relative Entkopplung der peripheren Länder vom Weltmarkt betreiben, herbeigeführt werden. Als Vorbild gilt das Modell der UdSSR (Baran 1966, 392).

weltweiter und nationaler Ebene ist, der die Unterentwicklung in der Vergangenheit hervorgebracht hat und sie auch gegenwärtig vertieft" (Frank 1969, 7). Schon seit der Eroberung Lateinamerikas verändert, durchdringt und formt der Kapitalismus den Kontinent. Frank meint, dass es strenggenommen nicht richtig ist, davon auszugehen, dass *unter*entwickelt" etwas Ursprüngliches bezeichnet. Plausibler kann von *un*entwickelten" Ländern gesprochen werden. In einer Länderstudie Chiles stellt er die These auf, dass die Unterentwicklung des Landes „notwendiges Produkt einer vier Jahrhunderte während-den kapitalistischen Entwicklung" (ebd., 21) ist.

Drei grundlegende Widersprüche zeichnen das globale System aus. *Erstens* die Enteignung von ökonomischem „Surplus" in den Satellitenstaaten und die Aneignung desselben durch den metropoli-tanen Teil des Weltsystems. Die Interaktionen zwischen den fortgeschrittenen und den unentwickelten Ländern bewirken Surplusflüsse in Richtung Norden. Der Teil des Surplus, der in den Satelliten verbleibt, wird in der Regel für wenig produktive oder gar spekulative Zwecke verwendet. *Zweitens* führt die kapitalistische Entwicklung zu einer Trennung der Welt in zwei Teile – zum Widerspruch zwischen Metropolen und Satelliten, ein Widerspruch, der auch in den Satellitenländern selbst herrscht (ebd., 24 ff.). Was sich auf der Makro-Ebene des Weltsystems abspielt, lässt sich ebenso auf der Mikro-Ebene nachweisen. Die widersprüchliche Beziehung zwischen Metropolen und Satelliten zieht sich „kettenartig durch [...] und zwar von seinem höchsten Metropolenweltzentrum durch jedes der verschiedenen nationalen, regionalen und lokalen Wirtschafts-zentren" (ebd., 28). Die Monopolstruktur des Kapitalismus zementiert dieses Drama, so Frank. Zwei Arten des Monopols auf internationaler und interregionaler Ebene dominieren das Geschehen – das merkantile, kapitalistisch-monopolistische System des Handels-kapitals, beginnend mit der Eroberung Lateinamerikas durch Spanien und Portugal, und das moderne Monopolkapital in der Form der multinationalen Konzerne. Seit Jahrhunderten existiert eine Struktur, in der arme Länder Rohmaterialien für den Export produzieren, was eine massive Abwanderung von Kapital aus dem Land und eine geringe Größe der einheimischen, inneren Märkte impliziert. „Wirtschaftliche Entwicklung und Unterentwicklung sind zwei Seiten einer Medaille" (ebd., 27). *Drittens* expliziert Frank den „Widerspruch der Kontinuität im Wandel", durch den hindurch sich die ungleiche Struktur des kapitalistischen Systems verstetigt (ebd., 30 f.).

Insgesamt erörtert Frank eine weltwirtschaftliche Struktur, in der letztlich keine nationalen Volkswirtschaften existieren, sondern eher nationale Sektoren eines großen Ganzen. Am Beispiel einer Untersuchung Brasiliens erklärt er, dass die „brasilianische Bourgeoisie immer stärker von der imperialistischen Metropole abhängig" (ebd., 215) wird, was die „Entwicklung oder auch nur die Fortdauer einer nationalen Industriebourgeoisie" ausschließt (ebd.). Auch der stärker international ausgerichtete Sektor der brasilianischen Bourgeoisie fungiert als ein Instrument bzw. „Hilfsorgan" des weltweiten kapitalistischen Ausbeutungssystems (ebd., 217).[47]

2.2.2. Senghaas/Galtung: Die Weiterführung der Dependenztheorie in der kritischen Friedensforschung

In den Vereinigten Staaten und in Westeuropa kommt es zu einer interessierten Aufnahme der Theorien des peripheren Kapitalismus. Das gilt auch für die „kritische Friedensforschung" (unter anderem Galtung, Senghaas, Krippendorff), die als Reaktion auf die sich in den 1950ern etablierende „Friedens- und Konfliktforschung" entsteht.[48]

---

[47] Samir Amin analysiert die technologische Abhängigkeit der unentwickelten Länder als einen der Hauptgründe für einen „ungleichen Tausch" (Amin 1975, 107 ff.). Daher bringt die weltweite Akkumulation keine Homogenisierung mit sich, sondern teilt die Welt in Zentrum (hier kann eine „autozentrierte" Akkumulation gelingen) und Peripherie (in der „abhängige" Akkumulation stattfindet) auf. Im Zentrum von Amins Analyse liegt eine Erklärung der ungleichen Spezialisierung, die bestimmt ist durch das absolute Kostenlevel, welches wiederum abhängig ist von der Produktivität und den Löhnen eines Produktionsstandortes. Im Resultat besitzen die „Erstentwickler" klare Vorteile gegenüber peripheren Kapitalismen.

[48] Im Unterschied zur Friedens- und Konfliktforschung strebt die kritische Friedensforschung die „Abschaffung" von Kriegen an. Die klassische „Konfliktforschung" neigt Senghaas zufolge dazu, Konflikte als gegebene Größen gesellschaftlichen Lebens zur Kenntnis zu nehmen, um schließlich vor allem Formen friedlicher Konfliktregelung wissenschaftlich zu untersuchen. Die „mehr Status-quo-orientiert[e]" Forschung reduziert sich auf die Untersuchung erfolgreichen „Konfliktmanagements" (Senghaas 1973, 16; vgl. Koch 1973; Vilmar 1973a). Die Grundhaltung der kritischen Friedensforschung kommt in Erklärungen internationaler Konferenzen zum

Exemplarisch kann die Rezeption der Dependencia an zwei von Dieter Senghaas herausgebenen Sammelbänden – *Imperialismus und strukturelle Gewalt. Analysen über abhängige Reproduktion* (1972) und *Peripherer Kapitalismus. Analysen über Abhängigkeit und Unterentwicklung* (1974) – dargestellt werden. Schlüssel für das Verständnis des Imperialismus sind dabei das Dependencia-Konzept der „Abhängigkeit" und das von der Friedensforschung begründete Konzept der „strukturellen Gewalt".

In der Tradition der Dependenztheorien argumentiert Senghaas, dass seit der Durchdringung Lateinamerikas, Afrikas und Asiens durch den Kolonialismus, Imperialismus und Neokolonialismus diese Kontinente „ihrer politischen, ökonomischen und kulturellen Selbständigkeit verlustig gegangen und in eine von den kapitalistischen Metropolen erzwungene internationale Arbeitsteilung eingegliedert worden" sind (Senghaas 1974, 15). Die internationale Arbeitsteilung führt zur „Kluft" und nicht, wie bei Ricardo angenommen, zu Angleichungen. Die Kluft wiederum erweitert sich zur dauerhaften „Abhängigkeit", die bei Senghaas definiert wird als eine Beziehung, in der die „Interdependenz zweier sozialer Einheiten durch eine negative Kovarianz gekennzeichnet ist" (Senghaas 1976, 24) und Gewinne ungleich zugunsten des Überlegenen verteilt werden. Sogar eine „wachsende relative Entkapitalisierung der Dritten Welt" (Senghaas 1974, 30) wird ausgemacht. Die Entwicklung der Metropolen und die Unterentwicklung der Peripherien „sind miteinander über das internationale System vermittelte, komplementäre Vorgänge" (ebd., 18). Dabei trifft „Franks Begriff der ‚Entwicklung der Unterentwicklung' [...] diesen Sachverhalt ebenso wie Samir Amins Charakterisierung [des] in der Dritten Welt heute beobachtbaren [...] ‚Wachstum ohne Entwicklung'" (Senghaas 1976, 20).[49] Besonders zwei Theoreme sind für das Verhältnis von

---

Ausdruck. So wird 1969 gefordert: „Als Wissenschaftler [...] halten wir es für unsere Pflicht, unsere aktive Solidarität mit den gegen den Imperialismus und die Allgewalt der Supermächte kämpfenden Völkern, insbesondere dem heldenhaften vietnamesischen Volk, zu erklären" (Kopenhagener Erklärung zur Lage der Friedensforschung 1969, 272).

[49] Schlussendlich „kann Unterentwicklung nicht ohne Dissoziation der Peripherien aus dem Weltmarkt überwunden werden" (Senghaas 1974, 32). Da jedoch eine totale Dissoziation für unrealistisch gehalten wird, ist ein „Rearrangement" mit den Metropolen unter neuen, die autozentrierte Entwicklung fördernden Bedingungen nötig.

Zentrum und Peripherie wichtig: Das Konzept des „ungleichen Tauschs" (Emmanuel 1972; Amin 1975), das die versteckte und offene Reichtumsübertragung und den Ausgleich der Profitraten als Kern des ungleichen Tauschs aufdeckt, und das von Galtung formulierte Theorem „differentieller spin-over-Effekte", welches expliziert, wie als Folge einer historisch gewachsenen Arbeitsteilung die Industrienationen verarbeitete Produkte gegen nicht-verarbeitete Erzeugnisse der Dritten Welt zu Ungunsten letzterer austauschen (Senghaas 1976, 18 f.). Die Abhängigkeit wird infolgedessen festgeschrieben.

Im Fortgang seiner Argumentation ist Senghaas um eine Präzisierung des Ansatzes bemüht. Er merkt an, dass die bisherigen Dependenzstudien „kaum auf innerkapitalistische Beziehungen" ausgerichtet waren (ebd., 13). Es gilt, die „Feinstruktur" zu analysieren, Abhängigkeitsstufen und -ketten, die beispielsweise zur Entstehung privilegierter „Subzentren" innerhalb der Dritten Welt durch Auslagerung arbeits- und lohnintensiver Produktionsprozesse (Brasilien, Südafrika, Iran, Taiwan, Südkorea, Philippinen, Singapur etc.) führen – eine Kategorie des „Subimperialismus", die auf die Machtpolitik starker peripherer Staaten verweist, wird eingefordert.[50]

Das Konzept der „strukturellen Gewalt" begründet der Friedensforscher Johan Galtung. Er entwickelt einen erweiterten Gewaltbegriff, der über eine enggefasste Version, der zufolge Gewalt als ein Mittel „physischer Beschädigung" fungiert, hinausgeht. Strukturelle Gewalt unterscheidet sich nach Galtung von personaler bzw. direkter Gewalt in der Form, dass kein handelndes Subjekt unmittelbar in sie verwoben ist – Gewalt ohne einen „Akteur". Die strukturelle Gewalt ist „in das System eingebaut und äußert sich in ungleichen Machtverhältnissen und folglich in ungleichen Lebenschancen" (Galtung 1977, 62). Ungleichheit zwischen den „Nationen" im Zentrum und denen

---

[50] Zu den Positionen Senghaas' gehören des Weiteren die Abgrenzung zum Realismus in den IB und der verbreiteten Ansicht, beispielsweise bei Morgenthau, das Verhalten von Staaten rational erklären zu können (Deutsch/Senghaas 1977) sowie die Vorstellung eines erweiterten Militarismus-Begriffes, der nicht nur auf den „Verlust des Primats der Politik vor dem Militär fixiert ist, sondern Gesellschaftssysteme insgesamt als militaristisch charakterisiert" (Senghaas 1972, 15). Daher auch ist die Rede vom „militärisch-industriellen Komplex" problematisch, eine wirkliche Trennung zwischen Zivil- und Militärbereich existiert nicht, so Senghaas.

der Peripherie wird als eine der Hauptformen der strukturellen Gewalt beschrieben.

Das Wesen des Herrschaftssystems, das strukturelle Gewalt in sich birgt, bezeichnet Galtung als „imperialistisch". In seinem Aufsatz *Eine strukturelle Theorie des Imperialismus* (1971/1976) charakterisiert er den Imperialismus, jenseits des „Reduktionismus" des Marxismus-Leninismus, als speziellen Typ eines Herrschaftsverhältnisses, der sich auf „Brückenköpfe" in den Peripherien stützt. Es geht um die „Möglichkeit der Machtausübung der Nation im Zentrum über die Nation an der Peripherie [...] Konkret: Imperialismus ist eine Beziehung zwischen einer Nation im Zentrum und einer Nation an der Peripherie, die so geartet ist, dass 1. Interessenharmonie zwischen dem Zentrum in der Zentralnation und dem Zentrum der Peripherienation besteht, 2. größere Interessendisharmonie innerhalb der Peripherienation als innerhalb der Zentralnation besteht, 3. zwischen der Peripherie in der Zentralnation und der Peripherie in der Peripherienation Interessendisharmonie besteht" (Galtung 1976, 35 f.). Er lehnt sich dabei „weitgehend an Lenin" an, besonders an dessen These der „Arbeiteraristokratie": Das Zentrum der Zentralnation lässt die Peripherie der Zentralnation am Werttransfer teilhaben.

Als die zwei zentralen Mechanismen des Imperialismus beschreibt Galtung erstens das Prinzip der „vertikalen Interaktionsbeziehungen" und zweitens das Prinzip der „feudalen Interaktionsstruktur". Bei ersterem handelt es sich um den Austausch von (nicht nur ökonomischen) Werten zwischen den Akteuren und deren Auswirkungen. Es bestehen drei Hauptformen: Plünderung, ungleicher Austausch und unterschiedliche „spin-off-Auswirkungen" aufgrund unterschiedlicher Verarbeitungsniveaus (ebd., 43 ff.). Die spin-off-Effekte, die ebenso in politischen oder kulturellen Bereichen auftauchen, nehmen im entwickelten Imperialismus des „Neokolonialismus" die Form des „spill-over-Effektes" an: „Tauscht eine Nation Traktoren für Öl, dann entwickelt sie eine Fähigkeit zur Traktorenproduktion. Ein möglicher ‚spin-off'-Effekt ist die Fähigkeit zur Panzerproduktion, und das wird in dem Moment ein ‚spill-over'-Effekt, wo es in militärischen Imperialismus umgesetzt wird [...] Natürlich wird das solange nicht militärischer Imperialismus, wie es nicht in Zusammenarbeit mit der herrschenden Elite der Peripherienation ausgeübt wird. Richtet es sich gegen diese Elite, dann ist es eine einfache Invasion, im Unterschied zu einer Intervention, die das Produkt der Kooperation zwischen den Zentren der Zentralnation und dem Zentrum der

Peripherienation ist" (ebd., 74). Das Prinzip der „feudalen Interaktionsstruktur" hilft dabei, das erste Prinzip aufrechtzuerhalten. Weil sich die Peripherienationen einseitig auf die Zentralnation ausrichten, so dass eine Interaktion zwischen den Peripherienationen weitgehend unmöglich ist, verstärkt sich die Abhängigkeit von den Zentralnationen: „In der Sprache der Sozialwissenschaft ist die feudale Interaktionsstruktur nichts anderes als ein Ausdruck der alten politischen Maxime divide et impera, einer Strategie, die die Zentralnation gegenüber der Peripherienation anwendet. Wie zum Beispiel könnte eine kleine in Nebel gehüllte Insel in der Nordsee [Großbritannien] über ein Viertel der Welt herrschen? Indem sie die einzelnen Teile voneinander isoliert, indem sie sie geographisch in genügender Distanz voneinander hält, um jede reale Bündnisbildung zu verhindern, indem sie mit ihnen separate Geschäftsbeziehungen unterhält" (ebd., 53).

Galtung schlussfolgert, dass nur der „nicht perfekte Imperialismus" Waffen benötigt. Der „professionelle Imperialismus stützt sich eher auf strukturelle als auf direkte Gewalt" (ebd., 55). Dabei unterscheidet er fünf *Typen* von Imperialismus – ökonomischen, politischen, militärischen, Kommunikationsimperialismus und kulturellen Imperialismus – von denen keiner eine grundlegendere Bedeutung als der andere besitzt, sowie mehrere *Phasen* des Imperialismus. Dem Kolonialismus, der auf Okkupation, einer direkten Herrschaft des Zentrums und (noch) keinen Brückenköpfen in der Peripherie beruhte, folgte der Neo-Kolonialismus der Gegenwart. Hier verläuft die Kontrolle weniger konkret, das „Zentrum in der Peripherie" erstarkt und internationale Organisationen (Konzerne, Bündnisse, Presseagenturen und NGOs) wirken als Bindeglied zur Aufrechterhaltung dieser Struktur. In Zukunft wird sich Galtung zufolge der „Neo-Neo-Kolonialismus" herausbilden, in der die Linie der „abnehmend konkreten" Kontrolle weiter zunimmt. Nun kann die Vorstellung eines gemeinsamen, „vereinten Imperialismus" Gestalt annehmen, „um Herrschaft an sich zu verteidigen" (ebd., 92). Auch der Wandel der internationalen Organisationen als Herrschaftsinstrumente wird prognostiziert – weg von einer streng nationalen Organisation hin zu einer globalen oder „Welt-Organisation", in der sich nationale Identitäten auflösen (ebd., 73).

2.2.3. Wallerstein/Krippendorff: Die Weltsystemtheorie und die Rolle des Krieges

In den 1970er Jahren entsteht die sich zu einem Teil aus der Dependencia heraus entwickelnde Weltsystemtheorie. In der Auseinandersetzung mit der Modernisierungstheorie, der zufolge Struktur und Dynamik von Entwicklungsprozessen universell vergleichbar sind, aber auch mit der Dependenztheorie, wird der Versuch unternommen, die kapitalistische Akkumulation im „Weltmaßstab" zu untersuchen. Dabei soll ein „Mangel" der Dependenztheorie, die „Entwicklungsdynamik der Metropolen" nicht ins Blickfeld genommen zu haben, überwunden werden.

In einem Frühwerk dieses Ansatzes, *Die Akkumulation im Weltmaßstab* (1973), entwickelt Samir Amin einige Grundlagen für die spätere Ausarbeitung der Theorie. Er spricht sich für eine globale Perspektive auf einzelstaatliche Zusammenhänge aus. Zu verstehen ist der Kapitalismus nur als Weltsystem und nicht als Nebeneinanderstellung „nationaler Kapitalismen", was auch für den „sozialistischen" Teil der Erde gilt: „Es gibt nicht zwei Weltmärkte, einen kapitalistischen und einen sozialistischen, sondern es gibt nur einen Weltmarkt, der kapitalistisch ist und an dem, am Rande übrigens, Osteuropa teilhat" (Amin 1973, 330).

Im Laufe der 1970er wird der Historiker Immanuel Wallerstein zum bekanntesten Vertreter der neuen Weltsystemschule. Wallerstein versteht den Imperialismus als eine Konstante des zwischenstaatlichen Systems (Hopkins/Wallerstein 1979, 162). Als imperialistisch ist „jegliche Anwendung" politischer Macht durch die Staaten des Zentrums zu bezeichnen, mit der der „Weltwirtschaft Preisstrukturen aufgezwungen werden, die diesen Staaten günstig erscheinen" (Amin/Arrighi/Frank/Wallerstein 1986, 168) bzw. die Kräfteverhältnisse zugunsten eines starken Staates verschoben werden sollen. Der Imperialismus tritt in unterschiedlichen Formen auf und befindet sich als Phänomen „so eng und von allem Anfang an mit der Funktionsweise des kapitalistischen Weltsystems" im Einklang, dass der Nutzen einer analytischen Unterscheidung zwischen Kapitalismus und Imperialismus bezweifelt wird (ebd., 163).

Die Betonung des Ineinanderfallens von Kapitalismus und Imperialismus wird vor dem Hintergrund der Wallersteinschen Theorie verständlich, die er im ersten Teil seines auf vier Bände angelegten Werkes *Das moderne Weltsystem* (1974/1986) sowie weiteren Aufsätzen und Büchern vorgelegt hat. Diese setzt auf die Untersuchung von Makrosystemen. Ohne angemessene Berücksichtigung ihrer Position im Weltmaßstab können einzelne Nationalstaaten niemals hinreichend untersucht werden. Die inner- und zwischenstaatlichen Prozesse werden von einem übergeordneten System, der Weltwirtschaft, determiniert. Die moderne gesellschaftliche Entwicklung ist bereits seit dem 16. Jahrhundert durch ein sukzessive die ganze Erde umspannendes ökonomisch einheitliches, aber politisch nicht integriertes „Weltsystem" bestimmt worden.[51] Ein Weltsystem im Sinne Wallersteins basiert auf einem sozialen System der internationalen Arbeitsteilung bzw. einem Netzwerk von Produktions- und Tauschbeziehungen.[52] In Bezug auf die Versorgung mit Rohstoffen etc. bildet es einen autonomen Makrokosmos. Ein Weltsystem bildet eine ökonomische, nicht notwendigerweise eine politische Einheit. Zudem kann es mehrere kulturelle Subsysteme einschließen. In der bisherigen Geschichte bestanden erst zwei Arten eines Weltsystems: Zum einen *Weltreiche*, „in denen sich ein einziges politisches System über den Großteil des Gebietes ausbreitet, wie abgeschwächt auch immer der Grad seiner tatsächlichen Herrschaft ist" (Wallerstein 1986, 518), zum anderen *Weltwirtschaften*, „Systeme, in denen es über den ganzen [...] Raum ein solches einziges politisches System nicht gibt" (ebd.).[53] Vor der Neuzeit waren Weltwirtschaften sehr instabile Gebilde, die entweder zum Untergang oder zur Umgestaltung in Weltreiche tendierten. Auch wies keines der prämodernen Weltsysteme globale Reichweite auf. Erst das „moderne" Weltsystem, die „kapitalistische Weltwirtschaft", die im „langen 16. Jahrhundert" zwischen 1450 und 1640 in Europa entstand und aus einer Krise des Feudalismus resultierte, umfasst praktisch den ganzen Erdball.

---

[51] Im Gegensatz zur Dependenztheorie geht er daher nicht von der Möglichkeit der Abschottung vom Zentrum aus.

[52] Genauer wäre eigentlich von „Welt-System" mit Bindestrich zu sprechen. Wallerstein argumentiert, dass es sich nicht um ein System „in der Welt" handelt, sondern um ein System, das als solches eine Welt darstellt. Sein Fokus auf Makrosysteme geht auf Marx sowie den französischen Historiker Fernand Braudel und die „Annales"-Schule zurück.

[53] Drittens werden sogenannte „Minisysteme" beschrieben, die ihre Eigenständigkeit aber immer verloren haben. Eine vierte, bisher nur vorstellbare Form des Weltsystems ist laut Wallerstein eine „sozialistische Weltregierung" (Wallerstein 1986, 519).

Das moderne Weltsystem zeichnet sich nach Wallerstein durch eine ökonomische Einheit bei gleichzeitiger politischer Dezentralisierung aus. Der Kapitalismus als Wirtschaftsweise reicht über die einzelnen politischen Gebilde hinaus, was den „Kapitalisten eine strukturell begründete Handlungsfreiheit" garantiert (ebd., 519). Das Weltsystem teilt sich in „Zentralstaaten", „Peripherie-Gebiete" – der Begriff „Gebiet" verweist auf eine Schwäche der dortigen Staaten – und „Semiperipherien". Letztere federn als Strukturelement des Weltsystems den sozialen und politischen Druck aus den Peripherien ab. Die Möglichkeit des Auf- bzw. Abstiegs von der einen in die andere Kategorie existiert. Gerade Semiperipherien streben den Status eines Zentralstaates an. Hinzu tritt die „Außenarena", Gebiete, die historisch erst spät in die Weltwirtschaft integriert wurden (ebd., 521). Das moderne Weltsystem mit seinen ökonomischen und politischen Ausbeutungs- und Unterdrückungsmerkmalen ist bei Wallerstein ein Synonym für Kapitalismus. Kapitalismus wiederum kann in dieser Logik auch als Imperialismus definiert werden.

Der Kapitalismus wird in einem ersten Schritt als Wirtschaftsweise charakterisiert, die Produktion für Waren für den Verkauf auf dem Weltmarkt unter dem Prinzip der Gewinnmaximierung bedeutet (Wallerstein 1979, 43). Die Ökonomie wird primär als von Marktrelationen gestaltet aufgefasst – die Marxschen „Produktionsverhältnisse" bzw. die Rolle der kapitalistischen Lohnarbeit sind weniger bedeutsam als der Austausch in der Zirkulationssphäre (ebd., 45). Die Ausbeutungsstrukturen zwischen Zentrum und Peripherie halten sich nicht nur durch äußeren Druck, sondern auch vermittels der Unterstützung herrschender Eliten der Peripherie aufrecht. Im Unterschied zur Dependenztheorie stehen bei Wallerstein nicht vorwiegend ökonomische Einheiten, sondern auch die Staaten im Mittelpunkt der Untersuchung: In einem weiteren Schritt wird erörtert, wie diese die Reproduktion der kapitalistischen Verhältnisse garantieren, indem sie Kosten absorbieren und die Widersprüche regulieren. Die Staaten sind keine dem Kapitalismus äußerliche Institutionen, auch wenn sie über eine „gewisse Autonomie" verfügen (ebd., 48). Staaten interagieren in Beziehungen, die durch ihren Status in der Weltwirtschaft vorbestimmt werden: „Sobald es einen Unterschied in der Stärke des Staatsapparates gibt, beginnt auch der Mechanismus des ‚ungleichen Tausches' zu wirken. [...] Kapitalismus heißt auch die Aneignung des volkswirtschaftlichen Überschusses [...] der gesamten Weltwirtschaft durch die Länder des Zentrums" (ebd., 47).

In der Regel kommt im zwischenstaatlichen System keinem Staat die absolute Dominanz zu. Sollte ein einziger Weltstaat entstehen, ein „Weltreich", weist dieses hochgradig instabile Züge auf – „eine kapitalistische Weltwirtschaft duldet kein wahres Imperium" (ebd., 59). Eine „Hegemonie", bei Wallerstein als eine Form der Staatenkonfiguration zu verstehen, die impliziert, die Spielregeln der Weltwirtschaft mithilfe militärischer und vor allem ökonomischer Überlegenheit kontrollieren zu können, ist keineswegs die Regel. Einzig die Vereinigten Provinzen (Niederlande) zwischen 1625 und 1650/72, das britische Empire zwischen 1815 und 1850/73 sowie die USA zwischen 1945 und 1967 erreichten kurzzeitig eine Hegemoniestellung. Die USA befinden sich seit den 1970ern wieder im Niedergang. Neben den Rivalitäten verschiedener Mächte sorgen auch die Konflikte zwischen „Bourgeoisie und Proletariat" – gemeint ist der Widerspruch zwischen „proletarischen Nationen" (im Süden) und „bürgerlichen Nationen" (im Norden) (Hopkins/Wallerstein 1979, 165) – für Unsicherheiten im Staatensystem.[54]

In Deutschland argumentiert Ekkehard Krippendorff in den 1970ern und frühen 1980ern ähnlich der Weltsystemtheorie. Er begreift das moderne internationale System als Produkt einer 500 Jahre währenden Geschichte der europäischen Expansion (Krippendorff 1977, 27). Dabei spricht sich Krippendorf explizit für die Verwendung des Begriffs Imperialismus aus. In einem Aufsatz mit dem Titel *‚Imperialismus' in der Friedensforschung. Plädoyer für einen Begriff* (1976) analysiert

---

[54] Historische Wandlungsprozesse werden bei Wallerstein in Form mehrerer Prozesstypen beschrieben: Erstens der „zyklische Rhythmus", den er in Bezug auf die langen Kondratieff-Zyklen, einer Darstellung von längeren Phasen des Wachstums zur Rezession und umgekehrt, analysiert: „Es sind eben diese zyklischen Bewegungen, die nicht nur die Veränderungen [...] erklären, die in der Struktur der Weltwirtschaft auftreten, sondern die die wesentliche Dynamik liefern, deren Ergebnis die säkularen Trends der gesamten Sozio-Ökonomie sind" (Hopkins/Wallerstein 1979, 166). Die sogenannten „säkularen Trends" informieren, zweitens, über langfristige Entwicklungen im Weltsystem, die durch Expansion, Kommodifizierung und Mechanisierung zu charakterisieren sind (ebd., 166 ff.). Drittens möchte Wallerstein die permanenten Widersprüche zwischen einer internationalen Wirtschaft und einer national ausgerichteten Politik aufzeigen, zwischen Angebot und Nachfrage sowie zwischen Kapital und Arbeit (ebd., 172 ff.), die sich, viertens, zu existentiellen Krisen des Weltsystems und deren Ablösung ausweiten können.

er den kontroversen Charakter des Begriffs klassentheoretisch. Gegenwärtig von Imperialismus zu reden – abgesehen vom Zeitalter 1875-1914 –, ist nicht wissenschaftlicher Konsens, weil der Begriff, „trotz seines liberalen Ursprungs, zu einem Kampfbegriff der Arbeiterklasse gegen die bürgerliche, die kapitalistische Gesellschaft wurde und von hier aus seine inhaltliche Bestimmung empfing" (Krippendorff 1976, 70).

In einer Auseinandersetzung mit der Aussage, der Imperialismus habe sich nicht rentiert und könne daher auch nicht ökonomisch begründet werden, antwortet Krippendorff auf zwei Ebenen. Zum einen steht dem „gesamtgesellschaftlichen Minus ein gewaltiges Plus für einige wenige im Kolonialgeschäft engagierte Kapitalien" (ebd., 74) gegenüber. Zum anderen – dabei greift er das zugrunde liegende Gesellschaftsverständnis der Kritiker der Imperialismustheorien an – ist die Tatsache des sich „nachträglich" herausstellenden Irrtums hinsichtlich der Profitabilität von Kolonien kein Gegenargument für eine ökonomische Analyse des Imperialismus. Ein anarchisches, irrationales System funktioniert eben genau in dieser Weise: „[D]ie – wenn man so will: irrationale – Erwartung […], dass Kolonialbesitz identisch mit ökonomischer Sicherung und stabilem Wachstum sei", trieb die Akteure zur Expansionspolitik (ebd., 75). Imperialistische Politik steht in einer historischen Kontinuität, deren konkrete Form variiert (und im Rahmen historischer Analysen zu explizieren ist), deren Wesen dagegen feststeht. Der informelle Imperialismus kann in einer Langfristperspektive als der erfolgreichere gelten, der klassische Imperialismus des 19. Jahrhunderts dagegen bloß als ein „Sonderfall des Imperialismus als Strukturprinzip des internationalen Systems" (ebd., 77). Gleichwohl, hier setzt er sich von Galtung und anderen ab, ist es unzulänglich, den Imperialismus als quasi perfekt funktionierendes „Totalsystem" zu verabsolutieren (ebd., 80).

Krippendorff setzt sich insbesondere mit der Rolle des Krieges im kapitalistischen Weltsystem auseinander. In Bezug auf die Durchsetzung des Kapitalismus im 16. Jahrhundert tritt ihm zufolge ein signifikanter Bruch ein – dem Krieg und noch mehr der Rüstung haftet seitdem eine „historisch neuartige Funktion" an, die mit der Entstehung des modernen Staates zusammenhängt (Krippendorff 1983, 190; vgl. Krippendorff 1985). Der moderne Staat bzw. das Staatensystem als gleichermaßen neuartiges politisches Organisationsmuster ist mit dem modernen Krieg genauso wie mit der kapitalistischen Produktionsweise unauflösbar verknüpft. In letzter

Instanz müssen die Interessen des Kapitals, das wiederum von der Souveränität und damit dem Schutz des Staates abhängt, durch Krieg geschützt werden. Alles in allem entwickelt sich auf Basis der Kombination der Dimensionen Krieg/Staat/Kapitalismus eine neue Qualität in den Gewaltverhältnissen (Krippendorff 1983, 206). Im 16. Jahrhundert, so Krippendorff, ist eine sprungartige Zunahme der Heeresgrößen, der eine Zunahme von Kriegstoten entspricht, empirisch nachzuweisen. Die königliche Zentralgewalt stärkt sich, erste große Söldnerheere und schließlich stehende Heere bilden sich heraus. Im 17. und 18. Jahrhundert wird der Krieg zum akzeptierten Teil des gesellschaftlichen Lebens und der „zentralistische Großflächenstaat" siegt über den Stadtstaat (ebd., 192). Die Ausrüstung der Armeen wird zum Motor der Manufakturproduktion. Wo der Zusammenhang von Rüstung, Krieg und kapitalistischer Entwicklung nicht zum Tragen kam, etwa im Spanien der zweiten Hälfte des 17. Jahrhunderts, ist der langfristige Niedergang geradezu unvermeidlich gewesen (ebd., 193).

Mit der internationalen Ausdehnung Großbritanniens (1688-1815) beginnt ein Zeitalter, in dem die Entfaltung kapitalistischer Produktionsverhältnisse „zunehmend zur Voraussetzung politisch-militärischen Überlebens" wird (ebd., 196). Auch andere Staaten sind nun gezwungen, kapitalistisch-strukturierte Ökonomien zur Verbesserung der militärischen Fähigkeiten zu schaffen: „Das vermutlich ‚klassische' Modell zur Demonstration des Zusammenhangs zwischen staatlich forcierter Rüstung und frühkapitalistischer Industrialisierung stellt [das] aufstrebende Preußen dar: Die Errichtung von Manufakturen und Fabriken, die Anlage von Straßen und Depots waren weitgehend das Werk militärisch inspirierter Initiativen der königlichen Bürokratie" (ebd., 196). „Militärisch-industrielle Komplexe" existieren bereits im 18. Jahrhundert. Krippendorff fasst zusammen, dass der moderne Krieg „das Korrelat zum modernen, kapitalistischen Staat bildet, der seinerseits als Kriegsstaat die geschichtliche Bühne betritt. Zwar bleibt der Krieg die ultima ratio des Staates zur Verteidigung der von ihm repräsentierten sozio-ökonomischen Interessen, aber seine gesellschaftliche Funktion übt er als Motor der Ökonomie und als Disziplinator auch und gerade in Friedenszeiten aus" (ebd., 206).

2.3. Weiterentwicklungen der marxistischen Imperialismustheorien

Nach 1945 wird die marxistische Imperialismustheorie in den Ländern des Ostblocks offizielle Doktrin und verfügt in der im Folgenden vorgestellten Version des „staatsmonopolistischen Kapitalismus" über erheblichen Einfluss. Dass nach 1945 noch weniger als zuvor von *einer* marxistischen Theorie gesprochen werden kann, sondern sich eine Vielzahl von oft konträren marxistischen Positionen gegenüberstehen, wird in den folgenden Abschnitten illustriert.

2.3.1. Die Theorie des staatsmonopolistischen Kapitalismus

Nach 1945 erhält die Theorie des „staatsmonopolistischen Kapitalismus" (häufig „Stamokap" genannt, im Folgenden mit SMK abgekürzt) den Rang der offiziellen Theorie des Imperialismus im Zeitalter der „Systemkonkurrenz", die auch einen politischen Einfluss auf die Debatten im Westen ausübt.

In einer Studie des Instituts für Gesellschaftswissenschaften beim ZK der SED, *Der Imperialismus der BRD* (1971), wird der Imperialismus unter den Bedingungen des Kampfes der „beiden Gesellschaftssysteme" analysiert. Der Kampf zwischen den „Kräften des Fortschritts und der Reaktion, zwischen Sozialismus und Imperialismus" wird als zentraler Weltkonflikt beschrieben: „Das heißt, die Klassenauseinandersetzung hat allseitigen und weltumfassenden Charakter angenommen. Sie ist im vollen Sinne des Wortes zu einem Kampf der *Systeme* geworden" (ZK der SED 1971, 104). Der Klassenkampf hat den Charakter einer Systemauseinandersetzung erhalten und sich gewissermaßen internationalisiert. Neue soziale Gesetzmäßigkeiten wirken sich fortan international aus: „Der Imperialismus verliert seinen bestimmenden Einfluss auf die Weltentwicklung, und der Sozialismus wird zu ihrer entscheidenden Kraft, dadurch verändert sich das ganze System der internationalen Beziehungen [...]. Die ehemals allumfassende imperialistische Struktur der Weltwirtschaft wurde zerstört, und es bildete sich ein neues System weltwirtschaftlicher Beziehungen heraus, in dem die ökonomischen Gesetze des Kapitalismus und des Sozialismus

nebeneinander und aufeinander wirken" (ebd., 106 f.). Die „allgemeine Krise" des Kapitalismus seit der russischen Revolution basiert
auf der politischen Spaltung der Welt in zwei Lager. Dies, und die
zunehmende Monopolisierung, bewirken, dass der Kapitalismus nur
noch über eine Ausweitung politischer Herrschaft, d.h. einer
Stärkung des Staates, funktionsfähig gehalten werden kann. Neben
das Wirken des Wertgesetzes tritt mehr und mehr die „staatsmonopolistische Regulierung" (ebd., 332).

Die These von der Systemkonkurrenz als dem Hauptwiderspruch der
Epoche bildet den Kern der Theorie des SMK. Von diesem Widerspruch werden sowohl die innerimperialistischen Gegensätze als auch
der Neokolonialismus abgeleitet. Das Ziel der „Europapolitik der
BRD" beispielsweise ist es, zur Schaffung der EWG als „eines
imperialistischen Kristallisationskerns in Westeuropa [beizutragen],
von dem aus schrittweise, auf lange Frist berechnet, die Auflösung
der sozialistischen Staatengemeinschaft, die Heranziehung sozialisti-
scher Länder an die westeuropäische Integration und die
Retransformation des Sozialismus in den Kapitalismus betrieben werden soll" (ebd., 454). Gleichzeitig gilt der Neokolonialismus als die
Form, „in der die imperialistischen Staaten ihre ökonomische
Expansion in die ‚Entwicklungsländer' durchführen, diese Länder in
politischer Abhängigkeit halten und die jungen Nationalstaaten am
Beschreiten eines nichtkapitalistischen Entwicklungsweges und an
der Zusammenarbeit mit den sozialistischen Staaten hindern wollen"
(ebd., 455).

Die Theorie des SMK insgesamt ist kein völlig monolithisches
Gebilde. Verschiedene Interpretationen dieses Ansatzes können als
„Ausdruck der laufenden Veränderungen der politischen Einschätzungen der KPdSU einerseits und dem Kontinuum der
Rechtfertigung des Sozialismus in einem Lande" andererseits
verstanden werden (Petrowsky 1971, 130). Im Westen wird die
Theorie des SMK vor allem im Umfeld der Kommunistischen
Parteien diskutiert. In Frankreich legen Paul Boccara und Mitarbeiter
in ihrem Werk *Der staatsmonopolistische Kapitalismus* (1973) eine
umfangreiche Analyse des zeitgenössischen Kapitalismus vor. Sie
sehen für den staatsmonopolistischen Kapitalismus vor allem die
wachsende Konzentration des Monopolkapitals und die Stärkung der
Rolle des Staates als charakteristisch an. Nach dem Stadium der
Manufaktur und dem Stadium der freien Konkurrenz ist der Kapitalismus in die „zweite Phase" seines „dritten Stadiums", dem

klassisch-monopolistischen bzw. imperialistischen, eingetreten (Boccara et al. 1973, 17 ff.). Vor allem politische Faktoren wie die beiden Weltkriege, die Herausforderung durch den Sozialismus und der Zusammenbruch des Kolonialsystems haben die neue Phase erwirkt. Staat und Kapital sind zu einem „einheitlichen Apparat" verschmolzen, wenn auch mit einem widersprüchlichen Charakter (ebd., 21). „Der SMK ist ein letzter Versuch zur Rettung der kapitalistischen Produktionsweise, deren allgemeine Krise von der Oktoberrevolution 1917 eingeleitet wurde", während gleichzeitig die sozialistischen Länder „in die Phase des entwickelten Sozialismus" eingetreten sind (ebd., 379 f.). Das westliche Bündnis zeichnet sich durch eine wirtschaftliche Integration aus, die das Bestreben ausdrückt, das sozialistische System zu bekämpfen. Die Integration schafft jedoch keine Einheitlichkeit (ebd., 474). Das zwischenimperialistische Verhältnis weist daher einen Doppelcharakter der Konkurrenz und der Solidarität auf, was den Ausbruch großer Kriege verhindert.

In Deutschland wird eine Version des SMK-Ansatzes von Robert Katzenstein vorgelegt. In seinem Aufsatz *Zur Theorie des staatsmonopolistischen Kapitalismus* (1973) geht er von der These eines starken Anwachsens staatlicher Eingriffe in die Wirtschaft als Reaktion auf die allgemein gewordene Krise aus. Bei den staatlichen Interventionen handelt es sich um die Herstellung von Monopolbedingungen, die „der Staat in der Wirtschaft setzte, d.h. um Bedingungen, die gegen das Wirken des Konkurrenzmechanismus gerichtet waren [...]. Die ökonomische Macht der Monopole wurde auf diese Weise durch die außerökonomische Macht des Staates erweitert, und dies war notwendig, um die Bewegung der gesellschaftlichen Produktion als kapitalistische Produktion überhaupt zu ermöglichen" (Katzenstein 1973, 1 f.). Viele Wirtschaftssektoren fallen aus der Sphäre der Bewegung des privaten Kapitals heraus und werden fortan staatlich entwickelt. Diese Entwicklungen konstituieren, so Katzenstein, ein neuartiges Verhältnis zwischen Kapital und Staat: „Reduziert man die Zusammenhänge auf das Wesentliche, so ist der Staat wohl ein Instrument des Monopolkapitals. Aber er ist zugleich auch eine Sphäre der Konkurrenz der Monopole um die Ausnutzung der staatlichen Macht zu ihren eigenen Gunsten" (ebd., 15). Dabei wird das Privatkapital erst einmal als ein „Element der Produktionsverhältnisse, der Basis, der Staat [als] ein Element des Überbaus" verstanden (ebd., 11). Neuartig im staatsmonopolistischen Kapitalismus sind die ökonomischen Funktionen des Staates. Im Laufe der

Zeit hat der Staat eine qualitative Veränderung durchgemacht – er ist nun „unmittelbar" in den Verwertungsprozess einbezogen. Die vormals „außerökonomische Gewalt" des Staates wird nun Teil des unmittelbaren Ausbeutungsprozesses (ebd., 12).

2.3.2. Die Debatte um die amerikanische Hegemonie

Der weniger sowjetfreundliche Marxismus erlebt ab den 1960er Jahren einen Aufschwung. Vorher war er an den Rand der intellektuellen und politischen Debatten gedrängt worden. Insbesondere der „westliche Marxismus" (etwa die Kritische Theorie von Horkheimer/Adorno) konzentrierte sich, auch unter dem Eindruck des goldenen Zeitalters eines relativ krisenfreien Kapitalismus, weniger auf die politökonomische Theoriebildung als auf die philosophische Reflexion sowie Diskussion sozio-kultureller Phänomene. Die Renaissance der Imperialismusdebatte jenseits des Marxismus-Leninismus basiert unter anderem auf den sozialen Bewegungen der 1960er und ihren Themen (etwa der Vietnamkrieg), den Turbulenzen, die das Ende des langen Wirtschaftsaufschwungs spiegelten, und der stärker artikulierten Kritik am Sowjetmarxismus. In der Debatte um den möglichen Niedergang der amerikanischen Hegemonie in Folge des Endes des Bretton Woods-Systems, des ökonomischen Aufstiegs Japans und Westdeutschlands sowie der amerikanischen Niederlage in Vietnam kristallisieren sich drei Strömungen heraus, die jeweils ein unterschiedliches Verhältnis von Einheit und Rivalität zwischen den stärksten Nationalstaaten der Erde betonen:

„Der *US-Super-Imperialismus*, bei dem alle anderen kapitalistischen Staaten von den USA dominiert werden und vergleichsweise wenig Freiheit haben, gegen den Willen des amerikanischen Staates ihre Politik und ihre Wirtschaft zu wählen und zu kontrollieren. Amerika tritt als der Organisator des Weltkapitalismus auf, der verhindert, dass Antagonismen außer Kontrolle geraten, und der die Einheit gegenüber dem Sozialismus erhält. Die Vorherrschaft muss natürlich nicht reibungslos funktionieren, denn die Antagonismen werden von ihm nicht eliminiert sondern nur zurückgehalten.

Der *Ultra-Imperialismus*, bei dem eine herrschende Koalition von relativ autonomen, imperialistischen Staaten die Organisation, die zur Erhaltung der Einheit des Systems nötig ist, ausführen. Damit dies funktionieren kann, dürfen die Antagonismen zwischen den Mitgliedern der Koalition nicht sehr schwerwiegend sein, so dass sie die Interessen, die alle an der Erhaltung des Systems haben, nicht übersteigen.

Der *Machtkampf*, bei dem die relativ autonomen Staaten die nötige Organisation nicht mehr ausführen oder so schlecht ausführen, dass schwerwiegende Konflikte zwischen ihnen ausbrechen und die Einheit des Systems gefährdet wird. Bevor dies geschehen würde, müssten die Antagonismen zwischen den Staaten sehr heftig hervorbrechen" (Rowthorn 1971a, 84).

Die verschiedenen Denkrichtungen unterscheiden sich in drei zentralen Bereichen: Erstens in der Einschätzung der relativen Stärke der amerikanischen Unternehmen und deren Aussichten, in Japan und Europa die industriellen Kernbereiche zu dominieren, zweitens in der Frage der Intensität und des Wesens der Antagonismen zwischen den nationalen Kapitalien bzw. „ihren" Staaten, drittens in der Frage, wie groß die Angst vor dem Sozialismus, und damit verbunden, das Interesse ist, trotz existierender Widersprüche eng zu kooperieren.

Die Mehrheit marxistischer Theoretiker (im Folgenden Baran/Sweezy, Magdoff) vertritt zumindest bis Ende der 1960er Jahre die Position eines US-Superimperialismus, die schematisiert wie folgt lautet: Die Vereinigten Staaten sind zwar nicht die einzige, aber die bei weitem vorherrschende Macht. US-Unternehmen übertreffen, sowohl was Größe, technologischen Fortschritt als auch Wachstum anbetrifft, ihre ausländischen Konkurrenten bei weitem. Diese Stärke benutzen sie, um Kernbereiche der europäischen Industrie zu übernehmen. Mithilfe der amerikanischen Staatsmacht gelingt das auch in Japan. Folge dieser Vorherrschaft in Europa und Japan wird die „Denationalisierung" großer Teile der nationalen Bourgeoisien sein – was diese zumindest objektiv zu Vertretern des „amerikanischen Kapitals" werden lässt. Das Bild einer Koalition imperialistischer Staaten unter der Hegemonie der USA entsteht, die Widersprüche zwischen den kapitalistischen Staaten verlieren dagegen an Bedeutung. Der gewichtigste Widerspruch existiert mehr und mehr zwischen „dem" Imperialismus und der „Dritten Welt".

Die Position eines Ultraimperialismus bzw. einer einheitlichen Herrschaft des „Nordens" konstatiert einen mit dem Ende der amerikanischen Hegemonie verbundenen Zwang, die Führung der Welt zu teilen. Die Antagonismen zwischen den nationalen Kapitalien können durch neue supranationale Institutionen vor dem Hintergrund der allgemeinen Bedrohung des Imperialismus durch Bewegungen der Dritten Welt und der „sozialistischen" Staaten verhindert werden. James O'Connor spricht in seinem Aufsatz *Die Bedeutung des ökonomischen Imperialismus* (1971/1976) einen Prozess der „Konsolidierung einer internationalen herrschenden Klasse [an], die damit verbundene Abnahme nationaler Rivalitäten [...] und die Internationalisierung des Weltkapitalmarktes" (O'Connor 1976, 153). Besonders der multinationale Konzern wird zum „Instrument zur Schaffung und Konsolidierung einer internationalen herrschenden Klasse", die die Aussicht fundiert, die „Antagonismen zwischen nationalen und internationalen Interessen überwinden zu können" (ebd., 182). Konflikte vermutet der Autor gleichwohl zwischen international gesinnten Kapitalisten und national orientierten Oberschichten (ebd., 130). Steven Hymer argumentiert, dass durch internationale Kapitalbewegungen, Direktinvestitionen in Niederlassungen außerhalb des Heimatlandes und durch die Zunahme des Finanzgeschäfts sowie der internationalen kapitalistischen Produktion die Basis für eine „internationale Regierung" entsteht (Hymer 1974, 11 f.). Dieser Prozess untergräbt die Macht der Nationalstaaten und erfordert die Bildung supranationaler Institutionen zur Handhabung der wachsenden Interdependenz.[55] Der Staat spielte zwar eine wichtige Rolle in der Geschichte des Kapitalismus, nun aber wird er zur Schranke der Entwicklung (ebd., 34). In einem weiteren Aufsatz wirft Hymer einen Blick auf das Jahr 2000. Er glaubt, dass die Konzerne auf beiden Seiten des Atlantiks bis dahin ein „stillschweigendes Einverständnis" erreicht hätten, um einer Art oligopolistischem Gleichgewicht näher zu kommen (Hymer 1976, 203). „Ein solches System hätte die Tendenz, Funktionen mit Entscheidungskompetenz auf hoher Ebene in einigen wenigen Hauptstädten der fortgeschrittenen Länder [...] zu konzentrieren und den Rest der Welt auf ein niedrigeres Tätigkeits- und Einkommensniveau zu beschränken, d.h. auf den Status von Kleinstädten und Dörfern im Rahmen eines neuen imperialen Systems" (ebd., 203). Er fasst zusammen: „Der zentrale Begriff meiner Untersuchung ist die

---

[55] „Die Schaffung eines Weltmarktes, auf dem die Staatsgrenzen verschwinden, verlangt ein Weltsystem, in dem separate Interessen, Gesetze, Verwaltungen, steuer- und wirtschaftsrechtliche Systeme in einem einheitlichen Gesetzbuch über die Rechte und Grenzen des internationalen Privateigentums zusammengefasst sind" (Hymer 1974, 12).

Machtpyramide, und im Mittelpunkt dieser Studie steht die Fusion der separaten Pyramiden der Nationalstaaten zu einer internationalen Pyramide. [...] Der Integrationsprozess, der gegenwärtig in der internationalen Wirtschaft vor sich geht, kann [...] dargestellt werden als das gegenseitige Durchdringen nationaler Konzerne und nationalen Kapitals in einem neuen multinationalen Eigentums- und Kontrollsystem" (Hymer 1974, 13).

Die Position des Machtkampfes bzw. der innerimperialistischen Rivalitäten wird von einigen Autoren vertreten (im Folgenden werden die Ansätze von Mandel, Cliff, Kidron, Mattick sowie Castoriadis dargestellt). Sie verstehen den japanischen und westeuropäischen Wirtschaftsaufschwung als Herausforderung der US-Hegemonie, eine Entwicklung, die die Entstehung einer integrierten europäischen Wirtschaft noch verstärkt. Die amerikanische Durchdringung von Europa und Japan hat nirgends den Punkt erreicht, an dem herrschende Teile der Bourgeoisien dieser Länder denationalisiert werden. Nationalstaaten verteidigen immer noch die Interessen ihres nationalen Kapitals. Weder Europa noch Japan fungieren als Neokolonien. So wie der Kampf um die Weltmärkte sich verschärft, können sich die Konflikte zwischen Staaten verstärken, auch wenn diese nicht in Kriege umzuschlagen drohen.

Im Folgenden werden die Position des US-Superimperialismus und das Konzept des Machtkampfes vorgestellt, in dem einige Autoren auch den Versuch wagen, den Kalten Krieg als innerimperialistischen Konflikt zu deuten. Abschließend werden der Ansatz von Nicos Poulantzas und die Weltmarkttheorien der 1970er diskutiert, die speziell für die Debatte in Westdeutschland eine Relevanz besitzen.

2.3.2.1. Sweezy/Magdoff: Der US-Superimperialismus

Einer der Theoretiker, der in den 1960ern einen größeren Bekanntheitsgrad erlangt, der Ökonom Paul Sweezy, entwickelt zusammen mit Paul Baran in dem Buch *Monopolkapital. Ein Essay über die amerikanische Wirtschafts- und Gesellschaftsordnung* (1966/1970) die These des Monopolkapitalismus.

Zentrales Kennzeichen des Monopolkapitalismus ist der aus der Konzentrations- und Zentralisationstendenz hervorgebrachte „Mammutkonzern", der von Managern geleitet wird und multinational operiert (Baran/Sweezy 1970, 23 ff.).[56] Ihre relative finanzielle Unabhängigkeit ermächtigt die multinationalen Konzerne ungemein (ebd., 58 ff.). Unter monopolistischen bzw. oligopolistischen Bedingungen sind die Konzerne nach Baran/Sweezy so stark, dass sie Preiskonkurrenz und Preissenkungen unterdrücken können. Gleichzeitig führen technische Innovationen zur Senkung der Produktionskosten, die in ein Ansteigen der Profitraten münden. Der ökonomische Surplus tendiert zu dauerhaftem Wachstum, es kommt nicht länger zu einem Fall der Profitrate (ebd., 77).[57] Die Autoren denken, dass in einer derartigen Situation die Absorption des Surplus zur zentralen wirtschaftspolitischen Frage wird. Die Verwertung des Surplus kann immer weniger auf gewöhnlichem Wege (Eigenverbrauch, produktive Investitionen) stattfinden. Wenn der gesamte Surplus reinvestiert wird, besteht die Gefahr des Angebotsüberhangs, der Überproduktion, mit der Folge der Stagnation.

Wie können die Mengen an Surplus bei zu geringer Binnennachfrage und zu wenig lohnenden Investitionsaussichten verwendet werden? Vor allem die staatliche Stimulierung der Nachfrage nimmt sich diesem Problem an, etwa durch Schaffung und Ausdehnung von Märkten oder die Umlenkung beträchtlicher Ressourcen in das Geldwesen, Versicherungen oder Liegenschaften (ebd., 111). Zudem wird in Gestalt von Steuern Surplus abgezogen, der für die Finanzierung der Streitkräfte, des Polizei- und des Beamtenapparats verwendet wird. „Die Tendenz der Staatsausgaben steigt in diesem Jahrhundert ununterbrochen sowohl absolut wie als prozentualer

---

[56] Diese These baut auf den Arbeiten von klassischen Marxisten wie Hilferding oder Lenin und heterodoxen Ökonomen wie Thorstein Veblen, Michal Kalecki und Joseph Steindl auf. Baran/Sweezy wenden sich im *Monopolkapital* gegen die Bezeichnung „staatsmonopolistischer Kapitalismus", weil der Staat „schon immer" eine Rolle gespielt hat und dem Staat ferner eine Unabhängigkeit zugestanden wird, die dieser nicht besitzt (Baran/Sweezy 1970, 72).

[57] „Der ökonomische Surplus ist, auf die kürzeste Formel gebracht, der Unterschied zwischen dem, was eine Gesellschaft produziert, und den Produktionskosten. Die Surplusgröße ist ein Maßstab für Reichtum und Produktivität" (Baran/Sweezy 1970, 19). Marx hat Baran/Sweezy zufolge den „Mehrwert" mit der Summe aus Profiten, Zinsen und der Grundrente gleichgesetzt. Andere Einkünfte wie die des Staates gehören aber zu einer modernen breiteren Bezeichnung: dem „Surplus" (ebd., 376).

Anteil am BSP. Bis 1929 war dieser Anstieg gemächlich – von 7,4 Prozent 1903 auf 9,8 Prozent 1929. Ab 1929 geht er jedoch weit schneller vor sich; heute machen die Staatsausgaben schon mehr als ein Viertel aus" (ebd., 146). Am schnellsten wächst die Rüstung, von 0,7 Prozent des amerikanischen BSP 1929 auf 10,3 Prozent 1957: „Sie macht damit etwa zwei Drittel der gesamten Expansion der Staatsausgaben relativ zum BSP seit den Zwanzigerjahren aus. Diese massive Surplusabsorbierung durch militärische Planungen ist der Schlüssel zur Geschichte der amerikanischen Nachkriegswirtschaft" (ebd., 152).

Anschließend an diese Überlegungen wird imperialistische Politik als Möglichkeit zur Absorption des Surplus diskutiert. Das hohe Gewicht des Militäretats legt den amerikanischen Staat geradezu auf eine imperialistische Politik fest, die zusätzlich ökonomische Aktivitäten amerikanischer Konzerne erleichtert. Weil aber der Rückstrom aus Kapitaleinkünften den Abfluss von Kapital übersteigt, kann das Problem der Absorption des Surplus auf diese Weise nicht gelöst werden (ebd., 108). Gleichwohl aber funktioniert der staatliche Militarismus als beständiger Nachfrager und erhält dadurch den Charakter einer Krisenlösungsstrategie. Die Manager der Privatwirtschaft haben sich mit dieser Politik aus mehreren Gründen abgefunden. Erstens sehen sie ein, dass die USA als Führernation auf eine klare militärische Überlegenheit angewiesen sind. Zweitens existiert ein Glaube an die angebliche Aggressivität der UdSSR, die aber vielmehr einen „Hass auf den Sozialismus" ausdrückt – die sozialistischen Systeme agieren Baran/Sweezy zufolge im Wesentlichen „defensiv", es existiert keine „Gruppe, die [...] andere Nationen und Völker zu ihrem eigenen Vorteil zu unterjochen sucht" (ebd., 181). Drittens erzeugt der Militärbereich keine Konkurrenz für die Privatwirtschaft, im Gegenteil profitiert letztere von seinem Wachstum (ebd., 201).[58]

Der mit Sweezy zusammenarbeitende Ökonom Paul Magdoff baut seine Arbeit auf der These des Monopolkapitalismus auf. Dabei knüpft Magdoff an eine eher implizite These der Arbeit von Baran/Sweezy an: Die überragende Rolle der Vereinigten Staaten als

---

[58] Staat und Kapital sind bei Sweezy auf Engste miteinander verbunden: „Die herrschende Klasse herrscht in der Regierung [...] in dem Sinn, dass ihre Mitglieder entweder direkt die Schlüsselpositionen besetzen [...] oder die politischen Parteien kontrollieren und finanzieren" (Sweezy 1970b, 73 ff.).

Führer und Organisator des Weltsystems. In seinem Buch *Das Zeitalter des Imperialismus. Die ökonomischen Hintergründe der US-Außenpolitik* (1969/1970) entwickelt er die These des US-Superimperialismus. Der mächtigste Staat der Erde operiert in einer Art und Weise, die sehr an Hobsons und Lenins Beschreibungen erinnern, indem er seinen Konzernen Kontrolle über Ressourcen verschafft und Sicherheit für amerikanische Exporte gewährleistet. Der Vietnamkrieg wird bei Magdoff als Teil einer allgemeineren Strategie zur Schaffung des Zugangs zu Schlüsselwaren und Märkten in der Dritten Welt verstanden.[59]

Magdoff bemängelt, dass selbst kritische Autoren die Beziehungen zwischen Kapitalinteressen und Militärpolitik außer Acht lassen. Zwar greift eine rein ökonomische Erklärung zu kurz – militärische und politische Entscheidungen werden nicht bloß „nach den Regeln der Kostenrechnung gefällt" (Magdoff 1970, 13) –, dennoch besteht ein Zusammenhang zwischen der aggressiven Außenpolitik und der energischen Expansionspolitik der amerikanischen Industrie. Auslandsinvestitionen können Krisen überwinden helfen, „wenn man darin nur eine unter anderen ökonomischen Strategien des Kapitalismus sieht, die je nach den Umständen brauchbar oder unwirksam ist" (ebd., 18). Die strategische Bedeutung der Rohstoffvorkommen der Dritten Welt wird, ähnlich wie in der Dependenztheorie, hoch veranschlagt. Weil die USA hinsichtlich gewisser Bodenschätze eine „arme Nation" sind und Rohstoffe eine unverzichtbare Bedeutung behalten, sind die USA auf eine ambitionierte Außenpolitik verpflichtet (ebd., 44 f.). Der Begriff Imperialismus steht bei Magdoff daher für die Einheit von „inländischem Wirtschaftsprozess, ausländischen Aktivitäten von Industrie-

---

[59] Magdoff argumentiert im Vergleich zu anderen Theoretikern des US-Superimperialismus vergleichsweise vorsichtig. Die These wird mit besonderer Verve von Pierre Jalée vertreten. „Der amerikanische Imperialismus ist also zu einem Superimperialismus geworden, der die übrigen Imperialismen kontrolliert und sich zu diesen etwa wie ein Unternehmen zu seiner Tochtergesellschaft verhält" (Jalée 1971, 178). Der wirkliche „Hauptwiderspruch" des Systems besteht zwischen Imperialismus und Dritter Welt (ebd., 189). Zentral zur Aufrechterhaltung des Systems ist die Ausbeutung der Dritten Welt. Weil eine zunehmende Abhängigkeit von der Dritten Welt besteht, liegen hier auch die potentiellen Schwächen des Imperialismus.

unternehmen und Banken, militärischer Präsenz und weltweiter Diplomatie" (ebd., 147).

Der gegenwärtige Imperialismus zeichnet sich durch verschiedene neue Merkmale im Unterschied zur Zeit Lenins aus: „1. der Übergang vom Kampf um die Aufteilung der Welt zum gemeinsamen Abwehrkampf gegen die Verkleinerung des imperialistischen Einflussbereichs; 2. die Rolle der USA als Organisator und Führer des imperialistischen Weltsystems; und 3. das Entstehen einer Technologie, die internationale Züge trägt" (ebd., 39). Nach 1917 gesellte sich zum alten innerkapitalistischen Konkurrenzkampf ein Element hinzu: „Der Teil der Welt, der aus dem imperialistischen System ausgebrochen war, musste zurückerobert, und andere Länder mussten daran gehindert werden, das gleiche zu tun" (ebd.). Weil dieses Bedürfnis sich nach 1945 verstärkte, so Magdoff, ohne dass dadurch die innerkapitalistische Konkurrenz vollständig beseitigt wurde, sind die USA fähig, eine Einigkeit zu erzwingen. Die unangefochtene „Führung des imperialistischen Weltsystems" unter amerikanischer Schirmherrschaft findet in der Internationalisierung der Technologie ihre ökonomische Basis. Die amerikanisch dominierte Weltraumtechnik beispielsweise, aber auch die international vorherrschenden Hollywood-Produktionen begründen eine Einheit, in der sich die Führungsrolle der USA ausdrückt (ebd., 43). Die amerikanische Durchdringung Europas lässt sich an der Kontrolle über der Hälfte „der englischen Autoindustrie, nahezu 40 % der westdeutschen Erdölindustrie und über 40 % des Fernmeldewesens, der elektronischen Industrie und der Herstellung von Datenverarbeitungsanlagen [...] in Frankreich" ablesen (ebd., 57). Unterstützend wirken ein neuartiges internationales Bankennetz und die Dollar-Leitwährung.[60]

---

[60] In einem gemeinsamen Artikel von 1972 sprechen Sweezy und Magdoff davon, dass der Kollaps des Bretton Woods-Systems einen Wendepunkt in der Geschichte des Imperialismus markiert und die US-Hegemonie wahrscheinlich an ihr Ende gelangen wird (Magdoff/Sweezy 1972). Zugleich argumentieren sie, dass nach 1945 der primäre Widerspruch des Weltsystems zwischen dem amerikanisch geführten Westen und der Dritten Welt verlief. Nicht die „sekundären" Widersprüche zwischen den kapitalistischen Ländern, sondern der vietnamesische Befreiungskampf beförderte die Krise der US-Hegemonie.

2.3.2.2. Mandel/Castoriadis u.a.: Imperialistische Rivalitäten

Der wohl bekannteste marxistische Protagonist der These der fortwährenden innerimperialistischen Rivalitäten, Ernest Mandel, betont in seinem Werk *Der Spätkapitalismus. Versuch einer marxistischen Erklärung* (1972/1973), dass die „Haupttendenz" des internationalen Konkurrenzkampfes „nicht in Richtung auf weltweite Verschmelzung des Großkapitals, sondern auf sich verhärtende Gegensätze mehrerer imperialistischer Gebilde" geht (Mandel 1973, 314). Mandel versucht die klassische marxistische Imperialismustheorie auf die Nachkriegszeit anzuwenden.

Die vor dem Hintergrund der Monopolisierung sich beschleunigende Unterwerfung des Staates unter die Interessen der Monopole „durch eine wachsende Personalunion zwischen den leitenden Staatsbeamten und den Chefs der großen Monopole" (Mandel 1971, 530) beschreibt Mandel bereits früher als Kennzeichen des Imperialismus, den er als „eine Politik der internationalen und wirtschaftlichen Expansion des Monopolkapitalismus" definiert (ebd., 467). Nicht allein partielle Interessen einzelner Rüstungskonzerne, sondern die expansive Tendenz des Kapitalismus im Allgemeinen erzeugen das Wachstum des Rüstungssektors. An hohen Militärausgaben und überhaupt an der permanenten Rüstungswirtschaft nach 1945 erfreuen sich nicht nur Rüstungskonzerne, sondern auch Unternehmen, die auf den Schutz ihrer gewaltigen Auslandsinvestitionen im Notfall angewiesen sind (Mandel 1973, 287).

Die aktuelle Phase des Imperialismus nach 1945, die unter anderem durch die „Kolonialrevolution" in Gang gesetzt wurde, verändert das Gesicht des Imperialismus. Der „Neo-Imperialismus" herrscht indirekt, denn aus den kolonialen Ländern wurden halbkoloniale, politisch relativ unabhängige Staaten. Die wirtschaftlichen Missverhältnisse sind dagegen erhalten geblieben. Der Handel zwischen Erster und Dritter Welt ist durch ungleichen Tausch gekennzeichnet, der unter anderem aus den Unterschieden in der durchschnittlichen Arbeitsproduktivität der Nationen seine Dynamik bezieht (ebd., 63 ff.).[61] Der Imperialismus behindert in dieser Weise die Entwicklung

---

[61] Mandel kritisiert sowohl Samir Amin als auch Arghiri Emmanuel für ihre Begründung des ungleichen Tausches. Diese gingen von der internationalen Immobilität der Arbeitskraft und der internationalen Mobilität des Kapitals aus, woraus sich ein internationaler Ausgleich der Profitrate und die Bildung

der armen Länder, ohne jedoch die Industrialisierung der Entwicklungsländer letztlich aufhalten zu können (Mandel 1971, 499), selbst wenn diese in Abhängigkeit vom Norden erfolgt.

Mandel argumentiert, dass nach 1945 zum Grundwiderspruch zwischen Kapital und Arbeit und dem Widerspruch zwischen den kapitalistischen Ländern ein neuer hinzutritt – derjenige „zwischen Kolonialvölkern oder halb-kolonialen Völkern [...] und der Großbourgeoisie der Mutterländer" (Mandel 1968, 450). Dieser determiniert jedoch nicht die Konflikte zwischen den Großmächten. Die zentrale Konfliktarena liegt weiterhin innerhalb der entwickelten kapitalistischen Welt und die dort stattfindenden Konflikte spielen eine mächtige Rolle für den Fortgang kapitalistischer Entwicklung.

Mithilfe einer Analyse der internationalen Kapitalbewegungen schließt Mandel auf Veränderungen imperialistischer Politik. Während die frühkapitalistische Zeit noch im Zeichen einer relativen Immobilität des Kapitals stand, beschleunigten sich im monopolkapitalistischen Zeitalter seit Ausgang des 19. Jahrhunderts die Internationalisierungstendenzen. Zeitweilig existierten sogar internationale Kartelle wie das Welt-Erdölkartell ab 1928 (Mandel 1971, 484). Dennoch herrschte mit Ausnahmen die nationale Zentralisation vor. Der Trend zur Internationalisierung des Wirtschaftslebens wurde entscheidend durch den „Prozess der Nationalisierung des Kapitals" durchkreuzt (Mandel 1973, 293). Erst im Spätkapitalismus, nach 1940, beginnt sich die internationale Konzentration auch in

einheitlicher Produktionspreise ergeben würden. Mandel argumentiert dagegen mithilfe der Anwendung der Arbeitswerttheorie auf den internationalen Handel: „Ungleicher Tausch hat im Rahmen des kapitalistischen Weltmarktes grundsätzlich zwei Quellen: 1. die Tatsache, dass auf dem Weltmarkt die Arbeit der industrialisierten Länder als intensiver, d.h. wertproduktiver gilt als die der unterentwickelten [...]; 2. die Tatsache, dass kein Ausgleich der Profitraten auf dem Weltmarkt stattfindet, d.h. dass verschiedene nationale Produktionspreise (Durchschnittsprofitraten) nebeneinander bestehen und durch den Weltmarkt auf eine besondere [...] Weise miteinander artikuliert werden" (Mandel 1973, 327). International kommt es zu einem Werttransfer von Wirtschaftsressourcen, trotz fehlendem internationalen Ausgleich der Profitraten.

„internationaler Zentralisation [dem multinationalen Konzern] niederzuschlagen" (ebd., 294).[62]

Da Mandel von einer engen Verbindung von Staat und Kapital ausgeht, verzahnt er die Analyse der Kapitalbewegungen mit der Politik der Staaten. Seiner Ansicht nach kann das Verhältnis zwischen Nationalstaat und internationaler Zentralisation zu drei möglichen Entwicklungspfaden führen. Erstens besteht die Aussicht, dass die internationale Zentralisation mit der Machtausdehnung eines einzigen Staates einhergeht (US-Hegemonie nach 1945). Zweitens kann dieser Prozess mit dem Aufkommen einer regionalen, „föderalen, supranationalen bürgerlichen Staatsmacht" (Europäische Wirtschaftsgemeinschaft, EWG) verbunden sein. Drittens existiert die Möglichkeit einer relativen Indifferenz der Konzerne gegenüber den jeweiligen Heimatstaaten (ebd., 303 ff.).[63] Mandel versteht die dritte Form nur als Zwischenform, da die Konzerne perspektivisch, unter der Voraussetzung sich verschärfender Konkurrenz, wieder auf den Staatsapparat angewiesen sein werden. Aus diesen drei Varianten ergeben sich drei mögliche Modelle der „internationalen Struktur der imperialistischen Metropole": Der US-Superimperialismus, den Mandel aber längerfristig für wenig wahrscheinlich hält, da er auf die Dauer nicht nur auf militärischer Übermacht beruhen, sondern zur unmittelbaren Kontrolle über zentrale Kapitalien und Staaten führen muss. Mandel erwartet nicht, dass die westeuropäischen Staaten oder der japanische Staat zum Status von „Halbkolonien" herabsinken (ebd., 311; vgl. Brandes 1973, 26). Das Modell des Ultra-Imperialismus erscheint Mandel noch unrealistischer, da hiermit die Entstehung eines Weltstaates inbegriffen sein müsste. Das Modell

---

[62] Mandel unterscheidet bei der internationalen Zentralisation zwischen der Internationalisierung der Mehrwertrealisierung (Warenabsatz) und der neuartigen Tendenz der Internationalisierung der Mehrwertproduktion (Warenerzeugung); zudem diskutiert er eine Internationalisierung des Kaufs der Ware Arbeitskraft und die Internationalisierung der Kommandogewalt über das Kapital (Mandel 1973, 301 ff.).

[63] Das bedeutet, dass z.B. ein europäisches Unternehmen bei der Verlagerung eines Großteils seiner Aktivitäten nach Nordamerika mehr an der kanadischen und amerikanischen Konjunkturlage interessiert ist als an der europäischen und sich deshalb mehr der dortigen Staatsapparate zur Realisation seiner Wirtschaftsinteressen bedienen muss und in der Folge zu einem Teil der herrschenden Klasse der USA werden kann (vgl. auch Rowthorn 1971a, 98).

der fortgesetzten inter-imperialistischen Konkurrenz, mit „lediglich veränderten Formen", gilt dagegen als wahrscheinlicher: „In diesem Modell ist die internationale Kapitalverflechtung weit genug fortgeschritten, um eine größere Zahl selbständiger imperialistischer Großmächte durch eine kleinere Zahl imperialistischer Supermächte zu ersetzen, sie wird aber durch die ungleichmäßige Entwicklung des Kapitals so stark behindert, dass die Herausbildung einer globalen Interessengemeinschaft des Kapitals nicht gelingt. Die Kapitalverflechtung siegt auf kontinentaler Ebene, wobei sich die interkontinentale imperialistische Konkurrenz um so mehr verschärft" (Mandel 1973, 309).[64] Neuartig an der Konstellation ist die Tatsache, dass sich nur noch drei Weltmächte (Japan, USA, Europa) gegenüber stehen und zudem die Gefahr inter-imperialistischer Weltkriege „äußerst unwahrscheinlich, wenn nicht unmöglich" geworden ist (ebd., 310).

In dem Buch *Die EWG und die Konkurrenz Europa-Amerika* (1968) diskutiert der Autor die Rolle supranationaler, aber kontinental begrenzter Staatenbündnisse. Im Zeichen einer sich verschärfenden Konkurrenz auf dem Weltmarkt kommt es zur Bildung kontinentaler Kapitalkonzentrationen, die in Europa mit der Bildung der EWG einhergehen (Mandel 1968, 41). Der Einzelstaat passt sich dieser Situation der Konzentration und Zentralisation des Kapitals an. Trotzdem geht die EWG über ein enges Staaten*bündnis* nicht hinaus, ein föderaler Bundesstaat mit einer Währungs-, Finanz- und Haushaltshoheit ist nicht in Sicht (ebd., 50). Mandel nimmt an, dass die lange Hochkonjunktur die Bildung der EWG begünstigte und erwartet im „Augenblick einer allgemeinen Rezession in Westeuropa […] die Stunde der Wahrheit". Wahrscheinlicher als in eine noch intensivere Wirtschaftsintegration wird dies in einen Rückfall in ökonomischen Nationalismus und Protektionismus einmünden (ebd., 90).

In den USA vertreten Paul Mattick, in Großbritannien Tony Cliff und Michael Kidron und in Frankreich Cornelius Castoriadis die These neuer Rivalitäten. Für sie spielt der Ost-West-Konflikt eine besonders wichtige Rolle als Ausdruck eines weltweiten imperialistischen Zusammenhangs. Im Gegensatz zu anderen Theorien, mit

---

[64] Insgesamt drückt die wachsende, auch internationale Rolle des Staates ökonomisch die verstärkte Krisenhaftigkeit des Kapitalismus aus (Mandel 1973, 438).

Ausnahme einiger „maoistischer" Ansätze, die mit der Kategorie des sowjetischen „Sozialimperialismus" arbeiten, wird vom Imperialismus der Sowjetunion (und später auch Chinas) gesprochen.

Paul Mattick betont die Rolle des Konfliktes zwischen den westlichen „privatkapitalistischen" und den östlichen „staatskapitalistischen" Ländern. In seinem Buch *Marx und Keynes. Die Grenzen des ‚gemischten Wirtschaftssystems'* (1969/1971) schreibt er: „Die Welt für die kapitalistische Ausbeutung offen zu halten, war die Devise der US-Politik nach 1945. Sie entspricht den Expansionsbedürfnissen des Privatkapitals und kann nicht geändert werden, wenn das Marktsystem nicht zerstört werden soll [...] Daher muss das Aufkommen staatskapitalistischer Systeme in Gebieten verhindert werden, die für die kapitalistische Ausbeutung vorgesehen sind" (Mattick 1971, 280). Der Konflikt zwischen staats- und privatkapitalistischen Systemen wird als besondere Form der internationalen Konkurrenz des Kapitals verstanden, bei der im Unterschied zu früheren Kriegen nicht nur die wirtschaftlichen Interessen der nationalen Kapitalgruppen, sondern auch die „Verteidigung oder Zerstörung unterschiedlicher gesellschaftlicher Strukturen" involviert sind (ebd.).

Mattick beschreibt den Weltkapitalismus als ein grundsätzlich irrationales Gesellschaftssystem: „Daher ändert die Erkenntnis, dass die den Kapitalismus bedrängenden Probleme nicht länger mittels des Krieges zu lösen sind, nichts an Verhaltensweisen, die jederzeit zu einem Krieg führen können. Kein Kapitalist wünscht die durch die Krise entstehenden Verluste, aber der Wettbewerb um Kapital führt nichtsdestoweniger zu Krisen und Depressionen. Mit anderen Worten: das ‚normale' Verhalten verursacht die ‚Anomalität' der Krise. Hinsichtlich des Krieges liegen die Dinge nicht anders" (ebd., 285). Die Internationalisierung des Kapitals ändert nichts an dieser grundlegenden Tatsache. Schon die beiden Weltkriege versinnbildlichten, so Mattick, dass die Fronten der Staatenkonkurrenz nicht unbedingt zwischen einzelnen Nationalstaaten verlaufen, sondern zwischen „supranationalen imperialistischen Kombinationen" (ebd., 168). Die multinationalen Konzerne berühren den „nationalen und damit imperialistischen Charakter des Kapitals" nicht. Trotz aller „Querverbindungen" liegt die Verfügungsgewalt über solche Konzerne bei bestimmten nationalen Kapitalen, die weiterhin Verbindungen zu ihrem Staat pflegen: „Staatenlose multinationale Konzerne, eine wirkliche Internationalisierung kapitalistischer Produktion, mögen ein Traum der Kapitalisten sein; er hat im

Rahmen der Kapitalakkumulation keine Chance, verwirklicht zu werden" (ebd., 169).

Michael Kidron betont in seinem gegen die Universalisierung der Leninschen Thesen gerichteten Ansatz, dass der Kapitalexport in die Entwicklungsländer nicht nur quantitativ, sondern auch qualitativ an Bedeutung verloren hat, was die These des Widerspruchs zwischen Erster und Dritter Welt relativiert (Kidron 1974, 130 ff.). Darüber hinaus entwickelt er in seinem Buch *Rüstung und wirtschaftliches Wachstum. Ein Essay über den westlichen Kapitalismus* (1968/1971) die These vom Ende der amerikanischen Hegemonie im Zusammenhang mit dem langen Wirtschaftsaufschwung nach dem Zweiten Weltkrieg. Basis hierfür ist das Ende der stabilisierenden Effekte der „permanenten Rüstungswirtschaft" in den USA. Bis in die 1960er Jahre schwanken die Militärausgaben um die 10 Prozent des BIP der USA (Kidron 1971, 59). Die vergleichsweise niedrigen BIP-Wachstumsraten der USA im Vergleich zu Japan oder Westdeutschland waren dabei der Preis für die Stabilität des Wachstums, der nach 1940 durch die Umlenkung von Kapital aus dem zivilen Akkumulationskreislauf in den Rüstungssektor erzielt wurde (vgl. auch Deutschmann 1973, 137 ff., 181 ff.). Die negative Konsequenz dieser Entwicklung war die mittelfristig abnehmende Wettbewerbsfähigkeit der amerikanischen Industrie. Sowohl Japan als auch Deutschland bauten vor diesem Hintergrund nach 1945 vor allem ihre Exportindustrien aus. Insgesamt holten sie in den nächsten 20 Jahren den deutlichen Vorsprung der USA zunehmend auf und stellen nun eine ernstzunehmende Weltmarktkonkurrenz dar.

Tony Cliff analysiert in seinem Werk *Staatskapitalismus in Russland* (1955/1975) das sowjetische System aus einer globalen Perspektive. Isoliert von der restlichen Welt betrachtet, kann man das innere Funktionieren der sowjetischen Wirtschaft so verstehen, als ob der Staat ein großes Unternehmen ist, welches von einem Zentrum aus gesteuert wird (Cliff 1975, 209). Die Konkurrenz der „vielen Kapitalien" erscheint innerhalb der UdSSR fast ausgeschaltet. Aus einer globalen Perspektive hingegen stellt sich die Situation anders dar: „Tatsächlich hängt die stalinistische Planung aber von Faktoren ab, die außerhalb ihrer Kontrolle liegen, nämlich von der Weltwirtschaft, der internationalen Konkurrenz. Unter diesem Gesichtspunkt befindet sich die russische Wirtschaft in einer ähnlichen Lage wie der Eigentümer eines kapitalistischen Unternehmens, das mit anderen Unternehmen konkurriert" (ebd.). Die Entwicklung Russlands nach

1917 muss also in seinem Zusammenhang mit dem internationalen, von der Konkurrenz beherrschten Staatensystem, untersucht werden. Dem zufolge legte sich der sowjetische Staat im Zuge seiner Stalinisierung in den 1920ern auf den Aufbau einer industriellen Basis fest, um angesichts der Herausforderungen des Westens bestehen zu können. Die militärische Konkurrenz zwang die herrschende Bürokratie dazu, der Entwicklung der Schwerindustrie und des Rüstungssektors Priorität zu geben. Die sich Ende der 1920er in eine zur Personifikation des Kapitals gewandelte herrschende Bürokratie (als eine neue Form der herrschenden Klasse) presst seitdem das gesamte gesellschaftliche Leben in eine totalitäre Form (ebd., 137 f.).

Die UdSSR wird bei Cliff als eine extreme Form der allgemeinen Tendenz zum militarisierten „Staatskapitalismus" verstanden, die seit den 1930ern auch zunehmend westliche Kapitalismen kennzeichnet. Die hieraus resultierende spezifische Form imperialistischer Politik kann etwa mit dem japanischen Imperialismus vor 1945 verglichen werden. Die UdSSR leidet zwar weder an Kapitalüberfluss noch bedrohen Lohnerhöhungen die Existenz – da aber nahezu alle Produktionsmittel dem Staat zur Verfügung stehen, stellt sich die industrielle Entwicklung der „russischen Kolonialgebiete" (Osteuropa) als direkter Bestandteil der industriellen Entwicklung Russlands selbst dar: „Der japanische Staat betrachtete die Mandschurei als ‚Erweiterung des Mutterlandes'. Das gleiche gilt für den stalinistischen Staat hinsichtlich der Ukraine, des Kaukasus, Bulgariens, Rumäniens usw.; auf Grund seiner ökonomischen Monopolstellung wird Russland die Entwicklung dieser Gebiete noch wirksamer vorantreiben als der japanische Imperialismus die Entwicklung der Mandschurei. Aus der Sicht des japanischen Imperialismus war die Entwicklung der Mandschurei notwendig, um den Abstand zu den fortgeschrittenen westlichen Mächten zu überbrücken. Aus dem gleichen Grunde wird die stalinistische Bürokratie zu einer imperialistischen Politik getrieben" (ebd., 235). Zusätzlich befördern Cliff zufolge der Bedarf an zusätzlichen Arbeitskräften und geostrategische Überlegungen die russische Expansionspolitik. Die Kontrolle über die osteuropäischen Staaten dient den Akkumulationszielen Russlands. Regelmäßige Säuberungen in den lokalen kommunistischen Bürokratien sind zur Durchsetzung dieser Ziele notwendig. Ebenso gilt die „Verschleppung ganzer Nationen" auch innerhalb der Sowjetunion als eine Methode der Herrschaftsstabilisierung.

In Frankreich analysiert Cornelius Castoriadis ab Mitte der 1940er Jahre die bestehenden „sozialistischen" Staaten als eine neue Form des Kapitalismus nach der Phase des Monopolkapitalismus – als „bürokratischen Kapitalismus" (Castoriadis 1988b, 126). Der Stalinismus wird dabei weniger als Resultat des äußeren, weltmarktvermittelten Drucks auf einen revolutionären Arbeiterstaat denn als eine neue Phase kapitalistischer Herrschaft gesehen. Diese historische Neuschöpfung steht bei Castoriadis für eine moderne, durchrationalisierte, totalitäre Barbarei, in der die wachsende Macht der Bürokratie das Wesen des entwickelten Kapitalismus adäquat ausdrückt (Castoriadis 1988e, 92 ff.). Im Westen herrscht gleichzeitig eine fragmentierte Form des bürokratischen Kapitalismus vor. Castoriadis spricht von Kapitalismus, weil im Ostblock wie im westlichen Kapitalismus die unbegrenzte Ausdehnung der Beherrschung von Natur und Gesellschaft und die unbegrenzte Entfaltung der Produktivkräfte mit allen Mitteln betrieben werden. Die Subjekte der Produktion werden weiterhin als Objekte behandelt. Der Ostblock repräsentiert eine totalitäre Gesellschaft, weil in ihr die Differenz zwischen der politischen Macht und der Zivilgesellschaft gewaltsam aufgehoben wurde.

Die Gesellschaftsblöcke in Ost und West stehen sich Castoriadis zufolge in einer neuartigen innerimperialistischen Konfrontation gegenüber, die sich durch eine Fusion von Staat und Kapital auf der nationalen Ebene auszeichnet (Castoriadis 1988c, 186). Klassische imperialistische Interessen, die er in Anlehnung an Lenin durch das Ziel der direkten ökonomischen Ausbeutung eines größtmöglichen Gebietes charakterisiert (Castoriadis 1988d, 258), verschwinden auf beiden Seiten des Ost-West-Konfliktes nicht, ändern jedoch ihre Form – besonders im Osten, weil hier die neue Phase des Kapitalismus bereits tiefere Wurzeln geschlagen hat. Imperialistische Interessen sind nicht notwendig an den privaten Monopolkapitalismus gebunden, sie existieren in neuer Weise weiter – „imperialist expansion is even more necessary for a totally concentrated economy, for a bureaucratic capitalist one" (ebd., 259). Die neue Phase des Imperialismus korreliert mit der Entwicklung zum Totalitarismus. Weil kein Machtblock seine Machtbasis, das jeweilige Proletariat, vollends kontrolliert, ist weder eine nachhaltige, auf Vernunft basierende, rationale politische Strategie zu erwarten noch eine längerfristige Stabilisierung (ebd., 265 ff.). Die gewaltsame Konfrontation bis hin zum dritten Weltkrieg bleibt im Bereich des Wahrscheinlichen.

Die politische Linke bleibt alten Denkfehlern verhaftet, wenn sie annimmt, dass der Imperialismus sich allein aus der in der Anarchie des Marktes begründeten Unfähigkeit, genügend Mehrwert zu realisieren, speist (ebd., 259). Die diesem Theorem beigefügte These, der zufolge eine geplante und verstaatlichte Wirtschaft keine imperialistischen Motive mehr kennt, ist ein schwerwiegender Fehlschluss. Castoriadis versteht im Gegensatz dazu die sowjetische Außenpolitik als eine expansionistische Praxis der Machterweiterung, bei der der von der UdSSR geführte Ostblock auf längere Sicht große Chancen hat, den westlichen Rivalen gewaltsam niederzuringen. Er fasst zusammen: „[A] profound transformation of imperialism therefore takes place [...] It no longer is just a matter of dividing up colonies and backward regions. What is now at stake is domination over imperialist countries by other, incomparably stronger imperialist countries. And as long as the proletarian revolution does not intervene, this process must end in the domination of the world by a single imperialist State, a single group of exploiters, not through a peaceful entente between various States, but through violent struggle and through the extermination or submission of the weakest. We therefore must deepen Lenin's definition and see in the wars of the imperialist era decisive moments in the process of worldwide capital and power concentration, not simply some struggles for new partitionings of the world, but advancement toward the all-embracing domination of a single exploiting group" (ebd., 263).[65]

---

[65] Ab Ende der 1950er Jahre geht Castoriadis davon aus, dass der bürokratische Kapitalismus zur Aufhebung seiner kapitalistischen Form tendiert (Castoriadis 1988b, 126). Nicht mehr der unregulierbare, anarchische Prozess des Wirkens des Wertgesetzes, sondern der kollektive Willen von Klassen und Gruppen bestimmt den geschichtlichen Prozess. Aus dem bürokratischen Kapitalismus erwächst die „Stratokratie", die Herrschaft der Krieger, in der ein militärisch-industrieller Komplex als neue herrschende Klasse auftritt (Castoriadis 1981). In dieser Gesellschaft steht nicht mehr die Partei, sondern die Armee im Zentrum der Macht. Die Macht selbst wird im Interesse des Machterhalts des militärisch-industriellen Komplexes bewahrt und ausgedehnt, und entfaltet so eine von der klassischen imperialistischen Phase und ihren ökonomischen Motiven gesonderte, geostrategische Eigendynamik. Gesellschaftliche Beziehungen werden zu reinen Gewaltbeziehungen degradiert, der Machterhalt mehr und mehr mit gewaltsamen, militärischen Mitteln durchgesetzt.

2.3.2.3. Poulantzas: Amerikanische Hegemonie und innere Bourgeoisie

Ein Versuch der Weiterentwicklung der marxistischen Theorie stellt das Werk von Nicos Poulantzas dar. In den 1970ern erlangt seine Analyse des Wechselverhältnisses von Kapitalbewegungen und der relativen Autonomie des Staates in der Imperialismusdebatte Bedeutung.

Poulantzas setzt sich unter anderem mit der bereits in den 1970ern vertretenen These vom Niedergang des Staates infolge von Globalisierungsprozessen auseinander (vgl. Murray 1974). Für ihn stellt sich die Frage, warum Staaten trotz aller ökonomischen Veränderungen weiterhin als zentral für die Reproduktion einzelstaatlich verfasster Gesellschaften zu betrachten sind. In seinem Buch *Staatstheorie. Politischer Überbau, Ideologie, Autoritärer Etatismus* (1977/2002) wird der Staat als gesellschaftliches Verhältnis gefasst. Ausgehend von einer Kritik an Althusser und Foucault kommt er zu einer Bestimmung des Staates „als die materielle Verdichtung eines Kräfteverhältnisses zwischen Klassen und Klassenfraktionen, das sich im Staat immer in spezifischer Form ausdrückt" (Poulantzas 2002, 159). Der kapitalistische Staat ist der Wirtschaft gegenüber weder nachgeordnet, noch unabhängig von ihr zu verstehen. Er besitzt eine eigene „Materialität". Poulantzas entwickelt die These der „relativen Autonomie" des Staates gegenüber dem Kapital und argumentiert, dass die Staatsapparate nicht auf die „Staatsmacht" reduziert werden können, die im Kapitalismus die Bourgeoisie innehat: „Der Staat hat eine eigene Dichte und Widerstandskraft und reduziert sich nicht auf ein Kräfteverhältnis. Eine Veränderung des Kräfteverhältnisses zwischen Klassen hat sicherlich immer Auswirkungen innerhalb des Staates, sie überträgt sich jedoch nicht direkt und unmittelbar. Sie passt sich der Materialität der verschiedenen Apparate an und kristallisiert sich im Staat nur in gebrochener und differenzierter [...] Form. Eine Veränderung der Staatsmacht allein transformiert die Materialität des Staatsapparates nicht" (ebd., 162). Der Staat ist nach Poulantzas ein umkämpftes Feld und nicht einfach ein „Instrument" der Bourgeoisie. Die Logik des Kapitals setzt sich in ihm nicht automatisch durch, sondern hängt vom realen Ausgang der Klassenkämpfe ab.[66]

---

[66] Auch wenn Poulantzas von einem Kräfteverhältnis spricht und daher die arbeitenden Klassen Teil dieses Verhältnisses sind, bezieht er das Konzept

In seinem Essay *Die Internationalisierung der kapitalistischen Verhältnisse und der Nationalstaat* (1973/2001) setzt sich Poulantzas mit den Imperialismustheorien auseinander. Dabei untersucht er die Veränderungen in der internationalen Arbeitsteilung (konzentriert auf das transatlantische Verhältnis), die die verschiedenen imperialistischen Staaten in einer komplizierten Matrix miteinander verbindet, und bezieht diese Umgestaltungen auf den sich wandelnden Rhythmus des Klassenkampfes. Das imperialistische Stadium der kapitalistischen Gesellschaftsformation unterteilt er in drei Phasen, die im Rahmen der grundlegenden Züge der „erweiterten Reproduktion des Kapitalismus" erfasst und als geschichtliche Auswirkungen des Klassenkampfes betrachtet werden (Poulantzas 2001, 24).

Die erste Phase kann als „Übergangsphase" vom konkurrenzkapitalistischen zum imperialistischen Stadium bezeichnet werden, die Ende des 19. Jahrhunderts beginnt und bis in die 1930er reicht. Darauf folgt die „Konsolidierungsphase" bis 1945, in der der Monopolkapitalismus den Konkurrenzkapitalismus ablöst, was eine Dominanz des Politischen impliziert. In der „gegenwärtigen Phase" des Imperialismus setzt sich der Monopolkapitalismus endgültig durch (ebd., 25 ff.). Als Resultat der gegenwärtigen Phase modifiziert sich das Verhältnis zwischen Metropolen und Peripherien bzw. „beherrschten Formationen" – diese werden „von nun an nicht mehr einfach von ‚außen' und durch die Reproduktion des Abhängigkeitsverhältnisses" beherrscht, sondern in ihnen reproduziert sich die Produktionsweise der Metropolen in spezifischer Form (ebd., 27). Die vielleicht wichtigste Neuerung im Verhältnis auch der großen Staaten zueinander ist die Bildung „innerer Bourgeoisien" unter der Hegemonie der Vereinigten Staaten: „Der Begriff der inneren Bourgeoisie verweist auf den Prozess der Internationalisierung und nicht auf eine in einem ‚nationalen' Raum ‚eingeschlossene' Bourgeoisie" (ebd., 55). Er grenzt sich dabei sowohl von den Versionen des „Kautskyschen Ultraimperialismus" (zu denen er Sweezy und Magdoff zählt) als auch von Mandel sowie den Stamokap-Theorien ab.

---

der „Verdichtung" eines Kräfteverhältnisses in erster Linie auf die Organisation der herrschenden Klassen in und durch den Staat: „Der Staat konstituiert also die politische Einheit der herrschenden Klassen" (Poulantzas 2002, 158).

Die überwältigende Herrschaft des US-Kapitals ist durch sechs Merkmale charakterisiert (ebd., 32 ff.): *Erstens* wächst das Volumen der US-Kapitalinvestitionen im Ausland an, wobei *zweitens* Europa als bevorzugter Ort dieser Kapitalinvestitionen fungiert. *Drittens* spiegelt die wachsende relative Bedeutung der amerikanischen Direkt- gegenüber den Finanzinvestitionen die Übernahme der Kontrolle von ausländischen Firmen durch das US-Kapital. *Viertens* fließt ein wachsender Teil der Auslandsinvestitionen in die Verarbeitungsin- dustrien, das unmittelbar produktive Kapital, ein Prozess, der die amerikanische Ökonomie insgesamt stärkt. *Fünftens* beschleunigen die hochkonzentrierten Industrie- und Dienstleistungsbranchen der USA durch ihre Auslandsinvestitionen den Konzentrations- und Zentrali- sationsprozess in Europa, wovon jedoch vor allem amerikanische Konzerne profitieren. *Sechstens* resultiert der Kapitalexport unter der Hegemonie der USA in einer „Zentralisation des Geldkapitals", die sich in der führenden Rolle des Dollar ausdrückt.

Die internationale Vergesellschaftung der Arbeitsprozesse und die Internationalisierung des Kapitals im transatlantischen Bereich hat die Errichtung von komplexen, teilweise international integrierten Produktionseinheiten zur Folge. Die Ausbeutungsgrundlagen eines Einzelkapitals liegen nun in mehreren Ländern verstreut. Die Tendenz zur Fusion von Kapitalien, die aus mehreren Ländern stammen, nimmt zu – freilich unter der Dominanz der Unternehmen aus den USA. Die Verlagerung der Ausbeutungs- und Akkumulati- onsbasen auf die Metropolen, als Strategie des Kapitals zur „Steigerung der Ausbeutungsrate, um dem tendenziellen Fall der Profitraten entgegenzuwirken" (ebd., 43), erzwingt neben der Demarkationslinie zwischen Zentren und Peripherien eine „zweite Demarkationslinie mitten durch die Metropolen des Imperialismus selbst" (ebd., 42). Dieser Widerspruch nimmt unter der Hegemonie der Vereinigten Staaten einen anderen Charakter als vor 1914 an. Die europäischen Unternehmen übernehmen nur allzu oft die Rolle eines „Zuliefererbetriebs", „selbst wenn sie rechtlich gesehen nicht in einer amerikanischen Firma" aufgehen (ebd., 46). Zudem finden Umstruk- turierungen europäischer Kapitalien „in Übereinstimmung mit der erweiterten Reproduktion des amerikanischen Kapitals [statt], was mit der Zeit zur Übernahme durch das letztere führen muss" (ebd., 32 ff.).[67]

Eine Situation entsteht, die mit den alten Begriffen der autonomen, nationalen Bourgeoisie und der abhängigen, über keine eigene Basis der Kapitalakkumulation verfügenden Kompradorenbourgeoisie nicht mehr zu fassen ist (ebd., 50 f.). Die „innere Bourgeoisie" stellt den Versuch Poulantzas' dar, dieses Problem begrifflich zu lösen. Die europäischen herrschenden Klassen gelten als Prototyp. Eine innere Bourgeoisie verfügt zwar über relevante ökonomische Grundlagen innerhalb des jeweiligen Landes, ist aber gleichzeitig durch vielfältige Abhängigkeiten in die von den USA dominierte internationale Arbeitsteilung und Kapitalkonzentration verstrickt. Hieraus resultiert die Tendenz zur „Auflösung ihrer politisch-ideologischen Autonomie gegenüber dem amerikanischen Kapital" (ebd., 52). Im Unterschied zur Kompradorenbourgeoisie existieren Widersprüche zwischen den inneren Bourgeoisien und der amerikanischen herrschenden Klasse zwar weiter, bilden aber nicht den Hauptwiderspruch des Weltsystems: „Der Hauptwiderspruch in den imperialistischen Bourgeoisien verläuft gemäß der Konjunktur innerhalb der Widersprüche des herrschenden imperialistischen Kapitals und der Internationalisierung, die es bewirkt. Oder aber er verläuft innerhalb der inneren Bourgeoisie selbst und ihren internen Kämpfen. Aber er bewegt sich selten zwischen der inneren Bourgeoisie *als solcher* und dem amerikanischen Kapital. Diese Zersetzung und Heterogenität der inneren Bourgeoisie erklärt den schwachen, verschiedentlich schubweisen Widerstand der europäischen Staaten gegenüber dem amerikanischen Kapital" (ebd., 55 f.).

Die europäischen Machteliten arbeiten nicht zusammen gegen die USA, weil sie jeweils abhängig vom US-Kapital sind. Eine Auswir-

---

[67] Europa unterscheidet sich indessen von der Peripherie: „Diese neue Abhängigkeit ist nicht gleichzusetzen mit derjenigen, die die Beziehungen von Metropolen und beherrschten Formationen kennzeichnet. Sie kann absolut nicht analog zu dieser behandelt werden, weil eben diese Metropolen zum einen weiterhin eigene Zentren der Kapitalakkumulation darstellen, und zum anderen selbst die abhängigen Formationen beherrschen. Besonders die Unterschätzung dieses letzten Elementes charakterisiert die Konzeptionen des Ultra-Imperialismus: tatsächlich liefern sich der amerikanische Imperialismus und der Imperialismus dieser Metropolen eine Schlacht um die Herrschaft und Ausbeutung dieser Formationen" (Poulantzas 2001, 28 f.).

kung dieser neuen Konstellation liegt nach Poulantzas darin, dass „Machtblöcke", die im Staat jeweils regierenden Allianzen von Klassenfraktionen, nicht länger nur auf der nationalen Ebene lokalisierbar sind. Jeder imperialistische Staat bemüht sich zur gleichen Zeit darum, den Prozess der Internationalisierung zu organisieren, der sich zwischen den imperialistischen Metropolen abspielt. Die betroffenen Staaten „nehmen nicht nur die Interessen ihrer inneren Bourgeoisien wahr, sondern gleichfalls die Interessen des herrschenden [amerikanischen] imperialistischen Kapitals und anderer imperialistischer Kapitale, wie sie innerhalb des Internationalisierungsprozesses verbunden sind" (ebd., 56). Dies wiederum bewirkt, dass innerimperialistische Konflikte in jedem nationalen europäischen Machtblock reproduziert werden: „In seiner Rolle als Organisator der Hegemonie greift der Nationalstaat folglich auf einem inneren Feld ein, das bereits von den innerimperialistischen Widersprüchen durchzogen ist, und auf dem die Widersprüche zwischen den herrschenden Fraktionen innerhalb der Gesellschaftsformation bereits internationalisiert sind" (ebd., 55). Amerikanisches Kapital partizipiert zwar nicht direkt als autonome Kraft an einem bestimmten europäischen Machtblock, wohl aber vertreten einige Fraktionen der inneren Bourgeoisie in den jeweiligen Machtblöcken amerikanische Interessen.

Poulantzas schlussfolgert, dass diese „Interiorisierung", dieses System von Querverbindungen dennoch nicht zur Errichtung übernationaler und überstaatlicher Formen oder Instanzen neigt (ebd., 54). Weder entsteht ein oberhalb der nationalen Staaten angesiedelter Weltstaat, noch weichen die Nationalstaaten einer von den multinationalen Konzernen beherrschten, grenzen- und staatenlosen Welt. In diesem Zusammenhang ist die Unterscheidung zwischen Staat und Nation bedeutsam: „Trotz des eben Gesagten offenbaren sich gegenwärtig im Fall der imperialistischen Metropolen, die uns hier beschäftigen, gewisse Lockerungen im Verhältnis Staat und Nation, aber nicht in die gemeinhin angenommene Richtung auf eine Supra-Nationalisierung des Staates hin. Wir stellen nicht das Auftauchen eines neuen Staates über den Nationen fest, sondern viel eher Risse in der nationalen Einheit, die die existierenden Nationalstaaten betreffen. Es handelt sich dabei um das äußerst bedeutsame Phänomen des Regionalismus, wie es sich im Wiederaufleben von Nationalitäten [...] äußert und was zeigt, dass die Internationalisierung des Kapitals eher eine Fraktionierung der Nation, wie sie historisch gewachsen ist, als eine Supra-Nationalisierung des Staates bewirkt" (ebd., 61). Im Kern erweisen sich die Veränderungen als Modifikationen „eines Staates, der in seinem harten Kern National- staat bleibt" (ebd.). Macht wird an real existierende supranationale Instanzen „delegiert", nicht abgetreten (ebd., 63). Global betrachtet, stehen die nationalen Staaten bei Poulantzas als Reproduktionsstand- orte der verschiedenen Bourgeoisien weiter in einem Konkurrenz- verhältnis zueinander. Deshalb überdauern die Bindungen zwischen Staat und Nation, obwohl „die gegenwärtige Phase durch die Inter- nationalisierung des Kapitals gekennzeichnet ist". Der nationale Staat bleibt „in transformierter Form für die Bourgeoisie [...] Brennpunkt ihrer Reproduktion [...]. Dieser harte Kern der modernen Nation liegt im unveränderlichen Kern der Produktionsverhältnisse als spezifisch kapitalistischer begründet" (Poulantzas 2002, 150).[68] Es widerspricht Poulantzas' nicht-instrumentalistischem Verständnis des kapitalistischen Staates, dass jede ökonomische Veränderung in Rich- tung Internationalisierung automatisch eine passende Supranationali- sierung des Staates beinhaltet. Der Staat wird durch mehr geformt als den unmittelbaren Interessen des sich internationalisierenden Kapi- tals – er „konzentriert die Klassenwidersprüche der gesamten Gesell- schaftsformation" (Poulantzas 2001, 59).

---

[68] Den Kern der Einwände Poulantzas gegen die These eines sich entwi- ckelnden Superstaates bildet die Vorstellung, dass der kapitalistische Staat als eine besondere Form der institutionellen Trennung von der kapitalistischen Ökonomie notwendiger Bestandteil zur Aufrechterhaltung der kapitalisti- schen Gesellschaftsformation ist. Nur ein kapitalistischer Staat vermag die herrschenden Klassen politisch zu organisieren und die ausgebeuteten Klassen zu desorganisieren, wenn auch der Klassenkampf niemals völlig eingedämmt werden kann. Da die Klassenkämpfe weiterhin vorwiegend im nationalen Rahmen ausgetragen werden, bleiben die nationalen Staaten folglich auch für die Organisation von Klassenkompromissen verantwortlich (Poulantzas 2001, 61). Außerdem bildet jeder Nationalstaat ein historisch gewachsenes, gesellschaftliches Kräfteverhältnis ab. Hierzu gehört, dass nationale Verwaltungsbürokratien ein starkes Interesse an der Bewahrung der nationalen Form besitzen (ebd., 60). Im Übrigen lassen sich bestimmte Staatsfunktionen nicht einfach an übergeordnete Instanzen abtreten, so Poulantzas.

2.3.3. Die Weltmarktdebatte

Unter dem Eindruck des Vietnamkrieges und um das Wiederauftreten innerwestlicher ökonomischer Konflikte im Zusammenhang mit der Krise des Weltwährungssystems zu erklären, versuchen in Westdeutschland in den 1970ern Autoren wie Christel Neusüss, Klaus Busch und Claudia von Braunmühl mithilfe des Versuchs einer theoretischen Weiterentwicklung der Marxschen Kapitalismusanalyse die Veränderungen des Weltmarkts zu untersuchen.[69] Diese sogenannte Weltmarktdebatte grenzt sich von der Theorie des staatsmonopolistischen Kapitalismus und vom „Revisionismus" einiger Linker, der Hoffnung auf die harmonische staatliche Regulierung des Systems, ab.[70]

2.3.3.1. Neusüss/Busch: Imperialismus und Weltmarktbewegung des Kapitals

Ein zentraler Ausgangspunkt der Weltmarktdebatte ist die Kritik am Konzept des staatsmonopolistischen Kapitalismus (SMK). In ihrem Artikel *Zur Kritik der Theorie des staatsmonopolistischen Kapitalismus* (1973) verweist Margaret Wirth darauf, dass in der Theorie des SMK die Unterscheidung zwischen allgemeinen Bestimmungen des Kapitals, seinen realen Durchsetzungsformen und der Erscheinungsweise

---

[69] Weitere Ansätze zur Weltmarktanalyse bleiben hier unberücksichtigt (vgl. Altvater 1969; Olle/Schoeller 1977; Siegel 1980; SOST 1981).

[70] Die Weltmarktdebatte verläuft parallel zur sogenannten „Staatsableitungsdebatte", deren Ausgangspunkt zwar eine „innergesellschaftliche" Frage ist, für die Imperialismusanalyse jedoch Erkenntnisse enthält. Die zwei bis dato vorherrschenden Staatsauffassungen werden einer Kritik unterzogen. Spricht die sozialdemokratische Staatstheorie dem Staat ein hohes Maß an Autonomie zu, postuliert die Theorie des „staatsmonopolistischen Kapitalismus" eine Fusion von Staat und „Monopolkapital". In der Staatsableitungsdebatte wird mithilfe der Wertformanalyse die konstitutive Trennung von Staat und Kapital expliziert, um im Anschluss das Problem zu untersuchen, warum und wie diese Trennung trotzdem zur Bildung eines kapitalistischen Staates führt, d.h. wieso die Separierung und damit relative Autonomie des Staates konstitutiv für die kapitalistischen Produktionsverhältnisse ist (zur Übersicht siehe: Gerstenberger 1977, Clarke 1991). Bestimmte Schlüsse der Staatsableitungsdebatte spielen bei den im Folgenden diskutierten Ansätzen eine Rolle.

dieser Durchsetzung verwischt werden (Wirth 1973, 20). Gegen die These des verfaulenden Kapitalismus und der zunehmenden Staatseingriffe, als Ausdruck davon, dass der Kapitalismus ihm selbst „fremde Elemente" in sich aufnimmt, argumentiert Wirth zum einen, dass es logisch betrachtet keine Grenze des Kapitalismus gibt. Zum anderen stellen die ökonomischen Funktionen des Staates keine fremden Elemente, sondern „unter bestimmten historischen Bedingungen notwendige Formen der Durchsetzung des Kapitalver-hältnisses" dar (ebd., 21). Die Form der staatlich regulierten Krisenlösung als Strategie des Kapitals ist nicht „per se Anzeichen der Auflösung, des Niedergangs des Kapitalismus" (ebd., 40). Das Monopol wird im Gegensatz zur Theorie des SMK als Erscheinungs-form der Konkurrenz analysiert: „Die Aussage, das Monopol löse die ‚freie Konkurrenz' ab, stehe im Gegensatz zu ihr, ist also zumindest missverständlich; sie impliziert, dass die ‚freie Konkurrenz' nicht eine logische Abstraktion, sondern eine tatsächliche historische Phase der Kapitalentwicklung ist" (ebd., 24). Schon bei Lenin wurde „die Aufhebung der Konkurrenz als abhängig vom Willen der Subjekte statt als Form der Durchsetzung des Wertgesetzes begriffen. Das Monopol wird als Ergebnis bewusster Organisation der Produktion" gefasst (ebd.). Krisen entspringen dann insofern nur noch der Anarchie des Marktes, wobei diese bei Marx Ausdruck und nicht Ursache der Krise gewesen sind. Außerdem wird die Entstehung des Imperialismus als Resultat „individueller Bösartigkeit" dargestellt (ebd., 26).

In ihrem Buch *Imperialismus und Weltmarktbewegung des Kapitals* (1972) arbeitet Christel Neusüss einen umfassenden theoretischen Ansatz aus. Marx geht davon aus, so Neusüss, dass unmittelbar im Begriff des Kapitals die Tendenz steckt, „den Weltmarkt zu schaffen" (Neusüss 1972, 7). Wie dieser Prozess sich jedoch praktisch durch-setzt, also „vermittelt über die Konkurrenz der Kapitale auf dem Weltmarkt und der damit verbundenen Herausbildung bestimmter historischer Funktionen des bürgerlichen Nationalstaates" (ebd., 7), wird bei Marx nicht näher diskutiert. Diese Lücke zu schließen, nimmt sich auch Klaus Busch in seinem Werk *Die multinationalen Konzerne. Zur Analyse der Weltmarktbewegung des Kapitals* (1974) vor.

Neusüss beginnt ihre Analyse mit einer Kritik an der Leninschen Imperialismustheorie, insbesondere dessen Kategorien des Monopols und der ungleichen Entwicklung, die in einer defizienten Krisentheorie münden.[71] Lenin bedient sich einer Disproportionalitätstheorie, bei der die Wirtschaftskrisen nur als Folge der Anarchie des Marktes diskutiert werden. Die zentrale These bei Marx, dem zufolge das Kapital sich seine eigene Schranke auch im Feld der Produktion selbst setzt, die sich im tendenziellen Fall der Profitrate manifestiert, wird Neusüss zufolge von Lenin fallengelassen (Neusüss 1972, 89).[72] Die Konkurrenz muss aber nicht nur als anarchischer Prozess, sondern auch als „Erscheinungsform" der „Durchsetzung des Wertgesetzes" begriffen werden. Erst die Darstellung und Entfaltung der Marxschen Kategorien, konkret der „Wirkungsweise des Wertgesetzes" auf dem Weltmarkt, kann einen präziseren Zugang zur Erklärung des Imperialismus verschaffen. Um diesen Zusammenhang zu verstehen, gilt es, mit Marx über Marx hinauszugehen. Marx selbst arbeitet Neusüss zufolge in seinen Schriften vor allem die Bewegungsgesetze des Kapitals „im Allgemeinen" heraus. Der Weltmarkt ist bei ihm noch ausgeklammert. Daher kann, so denkt auch Busch, eine Analyse der Weltmarktbewegung des Kapitals nicht bruchlos aus der inneren Natur des Kapitals abgeleitet werden, vielmehr gilt es die „modifizierten Formen", die „nationalstaatliche Existenz des Kapitals" herauszuarbeiten, in denen die allgemeinen Bewegungsgesetze sich auf dem Weltmarkt durchsetzen (Busch 1974, 11).

---

[71] Lenins historische Beschreibungen sind deswegen nicht unbedingt falsch, so Neusüss. Sie verteidigt seine unzulängliche begriffliche Erfassung der imperialistischen Erscheinungen wegen ihres „revolutionstheoretischen Inhalts", d.h. ihrer konkreten politischen Funktion zur Zeit ihrer Niederschrift. Sie unterscheidet zwischen der Leninschen Theorie und ihrer Fortsetzung in der Theorie des SMK. Erst in letzterer Form wird die Leninsche Theorie „eigentlich" problematisch.

[72] Busch ergänzt Neusüss um das Argument, der zufolge die Internationalisierung der Mehrwertproduktion nicht nur Resultat spezifisch historischer, mit Krisen verbundener Etappen ist, sondern als allgemeine Tendenz des Kapitals bezeichnet werden sollte. Der Kapitalexport darf nicht nur aus dem Krisenzyklus abgeleitet werden, denn es herrschen derartig lange Anlaufzeiten von der Investition des Kapitals bis zur Aufnahme der Produktion vor, dass eine „Anpassung des Kapitalexports [...] an die relativ kurzfristigen zyklischen Schwankungen unterliegenden nationalen Profitraten unmöglich" ist (Busch 1974, 267). Zudem kann das Ausmaß von Kapitalexporten in Boomzeiten höher liegen als in Krisenzeiten.

Sowohl Neusüss als auch Busch rekonstruieren an dieser Stelle die Marxsche Werttheorie (vgl. Neusüss 1972, 105 ff.; Busch 1974, 13 ff.). Busch zufolge stellt sich in der warenproduzierenden Gesellschaft der Zusammenhang der Privatarbeiten erst im Austausch, also anschließend an die Produktion, her. Weil keine gesellschaftliche Planung herrscht, übernimmt das „Wertgesetz" diese Regulativfunktion und erfüllt damit zwei Funktionen: erstens werden in den jeweiligen Produktionssphären Durchschnittsbedingungen hergestellt, wobei jeweils die fortschrittlichsten Produktionsbedingungen sich schließlich als durchschnittliche etablieren, zweitens bewirkt es eine Verteilung der gesellschaftlichen Arbeit in verschiedene Produktionsbereiche entsprechend den Bedürfnissen des Akkumulationsprozesses (Neusüss 1972, 110). Im Folgenden werden Modifikationen, die in der Abfolge vom „Abstrakten zum Konkreten", in der Darstellung der Wirklichkeit der „Oberfläche", erscheinen, näher beschrieben – Marktwert, Profit, Produktionspreis bzw. die Entstehung einer Durchschnittsprofitrate über den Prozess der Konkurrenz: In der veränderten Form des Wertes (des Produktionspreises) drückt sich nun erstens aus, dass die Einzelkapitale „bereits zum gesellschaftlichen Gesamtkapital zusammengeschlossen sind", und zweitens, dass „jedes Einzelkapital – nur als Bruchstück des Gesamtkapitals agierend – einen Anspruch auf gleiche Profitrate durchzusetzen versucht" (ebd., 113 f.). Dieser Prozess der Bildung einer nationalen durchschnittlichen Profitrate mittels der Konkurrenz vollzieht sich im Bereich der Zirkulation. Das Kapital wird so auf nationaler Ebene zum „reellen Gesamtkapital". Der gesamte Prozess der Durchsetzung des Wertgesetzes setzt sich zyklisch und krisenhaft durch (ebd., 123).

Wie aber verhält es sich mit der Durchsetzung des Wertgesetzes auf dem Weltmarkt, in der Form des Aufeinandertreffens vieler nationaler Gesamtkapitale? Mit anderen Worten: Was ist der Unterschied zwischen nationaler und internationaler Zirkulation? Neusüss und Busch konstatieren Grenzen, die die Tendenz zur Bildung einer „Welt-Durchschnittsprofitrate" und damit letztlich eines internationalen Gesamtkapitals aufhalten. Neusüss führt als wesentliches Begründungsmuster nicht die Reste vorkapitalistischer Produktionsweisen an, die verhindern, dass sich alle Warenbesitzer als Teile eines Gesamtkapitals gegenüberstehen, sondern die politische Form des Nationalstaats, welche der totalen Entfaltung der Konkurrenz auf dem Weltmarkt Grenzen setzt (ebd., 115). Obwohl das Kapital den Weltmarkt herstellt, erzeugt diese Dynamik keinen Weltstaat. Die politische Zusammenfassung der bürgerlichen Gesellschaft in Form von einzelnen Nationalstaaten ist entscheidend für diese Entwicklung. Indem der Staat allgemeine materielle Produktionsvoraussetzungen bereitstellt, trägt er zur Herstellung eines nationalen Gesamtkapitals bei. Als Institution, die auf kapitalistischer Grundlage, aber auch „neben und außer ihr" steht (ebd., 126), verhilft sie dem Wirken des Wertgesetzes zum Durchbruch und schafft die Voraussetzungen für die Ausbildung einer inneren Sphäre der Zirkulation, indem alle vorkapitalistischen Friktionen beseitigt werden. Neusüss fasst dieses komplexe Verhältnis folgendermaßen zusammen: „Das Kapital konstituiert sich zum gesellschaftlichen Gesamtkapital im Bezug der vielen Einzelkapitale vermittels der Konkurrenz aufeinander. Aus sich selbst heraus bringt aber das Kapital diesen Konstitutionsprozess wirklich nur zu Ende, wenn alle allgemeinen Bedingungen, seien sie nun materieller, juristischer, im engeren Sinne politischer Art, die von Einzelkapitalen nicht hergestellt werden können, da sie nun einmal Einzelkapitale sind, vom Staat den historischen Bedingungen entsprechend produziert werden. Die die Zirkulation des Kapitals regulierenden Rechtsverhältnisse als Widerspiegelungen und Sanktionierung der ökonomischen Beziehungen der Warenbesitzer untereinander bilden in ihrer nationalstaatlichen Entstehungsweise und Beschränktheit den eigentlichen Unterschied zwischen nationaler und Weltmarktzirkulation. Zwar wird die Weltmarktzirkulation durchaus von Ansätzen staatlicher Institutionen geregelt, zwar existieren prekäre Vertragsverhältnisse als Ausdrucksformen der Tendenz des Kapitals, den Weltmarkt als Zusammenfassung der Einzelkapitale zum reellen Gesamtkapital hervorzutreiben, aber im Gegensatz zum nationalen Staat ist hier die Möglichkeit des Verfalls der ökonomischen Beziehungen in Plünderungsverhältnisse, offene Übervorteilung und Enteignung immer gegeben. [...] Die Kategorie und reale Institution des Nationalstaats ist der Springpunkt für das Verständnis der Kategorie und realen Tatsache der Modifikation der Wirkung des Wertgesetzes auf dem Weltmarkt" (ebd., 136).

Die Modifizierung des Wertgesetzes durch die nationale Separierung (u.a. durch Zölle) wird nach Neusüss von einer weiteren, mit der nationalen Separierung zusammenhängenden Modifizierung, der Bewegung der Wechselkurse, ergänzt. Der Zirkulationsprozess auf dem Weltmarkt unterscheidet sich von dem im Inneren dadurch, dass die internationale Zirkulation nicht wie in der nationalen Zirkulation nur über den Warenmarkt, sondern außerdem über den

Devisenmarkt vermittelt wird. Die Zirkulationskette W-G-W (Ware-Geld-Ware) erhält den Charakter der Kette W-G-Devisen-W, da der Tausch der nationalen Währungen zwischen den Tausch der Waren tritt (ebd., 145).

Neusüss arbeitet anschließend Faktoren heraus, die nichtsdestoweniger hin zu einem „Gesamtkapital auf Weltebene" treiben. Betrachtet man den Kapitalexport in seinen verschiedenen Ausprägungen, und nicht nur den Warenexport, kann folgende Entwicklung beobachtet werden: Kapitalformen wie multinationale Konzerne treten ohne die modifizierende Wirkung des Wertgesetzes unmittelbar in der inneren Zirkulationssphäre anderer Nationalstaaten auf. Die Entwicklung der Internationalisierung der Produktionsprozesse und nicht mehr nur der „Internationalisierung der Zirkulation von Waren- und Geldkapital" hat im Vergleich zu 1914 erheblich zugenommen – und treibt die Bildung zum „reellen Weltgesamtkapital" voran (ebd., 153 ff.). Die damit verbundenen Ausgleichungsprozesse verlaufen in der Weise, dass sie die Verhältnisse im Norden angleichen, die Ungleichmäßigkeit der Entwicklung zwischen Norden und Süden jedoch verstärken. Diese Tendenz darf allerdings nicht verabsolutiert werden, da die Nationalstaaten in diesem Prozess wichtige Akteure bleiben. So darf nach japanischem Gesetz ausländisches Kapital nicht die Aktienmehrheit japanischer Unternehmen übernehmen. Zudem setzen die wiederkehrenden Wirtschaftskrisen, die Neusüss mit dem tendenziellen Fall der Profitrate in Verbindung bringt, diesem Prozess Grenzen. Alles in allem bleibt der Unterschied zwischen nationaler und internationaler Zirkulation bestehen – mit verheerenden Folgen: „Die Konkurrenz als ‚Kampf der feindlichen Brüder' kann auf der Ebene des Weltmarkts umschlagen in den Kampf mit allen Mitteln, tendenziell bis zum Krieg und Weltkrieg. Ruhe und Ordnung als Voraussetzung für den bürgerlichen Tauschverkehr bzw. die Kapitalverwertung ist auf dem Weltmarkt nie in der berechenbaren und einklagbaren Weise gesichert, wie das auf dem nationalen Markt vom Staat, dem ‚Rechtsstaat', garantiert wird; auf dem Weltmarkt besteht vielmehr immer die Möglichkeit eines Rückfalls in ‚unzivilisierte', nämlich vorbürgerliche Formen der Aneignung; z.B. direkter Raub oder Vernichtung von Gütern und Menschen, Sklaverei, zumindest aber Protektionismus" (ebd., 189). Der Trend zur Internationalisierung der Produktion verhindert bei Verlangsamung der Akkumulationsraten in den imperialistischen Ländern die „Reaktualisierung des Nationalstaates als Instrument des Konkurrenzkampfes" nicht (ebd., 205). Der bürgerliche Staat institutionalisiert als „ideeller Gesamtkapitalist des nationalen Kapitals nach innen die kapitalistischen Verkehrsverhältnisse als Rechtsverhältnisse und garantiert die Freiheit des Konkurrenzkampfes [...], vertritt aber nach außen die Interessen des nationalen Kapitals im internationalen Konkurrenzkampf mit prinzipiell allen politischen und ökonomischen Mitteln" (Busch 1974, 271).[73]

Busch insistiert darauf, dass die objektive Tendenz zur Internationalisierung des Kapitals zwar zu einer supranationalen politischen Instanz drängt, diese sich aber wegen der ungleichmäßigen und ungleichzeitigen Entwicklung der verschiedenen Nationen selbst in Europa nicht durchsetzen wird (ebd., 310 ff.). „Angesichts der ungleichen ökonomischen Potentiale der Mitgliedsländer sind die Versuche, den ökonomischen Integrationsprozess über die Zollunion hinaus zu vertiefen, zum Scheitern verurteilt" (Busch 1978, 197). In einer Periode tiefer Krisen droht der Rückfall in den Protektionismus. Eine echte Wirtschafts- und Währungsunion kann höchstens noch durch „außerökonomischen Zwang, durch den politisch-militärischen Druck einer imperialistischen Führungsmacht durchgesetzt werden. Beim momentanen und absehbaren Kräfteverhältnis in der EG verfügt aber kein Mitgliedsland, auch nicht die BRD, über das Machtpotential, das für eine zwangsweise Integration Europas notwendig wäre" (ebd., 197 f.).

2.3.3.2. von Braunmühl: Weltmarkt und Staatenkonkurrenz

Claudia von Braunmühl versucht in mehreren Aufsätzen, einen vom Weltmarkt ausgehenden, methodischen Ansatz für die Imperialismus- und Staatstheorie zu entwickeln. Dabei verknüpft sie die

---

[73] Busch entwickelt an dieser Stelle eine von Neusüss differierende Antwort auf die Frage, weshalb schwächere Nationen trotz allen Nachteilen relativ konkurrenzfähig bleiben können. „Die Waren der höher entwickelten Nation erhalten über die Aufwertung der Währung ihres Landes oder die importierte Inflation einen höheren internationalen Preisausdruck, während sich umgekehrt die Waren der weniger entwickelten Nation nach der Abwertung oder der Deflation in niedrigeren internationalen Preisen darstellen" (Busch 1974, 39). Schwächere Staaten werden dadurch geschützt, dass der internationale Konkurrenzkampf über die Wechselkurse, die „Grenzpfähle der nationalen Zirkulationssphären" (ebd., 42), vermittelt wird.

Weltmarktdebatte mit einigen Einsichten der „Staatsableitungsdebatte".

In ihrem Ansatz stellt sie den Weltmarkt als die angemessene Ebene dar, von der aus die Kapitalbewegungen sowie generell das Wirken des Wertgesetzes betrachtet werden sollten. In der Auseinandersetzung mit den marxistischen Imperialismustheorien entdeckt sie einen „heimlichen Konservatismus" – Imperialismus wurde immer nur als eine Art „spill-over"-Problem verstanden, bei dem ein vormals national aktives Kapital seine geographischen Grenzen zu überwinden versucht und damit Konfrontationen mit anderen Kapitalien, die ebenfalls ihre internen Reproduktionszusammenhänge überschreiten wollen, provoziert. Viele dependenztheoretische Analysen beschreiben zwar die durchschlagende Macht des Weltmarktes, analysieren diese Tatsache allerdings nicht auf einer angemessenen begrifflichen Ebene (von Braunmühl 1974, 35). Ähnliche kategoriale Defizite weisen die Denkschemata der meisten kritischen Staatstheorien auf, die den Staat grundsätzlich als von internen Prozessen determiniert begreifen.[74]

Der gegenwärtige Imperialismus wird in ihrem Aufsatz *Weltmarktbewegung des Kapitals, Imperialismus und Staat* (1973) definiert als „die von den Verwertungsimperativen der fortgeschrittensten Kapitale in den Metropolen bestimmte Strukturierung des Weltmarktes [...] einschließlich daraus resultierender politischer Herrschaftsformen, Formen der ökonomischen und politischen Abhängigkeit und der Formierung von Lebensverhältnissen" (von Braunmühl 1973, 59). Imperialistische Strategien zielen darauf, dem tendenziellen Fall der Profitrate entgegenzuwirken, indem beispielsweise Rohstoffe unter ihrem Wert importiert oder verschiedene Typen von Kapitalexport

---

[74] Die Autorin schränkt dabei ein, dass sie bestimmte, für eine historisch-konkrete Analyse notwendige Vermittlungsmomente, wie geographische, historische und politische Besonderheiten, in ihrer, auf einem hohen Abstraktionsniveau vorgetragenen Entfaltung der Grundkategorien ausblendet (von Braunmühl 1973, 13). Bei der Anwendung der Theorie in der empirischen Forschung gilt es, „sukzessive modifizierende und konkretisierende Elemente einzuführen, die den jeweils historisch-konkreten Akkumulationsverlauf des Kapitals formieren und die, ohne sein Wesen auszumachen, seine Erscheinungsformen bestimmen" (von Braunmühl 1976, 322) – beispielsweise die politische und soziale Fraktionierung des Kapitals.

betrieben werden. Auch der ungleiche Tausch fungiert als eine solche Gegenstrategie. Hinzu tritt nackte, staatliche Gewalt in Form militärischer Interventionen.

Anstatt beim nationalen Kapital und seinem Staat anzusetzen, schlägt von Braunmühl vor, bei der Imperialismusanalyse von der entfaltesten Erscheinungsform des Kapitals auszugehen – dem Weltmarkt, als Sphäre eines globalen Produktions- und Tauschzusammenhangs, innerhalb dessen das Kapital über nationale Schranken hinaustreibt und zum Weltkapital tendiert. Es muss die „Akkumulation des Kapitals auch kategorial im Weltmarktzusammenhang rekonstruiert werden. Dieser Totalität gegenüber wären historische Zersplitterungen, Eingrenzungen, die politische Zusammenfassung im Nationalstaat, nationale Staatsapparate und deren Handeln als das Besondere analytisch zu bestimmen" (von Braunmühl 1974, 39). Dabei spielt „die spezifische politische Organisiertheit des Weltmarktes in viele Staaten" eine herausragende Rolle (ebd.). Dabei kann die Form des Staates als politische Organisation separierter Reproduktionszusammenhänge nicht aus „gleichsam internen Dimensionen der warenproduzierenden Klassengesellschaft allein abgeleitet werden" (ebd.). Der Zusammenhang zum Weltmarkt und anderen Staaten muss immer von vornherein mit in die Analyse einbezogen werden. Selbst die Staatsableitungsdebatte bleibt „in den Grenzen einer gleichsam innengeleiteten Bestimmung des bürgerlichen Staates befangen" (von Braunmühl 1976, 275). Staatliches Agieren wird nur als Resultat innergesellschaftlicher Prozesse von Kapitalverwertung und Klassenkampf verstanden – ein im Hinblick auf das imperialistische Stadium des Kapitalismus elementarer Fehlschluss.

Warum aber leben wir in einer Welt der „vielen" Staaten? Selbst bei Marx lassen sich von Braunmühl zufolge nicht viele Antworten auf diese Frage finden – bei ihm wird die Vielstaatlichkeit des Weltmarktes eher vorausgesetzt als zu einem Problem erklärt. Weil eine stringent logische Ableitung nicht möglich ist, bleibt einzig die historische Analyse als Lösungsweg (ebd., 280). Am geschichtlichen Beispiel der vier größten kapitalistischen Staaten – Großbritannien, Frankreich, Deutschland, USA – versucht von Braunmühl aufzuzeigen, dass der jeweilige Prozess der Erzeugung und Festigung kapitalistischer Verhältnisse keineswegs ausschließlich als innendeterminiert zu verstehen ist, sondern zu jeder Zeit von der Weltmarktbewegung des Kapitals geformt wurde, obgleich sich diese

Bewegung geschichtlich erst allmählich verdichtete.[75] Von Braunmühl sieht insgesamt nicht nur die durchschlagende Wirkungsmacht
des Weltmarktes bestätigt. Ebenso bildet sich die Bedeutung des
relativ unabhängigen, bürgerlichen Nationalstaates ab: „Ist der
Weltmarkt die Basis und der integrale Raum der kapitalistischen
Produktionsweise, so ist seine Basis zugleich der bürgerliche Nationalstaat" (ebd., 315). Der Nationalstaat muss historisch wie
begrifflich als in die kapitalistische Produktionsweise eingeschlossen
verstanden werden. Ohne die im bürgerlichen Staatsapparat lokali-
sierte politische Gewalt kann sich die kapitalistische Produktionsweise nicht entwickeln. Der Form des bürgerlichen Staates kommt
die Funktion zu, als mit Hoheitsrechten ausgestatteter, von der
Gesellschaft getrennter, kollektiver Akteur die politisch-ökonomische
Herrschaft von international konkurrierenden herrschenden Klassen
sowohl nach innen als auch außen zu sichern. Die Staatsform, von
welch außerordentlicher wirtschaftlicher Bedeutung auch immer,
kann hinreichend nur im Rekurs auf das „politische Moment von
Herrschaft, das im ökonomischen Gewaltverhältnis von Lohnarbeit
und Kapital selbst enthalten ist, und [in den] konkurrierenden
Herrschaftsansprüche[n] rivalisierender Herrschaftsinhaber" erfasst
werden (ebd., 319).

Das politische Moment besitzt einen konstitutiven Charakter. Die
Konkurrenz nationaler Bourgeoisien geht „keineswegs voll in der
ökonomischen Konkurrenz auf", was unterstreicht, dass sich im
Herzen der kapitalistischen Produktionsweise Herrschaftsverhältnisse
befinden, sowie das Bestreben diese mit allen Mitteln zu erhalten
(ebd., 319 f.). Zwar wird die Ausbeutung aufgrund von Internationa-

---

[75] Am Beispiel der Entwicklung Preußen-Deutschlands, einem um 1800 im
Vergleich zu Großbritannien und auch noch Frankreich unentwickelten
Gebiet, wird versucht nachzuwiesen, dass der Anstoß für die kapitalistische
Entwicklung überwiegend von außen kam – in Gestalt der Niederlage
Preußens von 1806 und der nachfolgenden französischen Besatzung, die die
„innere Morschheit und Schwäche Preußen-Deutschlands" bloßlegte (von
Braunmühl 1976, 296). Die Erstarrung innergesellschaftlicher Eigendynamik
wurde durch den Weltmarktzusammenhang gesprengt. Um einem weiteren
Machtverlust vorzubeugen, bedurfte es des politischen Eingriffs in Richtung
der Dynamisierung der ursprünglichen Akkumulation und der industriellen
Revolution.

lisierungsprozessen immer mehr international bestimmt, doch vermittelt sich die „Ausbeutung absichernde Herrschaft" weiterhin national: „Gerade die Aktualisierung des internationalen Akkumulations- und Krisenzusammenhangs, als Zwang zur Angleichung der unterschiedlichen nationalen Produktivitätsniveaus wirksam, aktualisiert auch das Interesse der nationalen Bourgeoisie an der Sicherung ihrer Herrschaftsbasis, die als imperialistische selber nationale Grenzen transzendiert; sie mobilisiert den Staatsapparat zur Abwehr und verfestigt somit, ungeachtet der zunehmenden Deckungsungleichheit von Akkumulationsverläufen und staatlichen Grenzen, die nationalstaatliche Organisiertheit des Weltmarktes" (ebd., 321).

2.4. Die Debatte in der Disziplin der Internationalen Beziehungen vor dem Hintergrund des Kalten Krieges

In der Nachkriegszeit wird die Disziplin der Internationalen Beziehungen in den Gesellschaftswissenschaften zu einem immer relevanteren Bereich. Dabei bilden die bereits eingeführten Autoren der kritischen Friedensforschung nur einen Ausschnitt. Im Zuge des Kalten Krieges wird der Realismus vom sogenannten Neorealismus abgelöst. Gleichzeitig entsteht aus der Auseinandersetzung mit den theoretischen Prämissen des Realismus und Neorealismus eine, aus unterschiedlichen Richtungen stammende Schule, die mit dem Begriff Neoinstitutionalismus umrissen werden kann. Außerdem entwickelt sich eine neue, stärker gesellschaftszentrierte liberale Theorie der internationalen Politik heraus. In den vorgestellten Ansätzen spielt der Begriff des Imperialismus nicht immer eine wesentliche Rolle. Freilich wird in der Debatte um die „Systemkonkurrenz" und den Folgen der „Internationalisierung" dem ungeachtet imperiale Machtpolitik thematisiert.

2.4.1. Waltz: Neorealismus, Sicherheitsdilemma und Staatenkonkurrenz

Der Realismus als vorherrschende Strömung in der Disziplin der IB beschäftigt sich mit der Rolle des Staates in einem internationalen Staatensystem. Der Einfluss des Realismus ist nicht auf die Vereinigten Staaten beschränkt. So beschreibt der sich auf den Realismus beziehende politische Philosoph und einflussreichste politische Kommentator Frankreichs, Raymond Aron, in seinem Buch *Frieden und Krieg. Eine Theorie der Staatenwelt* (1962/1963) eine „situation hobbésienne", der zufolge die Staaten in ihren wechselseitigen Beziehungen nicht aus dem „Naturzustand" herausgelangt sind. Eine Theorie der internationalen Beziehungen hat demnach von der Pluralität autonomer Entscheidungszentren auszugehen, „also vom Risiko des Krieges" (Aron 1963, 27).[76]

---

[76] In Westdeutschland werden realistische Ansätze z.B. von Gottfried-Karl Kindermann und später von Werner Link aufgenommen (vgl. Kindermann 1977). Zur Geschichte der IB in Deutschland vgl.: Rittberger/Hummel 1990.

Für die Weiterentwicklung des klassischen Realismus spielt John H. Herz eine wichtige Rolle. Er vertritt die Position eines „realistischen Liberalismus", eine Verbindung zwischen idealistischen und realistischen Positionen.[77] Im Gegensatz zu Morgenthau hält er sich nicht mit der Natur des Menschen auf, sondern konstatiert ein soziales Problem als Ursache für die Machtkonkurrenz – das Sicherheitsdilemma. „Das Dilemma entspringt einer grundlegenden Sozialkonstellation, der zufolge eine Vielzahl miteinander verflochtener Gruppen politisch letzte Einheiten darstellen, d.h. nebeneinander bestehen, ohne in ein noch höheres Ganzes integriert zu sein. Wo und wann immer eine solche ‚anarchische' Gesellschaft existiert hat, ergab sich [...] eine Lage, die sich als ‚Sicherheitsdilemma' bezeichnen lässt. Gruppen oder Individuen, die in einer derartigen, eines Schutzes ‚von oben' entbehrenden Konstellation leben, müssen um ihre Sicherheit vor Angriffen, Unterwerfung, Beherrschung oder Vernichtung durch andere Gruppen und Individuen fürchten, eine Besorgnis, die sich aus der Sachlage selbst ergibt. Und in einem Streben nach Sicherheit vor solchen Angriffen sehen sie sich gezwungen, immer mehr Macht zu akkumulieren, nur um der Macht der anderen begegnen zu können. Diese wiederum macht die anderen unsicherer und zwingt sie, sich auf ‚das Schlimmste' vorzubereiten" (Herz 1974a, 39). Der Kooperation zwischen den Staaten steht das Sicherheitsdilemma im Weg. Die Angst voreinander und weniger die Machtsucht der Menschen treibt zur Machtpolitik. Weil keine übergeordnete Schutz- und Sanktionsmacht existiert, besteht die Unsicherheit permanent und zwingt die Staaten zur Selbsthilfe – mit der Folge eines sich verschärfenden Sicherheitsdilemmas. Ein Wettlauf um die Sicherheit findet statt. Selbst die Sowjetunion hat diesem Druck weichen müssen: Die „internationalistische Ideologie des Bolschewismus [wurde] der ‚realistischen' Tatsache angepasst, dass das eine Land, in dem die Revolution erfolgreich gewesen war, gezwungen war, mit nichtrevolutionären oder gegenrevolutionären Nachbarn in ein und derselben Welt zu leben. Eine realistische Einschätzung der Machtphänomene veranlasste das Regime, seine weltrevolutionäre Ideologie aufzuge-

---

[77] Er kritisiert dabei nicht nur den Idealismus der frühen IB-Theoretiker, sondern auch die liberale Wirtschaftstheorie. Sie übersieht die dem Kapitalismus entspringenden oligarchischen und imperialistischen Züge – beispielsweise die Existenz am Krieg interessierter Gruppen wie Rüstungskapitalisten (Herz 1974a, 53 f.).

ben und nur noch für Propagandazwecke zu verwenden. Als eine der Einheiten auf der internationalen Bühne agiert die Sowjetunion mit mindestens ebensoviel Nachdruck auf Selbsterhaltung, ‚Souveränität', Sicherheit und sonstige Machterwägungen wie andere Mächte" (ebd., 50).

Gleichzeitig betont Herz, dass die Staaten die Hauptakteure auf der Weltbühne geblieben sind. In seinem Aufsatz *Rückblick auf den Territorialstaat* (1968/1974b) relativiert er seine eigene, frühere Position, der zufolge die Bedeutung der Territorialität unter dem Einfluss von Entwicklungen auf dem Gebiet der Kriegstechnik – die eine militärische Verteidigung verunmöglichen – zum Verschwinden neigt (Herz 1974b, 123). Die Welt entwickelt sich immer mehr zu einer Welt der territorialen Nationalstaaten. Auch die Kraft des Nationalismus wirkt stärker als allgemein angenommen. Zudem gibt die Entwicklung und Verbreitung von Atombomben, die ursprünglich die Kriegsgefahr verringerte, nun eher Anlass zur Sorge, dass die Zahl größerer und kleinerer Atommächte zunimmt, woraus sich „mit Sicherheit größere Instabilität und vermehrtes Risiko eines Atomkrieges" entwickeln wird (ebd., 130).

Mit der Veröffentlichung des Buches *Theory of International Politics* (1979) – kurz vor der Wahl Ronald Reagans und dem Beginn des „zweiten Kalten Krieges" – erhält Kenneth Waltz den Status des wichtigsten wissenschaftlichen Vertreters der Erneuerung des Realismus. Linksliberale und marxistische Imperialismustheorien versuchen seines Erachtens das „Ganze" aus dem Studium einiger seiner „Teile" abzuleiten und kommen so zu dem unzulänglichen Schluss, dass die kapitalistische Wirtschaftsentwicklung zum Imperialismus führt (Waltz 1979, 19 ff.). Waltz argumentiert gegen eine ökonomische Erklärung politischer Konflikte. Die Staaten gehören ins Zentrum der Aufmerksamkeit. „[T]he causes of imperialism, present in advanced capitalism, were present earlier, though identification of capitalism with imperialism has obscured this" (ebd., 27). Dabei geht er insofern über Morgenthau hinaus, als er sowohl die Begründung des menschlichen „Kriegstriebes" ablehnt als auch im Gegensatz zu Morgenthaus „Außenpolitiktheorie" eine Theorie der internationalen Politik erarbeiten möchte. Er verlagert den Fokus der Analyse auf die Ebene des „internationalen Systems" und schließt von den Strukturen desselben auf das Verhalten von Staaten – daher wird der Neorealismus von seinen Protagonisten auch „struktureller" Realismus genannt. Die Struktur des internationalen Systems löst damit Macht und Machtstreben als zentrale Analysekategorien ab. Historisch bezieht Waltz sich auf den Ost-West-Konflikt und sucht zu beantworten, warum die bipolare Welt trotz allem erstaunlich stabil und kriegsabgeneigt geblieben ist.

Das internationale System besteht aus zwei Elementen, so Waltz: Zum einen der Struktur des Systems („structure"), zum anderen den Akteuren des Systems („units"), den Staaten (ebd., 79 ff.). Systeme agieren nicht selbst, sondern bilden eine Struktur, die das Handeln der Akteure beeinflusst. Auch wenn die Struktur die Akteure voraussetzt, unterliegt sie nicht ihrer Kontrolle. Die Struktur des internationalen Systems übt einen eigenständigen, funktionalen Einfluss aus und bewirkt, dass sich unterschiedliche Akteure dennoch außenpolitisch ähnlich verhalten. Drei Merkmale für die Definition der Struktur des internationalen Systems gelten als charakteristisch. Zum einen herrscht auf der internationalen Ebene im Gegensatz zum hierarchischen Prinzip innerhalb eines Staates ein anarchisches Ordnungsprinzip: „National politics is the realm of authority, of administration, and of law. International politics is the realm of power, of struggle, and of accommodation" (ebd., 113). Zum zweiten liegt keine „funktionale Differenzierung" der Akteure vor – zwischen den Staaten entsteht dem zufolge keine Arbeitsteilung innergesellschaftlichen Typs. Die Unsicherheit der Akteure in einem anarchischen Kontext verhindert dies. Es liegt vielmehr eine Art Selbsthilfesystem vor: „The international imperative is: ‚take care of yourself!' […] In a self-help-system, considerations of security subordinate economic gain to political interest" (ebd., 107). Zum dritten besteht eine spezifische Machtverteilung zwischen den Akteuren. Waltz zielt auf die relative Verteilung der Macht ab – die Machtrelationen bestimmen internationale Politik maßgeblich. Es werden unipolare, bipolare oder multipolare Machtrelationen beschrieben (ebd., 98). Das Hauptproblem, das sich aus der anarchischen Ordnung ergibt, ist das Risiko der Gewalt. Grundsätzlich müssen sich alle Staaten darauf einstellen, Gewalt anzuwenden: „Among states, the state of nature is a state of war. This is meant not in the sense that war constantly occurs but in the sense that, with each state deciding for itself whether or not to use force, war may at any time break out. Whether in the family, the community, or the world at large, contact without at least occasional conflict is inconceivable; and the hope that in the absence of an agent to manage or to manipulate conflicting parties the use of force will always be avoided, cannot be realistically entertained. Among men as among states, anarchy, or the absence of government, is associated with the occurrence of violence" (ebd., 102).

Die Staaten verhalten sich in ihrem Kern identisch (ebd., 93). Die Innengestaltung der Staaten wird daher in der Analyse nicht berücksichtigt. Im Gegenteil geht Waltz der Frage nach, warum sich Staaten in ihrer Außenpolitik ähneln, obwohl sie innergesellschaftlich sehr unterschiedliche Merkmale besitzen. Waltz thematisiert drei „systemische Zwänge", die für alle Staaten gleichermaßen gelten. *Erstens* besitzen alle Staaten ein Überlebensinteresse, was sich im Streben nach staatlicher und territorialer Integrität ausdrückt. Waltz meint dabei im Gegensatz zu Morgenthau, dass Staaten primär um Sicherheit, nicht um Macht, konkurrieren. *Zweitens* verfolgen alle Staaten die Umsetzung dieses Ziels „rational". Dabei existiert hinsichtlich des Operierens anderer Staaten permanent Unsicherheit. *Drittens*, und hierin unterscheidet sich schließlich ein Staat vom anderen, kommt den jeweiligen Staaten eine unterschiedliche Fülle an Machtmitteln zu (ebd., 129 ff.).

Das internationale System als anarchisches Selbsthilfesystem, in dem die Staaten sich eigenständig um ihre Sicherheit kümmern, generiert einen Mechanismus der Macht- und Gegenmachtbildung. Dabei tendieren schwächere Staaten dazu, bei der Entscheidung für ein (Militär-)Bündnis die schwächere Allianz vorzuziehen, weil sie in diesem mehr Einfluss ausüben können (ebd., 126 f.). Die These impliziert, dass Staaten permanent ihre Machtmittel vergleichen und Machtverschiebungen durch Aufrüstung oder durch Bündnisbildungen auszugleichen versuchen. Hieraus leitet Waltz ein gewisses Gestaltungspotential zur Änderung der Machtverteilung ab. Zudem besteht durchaus die Möglichkeit zwischenstaatlicher Kooperation im Rahmen von Bündnispolitik. Eine weiterreichende Kooperation gilt aber aufgrund der Gefahr der Schaffung neuer Abhängigkeiten als unwahrscheinlich. Die einzige Form internationaler Kooperation, die über die Bündnisbildung hinausgeht, wird durch einen Hegemon induziert. Grundsätzlich geht Waltz aber nicht davon aus, dass die Anarchie des internationalen Staatensystems überwunden werden kann (ebd., 194 ff.). Daran ändern auch die Zunahme gemeinsam wahrgenommener internationaler Bedrohungen oder der Aufstieg der multinationalen Konzerne nichts (ebd., 138).

Weil eine bipolare Machtrelation aufgrund ihrer relativen Übersichtlichkeit im Gegensatz zu multipolaren und unipolaren Ordnungen am wenigsten zu Kriegen tendiert (ebd., 168), wird der Kalte Krieg als eine eher stabile Konstellation gedeutet. In der bipolaren Welt der Supermächte rekurrieren die USA und die UdSSR auf ihre eigenen Ressourcen – ein vergleichsweise stabiles strategisches Verhalten, so Waltz. Der Kalte Krieg ist demnach eine spezifische machtpolitische Auseinandersetzung, in der das klassische Sicherheitsdilemma zwar wirkt, jedoch aufgrund eines Machtgleichgewichts Stabilität herrscht. Damit verbunden konsolidiert das Kernwaffenarsenal auf beiden Seiten die Ordnung. Die Ankündigung des Endes der amerikanischen Hegemonie verweist insoweit auf eine Zunahme internationaler Konflikte.[78] In multipolaren Konstellationen bilden Staaten wechselnde Bündnisse, die in der Regel Instabilität erzeugen.

2.4.2. Keohane/Nye: Die Folgen von Interdependenz und Institutionalisierung

Im Interesse einer Weiterentwicklung, aber zuweilen auch im Gegensatz zum Realismus, dessen Bild der internationalen Beziehungen durch die absolute Dominanz von Sicherheitsinteressen, den Selbsterhaltungstrieb der Staaten und die Verweigerung von Kooperation charakterisiert ist, entwickelt sich in den 1970er Jahren die Schule des Neoinstitutionalismus. Sie knüpft an den älteren Idealismus, bestimmte liberale Traditionen sowie Integrations- und Interdependenzanalysen an. Als neue Strukturkomponenten zur Diskussion von Staatenkonkurrenz bzw. -kooperation werden die Begriffe „Interdependenz" und „Institution" eingeführt.

---

[78] Der Neorealist Robert Gilpin verweist darauf, dass die Schaffung einer liberalen internationalen Handelsordnung genau von dem Faktor abhängt, den sie angeblich unterminiert: die Präsenz eines starken Staates. Dabei hängt die Stabilität einer solchen Ordnung von der Existenz eines Hegemons ab. In der Darstellung historischer Hegemoniezyklen möchte er die Vergänglichkeit einstmals führender Hegemone beweisen. Die Abnahme der amerikanischen Vorherrschaft bildet einen Vorläufer verstärkter internationaler Konflikte, die auch den Krieg als Form der Konfliktaustragung beinhalten wird. Bisher war der Krieg der zentrale Mechanismus für die Ablösung des einen und das Entstehen eines neuen Hegemons (Gilpin 1981, 15). Dabei gleicht sich das Wesen der internationalen Beziehungen seit Jahrtausenden im Großen und Ganzen (ebd., 211). Zur theorieinternen Kritik und Weiterentwicklung des Neorealismus vgl. Schörnig 2003.

In einem klassischen Text der sogenannten „Englischen Schule" der Internationalen Beziehungen, *The Anarchical Society. A Study of Order in World Politics* (1977), unterscheidet Hedley Bull zwischen einer sich auf Hobbes berufenden Tradition, dem Realismus, einer sich auf Kant beziehenden Schule, dem Universalismus bzw. Liberalismus, und einer von Grotius, einem niederländischen Völkerrechtler des frühen 17. Jahrhunderts, ausgehenden Denktradition, dem Institutionalismus. Der in der Grotianischen Tradition stehende Bull vertritt die Idee, dass auf internationaler Ebene „gemeinsam eine Gesellschaft" gebildet werden kann, welche „durch die Regeln von Moral und Recht in ihren Beziehungen untereinander gebunden" sein müsste (Bull 1985, 33). Im Gegensatz zum Neorealismus Waltzscher Prägung, der ausdrücklich nur von einem internationalen „System" spricht, geht Bull davon aus, dass regelförmige und verrechtlichte, also institutionalisierte Beziehungen zwischen sozialen Gruppen eine internationale „Gesellschaft" ermöglichen – auch unter der Voraussetzung einer Anarchie in den zwischenstaatlichen Beziehungen. Die Grundlagen einer Gesellschaft liegen in der Verfolgung dreier Ziele, dem Streben nach Sicherheit, dem Streben nach Beständigkeit in den Besitzständen sowie der Schaffung verlässlicher Abmachungen. Eine internationale Gesellschaft besteht dann, „wenn eine Gruppe von Staaten im Bewusstsein gemeinsamer Interessen und Werte in dem Sinne eine Gesellschaft bildet, dass sie sich selbst als in ihren wechselseitigen Beziehungen durch ein gemeinsames Regelsystem gebunden versteht und über gemeinsame Institutionen verfügt. Wenn die heutigen Staaten eine internationale Gesellschaft bilden, so deshalb, weil sie sich als in ihren gegenseitigen Beziehungen durch Regeln gebunden betrachten, da sie gewisse gemeinsame Interessen und möglicherweise einige gemeinsame Werte anerkennen" (ebd., 32). Hierzu gehören nach Bull die Respektierung gegenseitiger Ansprüche auf Unabhängigkeit, die Beachtung von Verträgen und die Unterwerfung unter Einschränkungen in Bezug auf die Gewaltausübung.

Staaten kooperieren in verschiedenen Institutionen (Völkerrecht, Diplomatie), aber auch aufgrund des Gleichgewichts der Mächte und der Regeln bzw. Konventionen, die die Großmächte ausgearbeitet haben (ebd., 37 ff.). Allerdings bleibt die Vergesellschaftung in den Staatenbeziehungen prekär. Aus dieser Unsicherheit jedoch, die noch bei Herz zu Abgrenzung und Selbsthilfe führt, kann aus der Sicht Bulls eine Abwägung gemeinsamer Interessen und schließlich die Verregelung der Ergebnisse resultieren. Unter Annahme eines rationalen Interessenkalküls werden die verschiedenen Akteure Verhaltensregeln akzeptieren, sofern diese nicht das bedeutende Ziel ihres Überlebens in Frage stellen. Hiermit verbindet sich die These, dass wirtschaftliche und soziale Transfers in den Beziehungen zwischen Staaten ein höheres Gewicht besitzen als kriegerische Handlungen. In dieser Weise konstituiert sich ein Machtgleichgewicht nicht wie bei Waltz gleichsam automatisch, sondern als Ergebnis der internationalen Verständigung über gemeinsame Interessen im Hinblick auf das grundsätzliche Ziel des Überlebens und dessen Sicherung, sowie der Bereitschaft, sich selbst Beschränkungen zu unterwerfen (Bull 1977, 101 ff.). Die Zukunft der internationalen Gesellschaft ist daher auf die Weiterentwicklung einer „kosmopolitischen Kultur" angewiesen (ebd., 317).

Zu den Klassikern der Denkschule des Neoinstitutionalismus in den IB zählen die beiden Forscher Robert Keohane und Joseph Nye, die in ihrem Buch *Power and Interdependence. World Politics in Transition* (1977/1989) die zunehmende Bedeutung globaler Interdependenzen diskutieren. Nach Keohane/Nye beschränken neuartige wechselseitige Abhängigkeiten die Handlungsfähigkeiten von Staaten und erfordern modifizierte Instrumente in der nationalen Außenpolitik sowie der internationalen Politikkoordinierung.[79] Ihr Ansatz geht auf eine Strömung im Liberalismus zurück, dem „institutionalistischen" Liberalismus, der das Völkerrecht und internationale Organisationen als einen Beitrag zur Schaffung von mehr Regularien und damit zur Kooperation zwischen den Staaten analysiert. Die Autoren stellen ihren neoinstitutionalistischen Ansatz jedoch auf ein breiteres Fundament, indem sie ähnlich wie Bull einen erweiterten Begriff der Institution einführen und damit auch die wachsende ökonomische Verflechtung und die hiermit verbundenen Zwänge zur institutionellen Kooperation in die Analyse zu integrieren versuchen.

---

[79] Interdependenz ist mehr als bloße Interaktion, Verflechtung oder Verbundenheit. Sie liegt vor, wo „Interaktionen wechselseitige Kostenwirkungen (die nicht notwendigerweise symmetrisch sein müssen) verursachen" (Keohane/Nye 1975, 75). Interdependente Beziehungen haben beträchtliche Folgen, insoweit sie unabwendbar einzelstaatliche Autonomie einschränken. Zwischen Staaten, die sich durch eine hohe Interaktionsdichte auszeichnen, entstehen derart enge Beziehungen, dass deren Einschränkung oder gar Beendigung mit beträchtlichen Kosten für beide Seiten verbunden ist. Eine hohe Interaktionsdichte wird allerdings nicht mit Konfliktfreiheit gleichgesetzt.

Aufgrund eines säkularen Trends technischer und wirtschaftlicher Neuentwicklungen und damit verbundener Institutionen werden Macht- und Sicherheitsfragen zum einen in ihrer Bedeutung abgeschwächt und zum anderen schrittweise der Notwendigkeit zur Kooperation untergeordnet. Unter diesen Bedingungen kann demnach nicht mehr zutreffend von einem imperialistischen Weltzusammenhang gesprochen werden. Die Zunahme transnationaler Beziehungen haben Keohane/Nye zufolge beträchtliche Auswirkungen auf die zwischenstaatliche Politik. *Erstens* fördern transnationale Interaktionen „Veränderungen in der Einstellung", die Konsequenzen für staatliche Politik bergen (Keohane/Nye 1975, 76). Der Welthandel erzwingt nicht notwendigerweise den Weltfrieden, verbindet aber vorher unabhängig voneinander lebende Menschen und bewirkt derart Veränderungen in ihren Einstellungen. *Zweitens* wirken sich transnationale Beziehungen in der „Förderung des internationalen Pluralismus" aus, „womit wir die gegenseitige Verknüpfung nationaler Interessengruppen in transnationalen Strukturen meinen, die im allgemeinen mit transnationalen Organisationen zum Zwecke der Koordinierung zusammenhängt" (ebd., 77). *Drittens* entstehen „Abhängigkeiten" wie beispielsweise im transnationalen Verkehr, im Kommunikationsnetz oder im Rahmen internationaler Finanztransaktionen. Staaten tragen diesen Entwicklungen Rechnung und benutzen transnationale Organisationen als Instrumente ihrer staatlichen Außenpolitik. Gleichwohl bilden sich transnationale Organisationen zu „quasiautonomen" Akteuren aus – insbesondere multinationale Konzerne erhalten derart ein höheres Gewicht (ebd., 79 f.). Folge der Interdependenzen ist die Bildung einer höheren „Sensitivität der Gesellschaften füreinander" und dadurch eine Veränderung der Beziehungen zwischen den Regierungen (ebd., 75).

Machtpolitik im Zeitalter der Interdependenz kann im Rahmen des herkömmlichen Machtbegriffs der Realisten nicht mehr präzise gefasst werden. „Andere Machtressourcen könnten nötig sein, um mit anderen Problemen fertig zu werden. Schließlich spielen in einer Politik der Interdependenz innenpolitische, transnationale wie auch administrative Interessen eine Rolle. Innen- wie Außenpolitik sind eng miteinander verflochten. Der Begriff des nationalen Interesses – Zentralidee der Traditionalisten [Realisten] – wird dabei immer weniger effektiv einsetzbar [...] Internationale Konflikte verschwinden nicht dadurch, dass die Interdependenz sich intensiviert. Im Gegenteil: Konflikte nehmen neue Formen an und verschärfen sich möglicherweise sogar. Die traditionellen Ansätze zum Verständnis weltpolitischer Konflikte sind aber nicht in der Lage, eine besonders plausible Erklärung der Interdependenzkonflikte zu liefern" (Keohane/Nye 1986, 75). Dem realistischen Modell wird im Folgenden auf drei Ebenen idealtypisch das Modell der „komplexen Interdependenz" entgegengestellt. Gelten die Staaten im Realismus als die zentralen, in sich geschlossenen, einheitlichen Akteure, so treten im Modell der komplexen Interdependenz nach Keohane/Nye andere Akteure zu den Staaten hinzu, etwa multinationale Konzerne, deren Agieren für die internationalen Beziehungen von Bedeutung ist. Militärische Macht spielt im Geflecht transnationaler Inter-aktionsbeziehungen nicht mehr die allein entscheidende Rolle als Mittel der Politik. Geht der Realismus von einer klaren Hierarchie der Ziele internationaler Politik aus – Sicherheitsfragen dominieren Wirtschaftsfragen und soziale Angelegenheiten – so sind Fragen militärischer Sicherheit nun nicht mehr automatisch vorrangig: „Die traditionelle Sichtweise besagte, dass militärische Macht alle anderen Formen der Macht überragt und dass die militärisch mächtigsten Staaten das Weltgeschehen beherrschen. Doch die Potentiale, aus denen sich Macht herleitet, sind vielfältiger geworden" (ebd., 78). Eine Diversität unterschiedlicher Problembereiche wird mit unter-schiedlichen Machtmitteln bearbeitet.

Keohane/Nye bezeichnen dieses Modell als einen Idealtypus. In der Realität besteht ein „prekäres Spannungsverhältnis zwischen Interdependenzrhetorik und Machtanalyse [...]. In ihrer extremen Ausprägung suggeriert die erstgenannte Theorie, dass Interessen-konflikte der Vergangenheit angehören, während die zweite postuliert, dass Konflikte weiterhin eine zentrale, potentiell gewalt-same Rolle spielen werden" (ebd., 74).[80] Den Kalten Krieg analysieren die Autoren nicht machttheoretisch, sondern als Resultat einer ungenügenden Institutionalisierung der Bearbeitung von Konflikten – als eine an sich vermeidbare Rivalität, deren Bearbei-tung allerdings durch die ideologische Überhöhung des Konfliktes erschwert wurde. Erst die Entspannungspolitik der 1960er hat die Systemkonkurrenz entschärft, weil es zur vermehrten Bildung internationaler Regime auch unter den Supermächten kam, zum

---

[80] Daher auch wird Keohane als Vertreter eines modifizierten strukturellen Realismus und nicht als Erfinder einer fundamental neuen Richtung bezeichnet (vgl. die Artikel in: Keohane 1986; Keohane 1984, 245 f.).

Beispiel der Vereinbarung über die Begrenzung von Atomwaffen-
tests.

Die Wirklichkeit tendiert zunehmend in Richtung einer komplexen
Interdependenz (Keohane/Nye 1989, 223). Insbesondere auf die
Interaktionen zwischen den OECD-Staaten und hier speziell auf den
Feldern wirtschaftlicher und ökologischer Interdependenz trifft dies
zu. In den kanadisch-amerikanischen Beziehungen gelten beispiels-
weise die „Androhung oder Anwendung von Gewalt in den
Erwägungen beider Staaten" als völlig ausgeschlossen (Keohane/Nye
1986, 84).[81] Die Annahme des „Friedens durch Handel" gewinnt an
Bedeutung. Die wachsenden ökonomischen Interdependenzen haben
Keohane/Nye zufolge mehr zur Friedenssicherung beigetragen als
Organisationen wie die UNO. Eine Möglichkeit, die Zusammenarbeit zu bewahren bzw. eine win-win-Situation durch Kooperation
herbeizuführen, bieten zudem die „internationalen Regime" – norm-
und regelgeleitete Formen der Zusammenarbeit zur politischen
Bearbeitung von Konflikten (Keohane/Nye 1985, 86).[82]

---

[81] Hieraus wird die politische Forderung abgeleitet, mit multilateralen Mitteln
ein größeres Maß an internationaler Steuerung durchzusetzen. Weil
kooperative Regelungen internationaler Konflikte nicht nur im Sicherheitsbereich langfristig von allen teilnehmenden Staaten als nützlich erachtet
werden, kann dieses Interesse ebenso bei den Vereinigten Staaten angenommen werden. „Unitary leadership under the conditions of complex
interdependence is [...] unlikely to be effective" (Keohane/Nye 1989, 232).
Der Ansatz zielt auf die Optimierung amerikanischer Außenpolitik, die einen
Kontrapunkt zur realistischen „Illusion" setzen möchte, autonom handeln zu
können.

[82] In den 1980ern arbeitet Keohane eine *Regimetheorie* aus. Er vertritt in
seinem Werk *After Hegemony: Cooperation and Discord in the World Political
Economy* (1984) die These, dass diese Form der Kooperation auch ohne das
Bestehen einer Hegemonialmacht möglich ist. Im Gegensatz zum Neorealismus, der unter internationalen Institutionen allenfalls ein Instrument
hegemonialer Mächte versteht, unterstreicht Keohane, dass diese bedeutsam
sind, weil sie allen beteiligten Staaten helfen, Kooperationsprobleme im
gemeinsamen Interesse zu lösen: „Nonhegemonic cooperation is difficult,
since it must take place among independent states that are motivated more
by their own conceptions of self-interest than by a devotion to the common
good. [...] [W]orld politics is not a state of war. States do have complemen-
tary interests, which make certain forms of cooperation potentially beneficial.
As hegemony erodes, the demand for international regimes may even

2.4.3. Czempiel: Gesellschaftszentrierte Analyse der Außenpolitik und demokratischer Frieden

Im Zusammenhang mit der Entspannungspolitik und dem Aufkommen der Friedensforschung wird Ernst-Otto Czempiel in den 1970ern zu einem Vordenker einer weiteren Richtung in den IB, dem „neuen Liberalismus". Der neue Liberalismus weist eine stärkere Gesellschaftszentriertheit als die „staatszentrierten" Denkmodelle bei Waltz, aber auch Keohane/Nye auf. Im Modell von Czempiel sind die (inner-)gesellschaftlichen Auseinandersetzungen entscheidende Bestimmungsfaktoren für die außenpolitischen Präferenzen einzelner Staaten und folglich der Entstehung von zwischenstaatlichen Konflikten. Die Staaten selbst werden nicht als einheitliche Akteure verstanden.

Die Politik eines Staates ergibt sich aus seinem gesellschaftlichen Kontext. Nicht vorwiegend das internationale System diktiert das Agieren der Staaten. Die entscheidenden Akteure sind Individuen und Gruppen, die ihre materiellen und ideellen Interessen verfolgen. Der gesellschaftliche Kontext beeinflusst so die Ziele und Interessen eines Staates sowie die Wahl der Mittel zur Durchsetzung derselben. Dabei entwickelt Czempiel in seinem Buch *Internationale Politik. Ein Konfliktmodell* (1981) den alten „republikanischen" Liberalismus in der Tradition Kants sowie den „Handelsliberalismus" weiter und versucht, die gesellschaftliche und internationale Ebene zu integrieren.[83]

---

increase" (Keohane 1984, 244). Internationale Regime, z.B. bestimmte Handels-, Finanz-, Abrüstungs- oder Umweltvereinbarungen, besitzen zwar im Unterschied zu internationalen Organisationen wie der UNO keine „Akteursqualität", trotzdem spielen sie einen wichtigen Beitrag bei der Stabilisierung der internationalen Ordnung (ebd., 78 ff.; vgl. Rittberger 1995).

[83] Der republikanische Liberalismus geht davon aus, dass die Mehrheit der Staatsbürgerinnen und Staatsbürger kein Interesse am Krieg hat, da er nur Nachteile mit sich bringt. Im Zuge der Demokratisierung der politischen Entscheidungsprozesse im Übergang zur bürgerlich-liberalen Gesellschaft gewinnt dieses Interesse die Oberhand gegenüber den am Krieg interessierten vorbürgerlichen Herrschern bzw. der Armee. Der Handelsliberalismus hebt die Dichte transnationaler Beziehungen hervor und entwickelt die These vom „Frieden durch Handel".

Zwar vollzieht sich Politik sowohl innerhalb von Gesellschaften als auch auf einer zwischenstaatlichen Ebene, dennoch lässt sich eine Rückbindung staatlichen Agierens bzw. des politischen Systems an die gesellschaftlichen Präferenzbildungsprozesse feststellen. Das politische System „in einer liberalen Demokratie führt [...] kein Eigenleben, sondern reagiert auf Anforderungen aus seinem gesellschaftlichen Umfeld. Es wird deshalb nicht zum Agenten bestimmter Verbände, etwa der Wirtschaft, sondern behält durchaus seinen Spielraum, den es zur Herstellung eines möglichst breiten Konsenses benutzen kann. Es kann sich jedoch von seinem gesellschaftlichen Umfeld niemals so weit emanzipieren, dass es eigene, nicht aus der Gesellschaft stammende Interessen realisiert" (Czempiel 1981, 21). Den Unterschied macht die jeweilige Gesellschaftsordnung, etwa die liberale Demokratie im Gegensatz zum feudal-aristokratischen System oder sozialistischen bzw. konservativen Diktaturen. Dabei gibt die politische Kultur eines Landes Aufschluss über dessen Gewaltbereitschaft.

In einem ersten Schritt kritisiert Czempiel die Unterkomplexität der vorherrschenden Modelle in der Disziplin der IB. Die Vorstellung der „Welt als Staatenwelt" im Realismus hält er für fehlerhaft, weil die Staaten hier als „geschlossene Einheiten sich gegenüberstehen. Sie ähneln [...] Billardkugeln. Nach innen abgeschlossen, treten diese Kugeln in je wechselnden Formationen miteinander in Beziehung, berühren sich dabei an den Außenseiten. Ihr Inneres bleibt davon unberührt, ist aber jeweils, was die Außenbeziehungen anlangt, völlig gleichgerichtet: auf die Vergrößerung bzw. Maximierung ihrer Macht" (ebd., 60). Die in imperialismustheoretischen Ansätzen gängige Vorstellung der „Welt als Weltmarkt" ist sowohl von definitorischen Unschärfen als auch durch die weitgehende Ausblendung der Politik aus der Analyse der Weltwirtschaft geprägt: „Fest steht, dass die politischen Systeme in der Weltwirtschaft eine beträchtliche Rolle spielen, die nicht vernachlässigt werden darf. [...] [D]as Modell aber legt es offensichtlich nahe, nur die Wirtschaftsprozesse zu betrachten und die Herrschaftsprozesse auszuklammern" (ebd., 83). Die Theorien eines Johan Galtung, der Dependencia-, aber auch der Weltmarkttheoretiker überzeichnen die Bedeutung des Weltmarkts in einer Weise, dass sie nationale Volkswirtschaften als seine bloßen Funktionen beschreiben (ebd., 86 ff.).

In seinen eigenen theoretischen Verallgemeinerungen versucht Czempiel den scheinbaren Widerspruch zwischen den einzelstaatlichen nationalen Gesellschaften und dem internationalen System zu lösen, in dem er von komplexen Handlungszusammenhängen spricht. Er führt das Modell eines „asymmetrischen, gebrochenen Gitters" ein, der das Forscherauge auf den charakteristischsten Vorgang der internationalen Politik lenken soll – den der „Verknüpfung" (ebd., 101 ff.). Das Modell enthält die Sachbereiche der „Wohlfahrt, Sicherheit und Herrschaft". Zudem impliziert das „uneinheitliche" Gitter die Existenz von ungleichen Staaten. Zentral ist Czempiel zufolge die Einsicht, dass nicht mehr nur Staaten, sondern auch nichtstaatliche Akteure im internationalen System eine Rolle spielen – Unternehmerverbände, Gewerkschaften, Menschenrechtsorganisationen etc. (ebd., 119 ff.). Internationale Politik wird demnach durch so genannte „subsystemische", das heißt vor allem innergesellschaftliche Strukturen geprägt.[84] Konkret entspringt internationale Politik dem Aufeinandertreffen der von den unterschiedlichen nationalen Staaten gebündelten Präferenzen. Sollten sich die Interessen und Ziele von Staaten mit denen anderer decken, entsteht Kooperation, decken sie sich nicht, müssen sie durch Politikkoordination kompromissfähig gemacht werden. Bei einem Scheitern dieser Prozesse sind Konflikte bis hin zum Krieg möglich.

Einem internationalen Konflikt liegen demnach Positionsdifferenzen der beteiligten Akteure zugrunde, die wiederum aus den im Staat repräsentierten gesellschaftlichen Präferenzen herrühren (ebd., 198 ff.). Ein Sicherheitsdilemma entsteht nicht aufgrund einer gewissen Mächtekonstellation oder Unsicherheit, sondern resultiert aus divergierenden Präferenzen. Insofern wird der Kalte Krieg auch als eine Auseinandersetzung unterschiedlicher Gesellschaftssysteme beschrieben.[85] Als Faustregel gilt: Je stärker die außenpolitischen Präferenzen der Gesellschaften übereinstimmen, desto wahrscheinlicher und intensiver ist die Zusammenarbeit zwischen ihnen.

---

[84] Diese Position hat Czempiel bis in die Gegenwart aufrechterhalten. In einem neueren Buch geht er davon aus, dass „90 Prozent der amerikanischen Außenpolitik innenpolitische Ursachen haben" (Czempiel 2003, 100).

[85] Diese systempolitische Auseinandersetzung kann durch Entideologisierung entschärft werden, wie die Entspannungspolitik beweist. Das Ende des Kalten Krieges wird bei Czempiel später folgerichtig mit dem Wandel des sowjetischen Herrschaftssystems und der damit einhergehenden Veränderung staatlicher Präferenzen erklärt.

Staaten bzw. politische Systeme sind mit Kollektiven zu vergleichen, über deren Verhalten in organisierten Entscheidungsprozessen gerichtet wird. Diese wiederum werden durch das Herrschaftssystem determiniert. Das Herrschaftssystem entscheidet nicht nur über den Partizipationsgrad der Bürger, es bestimmt auch über die „Werteverteilung" und ist dem Wirtschaftssystem übergeordnet. Ein höherer demokratischer Partizipationsgrad erhöht die Wahrscheinlichkeit einer größeren Verteilungsgerechtigkeit, damit verbunden eines stabileren gesellschaftlichen Konsenses, und mündet ein in einen niedrigeren Gewaltgrad der Herrschaftsausübung. Eine hohe Korrelation zwischen der „Ungerechtigkeit der Wertzuteilung und dem Maß an Gewalt als Verteilungsmodus" wird angenommen (ebd., 218). Je geringer die Herrschaft des politischen Systems „über das gesellschaftliche Umfeld ausgeprägt ist, desto geringer sind nicht nur die Möglichkeiten, sondern auch die Anlässe zu Machtanwendungen gegenüber anderen politischen Systemen und deren gesellschaftlichen Umfeldern" (ebd., 219). Der ausschlaggebende Faktor ist der Grad der Herrschaft im Inneren einer Gesellschaft.

Eine Gesellschaft, die auf einem hohen Maß an Konsens und wenig Zwang beruht, wird auch international die Gewalt vermeiden. Diese Voraussetzungen werden tendenziell am besten in demokratischen Systemen erreicht. In den 1980ern entwickelt Czempiel diese These zum Theorem des „demokratischen Friedens" weiter (vgl. Czempiel 1998). In demokratischen Gesellschaften erhöht sich die Aussicht, dass die Interessen der Bürger zum Tragen kommen und dadurch Kriege verhindert werden – mit einer Ausnahme: dem Verteidigungskrieg. Rechenschaftspflichtige Regierungen mit dem Interesse an einer Wiederwahl werden sich Czempiel zufolge nur dann auf das Wagnis eines Krieges einlassen, wenn sie einen Armeeeinsatz vor ihrer Bevölkerung mit guten Gründen rechtfertigen können. In der Regel gelingt dies nur mit dem Verweis auf die Bedrohung des Landes durch einen äußeren Feind. Weil die idealtypische politische Kultur von Demokratien sich im Gegensatz zu autokratischen Systemen durch den Respekt vor dem Individuum, seinem Leben und seinem Besitz auszeichnet und den Wert der Rechtsstaatlichkeit betont, kann die Ablehnung von Gewalt als Mittel der Außenpolitik die Folge sein.

In diesem Zusammenhang verlieren die Imperialismustheorien ihre Bedeutung: „Das ‚Zeitalter des Imperialismus' ist 1919, spätestens 1945 zu Ende gegangen" (Czempiel 1981, 253). Die frühere Symbiose zwischen einigen Kapitalfraktionen und Teilen des politischen Systems zerbrach in der Folge der „Demokratisierung und Industrialisierung der Ersten und der Emanzipation der Dritten Welt" (ebd.). Auch wenn bis heute die Macht des politischen Systems zuweilen zu Zwecken des ökonomischen Gewinns eingesetzt wird, so zeigt das Beispiel des ökonomischen Wiederaufstiegs der Bundesrepublik trotz einer drei Jahrzehnte andauernden diplomatisch-militärischen „Minderstellung", dass „in der Ersten Welt die Gewinnmöglichkeiten [...] weitgehend unabhängig vom flankierenden Einsatz der Macht politischer Systeme sind" (ebd., 242). Natürlich unterliegt das Konfliktobjekt Gewinn nicht machtfreien Regelungen – das Beispiel weist aber darauf hin, dass die „Macht der politischen Systeme nicht die einzige ist, die in der internationalen Umwelt eingesetzt werden kann" (ebd., 243).

III. Dritte Periode ab 1989

1. Historischer Hintergrund

Die dritte Periode der Debatte um Imperialismus und Geopolitik gewann in der medialen und wissenschaftlichen Sphäre erst nach 2001 deutlichere Konturen. Ihre Ausgangspunkte liegen in den weltpolitischen Umbrüchen nach 1989. Ein weiterer zentraler Impuls für die Debatte ging von dem Globalisierungsschub aus, der in den 1970ern an Intensität zunahm. Die „Globalisierungsdebatte" ging in den letzten Jahren teilweise in eine Debatte über imperiale Politik über.

Das Ende des Kalten Krieges wurde mit großen Hoffnungen verknüpft. Ähnlich wie nach 1945 herrschte zuerst Optimismus vor. Nicht nur ein Zeitalter des Friedens und Wohlstandes wurde erwartet – die „neue Weltordnung" sollte auch einen kooperativen Charakter tragen. Insbesondere in der ersten Phase der Clinton-Administration schien es so, als sei der politische Multilateralismus der „internationalen Staatengemeinschaft", getragen von der zunehmenden Internationalisierung und Integration der Welt, das übergreifende Merkmal der internationalen Beziehungen. Diese Tendenz schien durch fallende Rüstungsausgaben bestätigt. Nach dem Ende des „ideologisch aufgeladenen" Systemkonfliktes wurde eine rationalere Weltpolitik erwartet. Mit der Globalisierungsthese verbunden war die Annahme, zwischenstaatliche Konflikte könnten in Zukunft unter der Ägide der Vereinten Nationen geregelt werden, da diese nicht mehr durch den Kalten Krieg blockiert seien (Kaldor 2000, 177).

Für eine gewisse Zeit nach 1989 wurde von den politischen Protagonisten und intellektuellen Vordenkern der reichsten Industriegesellschaften selbstbewusst und teilweise triumphalistisch vom „Sieg der Demokratie" und der „Marktwirtschaft" gesprochen (vgl. Fukuyama 1992). Zur selben Zeit wurden die Vorstellungen neoliberaler Wirtschaftspolitik, deren Wirken bereits seit den 1970er Jahren verstärkt einsetzte, zum dominanten Leitbild der Politik. Der „Washington-Consensus", Synonym für das Ziel der liberalen Umgestaltung der Welt unter Führung der USA, drückte dies aus (vgl. Gowan 1999). Die mit einer starken Globalisierungsthese verbundene neue Form des Technik- und Fortschrittsglaubens wähnte die Menschheit auf dem Weg zu einer produktiven Vereinheitlichung, in der auch Differenz und Pluralität ihren Platz haben sollten. Die Globalisierung, so wurde angenommen, führt zum „globalen Dorf", in eine „Weltgesellschaft" hinein, einer postmodernen Konstellation jenseits oder zumindest nicht mehr nur in den Grenzen des Nationalstaates.[86]

Die Hoffnungen auf ein Zeitalter des Friedens hielten jedoch nicht lange vor. Bereits im Golfkrieg 1991, der eigentlichen Geburtsstunde des Begriffs der „neuen Weltordnung", veränderte sich die politische Tonlage. Dominierte in den frühen 1990ern noch Fukuyamas These des Endes der Geschichte, bestimmte einige Jahre später Samuel Huntingtons Buch *Der Kampf der Kulturen* (1996) die internationale Diskussion. Huntingtons Diagnose von kulturellen Antagonismen neuer Qualität, verbunden mit einer pessimistischen Zeitdiagnose, reflektierte ein Umdenken. Denn mit dem Sieg der liberalen Demokratie und der Globalisierung gingen sozio-ökonomische und politisch-ideologische Verwerfungen einher, die nicht auf der Agenda von 1989/90 standen: schwere wirtschaftliche Rezessionen in den Transformationsländern des ehemaligen Ostblocks aber auch in den stärksten Industrienationen, eine Dauerkrise sowie zahllose zwischen- und innerstaatliche kriegerische Konflikte in großen Teilen Afrikas, ein weltweiter Aufschwung nationalistischer Bewegungen, die durch ethnische Mythen neue Nahrung erhielten, eine Politisierung religiöser Vorstellungen nicht nur im Nahen und Mittleren Osten etc. Die Weltordnung drohte zur Welt*un*ordnung zu degenerieren.

Mit der Kosovo-Intervention 1999 und mit dem Beginn des „Krieges gegen den Terror" ab 2001 wurde offensichtlich, dass von einigen Staaten der westlichen Staatengemeinschaft ein modifizierter außenpolitischer Kurs eingeschlagen worden war. Moderne Sicherheitspolitik bedeutete nun wieder verstärkt, auf das Mittel der

---

[86] Im Verlaufe der 1990er Jahre wurde die Durchsetzung bzw. Verwirklichung von Menschenrechten und Demokratie ein zentraler außenpolitischer Topos. Die europäischen Regierungschefs griffen während des Kosovo-Krieges 1999 auf ihn zurück, um die Verletzung der völkerrechtlich garantierten Souveränität Jugoslawiens zu rechtfertigen: Die Globalisierung als ein multidimensionaler Prozess verlangte die Formulierung einer neuen Doktrin der internationalen Gemeinschaft, der zufolge es ausdrücklich erlaubt ist, in Staaten „humanitär" zu intervenieren, die allgemein akzeptierte demokratische Prinzipien verletzen.

militärischen Intervention zurückzugreifen. Grenzte es in den Vereinigten Staaten noch 1991 an „Häresie, die Nation als ein Imperium zu beschreiben" (Said 1994, 392), so wurde ab Ende der 1990er Jahre und verstärkt nach 2001 selbstbewusst auf die Rolle Amerikas als „Empire" Bezug genommen – dessen Last darin bestand, die freiheitlich-demokratische Ordnung in der Welt durchzusetzen. Die *Neue Nationale Sicherheitsstrategie* von 2002 mit ihrer Betonung der präventiven militärischen Intervention wurde als offensive Wende der amerikanischen Außenpolitik gedeutet, eine Gewichtsverlagerung, die beispielsweise in Europa Nachahmer fand. In der EU reflektierte sich der Drang zu einer modifizierten Außenpolitik in Dokumenten der sich herausbildenden europäischen Sicherheits- und Verteidigungspolitik.

Im Folgenden werden drei charakteristische Entwicklungen der Phase nach 1989 skizziert, *erstens* die amerikanische Vormachtstellung, *zweitens* der Aufstieg von „Subimperialismen" in der Dritten Welt und *drittens* das Verhältnis zwischen Staat und Wirtschaft.

Zurück zu einer sowohl geopolitisch als auch wirtschaftlich multipolaren Welt?

Die Revolutionen in Osteuropa und der Zusammenbruch des Warschauer Paktes bedeuteten das Ende der bipolaren Weltordnung. Der Zusammenbruch der Regime des Ostblocks und ihre Ablösung durch Regierungen nach westlichem Vorbild, deren Politik auf eine verstärkte Einbindung ihrer Volkswirtschaften in den Weltmarkt abzielte, wiewohl in ihnen eine personelle Kontinuität mit den vorangegangenen Parteibürokratien bestand, zersetzten einen relativ geschlossen handelnden Staatenblock. Da zusätzlich die wirtschaftliche „Transformation" der Ostblockländer in den 1990ern nicht die erhofften Erfolge zeitigte, verlor Russland mit Ausnahme seiner militärischen Kapazitäten den Status einer Supermacht. Die in Europa stationierten Truppen und Waffen zog die russische Führung ab, außerhalb Europas wurde Russland gezwungen, in verschiedenen Regionen Zugeständnisse zu machen, etwa im Zuge der Osterweiterung der NATO. Der Niedergang der russischen Vormacht in Zentralasien brachte die weltweit wichtigsten geostrategischen Veränderungen seit Jahrzehnten mit sich. Innerhalb Russlands (Tschetschenien) und in den Gebieten der ehemaligen Sowjetrepubliken (Ukraine, Georgien, Aserbaidschan, Kasachstan etc.) bildeten die neuen Machtverhältnisse und die sozioökonomische Instabilität in den 1990ern einen ergiebigen Boden nationaler Konflikte.

Weit verbreitet war zu Beginn der 1990er Jahre die Vorstellung, dass die USA eine absolute bzw. unhinterfragte Welthegemonie erreichen und bewahren werden. Tatsächlich bewirkten die osteuropäischen Umwälzungen unmittelbar eine Verstärkung des internationalen Gewichts der Vereinigten Staaten. Freilich konnten mehrere wirtschaftspolitische Konflikte innerhalb der „Triade" (Nordamerika, Europa, Ostasien) beobachtet werden, sie führten jedoch nicht zu harten geopolitischen Auseinandersetzungen. Die Befürchtung, dass sich die aufgrund der Wiedervereinigung und dem Rückzug Russlands aus Mittel- und Osteuropa wieder erstarkte Bundesrepublik Deutschland wesentlich stärker international einmischen würde, bewahrheitete sich zwar partiell – es brachte aber keine ernsthaften transatlantischen Konflikte mit sich. Die japanische Volkswirtschaft stagnierte während der gesamten 1990er – außenpolitische Ambitionen wurden jedoch nicht ohne Rücksprache mit dem Bündnispartner in Washington angestrebt. Frankreich kollidierte in Regionen Afrikas und im Nahen Osten teilweise politisch mit den USA, die Gegensätze blieben aber unterhalb der Schwelle größerer Konflikte. In den USA dagegen wurden die vergleichsweise höchsten wirtschaftlichen Wachstumsraten erreicht. Daneben wurde ein spektakulärer Aufbau der militärischen Kapazitäten betrieben.

Die Vereinigten Staaten änderten ihre außenpolitische Taktik mehrere Male. Noch unter Präsident Reagan in den 1980ern bestand die Hauptstrategie darin, die militärische Stärke auszubauen, um den damaligen Hauptgegner UdSSR durch Zwang zum Wettrüsten ökonomisch zu schwächen. Ende der 1980er Jahre überforderte das Ausmaß der Rüstungsproduktion jedoch ebenso die amerikanische Volkswirtschaft. Die neue Form des Rüstungskeynesianismus zog mittelfristig Ressourcen aus dem produktiven Investitionssektor ab – eine verminderte Wettbewerbsfähigkeit war die Folge, zudem die wachsende Abhängigkeit von Importen auch im militärischen Sektor. Der Zusammenbruch der UdSSR hätte nicht viel später kommen dürfen, argumentierten nicht wenige Kommentatoren vor dem Hintergrund des „twin deficits" in den Staatsausgaben und in der Zahlungsbilanz. Die Regierungen Bush Sr. und Clinton strebten in der Außenpolitik wieder mehr „Multilateralismus" an. Die Einbindung anderer Staaten sollte auf diesem Weg garantiert werden. Mit der Bush-Regierung setzte sich ab 2000 eine Gruppierung durch, die argumentierte, das „American Empire" könne nicht einfach zusehen, wie andere aufstrebende Länder seine Macht herausfordern. Um möglichen neuen Konkurrenten wie China, aber auch der EU zu verdeutlichen, dass niemand in der Welt an den USA vorbeikomme, sei man gezwungen in die Offensive zu gehen (Harman 2003). Mit der Hoffnung einer Revolution in militärtechnischen Angelegenheiten im Rücken ging die Bush-Administration daran, das Vietnam-Syndrom endgültig zu überwinden – mit zweifelhaftem Erfolg, wie die umkämpfte Besatzung des Irak zeigte.

Das weltweite kooperativ-konfliktive Machtgeflecht wurde nach 1989 von den USA dominiert. Die USA kontrollieren die weltweiten Räume wie kein anderer Akteur. Zu einem gewissen Grad fungiert damit ihre Weltordnungspolitik als Dienstleister der international an stabilen Verwertungsmöglichkeiten und Wertschöpfungsketten interessierten Unternehmen sowie für Teile der Machteliten anderer Staaten. Es ist den amerikanischen Regierungen jedoch nicht gelungen, die in den 1990ern annähernd erreichte, hegemoniale Führung zu festigen. Im Gegenteil deutete sich nach 2001 eine Erosion der amerikanischen Vorherrschaft und ihrer Leitbilder an, die als Vorboten einer möglichen Verstärkung geopolitischer Konflikte auch zwischen ehemals engen Bündnispartnern diskutiert wurden (van der Pijl 2006).

Der Aufstieg von Subimperialismen in der Dritten Welt

Mit dem Ende der bipolaren Weltordnung wurde eine Entwicklungstendenz sichtbarer, die sich in den Jahrzehnten zuvor schon angedeutet hatte – der Aufstieg nach regionaler Vorherrschaft strebender, „peripherer" Staaten (Alnasseri 2004). Vor dem Hintergrund der partiellen Industrialisierung der Dritten Welt entstanden nach 1945 auf allen Kontinenten neue, relativ unabhängige Zentren der Kapitalakkumulation, die zur Voraussetzung und Anschubkraft des Aufbaus regionaler politischer Mächte wurden. Der Begriff des „Subimperialismus" dient dabei einem Verständnis der Länder außerhalb des „alten" Zentrums, die im regionalen Maßstab nach der gleichen militärischen und sicherheitspolitischen Vorherrschaft streben wie die entwickelsten kapitalistischen Nationen. Der „Greater Middle East", seit dem Zweiten Weltkrieg der instabilste Raum der Erde, umfasst seit geraumer Zeit die größte Häufung von Aspiranten für eine derartige Rolle. Aber auch andernorts entwickelten sich regionale Mächte, beispielsweise Südafrika, Nigeria, Brasilien, Argentinien, Indien und Pakistan. Regionale Konflikte zwischen rivalisierenden Subimperialismen, beispielsweise zwischen Griechenland und der Türkei, Indien und Pakistan, Iran und Irak nahmen und nehmen eine wichtige Rolle im regionalen Machtgefüge ein. Teilweise haben einzelne Staaten eine wachsende regionale Vorherrschaft errungen – Südafrika im südlichen Afrika oder Australien im Südpazifik sind Beispiele hierfür. In den letzten Jahren ist es mit den sogenannten BRIC-Staaten (Brasilien, Russland, Indien, China) ferner zu einer ökonomischen Machtverschiebung gekommen, die unter anderem die Verhandlungsstrukturen der WTO zugunsten dieser Länder verändert haben. Die Volksrepublik China gilt als aussichtsreichster Kandidat dafür, mit Nachdruck auch global ökonomische und geopolitische Interessen vertreten zu können.

Die neuen starken Staaten agieren nicht einfach als „Agenten" einzelner etablierter Weltmächte. Periphere Staaten schufen die politischen und rechtlichen Rahmenbedingungen für die Bildung relativ autonomer Machteliten. In den 1990ern konnten beispielsweise lateinamerikanische Unternehmen in einigen Bereichen auf dem Weltmarkt mit westlichen Konzernen konkurrieren. Von 1950 bis Mitte der 1990er verneunfachte sich dabei die Summe der Rüstungsausgaben der Entwicklungsländer (ohne China), der relative Anteil der stärksten „Entwicklungsländer" an den globalen Rüstungsausgaben hat sich erheblich ausgeweitet (vgl. Müller/Schörnig 2006, 90 ff.).

Insgesamt folgte daraus ein relativer Kontrollverlust der „Ersten" über die „Dritte Welt", der allerdings nicht überschätzt werden darf. Der überwiegende Teil der Industrieproduktion und des militärischen Potentials auf der Erde war und ist weiter in Nordamerika, Westeuropa und Japan konzentriert. Einzig China konnte in einem relevanten Ausmaß aufschließen. Dem entspricht eine zwar modifizierte, aber dennoch weiter bestehende politisch-militärische Hierarchie, an deren Spitze die westlichen Industriegesellschaften stehen. Die Auslandsverschuldung aller Entwicklungsländer hat zu Beginn des neuen Jahrtausends astronomische Ausmaße erreicht, schwankende Rohstoffpreise können auch in „subimperialistischen" Staaten schwere ökonomische Folgen mit sich bringen. Vom Globalisierungsschub seit den 1970ern wurden vor allem Bereiche in Ostasien, Südasien und in Teilen Lateinamerikas erfasst. Bereits vorher war in diesen Gebieten die neoliberale Wende eingeläutet worden. Regierungen, die sich zuvor zu staatlicher bzw. staatskapitalistischer „Planung" bekannt hatten, orientierten sich nun eher an Versuchen, die Wirtschaft stärker in den Weltmarkt zu integrieren und eine erhöhte Exportorientierung durchzusetzen.[87]

Die „Dritte Welt" ist heute mehr denn je ein komplexer Raum mit höchst unterschiedlichen Akteuren. Von „dem" Süden zu sprechen, ist kaum noch vertretbar. Den wenigen aufstrebenden ostasiatischen Staaten sowie einigen subimperialistischen Ländern stehen ganze Regionen, die stagnieren, und im schlimmsten Fall kollabieren, gegenüber. Die zerfallenden Staaten in Afrika und die große Zahl an Bürgerkriegen bestätigen dies.

Ein sich wandelndes Verhältnis zwischen Staat und Wirtschaft

Der „Mega-Trend" des späten 20. Jahrhunderts, die „Globalisierung" der Finanzmärkte, aber auch die der Produktion sowie die Bedeutungszunahme der internationalen politischen Institutionen, hat keine poststaatliche Welt geschaffen. Die Entwicklungsgeschichte der Globalisierung hat die Einzelstaatlichkeit nicht verschwinden lassen. Eher wird sie unter neuen Rahmenbedingungen reorganisiert.

Ein zentraler Ausgangspunkt zur Diskussion des sich in den 1990ern abzeichnenden instabilen Gefüges vieler Einzelstaaten in einem internationalen Kapitalismus ist das Ende des langen Nachkriegsaufschwungs. Die Krise ab 1973 und auch die nächste Rezession um 1981 ging anders als die Weltwirtschaftskrise der 1930er nicht mit einer Wendung zum Protektionismus einher. Stattdessen beschleunigte sich der Trend in Richtung Internationalisierung.

Die Internationalisierung der Produktion und die Liberalisierung der Märkte, angeführt von den USA, war eine Reaktion auf die Krise des „alten" Wachstumsmodells. Der spätere Washington-Consensus reflektierte nicht nur die Vormachtstellung der Vereinigten Staaten,

---

[87] Zugleich wurden die instabilsten Krisenregionen der Dritten Welt auch weiterhin sicherheits- und militärpolitisch von „westlicher" Politik tangiert. Frankreich und die USA wetteiferten beispielsweise ab den 1990ern um Einfluss in Zentralafrika und unterstützten rivalisierende Seiten in den Bürgerkriegen in der Grenzregion von Tansania, Ruanda, Burundi und Kongo-Zaire.

sondern eine allgemeine, wenn auch nur relative Übereinstimmung zumindest der „OECD-Welt" in dem Versuch, mit den Verwertungsschwierigkeiten des Akkumulationsprozesses fertig zu werden. Die gegenseitige ökonomische Durchdringung hat vor diesem Hintergrund eine niemals erreichte Qualität erreicht. Damit einher ging eine beispiellose Entwicklung hin zu internationalen Organisationen, Regimen und anderen Kontroll- und Abstimmungsverfahren jenseits der klassischen zwischenstaatlichen Diplomatie (Rittberger/Zangl 2003).[88]

Staaten sind dabei zentrale Bezugspunkte sowohl in der internationalen Politik als auch für die meisten transnational operierenden Konzerne geblieben. Der Trend zu mehr Staatlichkeit wurde ab den 1970ern nicht einfach umgekehrt. Vergleicht man die Staatsquoten der größten Volkswirtschaften, die die gesamten Ausgaben und Transfers des Staates ins Verhältnis zum Sozialprodukt setzen, so lässt sich in den großen Ökonomien im 20. Jahrhundert eine stark ansteigende Quote beobachten. Noch zu Beginn des 20. Jahrhunderts konnte keine der größeren Volkswirtschaften eine Staatsquote von über 15,1 Prozent aufweisen (Lindlar 1997, 218). Ab den 1930ern stieg die Quote erheblich an. Von 1960 bis 2000 stiegen die Staatsausgaben in Deutschland von 32 Prozent auf 44,5 Prozent, in Japan von 18,3 Prozent auf 31,9 Prozent und in den USA von 27,2 Prozent auf 32,7 Prozent (Hay 2005, 246). Auffallend ist die Tatsache, dass die Staatsquote insgesamt in den letzten 30 Jahren zwar nicht mehr substantiell wächst, jedoch auf einem hohen Niveau verharrt und nur in wenigen Fällen tatsächlich fällt. Die sich verstärkende

---

[88] Tatsächlich übertrafen die Internationalisierungstendenzen alle früheren Globalisierungswellen. Allerdings bewirkte dieser Schub bei näherem Hinsehen eher makro-regionale Verbindungen und Kooperationen als überwiegend globale Vereinheitlichungstendenzen – in ökonomischer wie auch in politischer Hinsicht (Held/McGrew 2002, 25-37).

Interessanterweise fiel die Ära der Globalisierung in eine Phase wirtschaftlicher Stagnation. Seit den 1970ern konnten nach Angaben der OECD die durchschnittlichen Wachstumsraten sowohl des Bruttoinlandsproduktes als auch der Produktivität nicht mehr die Raten der Nachkriegszeit erzielen. Boomphasen generierten – mit Ausnahmen – weniger hohe Wachstumsraten, und Rezessionen brachten schwerwiegendere soziale Folgen mit sich als noch 40 Jahre zuvor.

weltweite zwischenstaatliche „Standort"-Konkurrenz wird als Ausdruck hiervon betrachtet.

Allerdings sind bedeutende Modifikationen bis hin zur Internationalisierung staatlicher Tätigkeiten zu registrieren.[89] Die aufgewertete Bedeutung von internationalen politischen Institutionen wie IWF, Weltbank oder WTO, die unter anderem dem Management und der Absicherung instabiler gesellschaftlicher Verhältnisse dienen, ist nicht nur Resultat einer erhöhten Interdependenz und damit eines Interesses an Kooperation. Sie stellen auch den Versuch vieler Kollektivakteure dar, der seit den 1970ern bestehenden sozioökonomischen und (später auch) geopolitischen Instabilität entgegenzutreten. Die in den Einzelstaaten unterschiedlich akzentuierten Krisenlösungsstrategien zum Zwecke der Verbesserung der Bedingungen der Kapitalverwertung münden in einer Transformation der Staatlichkeit auf internationaler Ebene. Die institutionalisierten Handlungszwänge eines weltweiten Konkurrenzsystems konterkarierten dabei regelmäßig die Pläne, eine weitgehende Stabilisierung und Harmonisierung zu gewährleisten.

Eine Tendenz zur Fusionierung von Einzelkapitalien und Staaten ist nicht zu beobachten. Unterschiedliche Formen von Kapital sind unterschiedlich abhängig von staatlicher Regulierung: Geldkapital mehr und Warenkapital weniger konnten eine relative Unabhängigkeit von staatlichen Instanzen erlangen. Produktivkapital bzw. territorial verankertes Kapital ist in der Regel stärker vom Staat abhängig (vgl. Hübner 1998). Die Akkumulation im „High-Tech-Kapitalismus" ist im Zuge permanenter Ortswechsel und der Suche nach gewinnversprechenden Anlagemöglichkeiten weiterhin gebunden an eine politisch produzierte geographische Infrastruktur, die wiederum stark von der Bildung territorial verankerten Kapitals abhängt. Auch wenn Prozesse wie die globale Integration der Finanzmärkte eine Schwächung nationaler Souveränität bedeuten, besonders von ärmeren Ländern, behält die politische Regulierung

---

[89] Daher ist es auch kein Widerspruch, wenn dieselben Regierungen postmodern-liberale Theorien eines „schlanken Staates" propagieren und gleichzeitig den Ideen eines eher starken Staates folgen (vgl. Negri/Hardt 1997, 115). Beide Denkgebäude reflektieren unterschiedliche Betonungen des Zwanges, sich des Staates zu bedienen. Besteht einerseits die Tendenz, sich des Sozialstaates zu entledigen, so existiert andererseits das Interesse an der Aufrechterhaltung des „legitimen" Gewaltmonopols.

selbst in diesem Fall eine herausragende Stellung, wiewohl diese ihre Formen gewandelt hat.[90] Das dauerhafte Existieren von Kapital, Markt und Privateigentum setzt anscheinend weiterhin einen Staat mit Gewaltmonopol voraus.

---

[90] Am Beispiel der amerikanischen Zentralbank als quasi-staatlicher Institution lassen sich die Veränderungen des institutionellen Rahmens moderner Marktwirtschaften ablesen. Trotz der Abschaffung einiger Regeln, ist die Macht der Zentralbank gestärkt worden, um mehr Druck auf die Banken und die Zinssätze ausüben zu können (Duménil/Lévy 2002, 154).

1.1. Fragen in den Debatten

Besonders die weltpolitischen Verwerfungen nach den Terroranschlägen des 11. September 2001 ließen die Debatte um die Struktur internationaler Beziehungen wieder aufleben. Wie die Verhältnisse von regionalen und globalen Integrationstendenzen, der „US-Hegemonie" und internationalen Rivalitäten theoretisch zu fassen sind, ist Thema eines heterogenen Geflechts an Erklärungsmodellen in unterschiedlichen gesellschaftswissenschaftlichen Disziplinen.

Der Irakkrieg 2003 hat zum Aufleben älterer Debatten geführt: Neben der Frage, ob die Welt sich im Übergang zu einem globalen, überstaatlichen „Empire" (Negri/Hardt) befindet oder weltweite Rivalitäten zunehmen, findet ebenso der Streit über den Grad der Vorherrschaft der USA seine Fortsetzung. Sind wir auf dem Weg in ein neues amerikanisches Jahrhundert oder erleben wir eine militärische Offensive, die den relativen Niedergang der Vereinigten Staaten zu kompensieren sucht?

Einige Theorieschulen hatten in den Gesellschaftswissenschaften in den Jahrzehnten zuvor neue Grundlagen für die Diskussion erarbeitet, deren Instrumentarien als Herausforderung oder als kritische Ergänzung älterer Imperialismustheorien begriffen werden können. Die sogenannte „Historische Soziologie" (Mann) lieferte neue Impulse, ebenso Ansätze der Kriegsursachenforschung. Dasselbe gilt für die Disziplin der Internationalen Beziehungen. Autoren, die direkt Bezug auf die klassischen marxistischen Imperialismustheorien bzw. ihre Weiterentwicklungen nach 1945 nahmen, gewannen nach der Jahrtausendwende wieder an Bedeutung (Panitch, Harvey). Ebenso entstand ein größeres Interesse an weiteren „dissidenten" Theorien, die zuvor kaum Beachtung fanden – an der „neogramscianischen" Schule der International Political Economy (Cox) und an einer neueren Version der Weltsystemtheorie (Arrighi).

2. Die Debatten nach 1989

2.1. Neue Ansätze zur Erklärung von Geopolitik

2.1.1. Mann: Die Eigendynamik der vier Quellen sozialer Macht

„Bringing the state back in" – mit dieser Devise zielt die Historische Soziologie auf eine Theoretisierung des Nationalstaates, der Staatenkonkurrenz und des Militärischen, als Reaktion auf die unzulässige Vernachlässigung des Staates in der soziologischen Theoriebildung (vgl. auch: Giddens 1987). In seinem (noch unvollständigen) Hauptwerk *Geschichte der Macht* (1986-1993/1990-2001) erhebt Michael Mann den Anspruch, nicht weniger als eine soziologische Weltgeschichte der Macht zu schreiben. In einigen Artikeln und Büchern wie *Hat die Globalisierung den Siegeszug des Nationalstaates beendet?* (1997) oder *Die ohnmächtige Supermacht. Warum die USA nicht die Welt regieren können* (2003) setzt er sich mit den aktuellen Fragen der Globalisierungs- und Imperialismusdebatten auseinander.

Der Autor entwickelt seine „neo-weberianische" Theorie in der Auseinandersetzung mit den vorherrschenden Theorierichtungen der 1970er, dem Strukturfunktionalismus (Talcott Parsons) und dem Marxismus. Talcott Parsons' Konsensthese eines geteilten Werte- bzw. Normenkonsenses als Grundlage der Integration und Stabilität von Gesellschaften gilt ihm als historisch nicht haltbar, da sie die Rolle militärisch-politischer Macht bei der Integration von Gesellschaften unterschätzt.[91] Ohne eine Berücksichtigung des Krieges und des Bestehens militärischer Machtmaschinerien lassen sich gesellschaftliche Entwicklungen nicht erfassen. Damit grenzt er sich zugleich vom „Primat der Ökonomie" im Marxismus ab.

Ausgangspunkt ist für Mann die Idee, dass Gesellschaften als Gebilde betrachtet werden müssen, die aus „vielfältigen, sich über-

---

[91] Imperien wie das römische oder chinesische Kaiserreich waren weder normativ noch ökonomisch integriert. Weder gab es die dafür notwendigen Kommunikationsmittel, die einen ideologischen Konsens hätten vermitteln können, noch reichten die wirtschaftlichen Kreisläufe über die lokale Ebene hinaus. Die Herrscher im alten Rom oder China haben sich ihrer Armeen bedient, um Gehorsam zu erzwingen und Gebiete zu integrieren (vgl. Mann 1994, 80 ff.).

lagernden und überschneidenden sozialräumlichen Machtgeflechten" bestehen (Mann 1990, 14). Seinem „organisatorischen Materialismus" (Mann 1998, 52) geht es darum, die entscheidenden Machtmittel zu analysieren, die es erlauben, Menschen über Raum und Zeit hinweg zu kontrollieren und zu organisieren. Macht selbst drückt die Fähigkeit zur Veränderung von realen Handlungsbedingungen aus. Untersucht werden die unterschiedlichen organisatorischen Strukturen, in denen in Kollektivzusammenhängen Macht ausgeübt wird. Mann unterscheidet vier Hauptquellen von sozialer Macht. Erstens sind das ideologische, zweitens ökonomische, drittens militärische und viertens politische Machtgeflechte (Mann 1990, 15). Sie bilden Gesamtzusammenhänge, die die Menschen in eine relativ feste Ordnung einbinden. Eine Gesellschaft wird zusammengehalten durch den „stummen Zwang" der je unterschiedlich organisierten Machtquellen und die pragmatische Orientierung der Akteure an diesen Voraussetzungen.[92]

---

[92] Im Folgenden gliedert Mann seine Machttypen auf und unterscheidet zwischen „despotischer" und „infrastruktureller" Macht. Erstere wird verstanden als die Durchsetzungsmacht der Herrschenden gegenüber Akteuren und Einrichtungen der Zivilgesellschaft, letztere wird begriffen als die institutionellen Voraussetzungen des Staates zur Realisierung politischer Entscheidungen in der und mithilfe der Zivilgesellschaft. Eine weitere Unterscheidung wird mit dem Begriffspaar „distributive" und „kollektive" Macht vorgenommen. Unter distributiver Macht ist die Fähigkeit zu verstehen, auf Kosten eines anderen Akteurs Macht hinzuzugewinnen. Kollektive Macht bezeichnet Machtsteigerung durch Kooperation von Akteuren gegenüber Dritten oder der Natur (Mann 1990, 21). Des Weiteren unterscheidet Mann zwischen „extensiver" Macht – der Macht, eine große Zahl von Menschen über weite Räume hinweg in einen Kooperationszusammenhang einzubinden – und „intensiver" Macht – der Fähigkeit zur Bildung einer straffen und starken Organisation von Menschen mit gesteigerter Bindungswirkung. Schließlich differenziert Mann zwischen dem Typus der „autoritativen" und der „diffusen" Macht. Erstere ist gekennzeichnet durch eine Machtstruktur, die auf ein gewisses Maß an freiwilligem Gehorsam beruht, letztere entsteht in einer eher spontanen, dezentralen Weise (ebd., 24). Kapitalistische Marktbeziehungen sind ein typisches Beispiel für diffuse und gleichzeitig extensive Machtverhältnisse, die Befehlsstruktur einer Armee ist dagegen von intensiver, aber zugleich autoritativer Macht geprägt.

Mann stellt im Folgenden die Geschichte der unterschiedlichen und sich wechselseitig verändernden Rollen der vier Machtquellen bzw. das Zusammenspiel je unterschiedlicher Machtnetzwerke dar.[93] Die politischen Machtstrukturen werden von Mann besonders eingehend untersucht. Für ihn gelten Staaten als „polymorph". Dieser Ausdruck „kennzeichnet treffend die Art, in der Staaten als – immer wieder andersartige – Zentren einer Vielzahl von Machtnetzwerken kristallisieren" (Mann 1998, 100). Er räumt ein, dass Staaten heute vor allem als „kapitalistische Staaten" operieren. Bereits um 1760 in Großbritannien und um 1860 im gesamten Westen waren kapitalistisches Eigentum und kapitalistische Marktformen dauerhaft institutionalisiert worden: „[N]ahezu alle politischen Akteure [hatten] die kapitalistische Logik verinnerlicht. Die Länder glichen sich im Zuge dieser Kristallisierung insofern aneinander an, als sie sich allesamt kommerzialisierten und industrialisierten. Westliche Staaten waren und sind kapitalistisch, eine Kristallisation, die weitgehend unangefochten vonstatten ging. Frontale Gegnerschaften von seiten feudaler Strömungen gibt es in dieser Zeit kaum. In Wirklichkeit tendierte der Feudalismus dazu, sich seinerseits in Kapitalismus zu verwandeln, und zwar unter weit weniger Widerstreit, als Marx geglaubt zu haben scheint. Die sozialistische Opposition gegen den Kapitalismus war größer, wiewohl auch sie ihn vor 1914 niemals in seiner Existenz bedrohte" (ebd., 101). Allerdings werden die modernen westlichen Staaten nicht nur von kapitalistischen Machtbeziehungen geformt. Die pluralistische Analyse Manns beschreibt auch andere, „segmentäre – teils ökonomische, teils nichtökonomische – Machtakteure mit je eigenen Interessen […]. Die Folge sind interregionale Konflikte zwischen Stadt und Land, Zusammenstöße zwischen Katholiken, Protestanten und Nicht-Religiösen, Kämpfe zwischen sprachlichen und ethnischen Gruppen und ein politisierter Geschlechterkampf –

---

[93] Derart entwickelt er beispielsweise eine originäre Herangehensweise in der Analyse der europäischen Dynamik hin zum Kapitalismus, die für Mann im 9. Jahrhundert n. Chr. beginnt und mit der Pazifizierungsleistung des Christentums und der damit verbundenen kulturellen Vereinheitlichungstendenz zu tun hatte, die zu einem relativ starken Wachstum beitrug. Die Etablierung eines allgemeinen normativen Rahmens, die die Konkurrenz befriedete, war eine Bedingung dafür, dass „interstitiell" neue Akteure auftauchten und Macht gewinnen konnten (z.B. das Bürgertum in den mittelalterlichen Städten, das teilweise schon überregionale Märkte etablieren konnte) (Mann 1994, 404).

alle bilden Parteien, die sich im einen Fall mit den Klassen decken, sie im andern jedoch durchschneiden" (ebd.).

Entwickelte kapitalistische Staaten spielen eine relevante ökonomische Rolle, was mit der Tatsache untermauert wird, dass moderne Staaten etwa 50 Prozent des Bruttosozialprodukts umverteilen und ihre Währungen, Zolltarife, Bildungs- und Gesundheitssysteme usw. wichtige ökonomische Machtressourcen darstellen (Mann 1990, 39). Die Entstehung des modernen Nationalstaates war jedoch nicht nur ein durch die ökonomischen Veränderungen ausgelöster Prozess. Mann beachtet daher auch und gerade die Rolle von Militär und Politik. In seiner Geschichte der Entstehung des modernen Staates beschreibt er den Zeitpunkt, an dem im 17. Jahrhundert sich erstmals ein „organischer Staat" herausbildete. Staat und Monarch bildeten den Kristallisationspunkt, um den herum ein staatlicher Organismus heranwuchs – ein wichtiger Unterschied zu den loseren staatlichen Verbänden des Hochmittelalters. Der europäische Absolutismus, der gewöhnlich den Adel ein- und die entstehende Bourgeoisie ausschloss, blieb eine weniger organische Staatsform als die in Großbritannien von 1688 an fest institutionalisierte konstitutionelle Monarchie. Er war daher weniger effektiv im Sinne einer infrastrukturellen Durchdringung und sozialen Mobilisierung als der organischere englische Staat. Der organische Staat, besonders seine entwickelte Form in Großbritannien, brachte den Niedergang des territorial föderalen Staates mit sich (Mann 1994, 414 ff.). Unter den Faktoren, die zur steigenden Bedeutung des Staates beitrugen, waren der fiskalische Druck, unter den die Staaten infolge ihrer militärischen Aufrüstung gerieten, und der Übergang zu kapitalistischen Ökonomien, die eine Ausweitung der Klassenbeziehungen über größere geographische Räume hinweg erforderten, besonders wichtig.[94] Die politische Heterogenität Europas und die damit einhergehenden militärischen Konflikte entwickelten eine Dynamik,

---

[94] Mann führt aus: „Als Produktion und Handel der lokalen Einheiten anschwollen, sahen sich die Staaten zur Verfügung von immer präziseren, formelleren und dennoch zugleich allgemeineren Eigentumsbestimmungen und Besitzrechten genötigt. Sie begannen, das Christentum als Hauptinstrument normativer Befriedung zu ersetzen; ein Prozess, der mit der protestantischen Lossagung von der römisch-katholischen Kirche, dem Schisma, und mit der Beilegung der Religionskriege im 16. und 17. Jahrhundert allseits sichtbar und zugleich irreversibel wurde" (Mann 1994, 417).

die die Heraufkunft eines stärker territorial-zentralistisch ausgerichteten Kerns beförderte. Gerade Kriege fungierten dabei als Auslöser für rasante staatliche Wachstumsprozesse, weil die Kosten des Krieges und die dadurch angehäuften Schulden immer effizientere Techniken der Steuereintreibung und damit den Aufbau von immer größeren staatlichen Erzwingungsstäben erforderlich machten: „Die soziale Bedeutung moderner Staaten nahm mit dem Militarismus des 18. und dem Kapitalismus des 19. Jahrhunderts gewaltig zu" (Mann 2001, 219). Die Entwicklung gipfelte in den weltgeschichtlich neuartigen „National"-Staaten".

Mann unterscheidet zwei Phasen der Geschichte der westlichen Nationalstaaten von 1760 bis 1914: „In der ersten Phase, die sich über das 18. Jahrhundert hinaus bis ins Jahr 1815 erstreckt, waren es diffus-ökonomische und autoritativ-militärische Machtbeziehungen, die die westlichen Gesellschaften dominierten. Ein ausgedehnter Handelskapitalismus und die anhaltenden Auswirkungen der militärischen Revolution ermöglichten es Europa und seinen Siedlern, den Erdball zu beherrschen; Handelskapitalismus und Militärstaaten vollendeten die Ausweitung jener massenhaften diskursiven Schriftlichkeit und Schriftkundigkeit, welche die Kirchen in der Vergangenheit in die Wege geleitet hatten und welche extensiv, intensiv und über Klassengrenzen hinweg die soziale Dichte vergrößerten. [...] Die zweite Phase dualer Bestimmung begann nach der Jahrhundertmitte. Ein überwiegend (wenn auch nicht gänzlich) diffuser Industriekapitalismus und der autoritative Nationalstaat wurden zu den wichtigsten Umgestaltern der westlichen Gesellschaft: Ersterer, indem er in und mit seiner Diffusität allen die im Wesentlichen gleichen (und von allen erwünschten) Impulse gab; letzterer, indem er – in der Hauptsache durch unterschiedliche repräsentative und nationale Kristallisationen – die meisten der verschiedenartigen autoritativen Staatsformen vorgab. [...] Keinem kommt ein Ritterschlag im Marxschen Sinne zu als dem Inhaber eines einzigen ‚obersten Primats' in der Gesellschaft, auch wenn die ökonomische Macht des Kapitalismus als einzige Kraft an beiden Phasen des Dualismus Teil hat" (ebd., 231 f.). Die beiden anderen Quellen sozialer Macht, das Militär und die Ideologie, hatten in der zweiten Phase ihren Anteil, wenn auch auf unsystematischere Weise. Dem Militarismus beispielsweise kam nach wie vor hohes Gewicht zu, nicht nur im Umgang mit dem Rest der Welt, sondern auch in der Innenpolitik von Gesellschaften, die ihre despotischen Machtkompetenzen bewahrt hatten. Die ideologischen Machtbeziehungen behielten ihre Kraft dort, wo Religions- oder Sprachgemeinschaften nicht mit den Staatsgrenzen zusammenfielen (ebd., 233).

Mann hebt die Bedeutung von militärischer Macht in Absetzung von politisch-administrativer Macht als eigenständige Machtquelle hervor, um der Tatsache Rechnung zu tragen, dass sich militärische Macht historisch häufig unabhängig von politischen Zentren gebildet hat. Die Zentralisierung zum staatlichen Gewaltmonopol ist erst ein spätes Produkt des Staatsbildungsprozesses. Zudem möchte er mit seiner Betonung militärischer Macht als autonomer Einflussgröße auf ihre Bedeutung für die Umbrüche des 20. Jahrhunderts hinweisen. So entwickelte sich im 19. Jahrhundert eine „Militärkaste", die ihre Unabhängigkeit sowohl von ziviler als auch von staatlicher Kontrolle bewahren konnte. In Gestalt eines „militärisch-industriellen Komplexes" spielt die militärische Macht eine nicht zu unterschätzende Rolle in den politischen Geschehnissen der Moderne.

Um die moderne Staatenkonkurrenz näher fassen zu können, analysiert Mann fünf Hauptdeterminanten „geopolitischer Macht", die sich aus den vier Quellen sozialer Macht speisen: *Erstens* die ökonomische Dimension bzw. die Gegebenheit, dass aus wirklich armen Staaten fast nie Großmächte werden. Hierbei berücksichtigt Mann auch den Faktor der „Geo-Ökonomie", die Art und Weise, wie sich eine Wirtschaft in die regionale und die globale Geographie einfügt: „Britannien hat Jahrhunderte ‚gewartet', bis die Revolution in der Nautik und die ‚Entdeckung' der Neuen Welt es reich machten und seine küstennahe Geo-Ökonomie sich als Machtquelle erwies. Wirtschaftliche Stärke setzt sich nur dann in Macht um, wenn sie geopolitisch relevant ist, wie wir das übrigens bei allen Machtquellen sehen werden" (Mann 1998, 159). *Zweitens* beschreibt Mann die Rolle ideologischer Macht in der Geopolitik. Darunter fallen ideologische Ressourcen wie ein starkes nationales Identitätsgefühl. *Drittens* erörtert Mann die militärische Dimension. Eine starke Armee, die einer eigenen militärischen Logik unterworfen ist, setzt nicht nur ein hinreichend großes Bruttosozialprodukt voraus, sondern auch ein militärisches System, welches diesen Reichtum für die Militärausbildung und den Kampf nutzbar machen kann. „1760 reichten die ökonomischen Ressourcen Preußens an die Österreichs nicht heran; ihre klügere Verwendung für wohldurchdachte militärische Projekte trug Preußen dennoch eine Vormachtstellung gegenüber Österreich ein, denn es eignete sich Gebiete an, die seine wirtschaftliche Entwicklung in der Folgezeit merklich voranbrachten" (ebd., 160).

Viertens wird der Einfluss politischer Macht erörtert. Anhand einer empirischen Studie lässt sich nachweisen, dass in den seit 1945 geführten Kriegen die ökonomischen Ressourcen keinen verlässlichen Indikator für den Ausgang der Konflikte abgeben. Die „bessere politische Organisation" kann für den Ausgang eines Konflikts ausschlaggebend sein, wie etwa der Sieg Nordvietnams über Südvietnam und die USA zeigt. Hierzu gehört auch der Einfluss politischer Allianzen: „Ökonomistische Theoretiker scheinen zu vergessen, dass alle großen Kriege der Moderne zwischen Allianzen ausgefochten wurden. Denn: Hätten die Verlierer sich stärkere Verbündete zu verschaffen gewusst, dann hätten sie nicht nur gewinnen können, sondern wären auch plausible Kandidaten für eine hegemoniale Herrschaft gewesen. [...] Und so ist es durchaus möglich, dass der Friede im neunzehnten Jahrhundert mehr das Resultat der Diplomatie zwischen den Großmächten war als die Konsequenz einer britischen Vorherrschaft. Auch dass dieser Friede später unsicher wurde, hatte möglicherweise mehr zu tun mit dem Wandel der Diplomatie als mit dem Niedergang Englands" (ebd., 161).[95] *Fünftens* führt Mann den Faktor der Führerschaft an. In komplexen internationalen Zusammenhängen erhöht sich die Bedeutung kurzfristiger Entscheidungen und des Zufalls. Daher kommt diplomatischen oder militärischen Entscheidungen in Krisenzeiten ein besonderes Gewicht zu.[96]

---

[95] Mann kritisiert die neorealistische These des „wohlwollenden Hegemons": „Die Welt will keinen amerikanischen Militarismus, und vielleicht braucht sie nicht einmal einen amerikanischen Hegemon. Vor gar nicht allzu langer Zeit gab es überhaupt keinen Hegemon. Großbritannien war im 19. Jahrhundert nicht hegemonial, auch wenn manche Vertreter der Weltsystemtheorie und Experten der internationalen Beziehungen etwas anderes behaupten" (Mann 2003, 330).

[96] Mann betont die Bedeutung des Faktors der „Kontingenz". Die welthistorische Entwicklung tritt ein oder findet statt, jedoch ohne dass der Verlauf, den sie nimmt, ein „notwendiger" Verlauf ist (Mann 1994, 447). Historische Zufälle müssen in einer komplexen Theorie eine angemessene Rolle spielen können, wie er am Ersten Weltkrieg aufzeigt: „Jedes Geschehnis hat seine speziellen Ursachen. [...] Bei meiner Untersuchung allgemeinerer struktureller Ursachen geht es mir einzig und allein um die Erklärung des generellen Klimas, das den Krieg zu einem Resultat irgendwo zwischen Möglichkeit und Wahrscheinlichkeit werden ließ. Unfälle können sich ereignen, aber sie ereignen sich im Rahmen einer gewissen Wahrscheinlichkeit. Dass die

In den letzten Jahren hat Michael Mann seine Machtanalyse auf gegenwärtige Entwicklungen angewandt. In einem Aufsatz zur Globalisierungsdebatte kritisiert er die „ökonomistische" These, die sowohl von Marxisten wie Neoklassikern vorgetragen wird, der zufolge die sich anbahnenden großen Veränderungen im Kapitalismus (Internationalisierung) quasi unweigerlich auch den Rest der Gesellschaftsstruktur umwälzen (Mann 1997, 114). In seiner vergleichenden Analyse stellt Mann in Frage, wie beispiellos die ökonomischen und kulturellen Kreisläufe tatsächlich sind und weist darauf hin, dass die Durchsetzung eines vermeintlich globalen Kapitalismus in Wirklichkeit eher „trilateral" (Europa, Nordamerika, Ostasien) verläuft (ebd., 122). Der globale Kapitalismus umfasst wesentlich mehr Brüche und Unterschiede politischer Art, die in der These der Auflösung des Nationalstaates vernachlässigt werden. Aus der kapitalistischen Akkumulation lässt sich kein transnationales System ableiten. Der Nationalstaat verschwindet nicht, er ändert lediglich seine Form. Die Bedeutung infrastruktureller Macht, die Fähigkeit der politisch Herrschenden, mit bürokratischen Regeln soziale Zusammenhänge zu durchdringen, war immer begleitet von Formen der Abhängigkeit des Staates von den Akteuren der Gesellschaft. Die modische Rede vom „Souveränitätsverlust" des Staates übersieht dies allzu leicht und gerät deshalb in Versuchung, vorschnell einen Epochenbruch zu postulieren, so Mann (vgl. auch: Knöbl 2002).

Sein theoretisches Instrumentarium macht es für Mann plausibel, von einem „neuen Imperialismus" der Bush-Administration ab 2001 zu sprechen, der sich nach dem Ende des Kalten Krieges, den Mann als eine geopolitische Konfrontation diskutiert, langsam vorbereitet und mit der Entstehung von weltpolitischen Konkurrenten wie China zu tun hat. In der Bildung des neuen Imperialismus spielten Zufälle eine große Rolle – durch die „Verzerrung" im amerikanischen Wahlsystem gewann George W. Bush die Wahl, der Einzug neokonservativer „christlicher Etappenfalken mit einer mysteriösen Affinität zur israelischen politischen Rechten" in Regierungsämter

---

Erklärung sich nicht ausschließlich oder auch nur hauptsächlich alternativ auf die Innen- oder Außenpolitik konzentrieren kann, ist offensichtlich. Entscheidungen wurden durch die Innen- und die Außenpolitik bestimmt, die stets sowohl innerhalb als auch zwischen den Nationalstaaten ineinander verschränkt waren" (Mann 2001, 295).

radikalisierte den außenpolitischen Kurs, und der 11. September 2001 lieferte die Legitimation dieses neuen Kurses in der Bevölkerung (Mann 2003, 20). Der Irakkrieg wurde nicht nur wegen Ölinteressen, sondern auch aus „Rache" geführt, einem altbekannten imperialen Motiv (ebd., 259 ff.). Damit verwandelte sich der „neue" Imperialismus „zu einem einfachen Militarismus" (ebd., 314).

Mann fasst seine Analyse der Vereinigten Staaten zur These der imperialen Überdehnung zusammen: „Meine These soll ein eher gespenstisches Bild illustrieren: Das American Empire entpuppt sich als militärischer Riese, ökonomischer Trittbrettfahrer, politisch Schizophrener und ideologisches Phantom. Das Ergebnis ist ein gestörtes und missgestaltetes Monster, das durch die Welt tapert und stakst. Es meint es gut. Es möchte Ordnung schaffen und Gutes tun, schafft stattdessen aber noch mehr Unordnung und Gewalt" (ebd., 27). Ökonomischer Trittbrettfahrer zu sein, bedeutet eine Situation, in der die USA „weder ausländische Investoren noch ausländische Ökonomien direkt kontrollieren" (ebd., 102). Auf die Volkswirtschaften der Staaten des Westens, aber auch Chinas oder Indiens haben die USA nur begrenzten Einfluss. Auch in den Ländern des Südens steuern sie die Wirtschaftsprozesse nicht vollständig, wenn sie auch starken politischen Druck erzeugen können. Die USA haben ihre industrielle Vormachtstellung eingebüßt – einzig den Finanzsektor dominieren sie weiter. Die „Schizophrenie" amerikanischer Außenpolitik wird am Oszillieren zwischen multilateraler Einbindung und unilateralen Alleingängen deutlich.[97] Unter dem Stichwort „ideologisches Phantom" schließlich versteht Mann eine Politik ohne ideellen Rückhalt – die weltweit verbreiteten Ideale von Demokratie und Freiheit widersprechen dem Imperialismus, weswegen der neue Imperialismus ein militärisches Modell des Informationsflusses etabliert hat, welches streng hierarchisch, klassifizierend und zensierend ist: „Langfristig werden die Opfer die amerikanischen imperialen Ressourcen aufzehren, vor allem die Bereitschaft der amerikanischen Wähler, weiter mitzuspielen" (ebd., 324).

---

[97] Mann unterscheidet zwischen den Kategorien „weicher" und „harter" Geopolitik: In ersterer (Ökologie, Ökonomie, straf- und zivilrechtliche Fragen) wird vorwiegend multilateral, in letzterer (Sphäre der militärischen Drohung und Intervention) weniger multilateral gehandelt (Mann 2003, 107).

2.1.2. Der Hamburger Ansatz zur Kriegsursachenforschung

Die Anfang der 1990er an der Universität Hamburg entstandene „Arbeitsgemeinschaft Kriegsursachenforschung" (AKUF) veröffentlicht in mehreren Bänden ihre theoretischen Erklärungsansätze für kriegerische Gewalt. Im Folgenden werden insbesondere das Buch *Kapitalismus und Krieg. Eine Theorie des Krieges in der Weltgesellschaft* (1994) von Jens Siegelberg sowie das gemeinsam von Dietrich Jung, Klaus Schlichte und Jens Siegelberg verfasste Werk *Kriege in der Weltgesellschaft. Strukturgeschichtliche Erklärung kriegerischer Gewalt* (2003) behandelt. Der AKUF zufolge stellt der Krieg die Sozialwissenschaften vor erhebliche Probleme – aufgrund seiner globalen und historischen Universalität sowie der Komplexität seiner Ursachen. Nicht einmal eine einheitliche Definition des Krieges liegt vor. Dennoch erhebt der „Hamburger Ansatz" den Anspruch, einen gesellschaftstheoretischen Erklärungsrahmen für das weltweite Kriegsgeschehen im Prinzip skizziert zu haben. Als Ansatzpunkt gilt der Prozess globaler kapitalistischer Vergesellschaftung und die „Leitdifferenz" sowie die Konflikte zwischen traditionalen und modernen Formen der Vergesellschaftung (Jung/Schlichte/Siegelberg 2003, 28; Siegelberg 1994, 38).[98]

Gesellschaftstheoretisch knüpft der Hamburger Ansatz an Weber, Elias, Tönnies, Marx und Schumpeter an. Den Kern des Ansatzes bildet die Untersuchung des Prozesses globaler kapitalistischer Vergesellschaftung. Der kapitalistische Transformationsprozess, der keineswegs auf die ökonomische Sphäre beschränkt ist und ebenfalls die Durchstaatlichung des Globus und die Ausbreitung bürgerlicher Ideale und Lebensstile mit sich bringt, wird als ein Prozess ungleichzeitiger Entwicklung verstanden – als Ausdruck *und* Ergebnis der Durchsetzung des Kapitalismus. Das Kriegsgeschehen seit dem Beginn der kapitalistischen Entwicklung im 16. Jahrhundert kann, so die These, entlang dem Ausbreitungsmuster kapitalistischer Vergesellschaftung verfolgt werden. Die „unabgeschlossenen", brüchigen Transformationsprozesse von vorbürgerlichen zu bürgerlichen Verhältnissen bilden dabei die wichtigste, strukturelle Konfliktursache (Siegelberg 1994, 41). Der Begriff „Weltgesellschaft" spielt eine

---

[98] Die AKUF hat zudem eine interessante Methodik zur Durchführung qualitativ-empirischer Studien formuliert – eine „Grammatik des Krieges" – in der auch die subjektiven Gründe für konfliktives Handeln erschlossen werden (vgl. Siegelberg 1994, 179-193).

wesentliche Rolle, zum einen als systematische Kategorie – die idealtypisch eine global durchgesetzte bürgerlich-kapitalistische Vergesellschaftung repräsentiert –, und zum anderen als historischer Prozessbegriff, der der Erörterung des Prozesses der schrittweisen und ungleichzeitigen Evolution dieser globalen Reproduktionseinheit dient (Jung/Schlichte/Siegelberg 2003, 19; vgl. Jung 1998).

Traditionale und bürgerlich-kapitalistische bzw. moderne Gesellschaften lassen sich anhand der drei Kriterien der „materiellen Reproduktion", der „politischen Herrschaft" und der „symbolischen Reproduktion" unterscheiden (Jung/Schlichte/Siegelberg 2003, 32 ff.). Die moderne Gesellschaft ist *materiell* vor allem im Rahmen „konkurrenzbestimmter kapitalistischer Warenproduktion" zu verstehen, *politisch* zeichnet sie sich durch den territorial verankerten modernen Staat und „versachlichte Formen legaler Herrschaft" aus, die an die Stelle früherer Herrschaftsverhältnisse treten (ebd., 34). Auf der Ebene der *symbolischen* Reproduktion wird die Wirklichkeit in modernen Gesellschaften zunehmend auf Basis kollektiv geteilter Ordnungsvorstellungen bewältigt, wozu abstrakte, jedoch innerweltlich gesetzte Normen zählen. „Auf der globalen Ebene werden diese innergesellschaftlichen Prozesse begleitet von den nicht weniger ungleichzeitig verlaufenden Entwicklungen der kapitalistischen Warenproduktion zum Weltmarkt, des internationalen Systems zum Weltstaatensystem sowie bürgerlich-kapitalistischer Ideale und Wertvorstellungen zum allgemeinen Maßstab gesellschaftlicher Entwicklung. Jeder dieser Wandlungsprozesse ruft nicht nur für sich genommen große soziale Verwerfungen hervor; auch die Ungleichzeitigkeit zwischen den verschiedenen Bereichen führt national wie international zu Konflikten" (ebd., 35). Es resultieren drei hauptsächliche Konfliktlinien: Erstens Konflikte, die sich aus den Gegensätzlichkeiten traditionaler und kapitalistischer Vergesellschaftung ergeben, zweitens Konflikte, die aus immanenten Widersprüchen kapitalistischer Vergesellschaftung selbst folgen und drittens Konflikte, die aus vorbürgerlichen bzw. vorkolonialen Verhältnissen entspringen.

Die Autoren entwickeln daraufhin Modelle historischer Phasen der kapitalistischen Vergesellschaftung, um die jeweiligen Muster der Entstehung kriegerischer Gewalt bestimmen zu können. Siegelberg, der von ökonomischen Akkumulationslogiken ausgeht, datiert den Beginn der historischen Heraufkunft des Kapitalismus auf das 15. Jahrhundert (italienische Stadtstaaten) und der darauf folgenden

Phase der „handelskapitalistischen Akkumulationslogik". In der ersten Phase globaler kapitalistischer Vergesellschaftung dominiert das Handelskapital – verstanden im Marxschen Sinne als Tausch von Produkten in der Zirkulation und der Übervorteilung bzw. Prellerei. Sie liegt vom 16. bis zum 18. Jahrhundert vor und drückt sich besonders darin aus, dass die Bewegungsform des Handelskapitals den Aufstieg und Niedergang frühmoderner Staaten maßgeblich diktiert. Handelskapital und Kolonialsystem tragen wesentlich zum Aufbrechen der feudalen Strukturen bei. Beinahe alle europäischen Kolonialmächte sind in Handelskriege und Kolonialkonflikte verstrickt. Die Konkurrenz um die Monopole im Handel ist (noch) vor allem eine mit militärischen Mitteln ausgetragene Konkurrenz.

Der Niedergang Hollands als der wichtigsten Handelsnation und der Aufstieg Großbritanniens spiegeln die Durchsetzung einer neuen Stufe der kapitalistischen Akkumulationslogik wider. Ihre Entfaltung beginnt in Großbritannien im Zuge der industriellen Revolution ab Mitte des 18. Jahrhunderts. Im Gefolge dieser Entwicklung kommt es zur Unterordnung des Warenkapitals (Handel) unter das industrielle Kapital, die Warenzirkulation wird zu einem Moment der Produktion von Waren (Siegelberg 1994, 60). Auf dem europäischen Festland bildet neben dem Handelskapital die von den absolutistischen Staaten durchgeführte merkantilistische Wirtschaftspolitik – und der damit verbundenen Erzeugung einheitlicher Wirtschaftsräume sowie der Aushöhlung der parzellierten Souveränität des Feudalismus – die materielle Voraussetzung für das Zeitalter der bürgerlichen Revolutionen. Die „Vorgeschichte des Kapitals" kommt an ihr Ende (ebd., 67). Erst zu Beginn des 19. Jahrhunderts, spürbar in der Wirtschaftskrise von 1825 und der seitdem zyklisch auftretenden kapitalistischen Krisen, kann von einer Dominanz der kapitalistischen Produktionsweise zumindest in Europa gesprochen werden. Die Phase der „imperialistischen Expansion" unter der „Dominanz des industriellen Kapitals" bricht an. Die sich intensivierende Industrialisierung unter der Hegemonie des industriellen Kapitals, die Ausbildung moderner Nationalstaaten und die sich zwischen ihnen herausbildende Konkurrenz sowie der erstarkende Nationalismus bilden den Hintergrund der neuen „imperialistischen" Phase des Kapitalismus. Anders als bei Lenin ist der Imperialismus aber kein „spätes" Stadium des Kapitalismus, sondern charakterisiert seine Anfangsphase. Zum letzten Mal bilden bürgerliche und vorbürgerliche Kräfte, eine aufstrebende Bourgeoisie und eine alte Herrschaftselite, einen historischen Block hegemonialer Kräfte.

Nicht der Übergang zum Monopolkapitalismus beginnt, sondern „im Gegenteil eine Epoche, in der sich die Konkurrenz noch als Konkurrenz aufstrebender kapitalistischer Mächte, nicht aber als kapitalistische Konkurrenz darstellt" (ebd., 72). Zeitgleich nimmt ein neuer Typ des Kolonialismus Gestalt an, der Siedlerkolonialismus, der sich aus der Freisetzung vieler Menschen in der „ursprünglichen Akkumulation" der reichen Länder des Nordens speist. Kolonien werden zugleich nicht mehr nur geplündert, sondern als Absatzmärkte verstanden, was ihre Rolle substantiell ändert. Es kommt zur aktiven wirtschaftlichen Eingliederung vorindustrieller Gesellschaften. Mit dem Sieg der Alliierten im Zweiten Weltkrieg endet die Phase des Imperialismus und des „politisch unmittelbar durchsetzungsfähigen Einflusses vorbürgerlicher Kräfte" (ebd., 81).

Nach 1945 setzt sich eine dritte Phase durch, die „Pazifizierung gesellschaftlicher Konflikte in den Metropolen". Erst der lange Aufschwung nach 1945, der seinen Impuls vorwiegend einer „inneren" sozio-ökonomischen „Landnahme" verdankt und nicht dem Export, sowie die Einbeziehung der arbeitenden Bevölkerung in einen Nachkriegskonsens erschaffen den Rahmen für die Entwicklung hin zur „bürgerlichen Gesellschaft" (ebd., 87). Die Auflösung der vorbürgerlichen Strukturen führt zur Pazifizierung der westlichen Gesellschaften. Strukturelle, nicht mehr direkte, personale Gewalt überwiegt. Es kommt zur Auflösung des Zusammenhangs von Herrschaft und Gewalt und zum Verschwinden kriegerischer Konflikte zwischen den Ländern des Westens (ebd., 94). Nun können in den führenden Industriegesellschaften „das Bürgertum und die lohnabhängigen Schichten gemeinsam die Gestaltung und Ausformung des Kapitalismus zur bürgerlichen Gesellschaft übernehmen" (ebd., 101). Der Prozess globaler kapitalistischer Vergesellschaftung ist daher auch ein Prozess der Zivilisierung.[99]

---

[99] Jung/Schlichte/Siegelberg ergänzen: „Als spätes Resultat kapitalistischer Entwicklung treten damit verrechtlichte und symbolische Formen der Auseinandersetzungen um die Ausgestaltung bürgerlicher Lebensverhältnisse an die Stelle gewaltsamer Konflikte der gesellschaftlichen Klassen und Gruppen. In ihren zwischenstaatlichen Beziehungen setzen sich verrechtlichte und vertragsförmige gegen traditionell vermachtete Strukturen durch. Hierin liegt überhaupt der Grund, warum uns die Geschichte der Entfaltung und Durchsetzung konkurrenzbestimmter Marktverhältnisse nicht nur als blutiger Entwicklungsprozess, sondern zugleich als Prozess der Zivilisation

In der Analyse gilt es dennoch, die „beiden Gesichter kapitalistischer Entwicklung, ihre zivilisatorische und ihre konfliktive Seite" zu beachten (ebd., 9). Es muss konzediert werden, dass die der Logik des Kapitalismus innewohnende Tendenz zu einer dauerhaften Pazifizierung zwar eine mögliche, aber keineswegs sich automatisch durchsetzende Tatsache darstellt. Was sich historisch nach 1945 positiv wandelte, droht seit den 1970ern ins Gegenteil umzuschlagen: „Und in der Tat mehren sich die Anzeichen, dass mit der Krise des Fordismus und der Hegemonie des Neoliberalismus seit Anfang der 80er Jahre die immanenten Widersprüche des Kapitalismus und damit seine konfliktiven Seiten wieder stärker hervortreten. Auf der empirischen Ebene des Kriegsgeschehens hat dies gleichwohl noch keinen eindeutig zurechenbaren Niederschlag gefunden" (Jung/Schlichte/Siegelberg 2003, 53). Bei den Ländern mit der größten militärischen Interventionsneigung nach 1945 – Großbritannien, Frankreich und die USA, gefolgt von Belgien, den Niederlanden, Spanien und Portugal – handelt es sich fast ausnahmslos um die „alten kolonialen und imperialistischen Mächte": „Deren Kriegshandlungen beziehen sich zudem nahezu ohne Ausnahme auf ihre eigenen ehemaligen kolonialen Einflusssphären. Das nach der Unabhängigkeit der Kolonien fehlende formale Recht zur Einmischung wird durch den Glauben an das historische Recht überlagert, die Geschicke dieser Staaten auch weiterhin direkt und notfalls unter Einsatz kriegerischer Gewalt mitzugestalten. Daher intervenieren die genannten Staaten auch vor allem dort, wo es um die Form der Ausgestaltung politischer Herrschaft geht: in den Antiregime-Kriegen" (ebd., 54). Die Interventionen, so wird gewissermaßen schumpeterianisch argumentiert, bezeichnen das „Erbe" kolonialer Vergangenheit, d.h. einen Politikstil, in den noch immer „die alten kolonialen Karten und kolonialistischen Verhaltensmuster eingeschrieben" sind (ebd.). Einzig die USA bilden eine Ausnahme. Ihre Sonderrolle beziehen die Vereinigten Staaten aus ihrer Position der kapitalistischen Hegemonialmacht, die ihr „nationales Eigeninteresse stärker als alle anderen kapitalistischen Staaten mit dem kapitalistischen Gesamtinteresse identifiziert" (ebd., 54).

---

erscheint" (Jung/Schlichte/Siegelberg 2003, 36). Unter den Bedingungen des „Marktfriedens", löst die „Konkurrenz der Ökonomien" den „Krieg der Mächte" ab (Siegelberg 1994, 126).

Westliche Militärinterventionen stellen global betrachtet nur einen kleinen Teil des realen Kriegsgeschehens dar. Die Pazifizierung der Metropolen bedeutet lediglich das Ende des Krieges in den Metropolen. Zum einen hat sich das Kriegsgeschehen von Europa vor allem in die Regionen der Zweiten und Dritten Welt verschoben, wo seither weit über 90 Prozent der Kriege stattfinden, zum anderen hat sich der Anteil der zwischenstaatlichen gegenüber den innerstaatlichen Kriegen drastisch auf 17 Prozent der Kriege verringert. Die potentiell pazifizierende Kraft des Kapitalismus wird in der Dritten Welt durch vielfältige traditionelle, vorbürgerliche Elemente gebrochen. Die nachkolonialen Gesellschaften sind weiterhin durch den Gegensatz zwischen kapitalistischen und nichtkapitalistischen Vergesellschaftungsformen bestimmt (ebd., 52). Bei den Konflikten in der Dritten Welt nach 1945 steht vor allem der „Versuch der Aneignung und Konsolidierung staatlicher Herrschaft im Mittelpunkt", so dass die These in Bezug auf den Zusammenhang von globaler Entwicklung und Kriegen in der Dritten Welt wie folgt lautet: „Die nachholende Konsolidierung vorausgesetzter Staatlichkeit ist die allgemeinste Bedingung für die kriegerischen Konflikte in den Staaten der Dritten Welt. Sie liefert auch die Erklärung für den Übergang zu innerstaatlichen Kriegen als der dominanten Form kriegerischer Gewalt in der zweiten Hälfte des 20. Jahrhunderts" (ebd., 60). Da viele vorbürgerliche Institutionen durch die kapitalistisch induzierte Modernisierung zersetzt werden, ohne dass moderne Institutionen an ihre Stelle treten, bewegen sich die Widersprüche und Konflikte in einem Vakuum gesellschaftlicher Regulierung. Der kapitalistischen Entwicklung „wohnt die Tendenz inne, alle unterhalb der Schwelle nationaler Integration liegenden sozialen, ethnischen oder religiösen Integrationsebenen einzureißen", ohne die alten Formen notwendigerweise durch neue Formen der Gemeinschaft zu ersetzen (ebd., 29). Daher äußert sich der Widerstand gegen das Neue oft unter Rückgriff auf das Alte, beispielsweise auf religiöse Identitäten.

Der Hamburger Ansatz kritisiert zugleich die dichotome Einteilung der Welt in eine „Zone des Friedens" und eine „Zone des Krieges", den hochentwickelten Industriegesellschaften und gewissermaßen dem Rest der Welt.[100] Dieses Bild verschleiert die Tatsache, dass

---

[100] Als Beispiel für eine solche These kann das Argument verstanden werden, dem zufolge die „Raubökonomien" der Dritten Welt die „Friedenswirtschaf-

beide „Zonen" untrennbar verbunden sind und zwei Seiten eines globalen Vergesellschaftungszusammenhangs darstellen. Genau deswegen ist es unzutreffend von „neuen" oder gar „postmodernen" Kriegen zu sprechen, da sie eben gerade den fortlaufenden Prozess der Herausbildung der Moderne bezeugen (ebd., 62).

ten" des Westens bedrohen: Die westlichen Interventionen dienen daher gegenwärtig nicht wie im Zeitalter des Imperialismus der Ausdehnung einer Raubökonomie, sondern „ganz im Gegenteil, deren Zurückdrängung und Begrenzung" (Münkler 2002, 226).

2.2. Die Debatte in der Disziplin der Internationalen Beziehungen

Die Disziplin der Internationalen Beziehungen (IB) gewinnt seit den 1980ern in den Gesellschaftswissenschaften weiter an Bedeutung. Damit verbunden sind theoretische Auseinandersetzungen und Weiterentwicklungen der unterschiedlichen Schulen sowie deren Ausdifferenzierung. Neben dem Realismus bzw. Neorealismus können sich, wie beschrieben, bereits in den 1970ern konkurrierende Ansätze etablieren – die neoinstitutionalistischen und liberalen Theorien. In den 1990ern nimmt die Kritik der Idee einer anarchisch-dezentralen Welt zu, verbunden mit dem Aufstieg der Alternativthese einer „regulierten" Anarchie oder gar einer von Staaten und Politikern „konstruierten" und daher auch zu überwindenden Anarchie.[101] Hinzu tritt vor dem Hintergrund der Globalisierungsdebatte und der These des „Abschieds vom National-staat" (Albrow 1998; Rosecrance 2001) eine Analyse der sich verstärkenden Tendenz zu einer Institutionalisierung der Konfliktaustragung und einer normativen Verregelung und Verrechtlichung der Beziehungen zwischen Staaten bzw. internationalen Akteuren. Die Vorstellung einer „Global Governance", einer sozialdemokrati-

---

[101] Sozialkonstruktivistische oder postmoderne Ansätze bleiben an dieser Stelle unberücksichtigt, ebenso wie weitere relevante Ansätze in der Disziplin der IB (vgl. den Sammelband von Schieder/Spindler 2003). Konstruktivistische Ansätze verteidigen als kleinsten gemeinsamen Nenner die These, dass sich uns die Realität nicht unmittelbar erschließt, sondern durch die Art und Weise konstruiert wird, wie wir mit anderen handeln und welche gemeinsam geteilten Vorstellungen wir besitzen. Alexander Wendt hat das in seinem Artikel im Titel *Anarchy is what states make of it: the social construction of power politics* (1992/1999) auf den Punkt gebracht. Ein dem ähnelnder Ansatz kann als „kognitiver Ansatz" bezeichnet werden. Dabei sind es Lernprozesse, der Erwerb neuen Wissens etc., die die Kooperationsbereitschaft der Staaten erhöhen (vgl. Müller 1993, 156-173). Postmoderne Ansätze finden sich in drei unterschiedlichen Varianten: einer von Foucault inspirierten „Genealogie" der internationalen Beziehungen, einer poststrukturalistischen Betrachtungsweise und einer von Baudrillard ausgehenden Analyse (vgl. Albert 1994). Der Neorealismus gilt als eine „große Erzählung", der eine aggressive Außenpolitik legitimiert und Maßnahmen gegen das „Außen" rechtfertigt. Wertgeladene Begriffe wie „Die Souveränität ist gut, die Anarchie ist ein Problem", werden hinterfragt (vgl. Diez 2003, 457 ff.).

schen bzw. sozialliberalen Vision von Weltordnungspolitik ohne Weltstaat wird evaluiert. Im Folgenden werden zwei Referenztheoretiker, deren Ansätze auf einer starken Globalisierungsthese basieren, Michael Zürn und Martin Shaw, vorgestellt.

Weltpolitische Ereignisse seit den späten 1990ern relativieren die eher optimistischen Prognosen des Globalisierungsdiskurses, bei denen imperialistische Phänomene wenn überhaupt noch als Anachronismus in Erscheinung treten. Selbst Vordenker der Global Governance-Ansätze fragen nun, ob „es in der polarisierten Weltkonstellation überhaupt noch Räume für kooperative Prozesse gibt" (Fues/Messner 2003, 51). Zürn spricht von der „Re-Realisierung" der internationalen Politik, und warnt davor, die „machtpolitischen Grenzen" der institutionalistischen und liberalen Theorien nicht zu übersehen (Zürn 2003, 34 f.). Tatsächlich hat nicht erst die Zunahme internationaler Spannungen den (Neo-)Realismus wieder gestärkt. Und auch wenn es plausibel ist, wie Michael Mann davon zu sprechen, dass sich in den IB so etwas wie „ein liberal-marxistisch-realistischer Kompromiss herausgebildet" hat (Mann 1998, 156), konnte sich der Neorealismus weiterentwickeln. Im Folgenden wird ein Autor behandelt, der eher für den „Kompromiss" steht, Werner Link, und ein weiterer, der einen „offensiven" Realismus vertritt, John J. Mearsheimer.

2.2.1. Zürn/Shaw: Denationalisierung und westlicher Globalstaat

Der Politikwissenschaftler Michael Zürn hat sich in den letzten Jahren mit einer Reihe von Beiträgen zur Analyse der Globalisierung zu Wort gemeldet. Dabei rekurriert er unter anderem auf die neoinstitutionalistische Regimetheorie sowie die Gesellschaftstheorie von Jürgen Habermas (vgl. Habermas 1998). Inhalte seiner Arbeiten werden in der Global Governance-Debatte aufgenommen. In seiner Arbeit *Regieren jenseits des Nationalstaates. Globalisierung und Denationalisierung als Chance* (1998) und dem zusammen mit Bernhard Zangl verfassten Buch *Krieg und Frieden. Sicherheit in der nationalen und postnationalen Konstellation* (2003) stehen die beiden Begriffe „Denationalisierung" und „postnationale Konstellation" im Mittelpunkt. Zwischenstaatliche Konflikte erscheinen in dieser Perspektive als historisch überholte Elemente moderner Gesellschaften.

Die moderne Staatlichkeit befindet sich Zürn/Zangl zufolge in einem grundlegenden Wandel, der anhand von vier Ebenen diskutiert wird (Zürn/Zangl 2003, 149 ff.): Gab es in der nationalen Konstellation *erstens* meist „nationale Problemlagen" (zum Beispiel Kriege aufgrund von Grenzkonflikten), so transnationalisieren sich diese momentan. Wurden die nationalen Problemlagen in der Vergangenheit *zweitens* konsequenterweise durch „nationalstaatliches Regieren" angegangen, so supranationalisiert sich das Regieren derzeit. Bezog der Staat *drittens* seine „Legitimität" ehemals extern durch die internationale Staatengemeinschaft und intern durch die nationale Gesellschaft, so transnationalisieren sich gegenwärtig Legitimierungsprozesse. Einzig in Bezug auf die Monopolisierung der nationalen Ressourcen durch das staatliche Gewalt- und Steuermonopol sind, *viertens*, bislang keine fundamentalen Veränderungen auszumachen, wenn sich auch Modifikationen anbahnen. Der Motor dieser Prozesse ist die Globalisierung, die eine Verdichtung grenzüberschreitender Austausch- und Produktionsprozesse, eine Zunahme grenzüberschreitender Austauschprozesse und ebenso eine qualitative Veränderung der Verflechtung grenzüberschreitender Produktionsprozesse bewirkt. Weil dieser Prozess vornehmlich auf die „OECD-Welt" beschränkt bleibt, die Globalisierung also gar nicht global verläuft, wird von „gesellschaftlicher Denationalisierung" gesprochen.[102] Die Denationalisierung hat eine weltweite qualitative Veränderung hin zu einer postnationalen Konstellation ausgelöst. Der Wandel ist im historischen Vergleich „ähnlich grundlegend [...] wie der Übergang von der Feudalordnung zum System der territorial definierten Nationalstaaten" (Zürn 2002, 215).

In der postnationalen Konstellation geht *erstens* die Kongruenz von nationalem Regieren und nationalen Problemlagen verloren, Problemlagen transnationalisieren sich – eine Art „Weltrisikogesellschaft" entsteht. Das gilt auch und gerade für den Bereich der Sicherheit. Mit der Ausbildung des internationalen Staatensystems nach 1648 kam es zu einem langsamen Verschwinden nicht-staatlicher Kampfverbände (Piraten, Söldner) und einer gewissen Zivilisierung der Kriegsfüh-

---

[102] Zürn definiert die gesellschaftliche Denationalisierung als die „Verschiebung der Grenzen von verdichteten sozialen Handlungszusammenhängen über die Grenzen von nationalen Gesellschaften hinaus, ohne gleich global sein zu müssen" (Zürn 1998, 73). Empirisch untermauert Zürn seine Thesen mit umfassenden Studien (vgl. Beisheim u.a. 1999).

rung. Heute wird die Gewalt wieder entstaatlicht bzw. privatisiert, bei gleichzeitigem Bedeutungsverlust zwischenstaatlicher Kriege (Zürn/Zangl 2003, 177 ff.).[103] Zürn/Zangl konstatieren eine Zunahme transnationaler Sicherheitsbedrohungen, zu denen sie die neuen Bürgerkriege, den transnationalen Terrorismus – der zudem enge Verbindungen zur organisierten Kriminalität unterhält – und die „neuen Kriege" rechnen. Diese neuen Kriege, hierunter sind die Militäraktionen im Rahmen des Kriegs gegen den Terror zu verstehen (Afghanistan, Irak), sind Reaktionen auf die eben erwähnten Phänomene. Es handelt sich um Kriege gegen den nicht-staatlichen Krieg (ebd., 194). Neue Kriege werden nicht mehr vornehmlich für eigene Machtinteressen oder ökonomische Belange geführt – dies „wird lediglich in journalistischen, kaum aber in wissenschaftlichen Beiträgen ernsthaft vertreten" (ebd.). Eher sollen sie der Spirale von Staatszerfall, Staatsterror etc. entgegenwirken.

Das Regieren in der postnationalen Konstellation verlagert sich *zweitens* zunehmend auf supranationale Organisationen.[104] Gab es 1949 noch 100, so existieren heute über 300 internationale Organisationen, die Anzahl der internationalen Verträge ist gleichzeitig von 2000 auf 55.000 gewachsen. Erstmalig treten die nationalen Regierungen „konstitutive Regierungsaufgaben" ab (ebd., 160) und überwinden das zwischenstaatliche Konsensprinzip, wie das Beispiel der Bildung der WTO aus dem GATT beweist. Auch im Sicherheits- und Militärbereich vollziehen sich gewaltige Veränderungen. Noch bis 1989 blieb die multilaterale Zusammenarbeit auf „exklusive" Institutionen (NATO) begrenzt, in inklusiven Institutionen wie der UNO war sie stärker beschränkt. Vor dem Hintergrund der transna-

---

[103] In der OECD-Welt ist es seit 1974 (Zypern) zu keinem echten Krieg mehr gekommen. Damit verbunden ist es zu einem Absinken des Anteils der Verteidigungsausgaben am Bruttoinlandsprodukt gekommen. Dagegen sind Bürgerkriege, in denen es um die Sicherheit im Inneren geht bzw. um die Macht im Staat, außerhalb der OECD zum Hauptproblem geworden.

[104] Der „Supranationalismus" hebt sich vom klassischen Intergouvernementalismus ab. Letzterer steht noch dafür, dass souveräne Staaten interagieren und es „nur" zu einer Delegation an unabhängige Institutionen kommt. Um einer Übertreibung vorzubeugen, dass supranationale Politik tatsächlich schon heute über bzw. jenseits der Staaten ablaufen würde, wird des Öfteren auch von (intensivem) „Transgouvernementalismus" gesprochen (vgl. Knodt/Jachtenfuchs 2002).

tionalen Sicherheitsbedrohungen kommt es jedoch auch hier zur Supranationalisierung im Rahmen internationaler Institutionen und Regime. Beschränkte sich die Sicherheitspolitik der UNO bis in die 1980er Jahre darauf, als Vermittler aufzutreten, um Waffenstill-standsabkommen zwischen Staaten auszuhandeln und diese gegebenenfalls durch „Peacekeeping" umsetzen zu helfen, und beruhte dies auf dem Konsensprinzip bzw. blieb der Anerkennung der staatlichen Souveränität verhaftet, so kam es ab Anfang der 1990er (Kambodschakonflikt, Somalia) sowohl zu einer Umorientie-rung auf Bürgerkriege bzw. einem „Peacekeeping der 2. Generation" als auch zur Überwindung des Konsensprinzips im Golfkrieg 1991 (ebd., 218 ff.). Der UN-Sicherheitsrat beschloss eine Wirtschaftsblo-ckade gegen eines der UN-Mitgliedstaaten (Irak) und ging schließlich mithilfe einer militärischen Intervention gegen das Land vor. Dieses Ereignis trug zum Durchbruch des „neuen Interventionismus" bei (Somalia 1992, Bosnien 1992, Haiti 1994, Afghanistan 2001).

Zürn/Zangl zufolge vollzieht sich *drittens* der „vielleicht bedeutendste Wandel [...] vergleichsweise unbemerkt" bei den Legitimierungspro-zessen (ebd., 166). Staaten unterliegen mehr und mehr einer permanenten externen „Qualitätskontrolle" (durch den IWF, Moody's, den Europäischen Gerichtshof oder Greenpeace). „Trans-nationale (Teil-)Öffentlichkeiten" sind in der Lage, „Paria-Staaten" zu entrechten und eine äußere Einmischung in innere Angelegenhei-ten zu bewirken, weil diese Staaten die in der Charta der Vereinten Nationen aufgeführten Menschenrechte verletzen. Die Rolle transnationaler NGOs für die Mobilisierung einer sektoralen Teilöffentlichkeit wird wichtiger. Gewaltsame Interventionen werden insofern „begründungsfähig", aber auch „begründungsbedürftig". Daher auch sind Zürn/Zangl der Meinung, dass der Angriff auf den Irak beim „gegenwärtigen transnationalen Meinungsstand" [Ende 2002] unterbleiben wird (ebd., 267).[105]

Die Globalisierungsprozesse haben allerdings, *viertens*, noch nicht die Kontrolle über die nationalen Ressourcen in Frage gestellt. Die Gewaltmittel des Staates bleiben monopolisiert, die Befehlsgewalt über die der NATO oder der UNO unterstellten Militärs oder Polizeiverbände verbleibt „letztlich immer beim Entsendestaat" (ebd., 164). Auch das Steuermonopol der Staaten konnte bisher nicht

---

[105] Relativiert wird diese Aussage mit dem Argument, dass in den USA eine andere öffentliche Meinung als in anderen Ländern herrscht.

aufgeweicht werden – selbst die EU-Institutionen verfügen über nur geringe Steuereinnahmen. Der Haushalt der EU umfasst 2002 etwa 90 Mrd. Euro, der deutsche Haushalt 250 Mrd. Euro. Der UNO-Doppelhaushalt, der Haushalt für zwei Jahre, beläuft sich auf beschauliche 2,3 Mrd. Euro. Der Jahreshaushalt der WTO liegt sogar nur bei 73 Mio. Euro. Es besteht also weiterhin eine massive Ressourcenabhängigkeit, was sich beispielsweise darin ausdrückt, dass die UNO keine eigenen Streitkräfte unterhält (ebd., 248 ff.).

In der postnationalen Konstellation erhält politisches Handeln auch im Sicherheitsbereich den Charakter einer „Mehrebenenpolitik", wiewohl diese von Regressionstendenzen bedrängt wird: Die geringe Erfolgsbilanz etwa der UNO macht nationale Politiker skeptisch, die Selektivität der durch die UNO getroffenen Maßnahmen lässt Zweifel an der Idee einer genuin transnationalen humanitären Sicherheitspolitik aufkommen, außerdem stellt das Auftreten des „eigenmächtigen Interventionismus der Großmächte ohne hinreichende Legitimierung der UNO" eine weitere Regressionstendenz dar (ebd., 275).

Die Qualität transnationaler Prozesse verlangt alles in allem nach einer neuen Theorie internationaler Politik, einer Theorie, die den „methodologischen Nationalismus" früherer Zeiten hinter sich lässt – und damit den Nationalstaat als Grundeinheit der Analyse (ebd., 147). Alle bekannten Theorien der IB beruhen auf dem methodologischen Nationalismus. Es gilt daher über sie hinauszugehen, ohne allerdings gewisse Einsichten zu vergessen. Die weiterhin national konzentrierten Ressourcen beispielsweise lassen bestimmte neorealistische Ideen der Anarchie der Staatenwelt weiter plausibel erscheinen. Auch Einsichten der liberalen Theorien, die schon früher grenzüberschreitende Transaktionen theoretisierten, bleiben aktuell. Noch wichtiger sind aber die Einsichten des Neoinstitutionalismus, denn dieser anerkennt, dass „staatliche und nicht-staatliche Akteure für die internationale Politik bedeutsam sind. Damit ist die Möglichkeit eines komplexen Mehrebenenspiels unterschiedlicher Akteure auf und zwischen verschiedenen politischen Ebenen angelegt" (ebd., 281). Die Schule des Sozialkonstruktivismus hat sich am ehesten vom methodologischen Nationalismus gelöst, so Zürn/Zangl. Allerdings bleibt sie die Antwort schuldig, in welchem Verhältnis die Ideen transnationaler Gruppen zu grundlegenden Interessen anderer Gruppierungen stehen.

Eine neue Theorie internationaler Politik bedarf auf der Ebene der „Struktur" und der Ebene der „Akteure" jeweils mindestens vier Prämissen: Die Struktur der postnationalen Konstellation ist *erstens* geprägt durch die Abwesenheit einer Zentralinstanz auf der internationalen Ebene (Anarchie), während gleichzeitig das Innere der Gesellschaften flachere Hierarchien aufweist. Die Anarchie führt jedoch *zweitens* nicht wie früher zu einer funktionalen Homogenität der Akteure, sondern zur funktionalen Differenzierung (der Zuweisung bestimmter Aufgaben an unterschiedliche Akteure). *Drittens* bleibt die funktionale Differenzierung weit weniger institutionalisiert als in der nationalen Konstellation. Zudem kommt es *viertens* neben der Bildung funktionaler Differenzierungen auch zur Schaffung sektoraler und territorialer Differenzierungen – das politische Handeln unterscheidet sich also von Region zu Region und von Politikfeld zu Politikfeld (ebd., 285 f.).[106] Auf der Ebene der Akteure dominieren *erstens* immer weniger individuelle und immer mehr kollektive, kooperative Akteure wie Verbände, Bürokratien, Netzwerke und Staaten. Dabei lässt sich *zweitens* im Gegensatz zu früher eine größere Zahl unterschiedlicher Typen von politischen Akteuren (Regierungen, NGOs) nachweisen. Außerdem wird *drittens* die Legitimierung auch nach außen hin nötig. *Viertens* ist die Motivation der Akteure gegenwärtig eher durch „ein gemeinsames Interesse an der Problemlösung" geprägt, was auf einer breiten Akzeptanz von Grundwerten beruht (ebd., 287 ff.).

Auf der Basis dieser Prämissen stellen Zürn/Zangl Hypothesen auf. Sie gehen davon aus, dass sich der Machtgebrauch in der postnationalen Konstellation gegenüber der internationalen Politik verändert hat. Als Beleg wird der „Kosovokonflikt" angeführt, bei dem es nicht nur um nationale Sicherheitsinteressen, sondern auch darum ging, „kollektiv vereinbarte Politiken umzusetzen, um gemeinsame Interessen zu wahren" (ebd., 290). Überhaupt verlieren „harte" Machtressourcen heute gegenüber „weicheren" Machtressourcen an Bedeutung. Die Eroberung und Sicherung von Territorien spielt kaum noch eine Rolle. Außenpolitik kann sich immer weniger „auf gesellschaftliche Partikularinteressen stützen", was eine auf wenige Gruppen gestützte expansive Gewaltpolitik abwehrt (ebd., 291). Damit verbunden ist ein Wandel der zentralen „Konfliktlinien",

---

[106] Zürn/Zangl schränken ein, dass die Prämissen eine Plausibilität nur für die OECD-Welt beanspruchen können.

verstanden als Antagonismen zwischen den Staaten auf internationaler und zwischen Klassen auf nationaler Ebene. 1998 sieht Zürn das „Ende der globalen Konfliktlinien" voraus, weil sie durch die Denationalisierung ihre Grundlage verlieren. Der aus der Denationalisierung resultierende Effizienz- und damit Anpassungsdruck lässt keinen Raum für ideologisch aufgeladene, ordnungspolitische Auseinandersetzungen wie noch im Kalten Krieg. Internationale Institutionen verstärken diesen Anpassungsprozess und richten sich auf die Harmonisierung und Koordination staatlicher Politiken aus (Zürn 1998, 321 ff.). Stattdessen sind zahlreiche lokale Konfliktherde zu erwarten: Die „neuen" Konflikte werden „Teil einer sich ausbildenden Welt(risiko)gesellschaft sein, in der Differenzen quer zu Staatsgrenzen verlaufen" (ebd., 326).[107]

Der Politikwissenschaftler Martin Shaw geht in seinem Buch *Theory of the Global State: Globality as Unfinished Revolution* (2000/2002) und anderen Aufsätzen noch über die These der Denationalisierung hinaus und konstatiert für die Zeit nach 1945 die Entstehung eines westlichen Blockstaats, welcher heute in einen „global-Western state" transformiert wird. Seine These erinnert an die weiter unten eingeführte Empire-These von Negri/Hardt. Shaw beschreibt die Entwicklung globaler Staatlichkeit als Folge einer doppelten Dynamik von Krieg und „globaler" Revolution. Die westlich dominierte Internationalisierung wird zum einen, wie schon vor 1989, durch bewaffnete Konflikte zwischen westlichen und nicht-westlichen Staaten bestimmt; zum anderen durch eine globale demokratische Revolution, die sowohl den Stalinismus in Europa als auch prowestliche autoritäre Regime (in Südafrika, Indonesien oder Südkorea) zu Fall gebracht hat.

Shaw zufolge läuft die Entwicklung bis 1945 noch in den Bahnen der von Bucharin vorausgesagten Entwicklung – der verstärkten, auch militärischen Konkurrenz zwischen Staatenblöcken bzw. Imperien.

---

[107] Um das Spannungsverhältnis von transnationaler Legitimation und nationaler Ressourcenbereitstellung auflösen zu können, gilt es über demokratische Prozesse jenseits des Nationalstaates nachzudenken. Noch steht dem Staat keine übergeordnete Instanz für eine Übertragung von Macht zur Verfügung. Ein Weltstaat ist weder wahrscheinlich noch wünschenswert (Zürn 1998, 63). Eine Alternative sieht Zürn in einer komplexen Mehrebenenpolitik. Durch komplexes, demokratisches Weltregieren kann es langfristig zur Vermeidung globaler Konflikte kommen.

„The dominant form of the state was not, therefore, simply a nation-state, but the nation-state-empire within an interimperial state-system" (Shaw 2002, 104). Die Zeit nach 1945 erfolgt eher in der Weise wie sie Kautsky für die Zeit nach dem Ersten Weltkrieg antizipierte. Im Zuge der Systemkonkurrenz formiert sich ein enger Block hoch entwickelter kapitalistischer Staaten unter Führung der USA zu einem westlichen Blockstaat (ebd., 128) oder besser einem „Konglomerat" an Staaten.[108] Das westliche Staatenkonglomerat wächst zu einem beachtlichen „national-internationalen" Machtsystem heran, im Kontrast zum Ostblock, in dem die UdSSR nicht in der Lage ist, die Prozesse der Internationalisierung zu nutzen, und schließlich zusammenbricht. Die Nationalstaaten bleiben im Westen nach 1945 zwar erhalten (Shaw 1989, 286), werden aber im Kontext internationaler Kooperation hegemonial durchdrungen. Dies bildet zugleich die Voraussetzung für den Globalisierungsprozess seit den 1970ern, der eine widersprüchliche Einheit wirtschaftlicher, politischer und militärischer Macht zur Folge hat (Shaw 2002, 87).

Das westliche Staatenkonglomerat der Ära des Kalten Krieges hat sich nach 1989 zu einem „western-global state conglomerate" transformiert. Es besteht aus staatlichen Machtnetzwerken, die sich auf den überkommenen westlichen Block konzentrieren, aber in steigendem Maße andere Staaten integrieren. Zentral sind dabei die globalen Institutionen wie die UN, die WTO oder der IWF. Auch zivilgesellschaftliche Kräfte drängen, über Medien und Fernsehen vermittelt, langfristig auf Ausweitung globaler Regulation (ebd., 255 f.). Die gegenwärtige „globale Staatlichkeit" ist durch zwei zentrale Merkmale gekennzeichnet. Erstens: „*The* state, as it has traditionally been known, has moved from the realm of fiction – since there was previously only a plurality of states – to that of historical possibility. The idea of a unified centre of state power which generates a worldwide web of authoritative relations, backed up by a more or less common, world organization of political force, is now partially – even if, as we shall see, very imperfectly – realized. State power is generalized in ever larger complexes bound together by common relations of authority and the control of force" (ebd., 192). Zweitens:

---

[108] Der Ausdruck „westlich" ist nur teilweise geographisch gemeint. Der westliche Staat umfasst nicht nur große Teile Europas und Nordamerikas, sondern im Zuge seiner Vergrößerung auch Japan, Teile Südostasiens und Australien.

„On the other hand – simultaneously and relatedly – the plurality of state power is reproduced in new forms. Both the resilience of some national centres and the continuous emergence of new centres of would-be authoritative force constantly reproduce the contest of violence. In this sense, the plurality of states remains the general form which state takes in contemporary society" (ebd.). Die globale Revolution bringt eine duale Globalisierung von Staatlichkeit hervor. Ein dominantes einzelnes Zentrum der Staatsmacht, ein globaler Staat, entsteht. Dieser steht im Zusammenhang mit neuen Formen der Einzelstaatlichkeit. Der globale Staat ist aber letztlich bedeutungsvoller – „there is the complex implication of all centres of state power in global state relations and forms. Thus even those nation-states which remain manifestly ,outside' the dominant state centre are involved in the generalization of statehood which emanates from this centre" (ebd., 193).

Insgesamt verändert sich die Funktionsweise der Einzelstaaten erheblich: „Within the Western state, national entities no longer function as classic nation-states did, as more or less autonomous quasi-monopolists of violence, power containers divided by borders of violence. Instead, nation-states are all – albeit in considerably different ways – radically internationalized by their incorporation in the larger bloc of state power. They remain accountable to democratic political institutions which are still largely national in form (although internationalized politics is growing rapidly, especially in Europe). But their core state functions are now essentially organized through institutions of the expanded bloc-state, while even nationality is redefined in terms of the ,cosmopolitan nation'" (ebd., 202).

Der globale Staat verdankt seine effektive Macht weitgehend dem ehemaligen westlichen Staat. In diesem Sinne trägt auch die Ausübung der globalen Staatsmacht den Charakter der Intervention des westlichen Staates in andere Staaten. Das impliziert, dass die Vereinigten Staaten *nicht* alle anderen innerhalb des Konglomerates an Macht überragen. Der Global-Staat ist nicht von einem einzelnen neo-imperialen Nationalstaat dominiert, denn nicht einmal die USA erlangen innerhalb der komplexen Artikulation von Nationalem und Internationalem/Globalem hinreichend Machtmittel, über die souverän verfügt werden kann (ebd., 245). Als hegemonial innerhalb des entstehenden globalen Staates erweist sich eher das immer enger zusammenwachsende westliche Staatenkonglomerat. Die aktuelle Bush-Administration agiert demgemäß „anachronistisch" – sie stellt

sich dem Trend der Internationalisierung in einer ihr selbst schaden-
den Weise entgegen. Theoretisch sollte man dem zufolge die Idee der
amerikanischen Durchdringung Europas (Poulantzas) meiden und,
wenn überhaupt noch von Imperialismus gesprochen werden kann,
dies in der Kautskyschen Variante leisten (Shaw 2002, 203).

Momentan besteht das global-westliche Staatenkonglomerat neben
„quasi-imperialen Nationalstaaten" (zum Beispiel Russland, China,
oder Indien, Staaten, deren Verhalten den alten Imperien ähnelt)
(ebd., 208). Der globale Staat koexistiert mit anderen, partikularisti-
schen Staatsformen, die intern zu unterscheiden sind in traditionelle
Nationalstaaten und vormoderne Staaten. Die Kerne des global-
westlichen Staates sind im Gegensatz zu quasi-imperialen Staaten wie
Russland oder China, aber auch der Türkei, gesellschaftlich progres-
siver. Daher auch werden direkte Formen imperialer Herrschaft
heute quasi nur noch durch „non-Western states" ausgeübt.[109]

2.2.2. Link/Mearsheimer: Neorealistische Konflikttheorie und offensiver Realismus

Im Folgenden werden mit dem konflikttheoretischen Ansatz von
Werner Link und dem „offensiven" Realismus von John J. Mearsheimer zwei Modifikationen des Neorealismus diskutiert, die die
fortgesetzte Bedeutung von Staatenkonkurrenz betonen.

Um seine zahlreichen Arbeiten zum Ost-West-Konflikt theoretisch
zu untermauern, entwickelt Werner Link ab Ende der 1970er Jahre
eine Synthese des neorealistischen Ansatzes von Waltz und konflikttheoretischen Analysen. Die internationale Vielzahl von Staaten wird

---

[109] Westliche Ordnungspolitik, etwa die humanitären Interventionen in den
1990ern, können einen demokratisierenden Charakter haben (Shaw 2001). In
diesem Zusammenhang wird der Begriff des Imperialismus kritisiert, da
dieser in einer Weise konnotiert ist, die vom „Westen" ausgehenden
Gefahren zu überzeichnen: „The concept overstates Western power and
understates the dangers posed by other, more authoritarian and imperial
centres of power. Politically it identifies the West as the principal enemy of
the world's people, when for many of them there are far more real and
dangerous enemies closer to home" (ebd.).

bei Link als ein anarchisch-dezentrales Wettbewerbssystem verstanden, in dem die Staaten Macht kumulieren, um ihre beiden zentralen Ziele, Sicherheit und Wohlstand, zu erreichen. Wie diese beiden Ziele erreicht werden, hängt nicht nur von der Struktur des internationalen Staatensystems, sondern auch von internen Präferenzen der Staaten ab.

Link unterscheidet zwischen einem „normalen" Wettbewerb und dem „zugespitzten" Konflikt zwischen Akteuren. Ursachen der Entstehung von Konflikten sind unvereinbare Interessen, die im Wettbewerb immer wieder auftreten. Aber nur wenn sie den Akteuren „(1) bewusst sind, (2) handlungsbestimmend werden und (3) eine kritische Spannung im Beziehungszusammenhang erzeugen, entsteht ein manifester Konflikt" (Link 1994, 100). Unterhalb dieser Schwelle spricht Link weiter von Wettbewerb. Die „kritische Spannung" zeigt an, dass ein Moment des Umschlags von Wettbewerb in Konflikt existiert, dann nämlich, wenn die Struktur der Beziehungen – die gleichzeitig aus Gemeinsamkeiten und Gegensätzen bestehen kann – gefährdet ist. Er geht davon aus, dass das gleichzeitige Vorhandensein von unvereinbaren und konvergierenden Tendenzen für die soziale Realität konstitutiv ist. Wichtig ist es, zwischen zwei grundsätzlichen Bedingungskonstellationen zu unterscheiden: einem anarchisch-zwischenstaatlichen und einem hierarchisch-innerstaatlichen Beziehungszusammenhang: „Es macht bedingungsmäßig für Entstehung und Austrag eines Konflikts einen wesentlichen Unterschied, ob unvereinbare Tendenzen in einem funktionierenden Staat verfolgt werden oder zwischen den Staaten, die keiner effektiven übergreifenden Gewalt untergeordnet sind" (ebd., 102). Hieraus resultieren unterschiedliche „Konflikttypen", die im internationalen Kontext dann entstehen, wenn die „unvereinbaren Tendenzen (im Vergleich zu den vereinbaren), sofern sie den sozialen Akteuren bewusst sind und handlungsbestimmend werden, an Gewicht und Bedeutung für den Beziehungszusammenhang zunehmen, wenn sie quasi dominant werden" (ebd., 104).

Link geht von vier idealtypischen Mustern der Konfliktregulierung aus. Erstens der Verdichtung der Beziehungen (Kooperation), zweitens der Verminderung der Beziehungen (Regression), drittens der Sprengung des Beziehungszusammenhanges (Krieg) und viertens dem Rückzug aus dem Beziehungszusammenhang (Isolation) (Link 1996, 246). Für die Bearbeitung internationaler Konflikte kommt der Abnahme der kritischen Spannung, der „Entspannung", eine zentrale

Rolle zu. Formen kooperativer Konfliktregulierung waren im Ost-West-Konflikt von zentraler Bedeutung. Struktureller Wandel in den internationalen Beziehungen lässt sich am besten als Ergebnis der Art und Weise der Bearbeitung von Konflikten verstehen: „Konflikt ist der Generator von strukturellem Wandel (Strukturtransformation). Oder, umgekehrt formuliert, Wandel ist ein Phänomen der Konflikt-lösung/-regulierung" (Link 1994, 105). Die Strukturtransformation ergibt sich nicht automatisch, sondern sie ist das Ergebnis konkreten sozialen und politischen Handelns. Um sich nicht dem Vorwurf des Strukturalismus auszusetzen, argumentiert Link, dass es politisch verortete Akteure sind, die bestimmte Interessen durchsetzen und somit für Wandel sorgen.

Link kombiniert diese konflikttheoretischen Überlegungen mit den neorealistischen Grundannahmen und stellt für die Analyse eines Konfliktes und seiner Regulierungen folgende Überlegungen an. *Erstens* hängt der jeweilige Modus der Regulierung eines Konfliktes von dem „Mischungsverhältnis" zwischen Gegensätzen und Gemeinsamkeiten und damit von der jeweiligen „Machtverteilung" ab. Für die Konfliktregulierung spielt die Politik der Macht- und Gegenmachtbildung eine zentrale Rolle, was viel mit der Einschätzung „relativer" Gewinne zu tun hat: Kooperation entwickelt sich dann, wenn relative Gewinne gleichmäßig verteilt sind. *Zweitens* ändert sich die Konfliktregulierung bei Machtverschiebungen und *drittens* kann sie damit entweder eine „kooperativ-integrativ orientierte Konfliktregulierung" oder eine „regressiv-konfrontativ ausgerichtete Konfliktregulierung" fördern. *Viertens* sind die „tatsächlichen oder antizipierten Machtverschiebungen" ebenso für die Lösung eines Konfliktes entscheidend (Link 1996, 247).

Der Verlauf des Ost-West-Konfliktes, einem „strukturellen Weltkonflikt", verursacht durch unvereinbare Interessen kommunistischer und demokratischer Ordnungen, veranschaulicht, dass die Konfliktregulierung durch die Veränderung des Beziehungszusammenhanges geprägt wird (Link 1994, 110). Noch in den 1920ern führte dieser Konflikt „nur partiell und regional zu einer kritischen Spannung, weil dieser Antagonismus international ein Gegensatz neben anderen und das internationale System pluralistisch-multipolar strukturiert war" (Link 1996, 248). Nachdem der international koordinierte kämpferische Konfliktaustrag (Interventionskriege in Russland 1918-20) gescheitert war, bildeten sich sogar bilaterale Beziehungen heraus. Darauf folgte vor dem Hintergrund der Perzeption der Bedrohung durch Japan und Deutschland seitens der USA und Großbritanniens in den 1930ern eine Richtungsänderung zugunsten grundsätzlicher Kooperation mit der Sowjetunion. In der Zeit von 1945 bis 1947/48 war die Welt weiter multipolar strukturiert (Link 1999, 44). Selbst in der klassischen Phase des „bipolaren" Kalten Krieges ab Ende der 1940er variierten die Regulierungen. Es lassen sich vier Phasen der kooperativ-integrativen Konfliktregulierung ausmachen: die Sémi-Détente von 1955, die von 1963/1964, die Détente in den 1970ern und ab Mitte der 1980er. Die Grundlage der Entspannungspolitik in den 1970ern bildete die sich Ende der 1960er herausbildende nukleare Pattsituation, das „Gleichgewicht des Schreckens" (Link 1996, 254). Damals bestand ein gemeinsames Interesse an einer Vermeidung der Konflikteskalation. Die Entspannungspolitik, die auf die Reduzierung der kritischen Spannung angelegt war, schuf dabei Voraussetzungen für ein eher kooperatives Verhältnis. Auf Grundlage der Einschätzung amerikanischer Strategen, die Ende der 1970er ein militärisches Übergewicht der UdSSR befürchteten, kam diese Phase an ihr Ende – der Zweite Kalte Krieg begann. Die inneren Widersprüche und die äußere Schwäche der UdSSR (die Niederlage in Afghanistan) zwangen Gorbatschow schließlich zum bis dato umfassendsten Entspannungskonzept.

In seinem Buch *Die Neuordnung der Weltpolitik. Grundprobleme globaler Politik an der Schwelle zum 21. Jahrhundert* (1998/1999) wendet sich Link scharf gegen die „liberal-idealistische" These einer kooperativen Weltordnung und zeigt auf, dass eine Welt entsteht, in der regionalistische Arrangements und Regionalverbände zwischen Vereinheitlichung und Differenzierung vermitteln.

Dabei setzt er sich kritisch mit der „Theorie des demokratischen Friedens" (Czempiel 1998) auseinander, der er nicht nur vorwirft, bei ihrem Rekurs auf Kant großzügig darüber hinwegzusehen, dass die Gleichsetzung von Kantschem „Republikanismus" und moderner Demokratie problematisch ist, sondern auch schwere empirische und methodische Fehler begangen zu haben. Dass Demokratien im Kampf gegen Nicht-Demokratien mit allen Mitteln kämpfen, wird von ihm als selbstverständlich angenommen. Dass auch die These, der zufolge Demokratien nicht gegen andere Demokratien Krieg führen, nicht haltbar ist, versucht er an historischen Beispielen zu beweisen.[110] Zwischen den USA und Großbritannien wurde noch Mitte der 1920er ein Krieg für „nicht undenkbar" gehalten. Seitdem sorgen bei Konflikten zwischen Demokratien vorwiegend strategische Überlegungen bzw. die internationale Machtverteilung dafür, dass keine „heißen" Kriege ausbrechen – und nicht die Rücksichtnahme auf gemeinsame demokratische Normen oder innenpolitische demokratische Beschränkungen. Selbst hinter dem Konzept des Vordenkers des Völkerbundes, Wilson, „verbarg sich in praxi eine ausgeprägte Macht- und Balance-of-Power-Politik, und zwar nicht nur gegen das wilhelminische Deutschland und dann gegen das sowjetische Russland, sondern auch gegenüber der bisher führenden demokratischen Weltmacht Großbritannien" (Link 1996, 266). Auch nach 1945 hat eher die „pazifizierende Rolle der demokratischen Hegemonialmacht USA und die gemeinsame Bedrohung durch die Sowjetunion den Frieden zwischen den Demokratien gewährleistet" (Link 1999, 25 f.). Allianztheoretische Erklärungen sind plausibler als demokratietheoretische, so Link. Noch heute sind es vor allem die Strukturbedingungen des internationalen Systems, die demokratische wie auch autoritäre Staaten in ihrem außenpolitischen Handeln beschränken. Der aktuelle Hinweis der Kant-Anhänger auf die zunehmenden zwischengesellschaftlichen Verflechtungen, die „transnationale Gesellschaftswelt", vermag nicht zu überzeugen (Link 1996, 266). Die Gesellschaftswelt ist von der Staatenwelt nicht zu trennen. Im Gegenteil: Erstere wird von der staatlichen Machtkonkurrenz durchdrungen.

Link analysiert die neue Weltordnung als eine Ordnung zwischen Vereinheitlichung und Differenzierung. Die Welt ist zum einen in über 190 formal souveräne Territorialstaaten fragmentiert, aber gleichzeitig sind Vereinheitlichungstendenzen zwischen diesen politischen Grundeinheiten festzustellen. Letztere dürfen nicht überzeichnet werden, auch wenn Wirtschaftsverflechtungen und

---

[110] Der „Ruhrkampf" 1923 wird als ein militärischer Sanktionsakt der demokratischen Staaten Frankreich und Belgien gegen die demokratische Weimarer Republik dargestellt, die sich nur deshalb auf den „passiven Widerstand" beschränkte, weil sie zum militärischen Widerstand aufgrund der bestehenden Machtverteilung nicht in der Lage war. Während des Zweiten Weltkriegs schließlich widerlegte der Fall des Krieges zwischen dem demokratischen Finnland und Großbritannien das Theorem noch einmal (Link 1999, 25).

internationale strategische Allianzen zunehmen. In diesem Prozess behauptet sich der Territorialstaat, er bleibt die „Heimatbasis" der Konzerne und wird von der Wirtschaft gebraucht (Link 1999, 61-69). Alles in allem findet eine ökonomische „Regionalisierung" statt, besonders in drei Zonen (Nordamerika, Europa, Ostasien). Gleichzeitig verstärkt sich der politische „Regionalismus", am erfolgreichsten in Europa. Er wird in Zukunft eine strukturierende Rolle spielen, indem er zwischen „globaler Vereinheitlichung" und „territorialstaatlicher Differenzierung" vermittelt (ebd., 152). „Der politische Regionalismus nutzt die ökonomische Regionalisierung von Handel und Investitionen und verstärkt sie. In jüngster Zeit ist er die konstruktive Antwort der Nationalstaaten auf die Herausforderungen der Globalisierung. Die politischen Regionalarrangements basieren in der Regel ferner (d.h. zusätzlich zu den ökonomischen Verflechtungen) auf herrschaftspolitischen und kulturell-zivilisatorischen Gemeinsamkeiten der jeweiligen Region. Diese Gemeinsamkeiten sind in hohem Maße die Voraussetzung für ihren Erfolg. [...] Der Regionalismus ist sowohl für die kleinen und mittleren Staaten einer Region als auch für die regionalen Führungsmächte ein wesentliches Instrument; für die einen, um Mitsprache und Mitentscheidung zu erlangen, für die anderen, um weltweiten Einfluss zu gewinnen bzw. zu erhalten und andere Regionalmächte zu balancieren" (ebd., 153).

Die Weltpolitik befindet sich am Ende des 20. Jahrhunderts in einem Spannungsfeld von Hegemonie und Gleichgewicht. Zwar ist von einer quasi-unipolaren Machtverteilung in Bezug auf die militärischen Kapazitäten der USA zu sprechen. In anderen Bereichen dagegen variiert die Machtverteilung. Der geo-ökonomische Bereich trägt eindeutig multipolare Züge – mit den Volkswirtschaften der USA, der EU und Japan, zwischen denen eine annähernde Balance besteht. Der Aufstieg Chinas zur Großmacht kann dieses Gleichgewicht in Frage stellen (ebd., 130 f.). Eine „zivilisatorisch-kulturelle" Bipolarität (Huntington) ist schon vom Westen aus betrachtet aufgrund der transatlantischen Differenzen unwahrscheinlich. Insgesamt gilt: „Nach dem bipolaren Gleichgewicht in der Ära des Ost-West-Konflikts ist geopolitisch eine abgeschwächte Hegemonie der USA entstanden – abgeschwächt einerseits durch kooperative Elemente der amerikanischen Politik und andererseits durch die kooperative Balancepolitik der anderen Großmächte. In diesem geopolitischen Kontext entwickelt sich geo-ökonomisch ein dynamisches kooperatives Gleichgewicht (unter gelegentlicher Beimischung konfrontativer

Elemente), das multipolar ist" (ebd., 157). An anderer Stelle prognostiziert Link eine Politik zur Beschränkung des amerikanischen Übergewichts, eine „Balancepolitik", die nicht „antagonistisch *gegen* die USA, sondern *gegenüber* den USA" ausfällt, mit der Tendenz zu einer „kooperativen balance of power". Die aufsteigende Großmacht China und die abgestiegene Macht Russland betreiben beide eine Balancepolitik gegenüber den USA. Ganz im Einklang mit seiner Theorie des Mächtegleichgewichts gilt, „dass nämlich eine Großmacht, solange sie realistischerweise selbst keine Hegemonialposition erreichen kann, Gleichgewichtspolitik betreibt, wenn ein anderer Staat das Gleichgewicht stört und ,ganz in der Stille' nach dem Vermögen strebt, ,es allenfalls selber zu stören'" (Link 1998, 24).

Vor dem Hintergrund des Wegfalls des „bipolaren" Weltkonfliktes kann davon ausgegangen werden, dass die Weltordnung zukünftig „vorrangig von den geo-ökonomischen Zusammenhängen" geprägt wird (Link 1999, 158). Insgesamt hat der Wegfall des Ost-West-Konfliktes nicht eine konkurrenz- und konfliktlose Welt hervorgebracht, sondern eine „brutal kompetitive" Welt. Heute entwickeln sich im geo-ökonomischen und geopolitischen Wettbewerb zwischen den Großmächten und Regionen neue Kräfteverhältnisse. Nach dem „unipolaren Moment" der Übergangszeit, den „die USA möglichst lange zu erhalten trachten", entsteht im Prozess der Gegenmachtbildung eine neue multipolare Ordnung: „Im geo-ökonomischen Beziehungszusammenhang existiert sie in der Konfiguration der Triade USA-Europa-Japan bereits heute. Gesamtpolitisch dürfte keine starre Ordnung wie die des Ost-West-Konflikts und des Kalten Krieges entstehen, sondern [...] eine ,bewegliche Ordnung' – mit flexiblen Konfigurationen, mit informellen Führungsgremien (wie die G7 und diverse ,Kontaktgruppen'), im Mit- und Gegeneinander, ,je nach Sachlage' [...] problem- und situationsspezifisch differenziert" (ebd., 152). Internationale Organisationen werden dabei im Gegensatz zur neoinstitutionalistischen Lesart als Instrumente der Großmächte beschrieben.

John J. Mearsheimer zeichnet in seinem Buch *The Tragedy of Great Power Politics* (2001/2003) das Bild einer von Machtinteressen zerrissenen Welt und hält sogar Kriege zwischen entwickelten Staaten für möglich. Dabei verwirft er die neorealistische Prognose, der zufolge die Logik des internationalen Systems zu einem Gleichgewicht tendiert. Im Gegensatz zu Waltz' „defensivem" Realismus sieht er die einzige Garantie des Überlebens von Staaten in der ständigen „offensiven" Suche nach Überlegenheit.

Wie bereits bei Morgenthau wird Staaten ein unersättliches Interesse an Macht unterstellt. Der Grund besteht jedoch nicht in einer biologistisch definierten, aggressiven Disposition von Staaten an sich, sondern in der anarchischen Struktur des internationalen Staatensystems, das aggressives Verhalten hervorruft (Mearsheimer 2003, 21). Macht als entscheidende Ressource basiert bei Mearsheimer auf einer rein materiellen Grundlage: Belangreich sind das Territorium, die Rohstoffe, die Finanz- sowie Exportstärke und die Bevölkerungszahl eines Landes.

Die bedeutendste Ressource ist die Militärmacht. Dementsprechend sind der Krieg und die Bildung von Militärallianzen das Hauptinstrument zur Machtmaximierung, wenn auch das Nuklearzeitalter den direkten Zusammenstoß zwischen Großmächten unwahrscheinlicher hat werden lassen. Die gefährlichsten Staaten sind immer kontinentale Mächte mit großen Armeen gewesen. In ausführlichen historischen Exkursen begründet Mearsheimer, dass konventionelle Landstreitkräfte in Verbindung mit militärischer Machtentfaltung über große Entfernungen hinweg das entscheidende Instrument zur Machterhaltung bzw. -ausdehnung waren und sind.

Mearsheimer geht von den Grundannahmen des Neorealismus aus. Staaten sind die zentralen Akteure, die in einem anarchischen Staatensystem unter der Bedingung von Unsicherheit bezüglich des Verhaltens anderer Staaten agieren und deren oberstes Ziel die Herstellung von Sicherheit ist. Letztere aber wird nur dann erreicht, wenn die Staaten verstehen, dass sie am ehesten dann überleben, wenn sie der mächtigste Staat sind. Aus dem Sicherheitsdilemma resultiert ein beharrliches Streben nach Hegemonie: „A state's ultimate goal is to be the hegemon in the system" (ebd.). Hegemonie wird verstanden als eine Situation, in der ein Staat so mächtig ist, dass er alle anderen Staaten im internationalen System beherrscht (ebd., 40). Daher auch ist die Machtmaximierung zum Zwecke absoluter Sicherheit das Kennzeichen von Großmächtepolitik.[111]

---

[111] „Given the difficulty of determining how much power is enough for today and tomorrow, great powers recognize that the best way to ensure their security is to achieve hegemony now, thus eliminating any possibility of a challenge by another great power. Only a misguided state would pass up an

Im Anschluss begründet Mearsheimer seinen offensiven Realismus im Gegensatz zu Waltz, bei dem Staaten gewissermaßen defensiv ihre Position zu bewahren suchen und das primäre Interesse dem Erhalt der Stellung im Staatensystem gilt. Staaten hegen jedoch nicht nur ein Interesse am Ausbalancieren, auch wenn sie diese Strategie hin und wieder verfolgen. Waltz übersieht Mearsheimer zufolge, dass es Aspekte staatlichen Verhaltens gibt, die in eine offensivere Politik einmünden. Staaten imitieren nicht nur „balancing", sondern auch „aggression": „States not only emulate successful balancing behavior, they also imitate successful aggression. For example, one reason that the United States sought to reverse Saddam Hussein's conquest of Kuwait in 1990-91 was fear that other states might conclude that aggression pays and thus initiate more wars of conquest" (ebd., 166). Es kann in der Welt niemals einen „zufriedenen" Staat geben. Auch mächtige Staaten werden immer versuchen, durch neue Offensiven eine noch bessere Position zu erlangen: „[A] great power that has a marked power advantage over its rivals is likely to behave more aggressively because it has the capability as well as the incentive to do so" (ebd., 37).

Im Wesentlichen können die Staatsführungen auf folgende Strategien zur Machtsteigerung zurückgreifen: auf die Politik der Gegenmachtbildung und der Schwächung von Rivalen. Die Politik der Beschwichtigung oder Unterordnung führt dagegen in die Sackgasse. Im Gegensatz zur Waltzschen „balancing"-These (schwache Staaten schließen sich gegenüber starken Staaten zur Allianz zusammen) versteht Mearsheimer unter „buck-passing" eine Konstellation, in der ein starker Staat das Aufkommen anderer starker Staaten dadurch abwendet, dass er regionale Nachbarn der jeweiligen aufsteigenden Macht dazu anhält, deren Machtmaximierung Einhalt zu gebieten.

---

opportunity to be the hegemon in the system because it thought it already had sufficient power to survive" (Mearsheimer 2003, 35). In einem Interview spitzt er diese Vorstellung zu: „To put it in colloquial terms, the aim of states is to be the biggest and baddest dude on the block. Because if you're the biggest and baddest dude on the block, then it is highly unlikely that any other state will challenge you, simply because you're so powerful. Just take the Western Hemisphere, for example, where the United States is by far the most powerful state in the region. No state – Canada, Guatemala, Cuba, Mexico – would even think about going to war against the United States, because we are so powerful. This is the ideal situation to have, to be so powerful that nobody else can challenge you" (Mearsheimer 2004).

Wenn es nicht gelingt, den „Schwarzen Peter" weiterzugeben, sind starke Staaten bzw. Großmächte dazu bereit, eigenständig Gegenmacht zu bilden. „Bandwagoning" (eine Anlehnung an eine aufsteigende Großmacht, nicht eine Gegenallianz) ist dagegen eher eine Strategie für kleinere Staaten, die sie dann verfolgen, wenn sie keine Partner zur Gegenmachtbildung finden (ebd., 157-162).

Weil „die" Amerikaner Realpolitik und realistische Annahmen negativ bewerten, wird die offizielle Politik zwar in der Sprache des Liberalismus gerechtfertigt. Die Verlautbarungen der Politik wie der Wissenschaft bekunden in der Regel Moralismus und Optimismus. „American academics are especially good at promoting liberal thinking in the marketplace of ideas. Behind closed doors, however, the elites who make national security policy speak mostly the language of power, not that of principle, and the United States acts in the international system according to the dictates of realist logic. In essence, a discernible gap separates public rhetoric from the actual conduct of American foreign policy" (ebd., 25). Anhand historischer Beispiele versucht er zu beweisen, dass hinter den Kulissen immer die Sprache der Realpolitik gesprochen wird. Selbst im „antifaschistischen" Zweiten Weltkrieg ging es nicht primär darum, Frieden in Europa zu schaffen, sondern einen gefährlichen Gegner daran zu hindern, zur regionalen Großmacht aufzusteigen (ebd., 265).[112] Wenig ernst zu nehmen ist daher die Idee der kooperativen Global Governance, wie er am Beispiel der UNO erläutert: „When the United States decided it did not want Secretary-General Boutros Boutros-Ghali to head the UN for a second term, it forced him out, despite the fact that all the other members of the Security Council wanted him to stay on the job. The United States is the most

---

[112] Noch pointierter als im Buch sagt Mearsheimer im Interview: „A perfect case in point of this is how we dealt with the Soviet Union in the late 1930s. In the late 1930s, Stalin was viewed as a murderous thug, and the Soviet Union was widely considered to be a totalitarian state. But in December of 1941, when we went to war against Nazi Germany, we ended up as a close ally of the Soviet Union. So what we did was bring the spin doctors out, and Joseph Stalin became Uncle Joe, and the Soviet Union was described as an emerging democracy, and we made all the necessary rhetorical changes to make it look like we were aligning ourselves with a burgeoning democracy, because Americans would find it very difficult to tolerate a situation where we, in effect, jumped into bed with a totalitarian state that was run by a murderous leader like Joe Stalin. So we cleaned him up" (Mearsheimer 2004).

powerful state in the world, and it usually gets its way on issues it judges important. If it does not, it ignores the institution and does what it deems to be in its own national interest" (ebd., 364 f.).

Mearsheimer geht davon aus, dass objektive Faktoren die Erringung globaler Hegemonie verunmöglichen – aufgrund der Schwierigkeit, über die Weltmeere hinaus die Macht auf die Territorien anderer Mächte auszudehnen und sie dadurch zu kontrollieren. Das gilt auch für die USA zu Beginn des 21. Jahrhunderts: „The United States [...] does not dominate Europe and Northeast Asia the way it does the Western Hemisphere, and it has no intention of trying to conquer and control those distant regions, mainly because of the stopping power of water. Indeed, there is reason to think that the American military commitment to Europe and Northeast Asia might wither away over the next decade. In short, there has never been a global hegemon, and there is not likely to be one anytime soon" (ebd., 41). Mehr als regionale Hegemonie kann ein Staat nicht erzielen. Hat ein Staat erst einmal den Zustand einer regionalen Hegemonie erlangt, so entwickelt er ein Interesse daran, sowohl in seiner unmittelbaren Umgebung als auch in anderen Gegenden der Welt das Aufkommen weiterer regionaler Hegemone zu verhindern.

Die beiden stärksten Großmächte der letzten 100 Jahre, Großbritannien und die Vereinigten Staaten, haben nach Mearsheimer nie ernsthaft den Versuch unternommen, globale Hegemonie zu erlangen (ebd., 236 f.). Die insulare Lage beider Staaten und die „aufhaltende Kraft des Wassers" haben dies abgewendet. Anstatt eine Hegemonie über Europa und Nordasien anzustreben, haben Großbritannien und die Vereinigten Staaten als „offshore balancer" operiert, die nur in besagten Regionen militärisch intervenierten, wenn die Staaten der Region nicht in der Lage waren, aufsteigende Hegemonialmächte selbst zu blockieren (ebd., 237).

Zusammengefasst zeichnet Mearsheimer ein hobbesianisches Bild der Welt, das vom immerwährenden und universellen Kampf um Vorherrschaft geprägt ist. Sein Bild von der Machtentwicklung im 21. Jahrhundert sieht nicht minder düster aus. Die kurze Zeit der angeblichen „Unipolarität" der USA wird nicht von langer Dauer sein. Früher oder später werden Herausforderer auftauchen, die wieder in die multipolare Vielmächte-Welt zurückführen werden.[113] Eine große Konfliktlinie sieht Mearsheimer im Verhältnis zwischen den USA und China. Eine Konfrontation wird unvermeidlich werden, wenn das chinesische Wirtschaftswachstum anhält und China eine schlagkräftige Streitkraft aufbaut. Um dies abzuwenden, ist eine frühzeitige, notfalls auch aggressive Eindämmung nötig. Perspektivisch bedarf es eines Rückgangs des chinesischen Wachstums. Bisher wurde von amerikanischer Seite allerdings eher der Boom gefördert – aufgrund der Erwartung „liberaler" Politiker, dies könne zur Demokratisierung Chinas führen, was wiederum zur Folge hätte, dass sich der Staat nicht in einen Sicherheitswettbewerb mit den USA verstricke: „This U.S. policy on China is misguided. A wealthy China would not be a status quo power but an aggressive state determined to achieve regional hegemony. This is not because a rich China would have wicked motives, but because the best way for any state to maximize its prospects for survival is to be the hegemon in its region of the world. Although it is certainly in China's interest to be the hegemon in Northeast Asia, it is clearly not in America's interest to have that happen" (ebd., 402). Die hieraus sich ergebenden Konflikte werden möglicherweise verheerende Auswirkungen bis zum Krieg haben.

Selbst innerhalb Europas erwartet Mearsheimer eine Rückkehr der alten Großmächterivalität (vgl. bereits: Mearsheimer 1990). Da eine sowjetische Hegemonie nicht mehr zu befürchten ist, werden sich die USA über kurz oder lang aus Europa militärisch zurückziehen und es den europäischen Staaten überlassen, sich gegenseitig auszubalancieren. Aufgrund des fehlenden Friedensstifters wird Deutschland wieder in eine hegemoniale Rolle gedrängt. Noch verfügt der deutsche Staat nur über geringe militärische Macht, und innerhalb Europas kann zudem genügend Gegenmacht mobilisiert werden. Noch gelten Deutschland, aber auch Japan als „semi-sovereign states", die in Bezug auf ihre Sicherheit abhängig von den USA sind

---

[113] Die amerikanische Nahostpolitik der Regierung Bush wird kritisiert, weil diese Mearsheimer zufolge den strategischen Interessen des amerikanischen Staates zuwider läuft (Mearsheimer/Walt 2003). Seine gemeinsam mit Walt vertretene [und unhaltbare; TtB] Position, der zufolge die Politik der USA vor allem einseitig zugunsten einer aggressiven israelischen „Lobby" ausgerichtet ist, bleibt an dieser Stelle unberücksichtigt (vgl. Mearsheimer/Walt 2007).

(Mearsheimer 2003, 382). Dies aber kann sich ändern – wenn Deutschland beispielsweise ein eigenes Nukleararsenal errichtet (ebd., 393) und auf diese Weise noch mehr Kontrolle über Mittel- und Osteuropa ausübt (was wiederum Russland auf den Plan rufen wird). Militärische Konflikte sind dann nicht mehr auszuschließen.

2.3. Von der Krise der Imperialismus- und Dependenztheorien zu neuen kritischen Impulsen

Eine Folge der Ende der 1970er Jahre einsetzenden „Krise des Marxismus" und der wachsenden Kritik an „Globaltheorien" ist ein Desinteresse an den Imperialismustheorien. Wie Prabhat Patnaik in seinem Essay *Whatever happened to Imperialism?* (1990/2000) feststellt, werden wichtige weltpolitische Fragen der 1980er wie die amerikanische Außenpolitik in Mittelamerika (El Salvador, Nikaragua), die Entwicklung des Zweiten Kalten Krieges, die Vorgänge im Ostblock oder die Konflikte im Mittleren Osten (Afghanistan) nicht mehr oder kaum noch unter Bezugnahme auf imperialismustheoretische Ansätze diskutiert.

Die Revolutionen in Osteuropa und das Ende des Ostblocks führen nach 1989 noch einmal zu einer Ausdehnung der Krise der Imperialismustheorien. Die über Jahrzehnte einflussreiche Theorie des „staatsmonopolistischen Kapitalismus" wird nur noch von wenigen Autoren verwendet. Die Dependenztheorien verlieren vor dem Hintergrund nicht bestätigter Prognosen in den 1980ern an Einfluss. Entgegen der These der Unterentwicklung konnten einige Länder einen Wachstumspfad einschlagen und im Unterschied zur These der Unwahrscheinlichkeit der Entstehung einer selbstbewussten nationalen Bourgeoisie in der Dritten Welt bilden sich einige relativ unabhängige Machteliten heraus.[114] Resultat dieser Krise der Theorien ist häufig die Annahme einer „neuen Komplexität", auf die auf theoretischer Ebene mit einer „neuen Bescheidenheit" geantwortet wird: „Eklektizismus ist heute [1993] eher eine Tugend denn eine wissenschaftliche Sünde, was [auf] der Einsicht beruht, dass keine der bisherigen Globaltheorien der Komplexität und der Varianz von Entwicklungsprozessen gewachsen war" (Boeckh 1993, 125).

---

[114] „Ein flüchtiger Blick auf die Wachstumsraten von Ländern im Zentrum, der Semiperipherie und der Peripherie nach dem II. Weltkrieg zeigt, dass die Wachstumsraten in der Semiperipherie und z.T. auch in der Peripherie lange Zeit deutlich höher waren als im Zentrum" (Boeckh 1993, 121). Marxistische Theoretiker wie Nigel Harris in Großbritannien sprechen Mitte der 1980er mit Blick auf die Schwellenländer Ostasiens und andernorts von einer Tendenz zum „Ende der Dritten Welt" (Harris 1986; vgl. Warren 1980).

Auf die wenigen Imperialismusdiskussionen der 1980er üben die kulturwissenschaftlich ausgerichteten „postcolonial studies" einen gewissen Einfluss aus, die theoretisch vom Poststrukturalismus und der Theorie der Postmoderne geprägt sind.[115] Ihr Ziel besteht darin, die herkömmlichen Unterscheidungen von Zentrum und Peripherie, Unterentwicklung und Entwicklung zu dekonstruieren – und dadurch die diskursiv erzeugten „objektiven Sachverhalte" in Frage zu stellen, die zur Unterwerfung der Menschen der armen Länder führen (vgl. Ashcroft/Griffiths/Tiffin 1995). Eine wichtige Rolle spielt dabei die Kritik eurozentrischer Ansätze, die die moderne Geschichte als Ausbreitung „westlicher" Errungenschaften beschreiben. Im Gegensatz zu einer Analyse der Moderne als Transfer westlichen Fortschritts in die Dritte Welt wird der Imperialismus als der gemeinsame Rahmen der „wechselseitigen Konstitution" von Metropolen und Kolonien verstanden (Conrad/Randeria 2002, 10).

Innerhalb der akademischen Diskussion verleihen unter den wenigen Versuchen, Erklärungen imperialistischer Politik zu formulieren, im angelsächsischen Raum zwei Ansätze neue Impulse: der „neogramscianische" Ansatz von Robert W. Cox und die Weiterentwicklung der Weltsystemtheorie durch Giovanni Arrighi.

2.3.1. Cox: Der Neogramscianismus und die Analyse von (Welt-)Hegemonie

Die Arbeiten von Robert W. Cox gehören neben denen von Susan Strange (vgl. Strange 1994; Bieling 2003) zu den bekanntesten kritischen Beiträgen zur Theorie der nordamerikanischen Internationalen Beziehungen. Seine hegemonietheoretischen Überlegungen

---

[115] Der Theorieansatz des „Postimperialismus", in dem weniger die Staaten als vielmehr die multinationalen Konzerne zu den zentralen internationalen Akteuren werden, erklärt, dass wachsende transnationale Konzerninteressen ein Interesse an kapitalistischer Entwicklung im Süden wecken (vgl. Becker/Frieden/Schatz/Sklar 1987).

Neuere Beiträge zur Nord-Süd-Thematik thematisieren ökonomische Enteignung durch Ressourcenabfluss, politische Rekolonialisierung und militärischen Interventionismus (vgl. Ghosh 2001, Biel 2000, Petras/Veltmeyer 2001).

versuchen die Konflikthaftigkeit des Weltsystems in einen handlungstheoretischen Zusammenhang zu stellen.

Als intellektueller Dissident stellt sich Cox gegen die vorherrschenden Ansätze der IB, aber auch gegen den „strukturalistischen" Marxismus. In der Tradition des italienischen Marxisten Antonio Gramsci ist Cox darum bemüht, die Rolle der Akteure wieder stärker zu betonen. Er versucht, einen alternativen Theoriestrang zu etablieren, dabei grundlegende Einwände gegen die Schlüsselkonzepte der vorherrschenden IB-Theorien zu formulieren und gleichzeitig neue Kategorien in Anlehnung an Gramsci einzuführen (vgl. auch Bieler/Morton 2003). Daneben knüpft Cox an Wallerstein und Braudel (hinsichtlich der historischer Struktur) sowie an Arbeiten von Sorel und E.P. Thompson (hinsichtlich des Klassenhandelns) an. Im Gegensatz zum „Strukturalismus" Althussers versteht Cox sich als Vertreter eines „genetischen Strukturalismus" (vgl. Cox/Schechter 2002, 27 ff.), der die Betonung auf den Wandel der sozialen Beziehungen legt und sich gegen eine „strukturale", ahistorische Konzeptionalisierung der kapitalistischen Produktionsweise wendet. Dementsprechend legt er in seinem Hauptwerk *Production, Power, and World Order. Social Forces in the Making of History* (1987) hohes Gewicht auf die Darstellung historischer Prozesse, wiewohl diese theoretisch angeleitet sind.

Der Begriff des Imperialismus bezeichnet für Cox erst einmal ein „eher ungenaues Konzept, das, wenn es praktisch angewandt wird, in Bezug auf jede historische Periode neu definiert werden muss" (Cox 1998b, 54). Es existieren kaum Anhaltspunkte für die Suche nach irgendeinem „Wesen" des Imperialismus: „Die tatsächliche Form ist unabhängig davon, ob sie durch Staaten, soziale Kräfte (z.B. den Geschäftsleitungen multinationaler Konzerne) oder durch eine Kombination beider angetrieben wird, und ob die Herrschaft nun vornehmlich politisch oder ökonomisch ist, stets durch die historische Analyse zu bestimmen und nicht durch deduktive Überlegungen" (ebd.).

In einer Kritik der vorherrschenden Schulen der IB, vor allem des Neorealismus, macht er seine Herangehensweise deutlich. Der Neorealismus besitzt ein viel zu enges, auf den Staat fixiertes Verständnis von Macht- und Herrschaftsbeziehungen. Auch im „neoliberalen Institutionalismus" bzw. Neoinstitutionalismus erhalten Staaten den Status des einzig relevanten Akteurs. Die Ansätze können daher nur schwerlich den strukturellen Wandel erklären. Selbst die moderne Regimetheorie, die von einer Grundannahme Durkheims ausgeht, der zufolge Arbeitsteilung zu wachsender Interdependenz führt, deren Instabilität jedoch reguliert werden kann, nehmen die „bestehende Ordnung als gegeben an, deren Funktionieren zwar verbessert, jedoch nicht kritisiert oder verändert werden sollte" (Cox 1998d, 103). Regimetheoretiker suchen Wege zur Stabilisierung der Weltwirtschaft, um der Gefahr alternativer wirtschaftlicher Entwicklungspfade vorzubeugen. Wissenschaftstheoretisch basiert diese Form des Institutionalismus auf einer positivistischen und rational deduktiven Methodik, das Verhalten von Akteuren wird gemäß den Modellen des „rational choice" begründet.

Cox bezeichnet die vorherrschenden IB-Theorien als „Problem-Lösungs-Theorien", da sie die vorgefundene Welt als den gegebenen Handlungsrahmen akzeptieren. Ihr allgemeines Ziel besteht darin, die Funktionsweise der herrschenden gesellschaftlichen Beziehungen und Institutionen zu verbessern, indem einzelne „Störungsursachen" wirksam beseitigt werden (Cox 1998b, 32). Demgegenüber hat eine „kritische Theorie", die einen Standpunkt abseits der vorherrschenden Weltordnung einnimmt, danach zu fragen, wie diese Ordnung entstanden ist. Sie bemüht sich darum, historische Wandlungsprozesse zu verstehen.

Cox stellt den Problem-Lösungs-Theorien die Vorzüge des „historischen Materialismus" entgegen. Dieser beruht erstens auf einer „dialektischen Methodik", die ihre Aufmerksamkeit auf die gesellschaftlichen Konflikte richtet. Zweitens ergänzt er durch seine Konzentration auf den Imperialismus zwischen Zentrum und Peripherie die horizontale zwischenstaatliche Konkurrenz durch eine vertikale Machtdimension. Drittens erweitert er die realistische Perspektive dadurch, dass er Staat und bürgerliche Gesellschaft in ihrer wechselseitigen Verschränkung diskutiert, und sich viertens auf den Produktionsprozess konzentriert, um die Form des Verhältnisses von Staat und Gesellschaft im Kapitalismus zu deuten (ebd., 39 ff.).

In der Coxschen Operationalisierung historisch-materialistischer Grundsätze geht es um zwei miteinander verschlungene Vermittlungskomplexe, die der Erklärung von Hegemonie bzw. Nicht-Hegemonie in einem Staat und auf Weltebene dienen sollen – wobei Hegemonie im Sinne Gramscis und im Unterschied zur realistischen Theorie als eine auf relativem Konsens beruhende Herrschaft begriffen wird, die sich über den Nationalstaat hinaus ausdehnen und in eine Welthegemonie einmünden kann.[116]

Im Rahmen des ersten Vermittlungskomplexes zeichnet Cox drei zentrale Elemente auf, die in ihrem wechselseitigen Aufeinanderwirken in einer „historischen Struktur" bzw. einem Handlungsrahmen bestimmend für die Entstehung von Hegemonie sind: *Materielle Kapazitäten*, verstanden als technologische und organisatorische Ressourcen bzw. die Verfügungsgewalt über sie, *Ideen*, verstanden als intersubjektive Überzeugungen und kollektive Vorstellungen von der gesellschaftlichen Ordnung, und *Institutionen*, die der Stabilisierung einer bestimmten Ordnung dienen und sich zu einem Komplex an Machtbeziehungen entwickeln, der sich gegenüber den einzelnen Akteuren verselbständigt. Hegemonie kann sich auf drei Handlungsebenen – dem zweiten Vermittlungskomplex – herausbilden: *erstens* auf der Ebene der sozialen Produktionsbeziehungen, *zweitens* der Staatsformen und *drittens* der Strukturen der Weltordnung.

Cox versteht, *erstens*, die Produktionsbeziehungen als Basis der menschlichen Existenz: „Production creates the material basis for all forms of social existence, and the ways in which human efforts are combined in productive processes affect all other aspects of social life, including the polity" (Cox 1987, 1). Gleichzeitig ist die private Verfügung über die Produktionsmittel auch Grundlage der Kapazität, Macht auszuüben, und damit die Art und Weise zu diktieren, in der die Produktion organisiert wird. Es besteht eine wechselseitige Beziehung zwischen Produktion und Macht. Außerdem führt die Annahme der Zentralität der Produktionsverhältnisse unmittelbar zur Frage sozialer Klassen und zur herausragenden Bedeutung des

---

[116] Gramsci bezeichnet mit Hegemonie eine Herrschaft, die über bloße, potentiell gewaltsame Dominanz hinausgeht, da sie auf Konsens beruht. Den Herrschenden gelingt es, ihre Interessen als Allgemeininteressen darzustellen. Um auf nationaler Ebene eine Hegemonie etablieren zu können, muss sich ein „historischer Block" ausbilden. Diese Begrifflichkeit bezieht sich auf die Weise, wie führende soziale Kräfte ihre Herrschaft über untergeordnete soziale Kräfte innerhalb eines nationalen Kontextes errichten. Ein historischer Block ist mehr als eine Allianz herrschender Klassen, er vermag vielmehr, verschiedene Klasseninteressen zu integrieren und dadurch konsensual zu herrschen. Je größer die konsensuelle Komponente, desto stabiler die Hegemonie (Cox 1998c, 81).

Klassenhandelns. Dabei lehnt Cox es ab, soziale Strukturen und Staatsformen einfach aus dem Produktionsprozess abzuleiten und plädiert für einen Produktionsbegriff, der auch die Dimensionen von Wissen, sozialen Beziehungen, Institutionen und Moral mit einbezieht (ebd., 396). Mit den „sozialen Produktionsbeziehungen" werden die Dimension der Machtbeziehungen, die die Produktion kennzeichnen, die Dimension der technischen und sozialen Organisation des Produktionsprozesses und die der Konsequenzen für die Verteilung beschrieben. Die kapitalistische Produktionsweise ist im 19. Jahrhundert zur dominanten Produktionsbeziehung geworden (ebd., 51). Cox versteht die Organisation der Produktion sowohl als gesellschaftlichen, sich stets verändernden Prozess, als auch als institutionalisierte Machtbeziehung, in der nationale Produktionsbeziehungen in eine Hierarchie weltweit miteinander verflochtener Produktionsstrukturen eingebunden sind.

Im Anschluss an die Diskussion sozialer Produktionsbeziehungen geht Cox, *zweitens*, auf die Rolle des Staates bzw. der „Staatsformen" ein. Der Staat gilt als zentraler Faktor für die Durchsetzung des Kapitalismus (ebd., 52). Die soziale Struktur der Produktion einschließlich ihrer Machtbeziehungen korrespondiert mit jeweils spezifischen nationalen Staatstypen (merkantilistisch, liberal, wohlfahrtsstaatlich, staatskapitalistisch, neoliberal). Neue soziale Produktionsbeziehungen werden vermittelt durch die Ausübung staatlicher Macht hergestellt (ebd., 105). „Although production was the point of departure of this study, the crucial role, it turns out, is played by the state. States create the conditions in which particular modes of social relations achieve dominance over coexisting modes, and they structure either purposively or by inadvertence the dominant-subordinate linkages of the accumulation process. States thus determine the whole complex structure of production from which the state then extracts sufficient resources to continue to exercise its power. Of course, states do not do this in an isolated way. Each state is constrained by its position and its relative power in the world order, which places limits on its will and its ability to change production relations" (ebd., 399). Anknüpfend an Gramsci versteht Cox den Staat als einen „state/society-Complex", als ein soziales Verhältnis zwischen den Institutionen autoritativer Herrschaft und den gesellschaftlichen Kräfteverhältnissen (Cox/Schechter 2002, 32). Dabei übernimmt er Gramscis erweiterten Staatsbegriff, bei dem es auf die Analyse des Komplexes von „politischer Gesellschaft" (vor allem Regierungsapparat) und „Zivilgesellschaft" ankommt. Staatshandeln hängt demnach wesentlich von gesellschaftlichen Kräfteverhältnissen ab.

Drittens agiert der Staat darüber hinaus als zentrale Institution, die zwischen den Strukturen der Produktion und den „Strukturen der Weltordnung" vermittelt. Nationale soziale Produktionsbeziehungen werden durch die jeweilige Struktur der Weltordnung geformt (ebd., 105 ff.). Als entscheidend für die Stabilität der Weltordnung (und zu ihrer Periodisierung) gilt die Frage, ob eine weltweite Hegemonie besteht oder nicht. Die Weltordnung selbst ist als ein Muster sich gegenseitig beeinflussender sozialer Kräfte bzw. Klassen zu verstehen: „Thus class is important as the factor mediating between production on the one hand and the state on the other. The building and disintegration of historic blocs is the process whereby class formation can transform both states and the organization of production. The mediating role of class between production and the state is most clearly perceptible within particular societies or social formations. The same mediating role can also be examined at the global level. Here class formation and conflict mediates between the world economy of production and the interstate system. The classes that participate in this mediation have their origins in national societies, but form links across the boundaries separating national societies" (ebd., 356 f.).

Cox fasst seine theoretischen Annahmen zum Verständnis der Transformation von Produktionsbeziehungen, Staatsformen und Weltordnungen wie folgt zusammen: *Erstens* muss ihm zufolge die jeweilige Form des Staates als Produkt zweier Kräftekonfigurationen verstanden werden – der von sozialen Klassen innerhalb eines historischen Blocks und der der Elastizität der Weltordnung. *Zweitens* nehmen diejenigen Klassenkämpfe, die zu Veränderungen der Staaten führen, eine politische Form an, sie werden zu Kämpfen, die über Einbeziehung oder Ausschluss von sozialen Gruppen im politischen Entscheidungsprozess entscheiden. *Drittens* führen die Klassenkonflikte in der Formationszeit neuer historischer Blöcke entweder zu Staaten, die verhältnismäßig autonom gegenüber der Zivilgesellschaft operieren, oder zu Staaten, die als Instrumente heterogener sozialer Kräfte zu verstehen sind. *Viertens* schafft der Staat einen institutionellen Rahmen für die ökonomischen Praxen der dominanten Klasse, der wiederum, *fünftens*, die Basis für spezifische soziale Produktionsbeziehungen darstellt und andere verhindert. *Sechstens* kann eine „Welthegemonie" nur durch einen Staat geschaffen werden, in dem soziale Hegemonie herrscht oder gerade erreicht wird. *Siebtens* nimmt Cox an, dass eine weltweite hegemoniale Ordnung im Inland wie auch auf Weltebene Politik und Ökonomie separiert und diese Sphären als gewissermaßen natürliche Ordnungen Akzeptanz gewinnen. *Achtens* schwächt sich eine Hegemonie in Richtung der Peripherie ab. Weil die Intensität der Hegemonie in der Peripherie abnimmt, ist die Einbindung der Eliten peripherer Länder eine zentrale Funktion internationaler Institutionen (ebd., 147 ff.).

Die *neunte* Annahme bezieht sich auf die Veränderungen, die mit einer sich wandelnden Weltordnung einhergehen: „the transformation of a historical structure of world order is a complex process involving simultaneously (1) change in the relative powers of the principal states, (2) uneven development of productive forces leading to a new distribution of productive powers among social formations, (3) changes in the relative power of social groups within social formations and the formation of new historic blocs, and (4) the formation of a social structure of accumulation, i.e., the putting into place of new social relations of production and new mechanisms of capital accumulation through which economic growth is able to continue and increase" (ebd., 209). Die *zehnte* Annahme verweist auf die Richtung, in der sich Veränderungen der Struktur der Weltordnung durchsetzen können – entweder hin zu einer konsensuellen, hegemonialen oder zu einer konflikthaften nicht-hegemonialen Ordnung. Die *elfte* Annahme bildet die These, dass die internationalen Finanzmärkte die zentralen Institutionen zur Herstellung von Konformität in einer Welthegemonie sind und wie keine andere Kraft als Regulator der politischen und wirtschaftlichen Organisation der Welt dienen (ebd., 267).

Cox unterteilt die Geschichte der internationalen Beziehungen in hegemoniale und nicht-hegemoniale Weltordnungen. Er unterscheidet die hegemoniale Ära des britischen Empire zwischen 1845 bis 1875, die nicht-hegemoniale Zeit zwischen 1875 und 1945, die hegemoniale Zeit der Pax Americana zwischen 1945 und 1965 sowie die Zeit nach der Pax Americana. In allen Perioden bestanden Möglichkeiten, gegenhegemoniale Blöcke aufzubauen (ebd., 390). Eine Hegemonie auf Weltebene ist nicht nur eine Ordnung zwischen Staaten: „Sie ist eine Ordnung innerhalb der Weltwirtschaft mit einer dominanten Produktionsweise, die alle Länder durchdringt und sich mit anderen untergeordneten Produktionsweisen verbindet. Sie ist auch ein Komplex internationaler sozialer Beziehungen, der die sozialen Klassen der verschiedenen Länder miteinander verbindet. Welthegemonie lässt sich so beschreiben als eine soziale, eine ökonomische und eine politische Struktur. Sie kann nicht auf eine dieser Dimensionen reduziert werden, sondern umfasst alle drei" (Cox 1998c, 83). Eine Welthegemonie drückt sich ebenso in universellen Normen, internationalen Institutionen und Apparaten aus, die allgemeine Regeln für das Verhalten von Staaten und für diejenigen zivilgesellschaftlichen Kräfte festlegen, die über die nationalen Grenzen hinweg operieren.[117]

Exemplarisch zeigt Cox an der Geschichte der Pax Americana, wie die amerikanische Vorherrschaft nach 1945 in eine Welthegemonie transformiert werden konnte – auch wenn ihr nur der sich zu den USA bekennende Teil der Staatenwelt hinzuzurechnen war. Sie bestand aus einem „internationalen historischen Block" sozialer Kräfte, in dem sich die Interessen von binnen- und weltmarktorientierten Kapitalfraktionen mit den Interessen von Teilen der Arbeiterschaft in einem weitgehenden Konsens artikulierten. Der hegemoniale Charakter dieses Zeitalters verhinderte scharfe zwischenstaatliche Konflikte. Die von den USA geführte hegemoniale Weltordnung ist allerdings in den Krisen der 1970er zusammengebrochen. Hauptursachen waren die „Internationalisierung der Produktion", bei der das Finanzkapital an Bedeutung gewann, und die des Staates. Die Krisen führten zum Ausbruch der latenten Widersprüche der 1960er, die unter anderem zwischen den internationalen Akkumulationsbedürfnissen und den nationalen Wohlfahrtsansprüchen bestanden (Cox 1987, 261 ff.).

Der Krisenzeit folgte das Ende der amerikanischen Hegemonie, neue Instabilitäten erscheinen denkbar (ebd., 270). Allerdings werden bei Cox auch Perspektiven für eine neuartige transnationale Welthegemonie erörtert, die erstmals nicht mehr so sehr an die Rolle eines führenden Nationalstaates gebunden, sondern Ausdruck der

---

[117] Ein wesentlicher Mechanismus, durch den die universellen Normen zum Ausdruck gebracht werden, ist die „internationale Organisation". Cox beschreibt fünf Charakteristika internationaler Organisationen: „(1) die Institutionen artikulieren die Regeln, die die Ausbreitung hegemonialer Weltordnungen erleichtern; (2) sie sind ihrerseits das Produkt der hegemonialen Weltordnung; (3) sie legitimieren ideologisch die Normen der Weltordnung; (4) sie binden die Eliten der peripheren Länder ein und (5) sie absorbieren gegen-hegemoniale Ideen" (Cox 1998c, 83).

Hegemonie überstaatlicher sozialer Kräfte ist – eine Hegemonie des transnationalen Kapitals und dessen Unterstützung durch den transnationalen Teil der Arbeiterklasse. Anfang der 1990er spricht Cox von einer globalen Klassenstruktur mit einer transnationalen Managerklasse an der Spitze (Cox 1993, 261). Stärker als noch in den 1980ern betont er, dass die „globalen" Finanzmärkte die Fähigkeit des Staates drastisch einschränken. „Globale Produktion und Finanzmärkte konstituieren nunmehr besondere Sphären der Machtbeziehungen [...] Sie bringen eine neue Sozialstruktur der Produktionsbeziehungen hervor, die die auf die Nation sowie auf die Kapital-Arbeit-Beziehungen zentrierten sozialen Beziehungen der Vergangenheit überwindet" (Cox 1998d, 110). Immer notwendiger wird es daher, von einer „globalen Gesellschaft" auszugehen, in der die „globalen Eliten" die Impulse zur Gestaltung der Ordnung geben. Die Eliten „verschmelzen zu einer gemeinsamen, strukturellen Kraft, obwohl sie nach wie vor untereinander um die Vorherrschaft in dieser Bewegung konkurrieren" (ebd., 110 f.). In dieser Welt muss das traditionelle Verständnis des Multilateralismus erneuert werden. Konventionelle Theorien verstanden ihn als eine Beziehung zwischen mehr als zwei Staaten bzw. ökonomischen Akteuren. Es besteht die Notwendigkeit, so Cox, diese Perspektive um die Kräfte zu erweitern, die die Staatsgrenzen überschreiten (ebd., 87 ff.). In seinen jüngeren Schriften verweist er mit Blick auf den Krieg gegen den Terror, allerdings noch vor dem Irakkrieg 2003, auf die Tendenz zu einem globalen Staat (Cox/Schechter 2002, 41) bzw. zu einem „Empire". Die USA sind dabei, eine Art Empire zu schaffen – „pictured by Hardt and Negri" (ebd., 189).[118]

---

[118] Bei Cox' Schüler Stephen Gill nimmt der „transnationale historische Block" ein noch höheres Gewicht ein. Gill stellt den Wandel ab den 1970ern als den Übergang von einem internationalen zu einem transnationalen historischen Block dar (Gill 2000, 40). Mit dem Ende des Fordismus wird die transnationale Ebene zum wichtigsten Terrain der Artikulation sozialer Kräfte. Gleichzeitig versucht er mit der Kategorie der „Supremacy" (Übermacht) zu erklären, dass dieser neuartige historische Block auch ohne Hegemonie herrschen kann. „Der Begriff der Übermacht bezieht sich [...] auf eine nicht-hegemoniale, auf Zwang beruhende Form von Herrschaft über eine atomisierte und fragmentierte Opposition" (Gill 2003a, 21). Die Zwangselemente, die die Macht des transnationalen historischen Blocks garantieren, greifen auf unterschiedlichen Ebenen. Gill stellt zwei wesentliche Prozesse heraus – den „disziplinierenden Neoliberalismus" und den

2.3.2. Arrighi: Die Weltsystemtheorie und das Ende der amerikanischen Hegemonie

Giovanni Arrighi setzt als einer der bekanntesten Vertreter der Weltsystemtheorie in zahlreichen Büchern und Artikeln die kapitalistische Form des Imperialismus und der Staatenkonkurrenz in Bezug zu langen „systemischen Akkumulationszyklen" und prognostiziert den Abstieg der Vereinigten Staaten als Welthegemon.

Wie weiter oben beschrieben, behandelt die Weltsystemtheorie die Welt als ein umfassendes System, welches seit dem 16. Jahrhundert mehr und mehr von einer einheitlichen, kapitalistischen Logik bestimmt ist. Das Handeln der einzelnen Einheiten des Systems, vor allem der Staaten, wird determiniert durch die Einbettung in die jeweilige Struktur des Weltsystems. Verschiedene historische Stufen und Hegemoniezyklen werden (von Autor zu Autor unterschiedlich) differenziert.[119]

Arrighi diskutiert in seinem Buch *The Long Twentieth Century. Money, Power, and the Origins of Our Times* (1994) vier systemische Akkumulationszyklen, die jeweils ein „langes" Jahrhundert umfassten: Den genuesisch-iberischen Zyklus, der vom 15. bis zum frühen 17. Jahrhundert dominierte, den niederländischen Zyklus, der vom späten 16. bis zum späten 18. Jahrhundert andauerte, den britischen Zyklus von der Mitte des 18. bis zum Beginn des 20. Jahrhunderts, und schließlich den US-amerikanischen Zyklus, der seinen Anfang Ende des 19. Jahrhunderts nahm (vgl. die Kurzversion dieses Ansatzes in: Arrighi/Moore 2001). In einem jüngeren Aufsatz erklärt er: „Each cycle is named after (and defined by) the particular complex of governmental and business agencies that led the world

---

„neuen Konstitutionalismus". Ersteres Konzept geht davon aus, dass sich die strukturelle Macht des Kapitals sowohl im privaten als auch im öffentlichen Bereich durchsetzt, letzteres Konzept ist eher als politisch-institutionelle Absicherung des ersteren zu verstehen. Die Rolle der WTO steht beispielhaft hierfür (Gill 2000, 42 ff.; Gill 2003b).

[119] Auch Wallerstein diskutiert gegenwärtig den „Adler im Sturzflug", den Niedergang der US-Hegemonie (Wallerstein 2004, 19-35). Dabei wird der Übergang zu einem neuen Weltsystem bis 2050 vorhergesagt (Wallerstein 2002, 43 ff.). Wallerstein hält einen Aufstieg Chinas für weniger wahrscheinlich als Arrighi und diskutiert daher die möglichen Folgen der „Kluft" der „Triade" (Wallerstein 2004, 242-259).

capitalist system towards first the material and then the financial expansions that jointly constitute the cycle. Consecutive systemic cycles of accumulation overlap with one another at their beginnings and ends, because phases of financial expansion have not only been the ‚autumn' of major developments of world capitalism. They have also been periods in the course of which a new leading governmental-business complex emerged and over time reorganized the system, making possible its further expansion" (Arrighi 2005b, 5).[120]

Die jeweiligen Hegemone setzen in ihrer Führungsrolle gewisse Standards durch (zum Beispiel den Goldstandard, das Bretton-Woods-System nach 1945 zur Garantie eines funktionierenden internationalen Kapitalverkehrs) und schaffen dadurch eine größere Berechenbarkeit von ökonomischen Transaktionen als in nicht-hegemonialen Zeiten. Besser als andere Staaten können sie einen Rahmen für die Wahrnehmung und Sicherstellung von Eigentumsrechten setzen und zur Bekämpfung der internen Widersprüche des Systems beitragen. Anknüpfend an Fernand Braudel schreibt Arrighi, dass den Phasen der Hegemonie, die durch ein Ansteigen der Produktion charakterisiert sind, eine Phase der finanziellen Expansion folgt, die charakteristisch für die „Reife" eines Hegemoniezyklus ist (Arrighi 1994, 5). Erschöpft sich ein Produktionsmodell, fehlt es an ausreichenden produktiven Anlagemöglichkeiten für die Unternehmen, wird die Überakkumulation des Kapitals temporär gelöst, indem neue Formen von Finanzanlagen geschaffen werden. Die Vereinigten Staaten befinden sich derzeit inmitten dieser Phase der „Finanzialisierung" – dem „Zeichen des Herbstes". Der Anfang einer Phase finanzieller Expansion wird als „Signalkrise" des dominanten Akkumulationsregimes bezeichnet, die Ablösung eines Akkumulationsregimes durch ein anderes als „Endkrise".[121]

---

[120] Im Gegensatz zu Wallerstein, bei dem erst drei Staaten eine hegemoniale Führungsrolle übernommen haben – die Niederlande im 17., Großbritannien in der Mitte des 19. und die USA in der Mitte des 20. Jahrhunderts –, spricht Arrighi von vier Hegemonen.

[121] Mithilfe einer Reformulierung der Formel G-W-G' (Marx beschreibt damit die Transformation von Geld in Ware, die eine Vermehrung des Geldes, G', zur Folge hat) – diesmal jedoch nicht als Bewegungsform eines individuellen Kapitals sondern des Weltkapitalismus – möchte Arrighi beweisen, dass es sich bei der finanziellen Expansion um ein wiederkehrendes Muster des historischen Kapitalismus handelt (Arrighi 1994, 4 ff.). Ihm

Zwischen den historischen Zyklen bestehen sowohl Ähnlichkeiten als auch Unterschiede. Immer wieder verstärken Hegemone in Zeiten der finanziellen Expansion beispielsweise ihre Machtposition erst einmal, weil ihre fortgesetzte Zentralität in der Weltwirtschaft ihnen eine besonders gute Position verschafft, von der finanziellen Expansion zu profitieren. Gleichzeitig werden die Zyklen immer kürzer und wächst die Komplexität des führenden Regimes beständig an, was eine fortschreitende Steigerung der Kosten für die Aufrechterhaltung der Hegemonie mit sich bringt (im Falle der Vereinigten Provinzen der Niederlande die Kosten für Sicherheit, beim britischen Empire die Produktionskosten und bei den USA die Transaktionskosten).

Die Zeiten finanzieller Expansion sind nach Arrighi durch zwei Ereignisse gekennzeichnet. *Erstens* sind sie mit größeren Schüben einer „Akkumulation durch Enteignung" (einem dem Werk David Harveys entlehnten Begriff) verbunden: „Suffice it to mention that lending surplus capital to governments and populations in financial straits was profitable only to the extent that it redistributed assets or incomes from the borrowers to the agencies that controlled surplus capital" (Arrighi 2005b, 6). Massive Reichtumsumverteilungen fungieren als Schlüsselmomente bestimmter Phasen der Finanzialisierung, Zeiten einer „Belle Époque", die das Ende eines Zyklus aufschieben, aber längerfristig kein Hegemon mehr abwenden kann, wie Arrighi am Beispiel der Renaissance und an den Reagan- bzw. Clinton-Regierungen veranschaulicht. In diesen Zeiten eskalieren ebenso die zwischenstaatlichen Konflikte – von denen die amtierenden Hegemone nur kurzfristig einen Gewinn ziehen können. *Zweitens* beginnt ein Prozess, der zum Transfer von überschüssigem Kapital in neue aufstrebende Zentren führt und damit neue Phasen des Wachstums ermöglicht. In diesem Prozess spielen Kriege eine zentrale Rolle: „To this we should now add that wars played a crucial role. In at least two instances (from Holland to Britain and from Britain to the United States), the reallocation of surplus capital from mature to emerging centres began long before the escalation of

---

zugrunde liegt eine zyklische Bewegung: Der Übergang von Phasen materieller Expansion (G-W) zu Phasen finanzieller Expansion (W-G') und wieder zurück zu materieller Expansion (G'-W). Die beiden Phasen, materielle und finanzielle Expansion, stellen zusammen einen vollständigen systemischen Akkumulationszyklus dar.

interstate conflicts" (ebd., 7 f.). Die finanzielle Expansion des frühen 15. Jahrhunderts, die einen Übergang zu einem neuen Akkumulationszyklus bildet, ist etwa verbunden mit einem Wettbewerb bis hin zum Krieg zwischen Stadtstaaten. Der englisch-französische „Hundertjährige Krieg" drückt den Übergang zur britischen Hegemonie aus und wird bereits zwischen territorial integrierten Gebieten, Staaten, geführt (Arrighi 1994, 127).

Die Entwicklung des Kapitalismus drängt, so Arrighi, zur Schaffung imperialer Gebilde, wenn auch die Imperien selbst immer kurzlebiger werden: „The development of historical capitalism as a world system has been based on the formation of ever more powerful cosmopolitan-imperial (or corporate-national) blocs of governmental and business organizations endowed with the capability of widening (or deepening) the functional and spatial scope of the capitalist world-economy. And yet, the more powerful these blocs have become, the shorter the lifecycle of the regimes of accumulation that they have brought into being – the shorter, that is, the time that it has taken for these regimes to emerge out of the crisis of the preceding dominant regime, to become themselves dominant, and to attain their limits as signalled by the beginning of a new financial expansion" (ebd., 220). Historisch betrachtet, hat keine der führenden Einheiten, die dem Weltkapitalismus zur Expansion verhalf, je die Form des „mythischen" Nationalstaates angenommen, von dem in den Sozialwissenschaften so häufig die Rede ist. Genua und die Vereinigten Provinzen waren Vorstufen eines Nationalstaats, Großbritannien und die Vereinigten Staaten mehr als einfache Nationalstaaten. Von Anfang an erstreckten sich die Netzwerke der Akkumulation und der Macht nicht nur innerhalb der Grenzen der Staaten. Fernhandel, internationale Finanzgeschäfte und imperialistische Praktiken dienten den früheren Großmächten als bedeutendere Profitquellen als in späteren Zeiten.

Um die Komplexität internationaler Konflikte begreifbar zu machen, führt Arrighi die Unterscheidung von zwei „Logiken der Macht" ein – die *kapitalistische* und die *territoriale* Logik der Macht. „Territorialist rulers identify power with the extent and populousness of their domains, and conceive of wealth/capital as a means or a by-product of the pursuit of territorial expansion. Capitalist rulers, in contrast, identify power with the extent of their command over scarce resources and consider territorial acquisitions as a means and a by-product of the accumulation of capital" (ebd., 33). Territoriale

Herrscher tendieren dazu, ihre Macht durch die Vergrößerung ihres Machtbereichs, des Staates, auszudehnen. Kapitalisten tendieren dazu, ihre Macht innerhalb kleinerer Einheiten zu vergrößern. Der ökonomische Wettbewerb zwischen Unternehmen muss nicht notwendigerweise zur politischen Segmentierung führen. Es hängt von der Form und der Intensität des Wettbewerbs ab. Sollte dieser verstärkt in einem trans-staatlichen Raum stattfinden, kann es den Kapitalien daran gelegen sein, die Regierungen sogar zur Reduzierung politischer Spaltungen zu drängen. Und doch repräsentieren beide Logiken alternative Strategien der „Staatenbildung". Zudem operieren sie nicht losgelöst voneinander und überlappen sich.[122] Alles in allem findet allerdings ein historischer Prozess der Fusion von Staat und Kapital statt (ebd., 11).[123]

In Bezug auf den „Herbst" des jüngsten Akkumulationszyklus kommt Arrighi zu folgenden Überlegungen: Die „Signalkrise" hat um 1970 stattgefunden. Mittlerweile befinden wir uns in einer hegemonialen Krise. In diesem Zusammenhang spielen die Konflikte

---

[122] „Capitalism and territorialism as defined here, in contrast, do represent alternative strategies of state formation. In the territorialist strategy control over territory and population is the objective, and control over mobile capital the means, of state- and war-making. In the capitalist strategy, the relationship between ends and means is turned upside down: control over mobile capital is the objective, and control over territory and population the means. [...] The logical structure of state action with regard to territorial acquisition and capital accumulation should not be confused with actual outcomes. Historically, the capitalist and the territorialist logics of power have not operated in isolation from one another but in relation to one another, within a given spatio-temporal context. As a result, actual outcomes have departed significantly, even diametrically, from what is implicit in each logic conceived abstractly. Thus, historically, the strongest tendency towards territorial expansion has arisen out of the seedbed of political capitalism (Europe) rather than out of the seat of the most developed and best established territorialist empire (China)" (Arrighi 1994, 34).

[123] Arrighi nimmt an, dass sich die Menschheit in einem schwierigen, langwierigen Prozess der Formierung eines „Weltstaates" befindet. War der Weltkapitalismus ursprünglich in einem System von Stadtstaaten verankert, dann in Nationalstaaten, so ist heute der Übergang zur Weltstaatsphase erkennbar. Allerdings läuft der Übergang mit mehr Friktionen ab, als dies etwa Negri/Hardt annehmen und wird voraussichtlich nicht im 21. Jahrhundert abgeschlossen werden (Arrighi 2003, 24 f.).

zwischen dem alten Hegemon und einer neuen aufstrebenden Macht (China) eine zentrale Rolle.

In einem gemeinsam mit Beverly J. Silver verfassten Aufsatz wird *erstens* argumentiert, dass die globale Finanzexpansion ab den 1980ern weder ein neues Stadium des Weltkapitalismus noch den Beginn einer Hegemonie der globalen Märkte markieren, sondern eine hegemoniale Krise ausdrücken: „As such, the expansion can be expected to be a temporary phenomenon that will end more or less catastrophically, depending on how the crisis is handled by the declining hegemon" (Arrighi/Silver 1999b, 272). Die relative Blindheit diesen Vorgängen gegenüber lässt die amerikanischen Eliten, ähnlich wie vor ihnen die niederländischen oder englischen, in eine schwache Position abgleiten.

Als eine historische Neuheit wird *zweitens* eine Aufgabelung militärischer und finanzieller Potentiale beschrieben. Zwar befindet sich das Militär in den Händen des Hegemons, aber dieser besitzt nicht die finanziellen Mittel zur Lösung seiner strukturellen Schwäche: „The declining hegemon is thus left in the anomalous situation that it faces no credible military challenge, but it does not have the financial means needed to solve system-level problems that require system-level solutions" (ebd., 278). Folge hiervon ist erst einmal die Verminderung der Möglichkeit des Ausbrechens von Kriegen zwischen den stärksten Einheiten des Systems.[124] Allerdings verhindert dies nicht die Möglichkeit des Abgleitens der gegenwärtigen hegemonialen Krise in eine Periode des „systematischen Chaos" (ebd., 275). *Drittens* deutet die Vielzahl transnationaler Unternehmen und Gemeinschaften auf eine allgemeine Schwächung der Macht der Nationalstaaten hin – im Gegensatz zur Welle der Globalisierung Ende des 19. Jahrhunderts, die eine Stärkung der Nationalstaaten bewirkte. Dies führt zu der *vierten* Annahme, die davon ausgeht, dass der Beginn einer Welle sozialer Kämpfe wahrscheinlich bevorsteht (ebd., 282),

---

[124] Andere Weltsystemtheoretiker sind an diesem Punkt skeptischer. Christopher Chase-Dunn und Bruce Podobnik prognostizieren aufgrund einer neuen Multipolarität nach 1990 und der hegemonialen Krise der USA in Zukunft eine erhöhte Weltkriegswahrscheinlichkeit. Im Falle sich zuspitzender Konflikte wird die Wahrscheinlichkeit von Kriegen zwischen den USA und seinen Herausforderern, v.a. Deutschland und Japan, zunehmen (Chase-Dunn/Podobnik 1999, 42). Die Autoren nehmen an, dass in den Jahren nach 2020 ein neuer Weltkrieg droht (ebd., 54).

weil die sozialen Widersprüche und politischen Instabilitäten zunehmen.

Fünftens wird sich die Zukunft des Weltsystems an der Frage entscheiden, wie mit dem Aufkommen des neuen potentiellen Hegemons in Ostasien umgegangen wird: „The clash between Western and non-Western civilizations lies behind us rather than in front of us. What lies in front of us are the difficulties involved in transforming the modern world into a commonwealth of civilizations that reflects the changing balance of power between Western and non-Western civilizations, first and foremost the reemerging China-centered civilization. How drastic and painful the transformation is going to be – and, indeed, whether it will eventually result in a commonwealth rather than in the mutual destruction of the world's civilizations – ultimately depends on two conditions. It depends, first, on how intelligently the main centers of Western civilization can adjust to a less exalted status and, second, on whether the main centers of the reemerging China-centered civilization can collectively rise up to the task of providing system-level solutions to the system-level problems left behind by U.S. hegemony" (ebd., 286).

In jüngeren Aufsätzen prognostiziert Arrighi noch eindringlicher als zuvor den Abstieg der USA. Sämtliche Versuche des Weltregierens mit den Mitteln der „Dominanz ohne Hegemonie" sind gescheitert. Der „neue" Imperialismus steht nicht für ein Zeichen der Stärke – „the new imperialism will appear as the outcome of a protracted historical process consisting of spatial fixes of increasing scale and scope, on the one hand, and on the other, of an American attempt to bring this process to an end through the formation of a US-centred world government. This attempt, I will argue, was integral to US hegemony from the start. Under George W. Bush, however, it has reached its limits and in all likelihood will cease to be the primary determinant of ongoing transformations of the global political economy" (Arrighi 2005b, 1 f.).

Anhand dreier Entwicklungen möchte er seine Hypothese belegen. *Erstens* erholen sich Arrighi zufolge die USA nicht vom „Vietnam-Syndrom", *zweitens* verlieren die USA ihre ökonomische Vormachtstellung und *drittens* beschleunigt der „Krieg gegen den Terror" die Tendenz der Rezentrierung der Weltwirtschaft in Ostasien, besonders in China. Der Verlauf des Vietnamkrieges wird als Ausdruck der Signalkrise der amerikanischen Hegemonie erörtert. Dem folgte eine Art moderne „Belle Époque" des US-Kapitalismus in den 1980ern und 1990ern. Die Probleme, die den USA im Irak und im „Krieg gegen den Terror" gegenüberstehen sind allerdings ungleich größer als Ende der 1960er bzw. Anfang der 1970er (Arrighi 2005a, 52 ff.). Dabei geht es nicht in erster Linie um die Stärke des irakischen Widerstands, die Abhängigkeit vom Öl oder die innenpolitischen Konflikte im Angreiferland selbst. Was auf dem Spiel steht, ist die Frage, ob die USA weiterhin die „Ordnung" in der Welt garantieren können. Arrighi argumentiert, dass der Blick auf die globale politische Ökonomie Anzeichen für eine „Endkrise" der US-Hegemonie offenbart. Die derzeitige amerikanische Politik steht im Widerspruch zur neoliberalen Vision der sich selbstregulierenden Märkte. Das „Globalisierungsprojekt" droht zu scheitern. Die amerikanischen Zahlungsbilanzdefizite, die Finanzierung des amerikanischen Aufschwungs durch ausländisches, mehrheitlich ostasiatisches Finanzkapital und das Anwachsen der ausländischen Devisenreserven in Dollar-Währung deuten auf einen Verlust der amerikanischen Hegemonie über die Weltwirtschaft und das Geld hin: „We may therefore summarize the US condition of domination without ‚hege*money*' as follows. As in Britain's case at a comparable stage of relative decline, escalating US current-account deficits reflect a deterioration in the competitive position of American business at home and abroad. And as in Britain's case, though less successfully, US capital has partially countered this deterioration by specializing in global financial intermediation. Unlike Britain, however, the US has no territorial empire from which to extract the resources needed to retain its politico-military pre-eminence in an increasingly competitive world" (ebd., 64). Der amerikanische Aufschwung der 1990er basierte auf den Synergieeffekten von zwei Grundlagen: Erstens der Fähigkeit der USA, sich als Garant politisch-militärischer Ordnung und gleichzeitig als „market of last resort" zu präsentieren, zweitens dem Willen des Restes der Welt, die Vereinigten Staaten mit dem notwendigen Kapital zu versorgen. Der Zusammenbruch des Ostblocks, die schnellen „Siege" am Golf 1991 oder im ehemaligen Jugoslawien und der New-Economy-Boom garantierten das Funktionieren des Weltsystems. Gegenwärtig drohen die Grundlagen dieses instabilen Systems einzustürzen.

Die Vereinigten Staaten wehren sich mit nur mäßigem Erfolg dagegen. Einzig die wirtschaftlichen Gewinne, die ihnen über ihre Rolle des Dollars als (Noch-)Weltgeld zufließen, bilden einen ernstzunehmenden Gegenfaktor (ebd., 67). Allerdings verweist der Kursverfall des Dollar 2004 auf die Grenzen dieser Politik. Der

Erhalt des Dollar als Weltwährung wird als weitaus schwierigeres Unterfangen als in den 1980ern beschrieben, als die USA noch ein Kreditgeber waren – und nicht wie heute das höchstverschuldete Land der Erde. Zudem gab es zu jener Zeit noch keine potentiellen Reservewährungen wie den Euro (ebd., 71 ff.). Auch wenn die Bush-Regierung glauben mag, dass ein sinkender Dollar-Kurs kein amerikanisches Problem ist und im Gegenteil ein effektives Mittel darstellt, Freunde und Feinde gleichermaßen dazu zu zwingen, die amerikanischen Kriegskosten und den wirtschaftlichen Aufschwung zu finanzieren, erscheinen die wirklichen Verhältnisse fatal für die USA: „In reality, the sinking dollar of the 2000s is the expression of a far more serious crisis of American hegemony than the sinking dollar of the 1970s. Whether gradual or brutal, it is the expression (and a factor) of a relative and absolute loss of the US's capacity to retain its centrality within the global political economy" (ebd., 74).

Das größte Versagen der neokonservativen imperialen Politik besteht nach Arrighi in ihrem Unvermögen, das aufstrebende China an seinem Aufstieg zu einem neuen Zentrum der Weltwirtschaft zu hindern. Kaum beachtet, hat in den letzten Jahrzehnten eine Verschiebung der weltweiten Produktion und Wertschöpfung weg von den USA und Europa hin nach Ostasien stattgefunden. Der asiatische Anteil am weltweiten Bruttosozialprodukt ist zwischen 1960 und 1999 von 13 Prozent auf 26 Prozent gestiegen. Mittlerweile reichen die wirtschaftlichen und politischen Aktivitäten Chinas bis nach Lateinamerika.[125] Die EU geht davon aus, dass China bis zum

---

[125] Arrighi führt aus: „But China's importance relative to the US is growing rapidly even outside the East Asian region. Trade with India has grown from $300 million a decade ago to $13.6 billion in 2004, leading to a ‚complete U-turn' in the relationship between the two countries and to an unprecedented mutual engagement at the governmental and business level alike. Washington's failure to tighten its control over the ‚global oil spigot' in West Asia was signalled most spectacularly by the signing of a major oil agreement between Beijing and Tehran in October 2004. Further south, oil fuels China's push into Africa. In 2003 alone, China-Africa trade increased nearly 50 per cent to $18.5 billion. Each year, more Chinese entrepreneurs arrive in Africa to invest where Western companies are uninterested in doing business, while the Chinese government (except for requesting that Taiwan not be recognized) provides development assistance with none of the strings that are attached to Western aid. Increasingly, African leaders look east for trade, aid and political alliances, shaking up the continent's historical links with Europe

Jahr 2010 die USA als ihren bislang größten Handelspartner überflügeln werden. Anstelle aber den Aufstieg Chinas zu bremsen, befördern die engen Beziehungen zwischen Washington und Peking diesen eher. Vor dem Hintergrund des Irak-Desasters werden diese Beziehungen eher noch verstärkt (ebd., 75). Noch fürchten sich andere Mächte vor einem Niedergang der US-Wirtschaft, denn dieser kann die ganze Weltwirtschaft mitreißen. Folglich versuchen europäische und ostasiatische Regierungen, einen Abstieg der US-Wirtschaft zu verhindern. Sollte aber in Ostasien ein neues Zentrum entstehen, welches an Bedeutung gewinnt, dann wird es mehr und mehr Regierungen gleichgültig sein, ob die amerikanische Wirtschaft in eine Krise gerät. In diesem Fall wird sich China als der „große Gewinner" des Kriegs gegen den Terror erweisen (Arrighi 2005b, 33).

Arrighi möchte keine genauen Aussagen darüber machen, welche weltpolitischen Konsequenzen all dies haben wird – außer eine: Es steht eine lange Epoche von Kämpfen zwischen der Tendenz der globalen Ökonomie, sich mit Ostasien ein neues Zentrum zu schaffen, und den US-amerikanischen Ansprüchen auf den Aufbau eines Weltreiches, die darauf abzielen, eben jene Tendenz zu stoppen, bevor. Weil die amerikanisch dominierte Weltordnung zusätzlich noch durch die Zerrüttung von Regionen und ganzen Kontinenten wie Afrika untergraben wird, was deren Ausbeutung erheblich erschwert, weisen alle Zeichen in Richtung eines „systematischen Chaos".

---

and the United States. Equally significant are Chinese inroads in South America. While Bush paid only a fleeting visit to the 2004 APEC meeting in Chile, Hu Jintao spent two weeks visiting Argentina, Brazil, Chile and Cuba, announced more than $30 billion in new investments and signed long-term contracts that will guarantee China supplies of vital raw materials" (Arrighi 2005a, 78).

2.4. Die Debatte um den „neuen" Imperialismus: Empire, US-Imperium oder Rückkehr zwischenstaatlicher Rivalitäten?

Mit der Herausgabe des Buches *Empire* von Negri/Hardt und besonders seit dem Beginn des „Kriegs gegen den Terror" nach dem 11. September 2001 fand eine Art Renaissance marxistischer Erklärungsansätze zum „neuen Imperialismus" statt. Im Folgenden werden im Anschluss an den Empire-Ansatz zwei divergierende Theorien vorgestellt – die These des amerikanischen Imperiums von Leo Panitch und die These neuer zwischenimperialistischer Rivalitäten von David Harvey.

2.4.1. Negri/Hardt: Der Übergang zum Empire

In ihrem Buch *Empire. Die neue Weltordnung* (2000/2002) stellen Antonio Negri und Michael Hardt eine starke These auf. Der „postmoderne" Kapitalismus befindet sich im Übergang zu einem neuen Typus von Herrschaft, einem „Empire", einem Weltreich ohne Zentrum, das die alte nationalstaatlich gegliederte Welt sprengt und gleichsam neuartige Konflikte hervorbringt.[126]

---

[126] Bislang galt die Definition eines *Empire* bzw. eines *Imperiums* für den Bereich auch außerhalb einstiger Grenzen liegender Räume, in dem der Hegemon über die Befehlsgewalt verfügt und das Recht für sich in Anspruch nimmt, das Gesetz zu setzen. Herfried Münkler bezeichnet mit „imperialer" Politik im Gegensatz zur Herrschaft innerhalb eines Staates die sich von einem Zentrum her langsam abflachende politische und wirtschaftliche „Durchdringungsdichte" anderer Räume (Münkler 2005). Münkler grenzt dabei den Begriff des Imperiums von dem der Hegemonie und des Imperialismus ab. Dabei dienen ihm Großreiche wie das Imperium Romanum als historische Blaupausen. „Imperien sind mehr als große Staaten; sie bewegen sich in einer ihnen eigenen Welt. Staaten sind in eine Ordnung eingebunden, die sie gemeinsam mit anderen Staaten geschaffen haben und über die sie daher nicht allein verfügen. Imperien dagegen verstehen sich als Schöpfer und Garanten einer Ordnung, die letztlich von ihnen abhängt und die sie gegen den Einbruch des Chaos verteidigen müssen" (ebd., 8). Viel mehr als eine instabile multipolare Weltordnung kann ein übermächtiges „Imperium" ein Garant für Ordnung sein (ebd., 224 ff.). Münklers an den Neorealismus

Die Idee des Empire fußt auf einer Darstellung der sich gegenwärtig herausbildenden Produktionsverhältnisse. Der Bereich der Produktions- und Arbeitsprozesse verändert sich fundamental, so Negri/Hardt. Das Verhältnis zwischen Lohnarbeit und Kapital erhält im Empire eine neue Form. Die tayloristische Arbeitsteilung, die fordistische Lohnpolitik und Fließbandproduktion sowie der Wohlfahrtsstaat geraten ins Wanken. Die heutige globale Gesellschaft ist postindustriell, die Arbeitsorganisation postfordistisch reguliert. Ein Prozess kann beobachtet werden, in dem die produktive Arbeit sich von der Fabrik mehr und mehr über die gesamte Gesellschaft ausbreitet. Eine Dezentralisierung industrieller Fertigungsprozesse als Folge von Klassenkämpfen und ein „Informatisierungsprozess" erscheinen als zentrale Entwicklungstendenzen (Negri/Hardt 2002, 291-314). Das alte vertikal gegliederte Unternehmen wird „nun tendenziell als horizontales Netzwerkunternehmen organisiert [...]. Informationsnetzwerke befreien die Produktion zugleich von territorialen Beschränkungen, da sie von ihrer Anlage her Produzent und Konsument ungeachtet der zwischen beiden liegenden Entfernung in direkten Kontakt bringen" (ebd., 307).[127] Das Internet tritt bei Negri/Hardt als Vorbild für die Welt des Empire auf: „Da es kein Zentrum hat und beinahe jedes Element als selbständiges Ganzes operieren kann, kann das Netzwerk weiterfunktionieren, selbst wenn es teilweise zerstört wurde. Das gleiche Designmerkmal, das das Überleben sichert, die Dezentralisierung, macht die Kontrolle des Internets so schwierig. Da kein einzelner Punkt im Netz nötig ist, um die Kommunikation der anderen aufrechtzuerhalten, ist es schwierig, ihre Kommunikation zu regulieren oder zu verbieten. Dieses demokratische Modell nannten Deleuze und Guattari Rhizom, eine

---

erinnernde Typologie historischer Imperialherrschaft – Steppenimperien (z.B. Mongolisches Reich), Seereiche (z.B. Spanien, Portugal) und Handelsmächte (z.B. British Empire) – bezieht sich stark auf geographische Begebenheiten und weniger auf die gesellschaftlichen Strukturen, der der jeweiligen Politik des betreffenden Reichs zugrunde liegen (ebd., 79-126; zur Kritik: Teschke 2006).

[127] Ihre starke Globalisierungsthese wird unter anderem an der Überlegung festgemacht, der zufolge die Unternehmen über eine viel größere Beweglichkeit als früher verfügen: „Das Kapital kann sich Verträgen mit einer bestimmten lokalen Bevölkerung entziehen, indem es sich zu einem anderen Punkt im globalen Netzwerk begibt" (Negri/Hardt 2002, 308).

nichthierarchische und nichtzentralisierte Netzwerkstruktur" (ebd., 310).

Zusammengenommen verstärken diese Tendenzen die „Pyramidenstruktur der Macht". „Der Prozess ist offenbar irreversibel geworden und macht sich allenthalben geltend: in der Entwicklung von den Nationen zum Empire, in der Verlagerung der Wertschöpfung von der Fabrik in die Gesellschaft, in der Ablösung von Arbeit durch Kommunikation und schließlich auch im Übergang von disziplinarischen Herrschaftsformen zu Kontrollprozessen" (Negri 2001a, 23). Das Empire intensiviert die Kontrolle über sämtliche Lebensbereiche. Daher betonen Negri/Hardt die neue „biopolitische" Qualität der imperialen Macht.[128] Die „imperiale" Macht wird absolut und kann in Form eines Zusammenfallens von ökonomischer Produktion und politischer Konstitution verstanden werden. Produktion und rechtliche Legitimation können nicht mehr als primär beziehungsweise sekundär, sondern müssen als in einem Stadium absoluter Ähnlichkeit und Vermischung sich befindend verstanden werden. Das Empire trägt jedoch den Hebel seiner Überwindung schon in sich – ein neues „Proletariat" entsteht, die Multitude (Negri/Hardt 2002, 116). Das Empire selbst ist durch die Kämpfe der Multitude ins Leben gerufen worden, seine Entstehung kann daher als die kapitalistische Reaktion auf die Krise der Methoden, die einst dazu dienten, die Arbeitskraft im Weltmaßstab zu disziplinieren, begriffen werden.

Form und Funktion von Staatlichkeit verändern sich in der neuen Weltordnung grundlegend. Der Nationalstaat büßt seine zentrale Rolle ein, weil ihm drei wesentliche Felder der „Souveränität" –

---

[128] In Anlehnung an Foucault verstehen sie die Gesetze der „Biopolitik" als Eindringen einer disziplinierenden Macht in die Gehirne und Körper (Negri/Hardt 2002, 38). Im Gegensatz zum historisch überholten Modell des Nationalstaates, der über die Möglichkeiten der Disziplinargesellschaft verfügte, „um Machtausübung und Konsensfindung zu organisieren und zugleich eine soziale und produktive Integration samt den entsprechenden Staatsbürgerschaftsmodellen zu etablieren", entwickelt das „Empire hingegen [...] Kontrolldispositive, die sämtliche Aspekte des Lebens besetzen und diese nach dem Muster von Produktion und Staatsbürgerschaft ummodeln, was auf eine totalitäre Manipulation aller Aktivitäten, der Umwelt, der sozialen und kulturellen Verhältnisse usw. hinausläuft" (Negri 2001a, 23).

Militär, Politik, Kultur – abhanden kommen und durch die zentralen Mächte des Imperiums aufgesogen und abgelöst werden. Negri/Hardt begreifen unter diesem Niedergang des Staates einen Prozess, der ein Zusammengehen bzw. eine Fusion von Staat und Kapital bewirkt: „Mit anderen Worten: Im Niedergang des Nationalstaats wird das Verhältnis von Staat und Kapital im eigentlichen Sinn vollständig realisiert. [...] ,Der Kapitalismus triumphierte nur dann, wenn er mit dem Staat identifiziert wurde, wenn er der Staat war.'" (ebd., 248). Der Staat verliert im Prozess der Transformation seiner Aufgaben seine Autonomie. Staat und Kapital verschmelzen. Die „Funktionen" des liberal-demokratischen Staats sind „in die Kommandomechanismen transnationaler Konzerne auf globaler Ebene integriert" (ebd., 319). Eine neue imperiale Konstitution beginnt Formen anzunehmen.

Negri/Hardt gehen von der Existenz eines globalisierten Marktes aus. Grundlegende Hypothese ist die Annahme einer neuen Form von Souveränität, die im globalen Markt ihren Ursprung hat. „Diese neue globale Form der Souveränität ist es, was wir Empire nennen" (ebd., 10). Im Gegensatz zum einstigen imperialistischen System herrscht dieses Machtdispositiv supranational, global und total und ist durch ein Fehlen von Grenzen charakterisiert. Das neue Machtgefüge ist pyramidenartig aufgebaut. An der Spitze der ersten Stufe sitzen die Vereinigten Staaten, auf der nächsten Ebene der ersten Stufe die G7-Staaten, die auch speziellen Institutionen oder „Clubs" (wie etwa in Davos) vorstehen. Auf einer dritten, weiteren Ebene der ersten Stufe befindet sich eine heterogene Ansammlung von Assoziationen, die kulturelle und biopolitische Hegemonie ausüben, zusammengesetzt aus den Mitgliedern der ersten beiden Ebenen. Auf einer zweiten Stufe finden sich die transnationalen Konzerne (TNCs), über einer Ebene von Nationalstaaten, „die nunmehr im wesentlichen lokale, territorialisierte Organisationen geworden sind. [...] Die dritte und breiteste Stufe der Pyramide bilden schließlich Gruppen, die innerhalb der globalen Machtordnung populare Interessen repräsentieren" (ebd., 321 f.). Damit sind besonders die UN-Vollversammlung, die Medien und NGOs gemeint. Dem Imperium fehlt ein Rom, ein lokalisierbares Zentrum – wie das Internet tritt es sowohl dezentral als auch universal in Erscheinung.

Damit unterscheidet sich das Empire fundamental vom Imperialismus. „Alte" imperialistische Politik erscheint folgerichtig als Anachronismus. Wo der Imperialismus weiter besteht, ist er nur noch eine Übergangsform. Anders als für den alten, auf Nationalstaaten zentrierten Imperialismus gibt es für das grenzenlose Empire mit seiner globalen Befehlsgewalt kein politisches oder wirtschaftliches „Außen" bzw. nichtkapitalistische Sphären mehr. Der Prozess der Modernisierung bewirkt eine Internalisierung des Außen. Auch im militärischen Bereich gilt das: „Die souveräne Macht sieht sich keinem Anderen und keinem Außen mehr gegenüber, sondern wird ihre Grenzen immer weiter ausdehnen und am Ende den gesamten Erdball zu ihrem Hoheitsgebiet gemacht haben" (ebd., 200 f.). Expansionsdrang war dem kapitalistischen System von Beginn an immanent. So kapitalisierte es nach und nach Bereiche nichtkapitalistischer Natur, beispielsweise über den Export von Kapital (ebd., 222-229).[129] Diese Phase gilt nun als abgeschlossen und infolge dessen auch die Phase imperialistischer, interimperialistischer und antiimperialistischer Kriege. Stattdessen beginnt eine Ära interner Konflikte – Bürgerkriege kennzeichnen das Imperium (ebd., 189). Das neue Imperium basiert auf Gesellschaften, deren Eliten sich universellen, ewigen Frieden auf die Fahnen geschrieben haben und überall dort in Form von Polizeioperationen intervenieren, wo sie die Werte des Imperiums gefährdet sehen. Imperialistische Politik dagegen gefährdet das längerfristige Überleben des Kapitalismus, da ihre Logik der „Einkerbung, Kanalisierung, Kodierung und Territorialisierung der Kapitalströme" die Entwicklung hin zum realen Weltmarkt aufhält: „Der Imperialismus wäre der Tod des Kapitals gewesen, hätte man ihn nicht überwunden. Die volle Entfaltung des Weltmarkts ist das Ende des Imperialismus" (ebd., 342). Der Weltmarkt bedarf des „glatten Raums" unkodierter und deterritorialisierter Ströme.

Das Empire ist kein amerikanisches. Es ist „schlicht kapitalistisch. Es ist die Ordnung des ‚Gesamtkapitals', also der Kraft, die den Bürgerkrieg des zwanzigsten Jahrhunderts gewonnen hat" (Negri

---

[129] Negri/Hardts Analyse sozio-ökonomischer Entwicklungen bezieht sich auf die Tendenz zur Unterkonsumtion – im Rückgriff auf Luxemburg und Lenin machen sie geltend, dass sie Verwertungsprobleme zu den Faktoren gehören, die das Kapital immer wieder nach „außen" getrieben haben, in nichtkapitalistische Gebiete (Negri/Hardt 2002, 234). Dabei entsteht der Grundwiderspruch kapitalistischer Expansion, der auf dem gleichzeitigen Angewiesensein eines nichtkapitalistischen Außen und der „Einverleibung der nichtkapitalistischen Umgebung" beruht (ebd., 239).

2001a, 23). Warum aber besitzen die Vereinigten Staaten eine privilegierte Position innerhalb des Empire? Natürlich kann eine gewisse Kontinuität ihrer Rolle, besonders militärischer Art, als zentraler Akteur im Kampf gegen die UdSSR, auch in der neuen Weltordnung noch festgestellt werden. In einer Diskussion der Entwicklung der amerikanischen Verfassung und amerikanischer Politik lesen Negri/Hardt einen wichtigen Grund für die Privilegierung der USA aus der „imperialen Tendenz" der eigenen Verfassung heraus: „Denn die US-Verfassung ist, wie Jefferson sagte, am besten für die Ausweitung des Empire geeignet. Noch einmal sei betont, dass diese Verfassung imperial und nicht imperialistisch ist: Sie ist imperial, weil sie – im Gegensatz zum Imperialismus, der stets darum bemüht ist, seine Macht linear auf geschlossene Räume auszuweiten und die unterworfenen Länder zu besetzen, zu zerstören und der eigenen Souveränität zu unterwerfen – auf dem Modell beruht, einen offenen Raum neu zu organisieren und unablässig auf unbegrenztem Raum vielfältige und singuläre Netzwerkbeziehungen neu zu schaffen. Die heutige Idee des Empire ist aufgrund der globalen Expansion des US-amerikanischen Verfassungsprojekts entstanden" (Negri/Hardt 2002, 194).

In der Arbeit *Multitude. Krieg und Demokratie im Empire* (2004) geben die Autoren ihren Thesen eine andere Akzentsetzung. Nach 2001 ist der globale Kriegszustand zur wichtigsten Frage geworden: „Der Krieg wird zum allgemeinen Phänomen, global und permanent" (Negri/Hardt 2004, 17). Der allumfassende Krieg verkehrt den Ausnahmezustand zum Normalzustand. Zudem ergeben sich schärfere innerimperiale Konflikte. Dieser Zustand dient als Herrschaftsinstrument: „Der heutige imperiale Kriegszustand […] reproduziert und reguliert die bestehende Ordnung; er begründet das Recht und die Rechtsprechung innerhalb dieser Ordnung" (ebd., 38). „Es ist das Besondere unserer Epoche, dass der Krieg von der Position des ultimativen Moments der Macht – tödliche Gewalt als letztes Mittel – an die erste Stelle gerückt ist und zur Grundlage der Politik selbst wird" (ebd., 37). Der Krieg erhält eine postmoderne Gestalt. War er in der alten Welt der Nationalstaaten ein „begrenzter Ausnahmezustand" (ebd., 21), so wird der Krieg mit der Minderung der Bedeutung des Nationalstaates zum Bürgerkrieg. Es geht nun primär um die Stabilisierung der Weltordnung und die Bekämpfung von Feinden. Durch den permanenten Ausnahmezustand sowohl nach innen wie nach außen verringert sich die Differenz zwischen Polizei- und Militäraktionen. Der Kriegszustand als intensivster

Ausdruck der Biomacht hilft dabei, Widerstandsbewegungen zu unterdrücken und der Multitude die imperiale Ordnung aufzuzwingen.

Ähnlich der These der „neuen Kriege" werden die aktuellen Formen des Krieges diskutiert. Das Mittel der „Aufstandsbekämpfung" spiegelt die geänderte Organisationsform des Krieges, weil der Feind (zum Beispiel Terroristen) „kein einheitlich strukturierter, souveräner Nationalstaat" ist, sondern ein Netzwerk. „Der Feind hat eine neue Form. Tatsächlich zeigt sich in dieser Epoche asymmetrischer Konflikte allgemein, dass Feinde und Bedrohungen immer seltener als zentralisierte und souveräne Subjekte und stattdessen als ‚verteilte' Netzwerke in Erscheinung treten" (ebd., 72). Das Empire befindet sich in einem permanenten Krieg mit den „Feindesnetzwerken". Der asymmetrische Krieg wird zum alles beherrschenden Modell des Krieges.[130] Dieser Prozess steht für den Übergang „vom Imperialismus, dessen zentralisierte Form der Macht auf Nationalstaaten beruht, zum netzwerkförmigen Empire, dessen Netzwerk nicht nur die wichtigsten staatlichen Mächte, sondern gleichermaßen supranationale Agenturen, Unternehmen und zahlreiche andere nichtstaatliche Organisationen umfasst" (ebd., 77).

In *Multitude* bewerten Negri/Hardt Staatlichkeit und innerimperiale Konflikte neu: Nachdem in *Empire* „Big Government is over" erklärt wurde, rekurrieren sie nun wieder mehr auf den „starken" Staat – „Big Government is back" (ebd., 199). Die Krise nach dem 11. September 2001 illustriert, „wie sehr das Kapital einer hinter ihm stehenden Macht bedarf" (ebd., 200). Negri/Hardt zufolge sind „Nationalstaaten für die Weltordnung und die Sicherheit absolut unerlässlich. Internationale Arbeitsteilung und internationale Machtverteilung, die Hierarchien im Weltsystem und die Formen globaler Apartheid […] sind allesamt abhängig von der Durchsetzung

---

[130] Das Militär wird in diesem Zusammenhang einer grundlegenden Erneuerung unterworfen – es muss „selbst zum verteilten Netzwerk, zur Matrix, werden" (Negri/Hardt 2004, 77). Schon länger gab es Versuche traditioneller Militärs, die Guerillakriegsführung nachzuahmen und z.B. kleine Kommandoeinheiten einzusetzen. Der Formwandel des Krieges kann allerdings nur bedingt umgesetzt werden. Die „Revolution militärischer Angelegenheiten" beispielsweise hat nur eine begrenzte Reichweite, die Idee, den Krieg zu „entkörperlichen", lässt sich nicht verwirklichen (ebd., 58-66).

und Stärkung nationaler Behörden. Es gilt also, Nationen zu machen!" (ebd., 39).

Auch wenn Negri/Hardt eine „Theorie der Binnenbeziehungen" im globalen System auszuarbeiten versuchen, verwenden sie wieder den Begriff der Geopolitik, der ihnen zufolge ursprünglich eine „Theorie der Grenzen" bezeichnet. Die gegenwärtige „imperiale" Geopolitik ist am besten vor dem Hintergrund des Konfliktes zwischen den Kräften der sozialen Produktion, der Multitude, und der globalen Ordnung von Macht und Ausbeutung, der imperialen Souveränität, zu verstehen. In der Kontrolle des riesigen Gebietes vom Nahen Osten bis nach Ostasien lässt sich die imperiale Gestalt der globalen Souveränität erkennen – allerdings steht diese „unter Kontrolle der USA und ihres hochgradig zentralisierten Militärapparats, der sich über die ganze Welt erstreckt" (ebd., 348). „Weite Gebiete sind nicht unmittelbar in dieses unilaterale imperiale Regime eingebunden (und können das möglicherweise auch niemals sein). Sie widersetzen sich dem durch starke Staatenformationen und in einigen Fällen durch eigene globale Ambitionen. Die unilaterale Strategie zielt darauf ab, diese sich widersetzenden Mächte zu schwächen, sie auf eine regionale Achse zu beschränken und letztlich nach Möglichkeit in die globale Hierarchie einzufügen. Es sind insgesamt drei große strategische Widersacher, die keine unilaterale Strategie ignorieren kann: Europa, Russland und China. Die USA müssen deshalb unter unilateralen Gesichtspunkten dauerhaft Druck auf diese Rivalen ausüben. Vielleicht sollten wir deshalb auch die amerikanische Ausrufung einer ‚Achse des Bösen' nicht nur als direkte Warnung an die drei relativ schwachen feindlichen Diktaturen verstehen, sondern mehr noch als indirekte Drohung gegenüber den weitaus mächtigeren Freunden in deren Nähe. Möglicherweise lässt sich der Irakkrieg als indirekter Angriff auf Europa verstehen" (ebd., 349). Innerhalb des Empire wird um Dominanzpositionen gerungen, am „oberen wie am unteren Ende des Weltsystems" (ebd., 18).

Die Politik der USA und die Konflikte zwischen unterschiedlichen Fraktionen der globalen Kapitalistenklasse während des Irakkrieges 2003 erscheinen Negri/Hardt freilich als nicht mehr den Imperativen des globalen Systems angemessen. Die „unilaterale, bewaffnete Globalisierung, wie sie von den USA betrieben wird", schafft neue Begrenzungen und Hindernisse für die Schaffung globaler ökonomischer Netzwerke (ebd., 351). Einzelne Kapitalisten wie

George Soros haben sich daher eindeutig gegen den Krieg ausge-
sprochen, weil dieser sich nachteilig auf die globalen Produktions-
und Handelskreisläufe auswirkt. Weil die USA mit ihrer Militärmaschine keine wirkliche Sicherheit schaffen können, ist diese Strategie
zum Scheitern verurteilt. „Die USA können ihren Alleingang nicht
fortsetzen". Der Augenblick für eine neue „Magna Charta" ist
herangereift – nur muss diesmal ein „globaler" Monarch, die USA,
mit dem „Adel" zu einem Ausgleich finden (ebd., 353 ff.). Wenn
dieses Imperium schließlich Gestalt annimmt, wird die alte imperialistische Politik nicht mehr greifen können.

2.4.2. Panitch: Das amerikanische Imperium

Der kanadische Sozialwissenschaftler Leo Panitch betont in seinem
Ansatz die zentrale Rolle des Staates für die Reproduktion des
Kapitals und als Urheber der „neoliberalen Globalisierung". Dabei
agiert heute der größte unter ihnen, der US-amerikanische „prototy-
pische Globalstaat" als Organisator des globalen Kapitalismus
(Panitch 2002a, 80). Hieraus resultiert eine neue internationale
Konfliktstruktur.

Panitch konstatiert eine „Verarmung der Staatstheorie" (Panitch
1998). Insbesondere in den Globalisierungsdebatten herrscht die
unzulängliche Auffassung vor, der zufolge die Unternehmen sich der
Kontrolle des Staates entzogen und so dessen Macht verringert
haben. Im Gegensatz hierzu versteht Panitch die Globalisierung als
einen Prozess, der unter der Ägide der Nationalstaaten ablief oder
sogar von Staaten initiiert wurde. Bei aller Fairness gegenüber dem
gewagten Vorhaben der Beschreibung einer neuen nach-
imperialistischen Welt ist genau die Arbeit von Negri/Hardt als
Beispiel für die Verkennung der Bedeutung des Staates anzusehen
(vgl. Panitch/Gindin 2002b). In seinem zusammen mit Sam Gindin
verfassten Text *Globaler Kapitalismus und amerikanisches Imperium*
(2003/2004a) sowie in weiteren Essays wendet sich Panitch gegen
einen oberflächlichen Begriff des „Imperiums" aber auch des
„Imperialismus".

Panitch/Gindin schlagen eine neue „Theoretisierung des Imperialismus" vor, in der die alte marxistische „Stufentheorie über die
zwischenimperialistische Konkurrenz" aufgegeben, und stattdessen

Raum geschaffen wird, „für eine umfassende Würdigung der historischen Faktoren […], die zur Formierung eines einzigartigen amerikanischen informellen Imperiums geführt haben" (Panitch/Gindin 2004a, 15). Sie lehnen eine „ahistorische Theoriebildung" ab, das heißt die einfache Ableitung von Politik aus dem allgemeinen Wirken des nach Expansion strebenden Kapitalismus. Es gilt zwischen der expansiven Tendenz des Kapitalismus im Allgemeinen und seiner jeweiligen historischen Ausprägung zu unterscheiden: Die drei großen „Strukturkrisen des Kapitalismus" in den 1870ern, in den 1930ern und den 1970ern zeitigen jeweils völlig unterschiedliche Wirkungen. Während die erste Krise in den 1870er Jahren die Internationalisierungstendenz sowie die zwischenimperialistische Staatenkonkurrenz beschleunigt, weil die Instrumente für eine weltweite kapitalistische Regulation noch fehlen und die internationale Ökonomie daher fragmentiert bleibt, kehrt die zweite Strukturkrise die „Internationalisierungsflugbahn des Kapitalismus" um. Die Krise der frühen 1970er Jahre dagegen vertieft, beschleunigt und weitet die kapitalistische Internationalisierung aus, und obwohl dieser Prozess die wirtschaftliche Konkurrenz zwischen regionalen Blöcken forciert, bringt „er nichts mit der alten zwischenimperialistischen Konkurrenz Vergleichbares hervor", da der amerikanische Staat für eine globale Regulation sorgt (ebd., 18).

Die Begriffsbildung der klassischen marxistischen Imperialismustheorie (kmIt) gilt als undifferenziert. Deren Akzent auf ökonomische Entwicklungsstufen und Krisen sowie die Vorstellung, dass der moderne Imperialismus eine Erscheinungsform des Monopolkapitalismus ist, werden als „fundamentale Fehler" betrachtet. Die Vorstellung der Internationalisierung des Kapitals als Krisenlösungsmechanismus greift ebenso zu kurz. Internationalisierung kann ein Überdruckventil sein, aber desgleichen eine gute Möglichkeit zu expandieren, auch wenn der inländische Akkumulationsprozess ohne Friktionen verläuft. Die Raumdimension der Internationalisierung wird in den kmIt nicht berücksichtigt, genauso wenig wie die Prozesse der „inneren" ökonomischen Landnahme. Die Betonung der Waren- und Kapitalexporte in die Dritte Welt überzeichnet ihre reale Bedeutung.

Die folgenreichste Unzulänglichkeit der kmIt besteht in deren reduktionistischer bzw. instrumentalistischer Staatsanalyse. „Das Verständnis des kapitalistischen Imperialismus erfordert also die Einbeziehung einer Theorie des kapitalistischen Staates, statt einer direkten Ableitung von der Theorie der ökonomischen Stufen oder Krisen. Solch eine Theorie muss nicht nur das Moment einer zwischenimperialistischen Konkurrenz und die genaue Konstellation der Vorherrschaft eines einzigen imperialen Staates umfassen, sondern auch die strukturelle Durchdringung ehemaliger Konkurrenten durch einen einzigen imperialen Staat" (ebd., 24). Dazu gehört eine Historisierung der Theorie, die mit der Vorstellung, „dass das Wesen des modernen Imperialismus ein für alle Mal durch diejenigen Formen ökonomischer Konkurrenz determiniert ist, die mit dem Stand der industriellen Konzentration und der wachsenden Bedeutung des Finanzkapitals" einhergehen, bricht (ebd.). Im Gegensatz zu den kmIt, die den Beginn des modernen Imperialismus in den 1870ern ansetzen, was mit ihrer unzulässigen Trennung des Politischen vom Ökonomischen zu tun hat, datieren Panitch/Gindin seinen Beginn früher: in der Verbindung, die der britische Staat zwischen dem alten merkantilen und dem neuen, informellen Imperium („Freihandel") in der Mitte des 19. Jahrhunderts herstellt. Die Autoren unterscheiden in einer Konkretisierung ihres Konzepts zwischen informellem und formellem Imperialismus. Während die *formelle Expansion* eine mehr oder weniger direkte Kontrolle von vormals fremden Räumen anstrebt, dient die *informelle Expansion* starken Staaten dazu, etwa Prinzipien des Wirtschaftsverkehrs gegenüber schwächeren Staaten durchzusetzen, ohne direkt militärisch zu intervenieren. Als Hauptfaktor für die Ausweitung des formellen britischen Imperiums im letzten Drittel des 19. Jahrhunderts wird die „Unfähigkeit Großbritanniens" bewertet, die „neu entstandenen kapitalistischen Mächte Deutschland, die Vereinigten Staaten von Amerika und Japan in einen ‚Freihandelskapitalismus' zu integrieren" (ebd., 28).

Im Folgenden konzentrieren sich Panitch/Gindin auf die Herausbildung und Konsolidierung des amerikanischen Imperiums bzw. des US-Superimperialismus. Als grundlegend für die zentrale Stellung der USA in der Welt gilt nach 1945 die Fähigkeit des Landes, den globalen Kapitalismus unter seiner „Anleitung" zu rekonstruieren. Die Vereinigten Staaten besitzen zu dieser Zeit die phänomenale Fähigkeit, ihre „partikulare Macht mit der allgemeinen Aufgabe der Koordination auf eine Weise zu verkoppeln, die die spezifische Matrix ihrer eigenen sozialen Geschichte widerspiegelt", was auf der „Anziehungskraft des US-amerikanischen Produktions- und Kulturmodells" gründet (ebd., 31 f.). Die amerikanische Verfassung und die universalistische amerikanische Ideologie dienen als Rahmenwerk für eine uneingeschränkte kapitalistische Entwicklung und erreichen unter Woodrow Wilson ihren ersten Höhepunkt. Dem folgen bereits in den 1920ern die Ausweitung der Regulierungsinstrumente des amerikanischen Staates und eine Erhöhung der Direktinvestitionen. Der Zweite Weltkrieg intensiviert den internationalen Aktivismus der USA noch einmal.

Nach dem Zweiten Weltkrieg gelingt den Vereinigten Staaten das, was Großbritannien immer verwehrt blieb. Die anderen kapitalistischen Mächte werden in ein funktionsfähiges Netzwerk integriert: „Die dichtesten imperialen Netzwerke und institutionellen Verknüpfungen, die vormals in nord-südlicher Richtung zwischen den imperialen Staaten und ihren formalen und informellen Kolonien verlaufen waren, verliefen nun zwischen den Vereinigten Staaten und den anderen kapitalistischen Hauptstaaten" (ebd., 42). Nationale und geostrategische Überlegungen (vor allem in Bezug auf die Sowjetunion) bleiben wichtig, aber genauso bedeutend sind die Bemühungen der amerikanischen Regierungen, ein liberales Handelsregime und eine stabile internationale Währungsordnung aufzubauen. Sogar eine „Verknüpfung" des amerikanischen Staates mit den Exekutivapparaten Europas und Japans (zum Beispiel den Finanzministerien) sowie mit deren Zentralbanken wird bewerkstelligt (ebd., 48). Die institutionellen Beziehungen, die die USA um sich herum schaffen, werden durch die Militär- und Sicherheitsstrukturen der NATO vervollkommnet. Das amerikanische „Protektoratssystem" führt so zu einer „Veränderung des Wesens des kapitalistischen Zentrums" und mündet schließlich in die innere „Transformation der Sozialbeziehungen innerhalb der Protektorate in die Richtung eines amerikanischen ‚fordistischen' Akkumulationssystems" (ebd., 50). Auch die Nord-Süd-Beziehungen des Imperialismus werden fortan unter der Führung der USA ausgebaut, Interventionen starker Staaten bedürfen der Billigung durch die amerikanischen Regierungen. Alles in allem ist nach 1945 „einzig und allein der amerikanische Staat ‚aktiv' imperialistisch" (ebd., 52).

Die sich ausweitende Globalisierung des Handels, der Finanzen und der Produktion formt das Kapital nach 1945 und besonders ab den 1970ern in einer Weise, dass dieses seine Abhängigkeit auf mehrere Staaten ausdehnt und die Vorstellung national unterscheidbarer Bourgeoisien langsam anachronistisch wird. Die wichtigste Neuerung dieser Zeit liegt in der Internationalisierung des Staates, im Sinne der „staatlichen Übernahme der Verantwortung, die eigene nationale kapitalistische Ordnung auf eine dem Management der internationalen kapitalistischen Ordnung zuträgliche Art und Weise zu verwalten" (ebd., 53 f.). Das amerikanische nationale Interesse definiert sich fortan auch im Hinblick darauf, wie die Ausweitung und Reproduktion des „globalen" Kapitalismus erreicht werden kann.[131] Die Krise der 1970er und die innerwestlichen Spannungen können durch die erfolgreiche Re-Etablierung der Vereinigten Staaten als Organisator des globalen Kapitalismus beendet werden. Ein möglicher Rückzug aus der internationalen Ökonomie oder die Infragestellung des Superimperialismus seitens Europas bzw. Japans bleibt aufgrund der hohen Integration in die amerikanische Einflusssphäre ausgeschlossen. Sowohl die militärische Schutzmacht der USA als auch die Bedeutung der ausländischen Direktinvestitionen verhindern dies. Die amerikanischen Direktinvestitionen im Ausland entfalten einen „direkten Einfluss auf die Klassenstrukturen und die staatlichen Formationen der anderen Kernländer" (ebd., 59).

Spannungen und Bündnisse nationaler herrschender Klassen können seitdem nicht mehr in rein „nationalen" Begriffen gedacht werden. Die europäischen herrschenden Klassen sind gewissermaßen „zersetzt" worden und bilden keine kohärenten sozialen Klassen mehr. Mit Poulantzas wird argumentiert, dass die Nationalstaaten ihren Aufgabenbereich erweitern anstatt abzusterben – im Rahmen einer Internationalisierung politischer Funktionen. Im Laufe schwieriger Verhandlungen in den 1970ern akzeptieren schließlich alle „beteiligten Nationalstaaten die Verantwortung dafür, die notwendigen *inneren* Verhältnisse für eine anhaltende *internationale* Akkumulation zu schaffen, nämlich: stabile Preise, Beschränkung von Arbeitskämpfen, Gleichbehandlung von Auslandsdirektinvestitionen und nationalem Kapital und keine Restriktionen für abfließendes Kapital" (ebd., 61). Der nachfolgende Restrukturierungsprozess bewirkt die „neoliberale" Umgestaltung der Welt.

---

[131] Panitch/Gindin zitieren ein Dokument von 1950, welches sie für aufschlussreich halten: „Der Kern der Internationalisierung des amerikanischen Staates war enthalten in dem Dokument NSC-68 des Nationalen Sicherheitsrates aus dem Jahre 1950, das, obwohl es bis 1975 strenger Geheimhaltung unterlag, von Kolko als das ‚wichtigste Politikdokument der gesamten Nachkriegszeit' bezeichnet worden ist. In aller Deutlichkeit wurde hier das Ziel der Schaffung einer ‚Welt' formuliert, in der das amerikanische System überleben und gedeihen kann" (Panitch/Gindin 2004a, 55).

Die USA haben damit ihr informelles Imperium der Bretton-Woods-Ära auf eine neue Grundlage gestellt. Im Gegensatz zu den 1950ern steht seit den 1970ern nicht mehr die koordinierte Regulierung nationaler Wirtschaftsräume im Vordergrund, sondern die durch die neoliberal transformierten internationalen Institutionen (WTO, IWF, Weltbank) regulierte Weltwirtschaft. Hiermit steht der Bedeutungszuwachs des Finanzkapitals in Verbindung, zunächst als Folge der Krise der Kapitalakkumulation in den 1970ern und anschließend befördert durch die neoliberale Restrukturierung. Im Gefolge dieses Prozesses erarbeiten sich das amerikanische Finanzministerium wie auch die Notenbank eine mächtigere Stellung innerhalb der Hierarchie des (erweiterten) Staatsapparates. Der „Volcker-Schock" von 1979-82, der Übergang von der Niedrig- zur Hochzinspolitik, zwingt die amerikanischen Unternehmen, auf eine weitere kreditfinanzierte Expansion zu verzichten und eine Konsolidierung zu Lasten der Lohnarbeiter durchzusetzen. Diese Politik stärkt aber nicht nur das Finanzkapital, sondern auch das amerikanische produktive Kapital auf Kosten der Arbeiterklasse (ebd., 64). Insgesamt legt die unter Reagan sich verfestigende neue Form gesellschaftlicher Herrschaft die Basis für die Wiederbelebung des produktiven Kerns der amerikanischen Industrie. Der Anteil an der Weltproduktion verringert sich nun nicht mehr weiter und ruht seitdem bei etwa 25 Prozent.[132]

---

[132] Die Autoren widersprechen damit der These, dass die neoliberale Wende nur die Interessen einer bestimmten Kapitalfraktion, des Finanzkapitals, begünstigt hat. Im Gegensatz zu anderen marxistischen Analysen, die die Finanzialisierung mit der fortwährenden Stagnation des Weltkapitalismus seit den 1970ern in Verbindung bringen (vgl. Brenner 2006), glauben sie, dass die Expansion des Finanzkapitals integraler Bestandteil einer gesteigerten Akkumulationsrate gewesen ist. Die liberalisierten Finanzmärkte fungieren als ein sich entwickelnder Mechanismus zur Durchsetzung amerikanischer Interessen. „Der einzigartige Zugang der amerikanischen Wirtschaft zu den globalen Geldvermögen vermittels der zentralen Stellung der Wall Street […] erlaubte es dieser, unbegrenzt [Kapital] zu importieren" (Panitch/Gindin 2004a, 67). Die Finanzmärkte haben ihre klassische Funktion der Kreditvergabe hinter sich gelassen, und bilden heute ein Herzstück des Akkumulationsprozesses. Als Mittler zwischen Kredit und Produktion tragen sie dazu bei, Kosten zu senken und dienen als Absatzmärkte der Computerrevolution (Panitch/Gindin 2004b, 68).

Panitch/Gindin zufolge befinden wir uns gegenwärtig „jenseits" der zwischenimperialistischen Konkurrenz. Der heutige Imperialismus ist nicht mehr mit den „Begriffen der ungelösten Krise der 1970er" zu verstehen (ebd., 70; vgl. auch Panitch/Gindin 2006). Der Begriff der Konkurrenz dehnt den „ökonomischen Wettbewerb zwischen den Staaten weit über das hinaus auf, was dieser in der realen Welt von heute bedeutet" (Panitch/Gindin 2004a, 72). Die Hauptwiderspruchslinien verlaufen heute nicht so sehr entlang der Beziehungen zwischen Staaten als vielmehr in den Staaten selbst, als Klassenkonflikte. Die Europäische Union stellt keine Gefahr für das amerikanische Imperium dar. Daher stößt sie auch nicht auf Widerstand in den USA. Die Euro-Währung fordert den Dollar nicht ernsthaft heraus. Immer wieder zeigt sich in geopolitischen Fragen, dass die NATO als „der ultimative Polizist Europas" agiert (ebd., 74). In Ostasien bestehen noch geringere Kapazitäten für eine unabhängige regionale bzw. globale Führungsmacht. China ist noch Jahrzehnte von einer wirklich starken Position entfernt. Die Diskussion um eine mögliche Dollarkrise führt in die Irre, da diese negative Auswirkungen auf den Kapitalismus als Ganzen zeitigen würde: „In contrast to the old paradigm of inter-imperial rivalry, the nature of current integration into the American empire means that a crisis of the dollar is not an ‚American' crisis that might be ‚good' for Europe or Asia, but a crisis of the System as a whole, involving severe dangers for all. To suggest, as Arrighi does, that because the holders of American Treasury bills are now primarily in Asia we are therefore witnessing a shift in the regional balance of power, is to confuse the distribution of assets with the distribution of power" (Panitch/Gindin 2004b, 73).

Die Militarisierung der amerikanischen Außenpolitik seit 2001 ist gleichwohl Beleg für die Tatsache, dass die Wiederherstellung der amerikanischen Vorherrschaft dem globalen Kapitalismus insgesamt keineswegs mehr Stabilität verleiht. Der „Neoliberalismus" mit der für ihn charakteristischen Intensivierung des Wettbewerbs und einer „Hypermobilität" der Finanzmärkte hat die Volatilität der Märkte eher erhöht. Dass das amerikanische Imperium heute in zunehmend „unverhüllter Form" auftritt, liegt an dem Bestreben des amerikanischen Staates, die mit der Instabilität verbundenen Probleme, insbesondere in den ärmsten Bereichen der Welt sowie in den „Schurkenstaaten" (Irak, Iran, Nordkorea etc.), anzugehen (Panitch/Gindin 2004a, 80). Die wichtigste Angelegenheit für den „Imperialismus als Ganzem" liegt im Verhältnis zu den Staaten außerhalb des kapitalistischen Zentrums. Hinzu kommt die „Einsamkeit der Macht": „Die gefühlte Last letztendlicher Verantwortlichkeit (und die seit dem 11. September weit stärkere Sensibilisierung für die Verwundbarkeit der Vereinigten Staaten als einem Ziel terroristischer Angriffe im In- und Ausland) gaben dem Wunsch Auftrieb, sich eine vollständige ‚Souveränität' zu bewahren" (ebd., 82). Der gegenwärtige Bedeutungsverlust des Finanz- und der Bedeutungszuwachs des Verteidigungsministeriums in der Hierarchie des Staatsapparates kennzeichnen die „wachsenden Schwierigkeiten, ein tatsächlich weltweites informelles Imperium zu verwalten" (ebd., 87). So ist es beispielsweise nicht gelungen, den Kern der G7-Länder um neue Mitglieder zu erweitern. Die Ursache der Krise, die ein heute unverhülltes amerikanisches Imperium hervorgerufen hat, liegt nicht in einer Überakkumulation von Kapital, sondern in den Hindernissen, die „ein auf der Herrschaft mit und durch andere Staaten gegründetes informelles Imperium für eine Strategie eines koordinierten Wachstums aufstellt" (ebd., 78 f.).

2.4.3. Harvey: Rivalitäten zwischen den Zentren

Der Geograph David Harvey entwickelt in mehreren Aufsätzen und seinem Buch *Der neue Imperialismus* (2003/2005) die These, dass imperialistische Politikformen bzw. Staatenkonflikte aus dem Zusammenspiel von territorialer und kapitalistischer Logik entstehen. Dabei begründet er, dass die politisch vermittelte Expansion bzw. geographische Ausdehnung des Handlungsfeldes von Kapitalien eine wichtige Möglichkeit darstellt, um die kapitalistischen Überakkumulationskrisen zu bearbeiten.

Harvey bemüht sich um eine Definition des *kapitalistischen* Imperialismus: „Ich definiere hier die spezielle ‚kapitalistischer Imperialismus' genannte Sorte, als widersprüchliche Verschmelzung von der ‚Politik von Staaten und Imperialen' (Imperialismus als unverkennbar politisches Projekt seiner Akteure, deren Macht auf der Befehlsgewalt über ein Territorium und dem Vermögen beruht, seine menschlichen und natürlichen Ressourcen zu politischen, wirtschaftlichen und militärischen Zwecken zu mobilisieren) mit den ‚molekularen Prozessen der Kapitalakkumulation in Raum und Zeit' (Imperialismus als diffuser politisch-wirtschaftlicher Prozess in Raum und Zeit, in dem die Befehlsgewalt über und die Verwendung von Kapital

Vorrang hat). Mit ersterem möchte ich die politischen, diplomatischen und militärischen Strategien betonen, die ein Staat
(oder eine Ansammlung von Staaten, die als politischer Machtblock
operiert) ins Feld führt und anwendet in dem Bemühen, in der
ganzen Welt seine Interessen durchzusetzen und seine Ziele zu
erreichen. Mit letzterem richte ich das Augenmerk auf die Weisen, in
denen wirtschaftliche Macht durch die alltägliche Praxis von Produktion, Handel, Gewerbe, Kapitalflüsse, Geldtransfer, Arbeitsmigration,
Technologietransfer, Währungsspekulation, Informationsflüsse, kulturelle Impulse und ähnliches – durch das Raumkontinuum strömt,
in territoriale Einheiten (wie Staaten oder regionale Machtblöcke)
hinein oder aus ihnen hinaus" (Harvey 2005, 33).

Der kapitalistische Imperialismus gründet auf zwei unterschiedlichen,
nicht aufeinander zu reduzierenden Logiken – der *territorialen* und der
kapitalistischen Logik der Macht. In Bezug auf Motivationen und
Interessen können deutliche Unterschiede zwischen ihnen festgestellt
werden. Ein Kapitalist wird sein Kapital dort anlegen, wo Gewinn
erzielt werden kann, und danach streben, mehr Kapital zu akkumulieren, so Harvey. Politiker und Staatsmänner dagegen trachten nach
Ergebnissen, die die Macht ihres eigenen Staates gegenüber anderen
Staaten bewahren oder vergrößern. Der Kapitalist sucht den
individuellen Vorteil und ist bloß seinem gesellschaftlichen Umfeld
verantwortlich, während der Staatsmann kollektive Vorteile erreichen
muss und den Bürgern oder häufiger einer Machtelite verantwortlich
ist. Das bedeutet, dass die Politik von Staaten relativ offen diskutiert
werden muss, um zu Entscheidungen zu kommen. Die diffuseren
Prozesse der Kapitalakkumulation dagegen lassen sich praktisch nur
indirekt regulieren, und häufig erst, nachdem ein Trend sich bereits
durchgesetzt hat. Allerdings spielen die staatlichen Rahmenvorgaben
eine wichtige Rolle dabei, der Kapitalakkumulation den Boden zu
bereiten. Der Kapitalist operiert „im Raum-Zeit-Kontinuum,
während der Politiker innerhalb der Grenzen seines Hoheitsgebiets
operiert und, zumindest in Demokratien, in einer vom Wahlzyklus
diktierten Zeitlichkeit. Andererseits kommen und gehen kapitalistische Firmen, sie verschieben ihren Standort, fusionieren oder
schließen, wohingegen Staaten langlebige Einheiten sind, nicht
abwandern können und, außer unter außergewöhnlichen Umständen
geographischer Eroberung, auf Territorien mit festen Grenzen
beschränkt sind" (ebd., 34).

Üblicherweise dominiert im Imperialismus kapitalistischen Typs die kapitalistische Logik, auch wenn „zeitweise die territoriale Logik in den Vordergrund tritt" (ebd., 39). Im Gegensatz zu großen Teilen der Imperialismustheorien, die nach Harvey zu oft von einem spannungsfreien Einklang zwischen den beiden Logiken ausgehen, zielen diese regelmäßig in unterschiedliche Richtungen.

Harvey hat seit den 1970ern eine Theorie der „raum-zeitlichen Fixierungen" zur Erklärung der temporären Lösung der inneren Widersprüche des Kapitalismus entwickelt, die auf der Erweiterung der Marxschen These des tendenziellen Falls der Profitrate basiert (vgl. Harvey 1982, 156-203). Überakkumulationskrisen sind demnach die Form, in der die innere Krisenhaftigkeit des Kapitalismus regelmäßig zum Ausdruck kommt, in Gestalt von nicht profitabel verwendbaren Kapitalüberschüssen und überschüssigen Arbeitskräften. Am deutlichsten ist das in der Krise der 1930er sichtbar geworden. Geographische Ausdehnung und räumliche Umorganisation bieten allerdings eine Möglichkeit, Kapitalüberschüsse wieder profitabel zu investieren. Die kapitalistische (im Gegensatz zur territorialen) Logik des Kapitalismus ist erst richtig vor dem „Hintergrund des Ausfindigmachens raum-zeitlicher Fixierungen für das Problem des Überschusskapitals" zu begreifen (Harvey 2005, 91).[133] Im Folgenden bemüht sich Harvey darum, die Zirkulation des Kapitals in Raum und Zeit zu beschreiben und damit seine je spezifische historische Geographie zu erläutern. Weil der Staat eine enorme Bedeutung als „territorialisierte Rahmenstruktur" der Kapitalakkumulation besitzt, untersucht er die Beziehung der territorialen Logik des Imperialismus zur kapitalistischen Logik. Als Interpretationsrahmen schlägt er eine „doppelte Dialektik" vor, zwischen „erstens der territorialen und der kapitalistischen Logik der

---

[133] Aus der krisenhaften Dynamik der Kapitalakkumulation resultieren unter anderem folgende Strategien des Versuchs der Lösung der Widersprüche: die Verlagerung von überschüssigem Kapital in Form von langfristigen Investitionen in Projekte oder Bereiche, wie z.B. Forschung, die erst nach einer bestimmten Zeit Profit abwerfen; die Kapitalinvestition etwa in Form der staatlichen Rüstungsproduktion; die technische Umwälzung der Produktionsprozesse zur Senkung der Kosten. Letzteres kann etwa durch Erschließung billiger Rohstoffquellen erfolgen; die Verlagerung von Kapital in neu erschlossene Produktionsstandorte und Märkte, im Rahmen zwischenstaatlicher Aushandlungsprozesse, mitunter aber auch durch Gewaltandrohung oder -ausübung.

Macht und zweitens den inneren und äußeren Beziehungen des kapitalistischen Staats" (ebd., 179 f.).

Die Kapitalakkumulation funktioniert Harvey zufolge am besten im Rahmen „institutioneller Strukturen des Rechts, des Privateigentums, der Verträge und der Sicherheit der Geldform" (ebd., 91) – ein institutioneller Rahmen, den ein starker Staat mit Gewaltmonopol garantieren kann. Zwar stellen die „molekularen Prozesse der Kapitalakkumulation" selbst Netzwerke und Grundstrukturen des räumlichen Handelns auf, dennoch bleibt ein bürgerlicher Staat die „favorisierte Bedingung" für wirtschaftliche Aktivitäten, auch um Klassenkonflikte einzudämmen und zwischen Ansprüchen verschiedener Sektoren des Kapitals vermitteln zu können.[134] Der jeweilige nationale Imperialismus lässt sich nicht ohne Analyse des kapitalistischen Staates verstehen, denn vor allem seine vielfältigen Varianten sind es, die die Vielzahl unterschiedlicher *Imperialismen* hervorbringt. Daneben sind es die politischen Kämpfe im Rahmen der territorialen Logik der Macht, im und um den Staat, die die jeweilige Spezifik eines Imperialismus, seine Kontingenz und Variabilität, hervorbringen (ebd., 179).

Die kapitalistische „Raumökonomie" erzeugt eine widersprüchliche Entwicklung zwischen dem Drang zur Raum-Zeit-Kompression (Globalisierung) und einer kontinuierlichen Produktion von relativ fixierten Konfigurationen territorialer Organisation. Räumliche (Kapital-)Bewegungen ballen sich in der Regel an bestimmten Orten, um Reibungsverluste in Grenzen zu halten. Dabei kommt es zur Fixierung von großen Mengen an Kapital an einem Ort: „Flüssige Bewegung *durch* den Raum kann nur erzielt werden durch die Errichtung einer gewissen physischen Infrastruktur *im* Raum. Eisenbahnnetze, Straßensysteme, Flughäfen, Hafenanlagen, Kabelnetzwerke, faseroptische Systeme, Stromnetze, Wasser- und Abwassersysteme, Rohr- und Kanalanlagen usw. bilden das ‚im Land verankerte fixierte Kapital' (im Gegensatz zu den Formen fixen Kapitals, wie Flugzeuge und Maschinen, die mobil sind und von einem Standort zum andern verschoben werden können). Solch eine physische Infrastruktur absorbiert eine Menge Kapital, dessen Zurückgewinnung von ihrer

---

[134] Harvey räumt ein, dass Einzelstaaten nicht die einzigen territorialen politischen Akteure sind – regionale Machtblöcke (EU) aber auch subnationale Einheiten (etwa Länderregierungen oder Metropolen) können ähnliche Funktionen ausüben.

Nutzung an der richtigen Stelle abhängt. Kapital, das in eine Hafen-
anlage investiert wurde, in der nie Schiffe anlegen, ist verloren.
Während das in einem bestimmten Ort investierte fixierte Kapital die
räumliche Mobilität für die anderen Formen von Kapital und
Arbeitskraft erleichtert, erfordert die Realisierung seines Wertes
allerdings, dass die räumlichen Interaktionen der festen geographischen Strukturierung seiner Investitionen folgen. Daher wirkt das
im Land verankerte fixierte Kapital – und das schließt Fabriken,
Büros, Wohnraum, Krankenhäuser und Schulen ebenso ein wie in
Transport- und Kommunikationsinfrastruktur investiertes Kapital –
als gewichtiger Hemmschuh für den geographischen Wandel und die
räumliche Verlagerung der kapitalistischen Aktivität" (ebd., 101 f.).
Der Drang zur Internationalisierung des Kapitals ist viel wider-
spruchsvoller und zerstörerischer als üblicherweise angenommen.[135]
Die Schaffung von neuen Räumen des Kapitals bringt gleichsam
wieder Krisenphänomene hervor, denn neue Räume des Kapitalismus erzeugen selbst wieder Überschüsse. Japans Kapitalexporte in
Richtung Ostasien in den 1990ern stehen exemplarisch für diese
These.

Im Laufe der Zeit beginnen die geformten Regionen als Wirtschafts-
standorte eine zentrale Rolle im jeweiligen Staat zu spielen. Der Staat
wiederum wird nicht nur einseitig von diesem Prozess berührt,
sondern kann selbst auf ihn einwirken, wenn er die Förderung bzw.
Vereinnahmung regionaler Dynamiken als zusätzliche Quelle seiner
Macht versteht. Sollten die „molekularen Prozesse der Regionenbil-
dung die Grenzen des politischen Staates überlappen oder aus
irgendeinem Grund einen Abfluss außerhalb dieser Grenzen
erforderlich machen", kann dies entweder über die Schaffung supra-
staatlicher Verwaltungen gelöst werden oder zu Konflikten führen
(ebd., 108).

Ganz allgemein muss bei den Prozessen der Kapitalakkumulation die
„Macht der vermittelnden Institutionen" zur Kenntnis genommen

---

[135] „Als Gesamtresultat […] strebt der Kapitalismus in seinem ständigen
Durst nach unendlicher Kapitalakkumulation stets die Errichtung einer
geographischen Landschaft an, die seine Aktivitäten zu einem gegebenen
Zeitpunkt erleichtert, nur um sie zu einem späteren zerstören und eine ganz
andere Landschaft aufbauen zu müssen. Solcherart ist die Geschichte der
schöpferischen Zerstörung eingeschrieben in die Landschaft der tatsächlichen historischen Geographie der Kapitalakkumulation" (Harvey 2005, 102).

werden. Finanzielle und staatliche Rahmenvorgaben können beispielsweise entscheidende Auswirkungen auf die Folgen einer Wirtschaftskrise haben (ebd., 127).

Harvey versteht ferner die Klassenbeziehungen und -kämpfe innerhalb einer territorial begrenzten Gesellschaftsformation als mögliche Ursache für raum-zeitliche Fixierungen und nimmt damit die These des Sozialimperialismus wieder auf (ebd., 124). Was in mehreren Staaten Ende des 19. Jahrhunderts erfolgte, eine Verschiebung innerer sozialer Probleme auf äußere Lösungen, findet heute in ähnlicher Weise seinen Fortgang, wie der Autor an der Politik der Bush-Regierung illustriert. Harvey erinnert an die Krise der amerikanischen Gesellschaft vor dem Beginn des „Kriegs gegen den Terror" und an die Probleme, mit denen der US-Kapitalismus am Beginn des 21. Jahrhunderts konfrontiert war: Rezession, steigende Arbeitslosigkeit, Bilanzfälschungsskandale, schrumpfende Rentenfonds. Der 11. September 2001 ermöglichte dem Staat die Akkumulation von Macht und eröffnete ihm die „Chance", der bürgerlichen Gesellschaft eine neue Ordnung aufzuzwingen.

Harvey unterscheidet drei Phasen des Imperialismus – 1870 bis 1945, 1945 bis 1970 und 1970 bis 2000. Seit 2000 lassen sich Anzeichen für eine neue Phase ausmachen. Die *erste Phase* sollte, so Harvey in Anlehnung an Hannah Arendt, nicht als das letzte Stadium des Kapitalismus, sondern als das erste Stadium der „politischen Herrschaft der Bourgeoisie" bezeichnet werden (ebd., 48). Unter dem Eindruck enormer Kapitalüberschusse in Europa entwickelte sich ab etwa 1870 eine gewaltige Welle spekulativer Investitionen und Handelsbewegungen: „Die kapitalistische Logik des Strebens nach dem, was ich [...] ‚raum-zeitliche Fixierungen' nenne [...], brach im globalen Maßstab hervor. Die Notwendigkeit, diese ausländischen Unternehmungen zu schützen und gar ihre Überschüsse auszugleichen, setzte Staaten unter Druck, auf diese expansionistische kapitalistische Logik zu reagieren. Dafür musste die Bourgeoisie, die in den USA bereits die Macht innehatte, ihre politische Macht gegenüber älteren Klassenformationen konsolidieren und ältere imperialistische Formen entweder auflösen (wie in Österreich-Ungarn oder dem Osmanischen Reich) oder zu einer charakteristisch kapitalistischen Logik bekehren (wie in Großbritannien). Die Konsolidierung bürgerlicher politischer Macht innerhalb der europäischen Staaten war daher eine notwendige Voraussetzung für eine Umorientierung der territorialen Politik auf die Erfordernisse der kapitalistischen Logik" (ebd., 49). Obwohl der Prozess der Nationalstaatenbildung (Italien, Deutsches Reich) in der zweiten Hälfte des 19. Jahrhunderts „rein logisch betrachtet eher in Richtung einer Politik der internen Konsolidierung" als auf eine Politik der ausländischen Unternehmungen verwies, der „Nationalstaat" an sich keine kohärente Grundlage für den Imperialismus bot, hat die Mobilisierung von Nationalismus, Chauvinismus, Patriotismus und vor allem Rassismus die Entstehung von imperialistischen Projekten befördert (ebd.). Die Bündnisse zwischen „Mob und Kapital" bildeten eine wichtige Grundlage hierfür. Mit der Entstehung geschlossener Imperien nach dem Ersten Weltkrieg ist schließlich eine Situation geschaffen worden, die nichts zur Lösung der Überakkumulationskrise der 1930er beitrug und zudem die territoriale Logik zur dominierenden Logik werden ließ, wodurch sie die kapitalistische Logik in eine fast unüberwindbare Krise zwang (ebd., 139). Bereits früher bildete sich die spezifische Form des US-Imperialismus aus, dessen Kennzeichen darin bestand, territoriale Zugewinne und Besetzungen als „unräumliche Universalisierung ihrer eigenen Werte" zu maskieren, und sie hinter einer Art von Globalisierungsrhetorik zu verschleiern (ebd., 52).

In der *zweiten Phase* des Imperialismus, der amerikanischen Nachkriegshegemonie im Westen, versuchten die USA wieder, ihre imperialen Ambitionen hinter einem abstrakten Universalismus zu verbergen. Insbesondere im Bereich der Ökonomie besaßen die USA nicht nur eine Vorherrschaft, sondern eine Hegemonie im gramscianischen Sinne, die die USA in „super-imperialistischer" Manier ausnutzten. Die Zeit des langen Aufschwungs nach 1945 brachte eine stillschweigende internationale Übereinkunft der Vermeidung von großen Kriegen hervor (ebd., 59 ff.). Die kapitalistische Logik beherrschte die territoriale. Die in den 1960ern einsetzende Überakkumulationskrise führte jedoch zu größeren Widersprüchen – die zur Heraufkunft einer *dritten Phase* des Imperialismus, der „neoliberalen Hegemonie" ab 1970, führte. Die neoliberale Hegemonie zwischen 1970 und 2000 war geprägt durch ein „entmaterialisiertes Geldsystem", die Machtverschiebung innerhalb der herrschenden Klassen vom Produktivkapital hin zu Instanzen des Finanzkapitals, Internationalisierungsprozessen und zugleich größerer Konkurrenz, in deren Zentrum der „Wall-Street-US-Finanzministerium-Komplex" stand (ebd., 66 ff.). Mit der Festigung neoliberaler Grundregeln verringerte sich die Gefahr des Rückfalls in politische Staatenkonkurrenz. Mitte der 1990er schien sich eine Art „Ultraimperialismus" gebildet zu haben (ebd., 72). Unter der Oberfläche des mächtigen internationalen Finanzsystems entstehen jedoch wieder neue Widersprüche. Die starken Industriekomplexe in Ostasien blasen zu subtilen Taktiken des Gegenangriffs auf die Hegemonie der USA im Bereich der Finanzen, ablesbar an den steigenden Handelsbilanzüberschüssen Japans und Chinas oder dem Trend zur Regionalisierung der Weltwirtschaft (ebd., 73).

An dieser Stelle kann ein weiterer wichtiger Aspekt von Harveys Theorie eingeführt werden – die „Akkumulation durch Enteignung" im Unterschied zur „Akkumulation durch erweiterte Reproduktion". Anknüpfend an Rosa Luxemburg, die einen Doppelcharakter der Akkumulation konstatiert hatte – neben der Schaffung von Mehrwert in der Produktion (erweiterte Reproduktion) beschreibt sie in der Interaktion zwischen kapitalistischen und nichtkapitalistischen Sphären eine zweite Form der Aneignung von Werten in Form von Raub, Kolonialismus, internationalen Anleihen und Krieg – verwirft Harvey die Vorstellung, dass die Formen der Akkumulation durch Enteignung nur Prozesse *vor* der Entstehung des Kapitalismus bezeichnen. Die Prozesse der „ursprünglichen Akkumulation des Kapitals" (Marx) sind nicht nur in der vorkapitalistischen Vergangenheit anzusiedeln, die gewaltsame Kapitalakkumulation begleitet die Entwicklung bis heute. Harvey zufolge hat die Bedeutung der Akkumulation durch Enteignung seit den 1970ern erheblich zugenommen. Die Gründe dafür liegen in der Unfähigkeit, das Grundproblem der 1970er, die chronische Überakkumulation, zu lösen. Die Unbeständigkeit des internationalen Kapitalismus seit dieser Zeit in Form einer Serie temporärer raum-zeitlicher Fixierungen hat die Probleme der Überakkumulation nicht zufrieden stellend lösen können. Weil die Akkumulation durch erweiterte Reproduktion seit den 1970ern nicht mehr in einen selbstläufigen Prozess wie direkt nach 1945 überführt werden konnte, hat die Akkumulation durch Enteignung einen größeren Stellenwert gewonnen (vgl. auch: Zeller 2004).

Die Akkumulation durch Enteignung nimmt verschiedene Formen an. Wie schon zu Beginn des 20. Jahrhunderts fungieren das Finanzkapital und das Kreditwesen als Hauptdruckmittel dieses Reichtumtransfers (Harvey 2003, 18). Seit längerem werden durch die Strukturanpassungsprogramme des IWF die Märkte schwächerer Länder einseitig zu Gunsten stärkerer Länder geöffnet. In Rezessionen wie in Ostasien nach 1997 wurde es durch die IWF-Politik ermöglicht, etwa südkoreanische Unternehmen weit unter Wert aufzukaufen. Gleichzeitig wurden Staaten gezwungen, ihre restriktiven Maßnahmen bezüglich des Gewinntransfers ausländischer Investoren zu lockern. Dadurch konnten beträchtliche Vermögenswerte an amerikanische, japanische und europäische Kapitaleigner abfließen. Ebenso dienen die Privatisierung geistigen Eigentums (TRIPS-Abkommen), die Kommodifizierung von genetischem Material (Biopiraterie) oder ein eskalierender Raubbau an natürlichen Ressourcen und die Umweltzerstörung der enteignenden Akkumulation. Die Machteliten des Westens haben entdeckt, dass der Raub von Allgemeingütern, der schon Grundlage der ersten ursprünglichen Akkumulation war, ständig wiederholt werden muss, um die Kapitalakkumulation aufrechtzuerhalten (vgl. Harvey 2005, 143-151).

Insgesamt nimmt ab dem Jahr 2000 eine neue Phase des Imperialismus Gestalt an. Die Tendenz geht vom Konsens zum Zwang (ebd., 185). Der offen militärgestützte US-Imperialismus wird dabei als Zeichen der Schwächung der „Dollar-Wallstreet-Regime-Hegemonie" beschrieben. Der neokonservative Imperialismus besitzt nicht mehr dieselben integrativen Fähigkeiten wie der neoliberale in den 1990ern. Der Übergang vom Konsens zum Zwang wird exemplarisch am Verhältnis der USA zu schwächeren Ländern des Südens dargestellt. Vor 1970 prägte die indirekte Kontrolle durch Kompradorenregime das Bild; nach 1970 bedienten sich die USA eher der Macht des Finanzkapitals um andere Länder zu kontrollieren – und wurden dabei vom europäischen und japanischen Finanzkapital unterstützt. Ende der 1990er brach dieses Modell zusammen. Die neoliberale Ordnungspolitik wird seitdem verstärkt mit militärischen Mitteln, unter Anwendung von Zwang, durchgesetzt. Ganz besonders gilt dies für die Ölstaaten des Mittleren Ostens, denen eine hohe geopolitische Bedeutung zukommt. Hier dient das Militär noch mehr als früher als Mittel zur Durchsetzung von Interessen, denn die Ölstaaten geraten nicht so leicht in Finanzkrisen wie beispielsweise die Länder in Lateinamerika: „Die Staaten im Mittleren Osten können folglich nicht über den IWF diszipliniert werden" (Harvey 2004c, 39).

Harvey betont in seiner Darstellung die Kontingenz geschichtlicher Entwicklungen und möchte sich daher nicht auf eine genauere Voraussage des Entwicklungspfades der Weltwirtschaft und des Staatensystems festlegen (Harvey 2005, 179). Dennoch tendiert er dazu, eine zunehmend fragmentierte Welt zu beschreiben. Zentral ist dabei, wo, erstens, eine neue Form der raum-zeitlichen Bindung von Kapital zur Linderung des Überakkumulationsproblems lokalisiert werden kann und, zweitens, wer die Hauptlast der nächsten Welle der Kapitalentwertung tragen wird. Am aussichtsreichsten für ersteren Punkt gilt die Entwicklung Chinas. Das Land eröffnet neue Räume für Investitionen. Das Abfließen von Überschusskapital nach China kann jedoch katastrophale Folgen für die amerikanische Wirtschaft haben, da diese von Kapitalzuflüssen abhängig ist, um ihren eigenen unproduktiven Konsum im militärischen Sektor aufrechtzuerhalten: „Das Ergebnis wäre das Äquivalent einer ‚strukturellen Anpassung' in der US-Ökonomie und damit verbunden ein bislang ungekanntes Maß an Entbehrungen, wie man sie seit der Großen Depression der 1930er Jahre nicht mehr erlebt hat. In solch einer Situation wären die USA sehr in Versuchung, ihre Macht über das Öl als Bremsklotz China in den Weg zu stellen, was zumindest zu einem geopolitischen Konflikt in Zentralasien führen und sich möglicherweise zu einem globaleren Konflikt auswachsen würde" (ebd., 202). Das Verhältnis zwischen den USA und China neigt zunehmend zu einem der gegenseitigen, aber angespannten Abhängigkeit. Selbst das bislang kooperativ-freundliche transatlantische Verhältnis kann sich abkühlen, wie die Bedrohung des Dollar durch den Euro oder die unterschiedlichen Weltordnungsmodelle zeigen. Neue potentielle Hegemone entstehen allerdings wahrscheinlicher in Ostasien, wie Harvey unter Bezugnahme auf Arrighi erklärt (ebd., 84 ff., 201 ff., 223). Außerdem tendiert der wachsende Nationalismus dazu, wirtschaftlichen Verwerfungen den Weg zu ebnen. Er „kann dem internationalen Kapitalstrom und den Dynamiken der Akkumulation tatsächlich Beschränkungen auferlegen. Der Rückzug in regionale Strukturen des Kapitalkreislaufs und der -akkumulation, für den die Zeichen sich bereits häufen, kann durch jeden wachsenden Trend des Nationalismus und Rassismus verschlimmert werden, ganz zu schweigen davon, wie der Gedanke eines Kampfs der Kulturen an Boden gewinnt" (ebd., 201).[136] Alles in allem stehen die Vereinigten Staaten weitaus schwächer dar, als sie es glauben machen wollen, so Harvey. Die prekäre Situation als Besatzungsmacht im Irak nach 2003 und die Gefahr einer Schuldenkrise in den USA deuten auf die

---

[136] Die einzig mögliche, wenn auch befristete Antwort innerhalb der Regeln des Kapitalismus ist Harvey zufolge eine Art von neuem „New Deal" im weltweiten Maßstab. Allerdings besitzt die Vorstellung eines derartigen „Ultraimperialismus" ihre sozialen Schattenseiten (Harvey 2005, 202).

Schwachstellen des US-Imperialismus hin. In solchen Zeiten kann man schwerlich genaue Vorhersagen treffen, muss aber mit Allem rechnen.[137]

---

[137] „In solchen Phasen ist es sehr schwierig, Ergebnisse vorherzusagen. Wer hätte 1928 einen Krieg zwischen kapitalistischen Mächten voraussagen können? Wer hätte das plötzliche (und, im Moment des Geschehens, größtenteils friedliche) Auseinanderbrechen der Sowjetunion 1985 vorhergesehen? Wer hätte vor vier Jahren vorhergesagt, dass ein Krieg mit dem Irak nahe bevorstand?" (Harvey 2005, 225).

IV. Erkenntnisse, Weiterentwicklungen, Defizite

In diesem Abschnitt sollen zentrale Erkenntnisse, Weiterentwicklungen und Defizite der Theoretisierung von Staatenkonkurrenz bzw. imperialistischen Phänomenen herausgearbeitet werden. In den Etappen der Debatte können drei gegensätzliche Deutungsmuster unterschieden werden: *Erstens* bemühen die (neo-)realistischen Ansätze primär machtpolitische Parameter, um eine militarisierte Außenpolitik zu erklären. *Zweitens* weisen kritisch-liberale und marxistische Ansätze in erster Linie auf die ökonomischen Ursachen moderner Staatenkonkurrenz und imperialer Politik hin. *Drittens* und im Gegensatz zu den beiden genannten Ansätzen, erwarten liberale und neoinstitutionalistische Ansätze eine Abnahme der Bedeutung der Staatenkonkurrenz vor dem Hintergrund der Globalisierung – internationale Konflikte rühren diesen Ansätzen zufolge vornehmlich aus vormodernen Quellen. Freilich überkreuzen sich die hier idealtypisch unterschiedenen Positionen – so sind es marxistische Intellektuelle wie Kautsky, die eine Ablösung der Staatenkonkurrenz in einer gemeinsamen, ultraimperialistischen Herrschaft prognostizieren, und so verweisen liberale Autoren etwa auf die Bedeutung nationalistischer Bewegungen bei der Entstehung von Staatenkonflikten.[138]

Die Imperialismustheorien insgesamt können als schwer wiegende Einwände gegenüber normativ-idealisierenden Harmonisierungs-, Modernisierungs- und Zivilisierungsthesen gelten. Letztere speisten sich nach dem Ende des Kalten Krieges aus einer gewissen Friedenseuphorie auch und gerade unter westlichen Intellektuellen:

---

[138] Eine strenge Definition des Imperialismus bzw. der Staatenkonkurrenz hat sich bis heute nicht herausbilden können. Wie an den Ansätzen nachzuweisen ist, pendelt die Begriffsbestimmung zwischen einem überhistorischen Konzept, das auf die Beherrschung schwacher durch stärkere Länder abhebt und engeren, historisch fokussierten Erklärungen (etwa als Stufe oder Krisenerscheinung der kapitalistischen Entwicklung). Zudem stimmen die Ansätze in der Erklärung des Verhältnisses zwischen Ökonomie, Politik, Militärkapazitäten und ideologischen Dimensionen sowie deren interner Eigendynamik in der Entstehung imperialistischer Politik nicht überein.

„Man sprach in jenen Tagen von einem ‚Wettlauf um Frieden', der noch ergänzt wurde durch einen Wettlauf um Demokratie. Eine Epoche, die auf Konfrontation und Polarisierung beruhte, schien überwunden [...]. Kants ‚Ewiger Friede' und Norbert Elias' ‚zivilisatorischer Prozess' erlebten eine beachtliche Zitierkonjunktur" (Brock 1993, 164). Im Gegensatz zur Annahme einer Zivilisierung der Weltgesellschaft verweisen viele der in diesem Buch vorgestellten Autoren auf die permanente Entstehung internationaler Abhängigkeiten und Spannungen und damit auf den konfliktiven Charakter der kapitalistischen Weltordnung.[139] Nicht zuletzt diese Theorien haben in den letzten Jahren zur Wiederbelebung des sozialwissenschaftlichen und öffentlichen Diskurses über imperiale Gewalt bzw. Gewaltandrohung in und zwischen Gesellschaften beigetragen (vgl. Chibber 2004).

Wie im Folgenden nachdrücklich hervorgehoben wird, um Weiterentwicklungen, Kritik bzw. Gegenpositionen zu den jeweiligen Ansätzen wenigstens auf einer allgemeinen Ebene zu formulieren, korrespondieren die *Erkenntnisse* bzw. *Beschreibungen* allerdings nicht notwendigerweise mit einer hinreichend ausgearbeiteten *Begründung* für die Entstehung von imperialistischen Politikformen und Konkurrenzverhältnissen bzw. mit der These ihrer abnehmenden Relevanz. Zwar sind im Verlauf der Geschichte der Debatten theorieinterne Ausdifferenzierungen und Fortschritte feststellbar. Dennoch werden den verschiedenen Ansätzen Unzulänglichkeiten entgegengehalten, wie die nächsten Abschnitte zeigen. Auf Autoren, die an einer

---

[139] Um beim Leser ein mögliches Missverständnis auszuräumen, sei darauf hingewiesen, dass der Autor dieses Buches ebenso auf eine demokratische, auf Kooperation basierende Weltordnung hofft. Mit Gewissheit lässt sich sagen, dass viele der weltweiten Konflikte, Risiken und Widersprüche sich nur „kosmopolitisch" lösen ließen. Der Autor möchte gleichwohl darauf hinweisen, dass an eine Realisierung dieser Ansprüche innerhalb des gegenwärtigen Weltsystems aufgrund von dessen struktureller Präformiertheit, die auf die Grenzen konsensueller Steuerung verweist, nur schwerlich geglaubt werden kann (vgl. Marcuse 1995). Dies wird gegenüber gut gemeinten, normativen Vernunftgeboten betont, die solange nicht überflüssig sind, wie damit die analytische Vermischung von Fakten und normativen Orientierungen vermieden wird. Eine unvoreingenommene Analyse der Wirklichkeit ist und bleibt Zweck kritischer Gesellschaftstheorie. Normativ begründete, gesellschaftspolitische (Friedens-)Projekte sollten auf ihr aufbauen, nicht von ihr absehen.

Weiterentwicklung bzw. Kritik der Theorien interessiert sind, wird mithilfe von Quellenangaben hingewiesen.[140]

---

[140] Vgl. für den Versuch des Autors, eine Synthetisierung zeitgenössischer Ansätze zu einem analytischen Rahmen zur Erklärung von Geopolitik und kapitalistischer Staatenkonkurrenz in Ansätzen durchzuführen: ten Brink 2007.

1. Der machtpolitische (Neo-)Realismus

Der (Neo-)Realismus in der Disziplin der IB zeichnet das Bild einer von staatlichen Selbsterhaltungs- und Sicherheitsinteressen diktierten und dem zufolge zerrissenen Welt. Bis zu einem gewissen Grad kann er hiermit zu einer Demystifizierung harmonisierender Gesellschaftstheorien beitragen. Zur Begründung seiner Vorstellungen nimmt er jedoch eine Vereinfachung der Wirklichkeit vor. Essentielle soziale Entwicklungsprozesse werden ausgeblendet, wie Kritiker des Realismus hervorgehoben haben (vgl. Rosenberg 1994).

Die hier vorgestellten (neo-)realistischen Ansätze basieren der Kritik zufolge auf unterkomplexen theoretischen Prämissen. Es wird etwa mit nur einer Variablen, der Machtverteilung im internationalen Staatensystem, das Verhalten von Staaten bzw. Hegemonen erklärt. Ein Staat, der auf Machtpolitik verzichtet, droht letztlich zum Opfer der Machtpolitik anderer Staaten zu werden, was zu einer Unterordnung staatlicher Handlungen unter das Interesse des Machterhalts führt. Freilich ist dem Realismus eine theorieinterne Entwicklung nicht abzustreiten: So wird das im „klassischen" Realismus bei Morgenthau begründete biologistische Verständnis von Macht – das erstens die Natur des Menschen mit seinem angeblichen Verlangen nach mehr Macht essentialisiert und zweitens Staatshandeln enthistorisiert – bei Waltz und Mearsheimer nicht übernommen, sondern durch sozialstrukturelle Verhältnisse (Struktur des internationalen Systems, Sicherheitsdilemma) ersetzt. Auch unter diesen Vorzeichen jedoch schlägt menschliches Verhalten, ohne es genauer zu erörtern, grundsätzlich in Egoismus und Aggressivität um. Moral ist dem zufolge nur wirksam, wenn sie durch physische Macht erzwungen wird.

Die staatszentrierte Perspektive des (Neo-)Realismus tendiert Rosenberg zufolge dazu, sozio-ökonomische Prozesse genauso wie die Rolle von sozialen Akteuren außerhalb des Staatsapparats kaum zu berücksichtigen.[141] Waltz und Mearsheimer richten den Blick zwar *auf* die Staaten, aber nicht *in* sie hinein. Die Frage, wie innergesellschaftliche Faktoren und Kräfteverhältnisse auf staatliches Handeln

---

[141] Werner Link dagegen versucht, den Trend zur ökonomischen Regionalisierung mit dem des politischen Regionalismus zu verbinden, wiewohl er die Reichweite des Integrationsprozesses innerhalb der EU möglicherweise unterschätzt.

wirken, bleibt in der Analyse weitgehend ausgeklammert.[142] Damit wird eine überholte, aber weithin akzeptierte wissenschaftliche Aufspaltung von Innen- und Außenpolitik aufgewertet. Zudem neigt der Ansatz dazu, die Rolle ideologischer bzw. symbolischer Dimensionen bei der Motivation von Politik zu unterschätzen. Politisch-ideologische Einschätzungen können eine solche Wirkmacht entwickeln, dass sie zu einem relativ unabhängigen Motiv des außenpolitischen Handelns von Staaten werden. Um nur ein Beispiel zu nennen: Die amerikanische Hegemonie nach 1945 kann nicht allein mit ihrer militärischen Vorherrschaft erklärt werden. Neben der amerikanischen ökonomischen Potenz nach 1945 spielte ein ideologischer Faktor eine nicht unwesentliche Rolle: Die „Angst" vor dem Kommunismus, die in den Staatsstreichen in Osteuropa ihre reale Basis hatte, verselbständigte sich während des Kalten Krieges zu einem Kampfbegriff, der dabei half, die NATO-Länder zusammenzuhalten.[143]

---

[142] Diese Herangehensweise führt dazu, rasante Umbrüche im internationalen System nur unzureichend erklären zu können, was daran liegt, dass Dynamiken auf Ebenen jenseits des internationalen Staatensystems kaum in die Analyse einbezogen werden – die Massenbewegungen in den osteuropäischen Revolutionen von 1989 sind ein gutes Beispiel hierfür.

[143] Mearsheimer verneint die Möglichkeit eines Staates, globale Hegemonie zu erreichen, weil er Hegemonie mit absoluter politischer Dominanz gleichsetzt. Dabei überzeichnet er die „aufhaltende" Kraft der Meere. Sein hiermit verbundener Machtbegriff erscheint nicht ausreichend. Sinnvoller wäre es, mit einem Begriff „struktureller Macht" (Strange 1994) zu arbeiten, der auf ein Machtpotenzial hinweist, das Strukturen wie Sicherheit, finanzielle Verflechtungen, Wissenschaft und die Produktion auf die beteiligten Akteure haben. Akteure sind mächtig, wenn sie Macht über diese Strukturen besitzen. Die USA besaßen nach 1945 (im Westen) eine hegemoniale Stellung, weil sie andere Staaten dazu bringen konnten, ihre Politik zu unterstützen, auch wenn sie deren Landmasse nicht kontrollierten. Gegenwärtig verhindern nicht in erster Linie geographische Barrieren, sondern die Existenz vieler Machtzentren eine globale Hegemonie der USA. Und: Es ist für die USA zwar riskant, in „Eurasien" militärische Interventionen zu wagen, insbesondere wenn es um den Einsatz von Bodentruppen geht – aber nicht nur wegen objektiver Probleme, sondern auch aus innergesellschaftlichen Gründen: Die amerikanische Bevölkerung akzeptiert keine hohen Opferzahlen.

Der realistische Verweis auf die universalhistorische Konstante der Konflikthaftigkeit im internationalen Staatensystem deutet auf ein weiteres Problem hin – staatliches Handeln wird losgelöst von variierenden historischen Kontexten diskutiert. Aus der Nivellierung historischer Unterschiede können Vereinfachungen resultieren, wie an dem verbreiteten, jedoch undifferenzierten Vergleich des Niedergangs des Römischen Reichs mit dem befürchteten Untergang der USA abzulesen ist. Die Geschichte des internationalen Systems ist eine sich qualitativ wandelnde (Rosenberg 1994, 123-158). Dabei käme es darauf an, Macht als eine Kategorie zu verstehen, die je spezifische Konfigurationen sozialer Verhältnisse zur Grundlage hat – das antike Rom etwa im Unterschied zum Spätfeudalismus und ebenso zum gegenwärtigen Kapitalismus. Das Zusammenfallen von politischer und ökonomischer Macht in vielen mittelalterlichen Gesellschaften ist beispielsweise von der gegenüber der Ökonomie ausdifferenzierten Rolle der Politik in einer kapitalistischen Gesellschaft zu unterscheiden. Diese Konfigurationen befördern spezifische Formen von Staatlichkeit und damit des internationalen Systems. Der Charakter eines internationalen Systems kann also nicht allein durch das Bestehen einer Vielzahl miteinander konkurrierender Einheiten begriffen werden. Differierende soziale Verhältnisse bzw. Strukturen wirken sich auf die Gestalt der Außenpolitik aus. Mearsheimers Annahme, dass zur Erreichung des primären Ziels eines jeden Staates – territoriale Integrität und politische Souveränität – dieser sich an der Machtmaximierung orientiert, wird nicht näher spezifiziert.[144] Dabei bestehen erhebliche Unterschiede: In den spätfeudalen, absolutistischen Kriegen verlor der Verlierer im Falle einer Kriegsniederlage häufig sein Territorium und wurde kolonisiert, in den geopolitischen Konflikten und Kriegen des Kapitalismus ist dies nicht die Regel.[145]

---

[144] An einer Stelle räumt Mearsheimer ein, dass Staaten nicht nur aufgrund ihrer Überlebens- bzw. Sicherheitsinteressen handeln (Mearsheimer 2003, 335). Insgesamt aber droht der Blick auf die sozioökonomischen Strukturen weitgehend ausgeblendet zu werden.

[145] Im Übrigen verfängt sich Mearsheimer ebenso in empirische Widersprüche. Nach 1945 stationierten die USA mehr als 500.000 Soldaten in Westeuropa und mehr als 100.000 Soldaten in Asien – das steht im Widerspruch dazu, den USA eine Kapazität als „offshore-balancer" zuzuschreiben, die gewissermaßen von „außen" ihre Machtstellung festigte. Auch besteht zwischen Südamerika und Europa nicht ein derartig weitrei-

Als klassische „Problem-Lösungs-Theorie" (Cox) kann der Realismus, die international einflussreichste Schule in der Disziplin der IB, als eine Denkströmung verstanden werden, die etwa die Ideen des Friedens durch Handel bzw. Frieden durch Demokratisierung geradezu naiv erscheinen lassen. Das realistische Beharren auf dem konfliktiven Charakter des Staatensystems, dem nationalen Interesse usw., weist auf einen wesentlichen Sachverhalt der kapitalistischen Moderne hin: die überragende Bedeutung staatlicher Macht und außenpolitischer Interventionen, wiewohl dieser Ansatz die Verlaufsformen der Staatenkonkurrenz nur zu beschreiben vermag. Der (Neo-)Realismus kann als geistiger Ausdruck des staatlichen (Außenpolitik-)Managements bezeichnet werden, eine Hypothese, die mit dem erheblichen Einfluss realistischer Ideen unter politischen Intellektuellen in den USA, aber auch in anderen Staaten, belegt werden kann.[146] Indem der realistische Ansatz die Dilemmata von Staaten immer wieder dramatisiert, versucht er „realpolitisches" staatliches Agieren zu rechtfertigen. Dem entspricht auch sein rein pragmatisches Wissenschaftsverständnis: Waltz vertritt die These, dass nicht die Validität der Prämissen, sondern die Brauchbarkeit der aus ihnen ableitbaren Hypothesen und Prognosen den Wert einer Theorie bestimmen: „The question, as ever with theories, is not whether the isolation of a realm is realistic, but whether it is useful. And usefulness is judged by the explanatory and predictive powers of the theory that may be fashioned" (Waltz 1979, 8; vgl. Zürn 1994).

---

chender Unterschied wie angenommen. Südamerika ist auf dem Landweg militärisch praktisch nicht zu erreichen. Der Panamakanal (der breiter als der Ärmelkanal ist) und die unpassierbare Landenge zwischen Panama und Kolumbien wären in Mearsheimers Logik eigentlich „unüberwindbare" Hindernisse.

[146] Vgl. die von Layne (2006) und Smith (2005) aus unterschiedlicher Perspektive entwickelten Analysen der Geschichte amerikanischer Außenpolitik unter Einbezug theoretischer Diskurse des Außenpolitikmanagements. Vgl. aus neogramscianischer Perspektive: Glassman 2005. Zum Neokonservativismus: Henning 2006; Williams 2005.

2. Die kritisch-liberalen und marxistischen Ansätze

Die klassischen Imperialismustheorien linksliberaler und marxistischer Provenienz sowie ihre neueren Lesarten und Weiterführungen setzen der realistischen Machttheorie einen gesellschaftskritischen Forschungsansatz entgegen. Bereits der frühe Versuch von Hobson etwa stellt einen Fortschritt gegenüber universalhistorisch, machtpolitisch oder biologistisch argumentierenden Autoren jener Zeit dar, weil er die spezifischen sozioökonomischen Verhältnisse berücksichtigt. Insofern gleichen sich die im Folgenden diskutierten Theorien und die realistischen Ansätze in der Regel nur auf der Ebene der Phänomenbeschreibung. Dies immunisiert die Ansätze jedoch nicht gegen unzulässige Verallgemeinerungen. Nachfolgend wird das *erstens* an der Kapitalismusanalyse, *zweitens* der Erklärung des Verhältnisses zwischen Wirtschaft und Politik sowie *drittens* den prognostizierten weltpolitischen Entwicklungen veranschaulicht.

2.1. Kapitalismusanalyse

Im Mittelpunkt der kritisch-liberalen und marxistischen Ansätze steht die Analyse und Kritik des Kapitalismus. Wie kein anderer Zweig der Sozialanalyse beschäftigen sich diese Strömungen mit den Konsequenzen der weltwirtschaftlichen und hieraus resultierenden weltpolitischen Verwerfungen.

In historischer Perspektive betrachtet, konnten die in der Tradition der Marxschen Kritik der politischen Ökonomie argumentierenden Theoretiker sich mit einigem Grund darauf berufen, über ein für die Analyse moderner Gesellschaften angemessenes analytisches Instrumentarium zu verfügen. Marx selbst hatte keine allgemeine Konzeption eines kapitalistischen Entwicklungspfades auf Weltebene mit all seinen politischen Folgen ausgearbeitet. In seinem Hauptwerk abstrahiert er noch weitgehend von der Existenz der Einzelstaaten sowie ihren nationalen Unterschieden, indem er „die gesamte Handelswelt als eine Nation" auffasst (Marx 1962, 607). Zu Beginn des 20. Jahrhunderts standen seine Epigonen daher vor der Aufgabe, den Zusammenhang zwischen der zunehmenden militärischen Konkurrenz und der Dynamik der Kapitalakkumulation zu entwickeln, der im Ersten Weltkrieg und Zweiten Weltkrieg dramatische Höhepunkte fand. Das gilt vor 1918 beispielsweise für den ambitionierten Versuch Bucharins, die Internationalisierungstendenzen mit den diesen Trend konterkarierenden Nationalisierungstendenzen in Verbindung zu bringen sowie einen Perspektivenwechsel im Hinblick auf den Weltmarkt zu vollziehen. Während Marxisten wie Hilferding von einer auf den nationalstaatlichen Raum konzentrierten Betrachtungsweise ausgehen, zeigt Bucharin, dass der Weltmarkt als Ganzes der Ausgangspunkt für die Analyse imperialistischer Politik sein sollte (vgl. Haynes 1985). Dabei analysiert er, dass der Imperialismus nicht nur ein „spill-over" Problem ist, bei dem ein ehemals nationales Kapital über sein Territorium hinaustreibt, sondern auch aus den Widersprüchen des Kapitalismus als Weltsystem hervorgeht. Ab den 1920ern, trotz der einsetzenden Dogmatisierung des Marxismus, gelingt es einigen, vorwiegend dissidenten Autoren, eigenständige Beiträge zu formulieren. Exemplarisch stehen hierfür Sternbergs These des Zusammenhanges von „Krisenprozessen" mit dem Krieg als einer Form der Krise[147], Grossmanns Analysen von Geld- und Währungskonkurrenzen oder Trotzkis Theorem der ungleichen und kombinierten Entwicklung, das im Gegensatz zum „Gesetz der ungleichen Entwicklung" von einem komplexeren Bild weltweit miteinander verbundener Differenzierungs- und Anpassungsprozesse ausgeht. In Anknüpfung an diese und andere Vorstellungen sind nach 1945 Versuche der Reaktualisierung der Imperialismustheorie vor dem Hintergrund des Kalten Krieges unternommen worden, wie dies unter anderem am Versuch des theoretischen Einbezugs des Ost-West-Gegensatzes (und damit der Sowjetunion als geopolitischem Akteur) in die Weltanalyse (unter anderem bei Castoriadis, Cliff, Mattick) abzulesen ist. Im Rahmen des Versuchs einer theoretischen Weiterentwicklung der Marxschen Kapitalismusanalyse konzentrierten sich die „Weltmarkttheoretiker" der 1970er ferner auf das Verhältnis von Weltmarktstrukturen, konkurrierenden Einzelkapitalien sowie „vielen" Staaten.

In den vielgestaltigen Versuchen lassen sich jedoch eine Reihe von Ambivalenzen des „Marxismus nach Marx" und den kritisch-libera-

---

[147] Nach 1945 betonen das auch Baran/Sweezy: „Die Wirtschaftsgeschichte des zwanzigsten Jahrhunderts zu behandeln, als seien Kriege bloße Störungen in einem ansonsten friedlichen Gang der Entwicklung, hieße also, von Kräften abzusehen, die die Konturen der Wirklichkeit wesentlich mitgeformt haben" (Baran/Sweezy 1970, 215; vgl. zum Verhältnis Nationalstaat und Krieg auch: Wehler 2000).

len Ansätzen feststellen.[148] Diese Unzulänglichkeiten können anhand der Erklärung der kapitalistischen Krisen- und Monopolisierungstendenzen sowie von Erscheinungsformen des Kapitals und der Rolle des Kapitalexports nachgezeichnet werden:

1) Krisentendenzen der Weltwirtschaft werden in den marxistischen Imperialismustheorien oftmals einseitig beschrieben. Lenin und Hilferding vertreten etwa unterschiedliche Varianten der Disproportionalitätstheorie – ökonomische Krisen werden im Wesentlichen als Folge der Anarchie bzw. des ungeplanten Charakters des Marktes, der Unausgeglichenheit unterschiedlicher Sektoren innerhalb einer Wirtschaft, erklärt. Luxemburg dagegen entwickelt eine Theorie des „Realisierungsproblems", die hinterfragt worden ist.[149] Ebenso wirft Hobsons „vorkeynesianische" Krisentheorie Probleme auf, etwa bei der unterkonsumtionstheoretischen Annahme, der Kapitalismus habe das Ziel der Konsumtion und die profitorientierte Investitionstätigkeit sei diesem Ziel untergeordnet (vgl. Brewer 1990, 86). In den 1920ern weist Henryk Grossmann nach, dass die Krisenprozesse zuvor überwiegend innerhalb der Zirkulationssphäre, den Märkten, lokalisiert wurden. Er selbst stellt das „Gesetz" des tendenziellen

---

[148] Die Schwächen der marxistischen Imperialismustheorien hängen unter anderem mit der Interpretation des Marxschen Werks zusammen. Die bedeutendste Auslegung des Marxismus entwickelte nach dem Tod von Engels der wichtigste Theoretiker der 2. Internationale, Karl Kautsky, der wiederum fast alle Marxisten der damaligen Zeit nachhaltig prägte. Kautsky, beeinflusst vom Darwinismus, rezipierte Marx selektiv und interpretierte ihn in einem evolutionistischen und deterministischen Sinne (vgl. Callinicos 2004, 54 ff.). Abgesehen von dieser einseitigen Rezeption waren viele Schriften von Marx noch nicht bekannt bzw. hinreichend analysiert (vgl. ten Brink/Nachtwey 2004).

[149] Einige Autoren zweifeln an Luxemburgs Annahme, einen logischen Fehler im Marxschen *Kapital* entdeckt zu haben. Eine erweiterte Reproduktion ist innerhalb des Kapitalismus möglich. Es muss nicht zu einem konstanten Anstieg in der Produktivität von Produktionsmitteln losgelöst von der Konsumtion kommen. Produktivität, Löhne und die Akkumulation von Mehrwert können sich gleichzeitig entwickeln – die Konsumtion kann (zumindest im Prinzip) parallel zum Produktionsausstoß wachsen. Tatsächlich bildete die „innere Landnahme" einen Grund für Wachstumsschübe (vgl. Brewer 1990, 62-72).

Falls der Profitrate (und damit die Produktionssphäre) ins Zentrum seiner Krisenanalyse. Nun werden allerdings die Prozesse jenseits der Produktion nicht hinreichend berücksichtigt. Die Krisenprozesse können nur in ihrer widersprüchlichen Einheit (von Produktion, Zirkulation und Konsumtion) angemessen erfasst werden.[150] Historisch traten diese sowohl als Überakkumulationskrisen, als auch als Disproportionalitätskrisen sowie Unterkonsumptionskrisen auf.

Während Panitchs Forderung nach der Historisierung von Theorie sowie einer differenzierten Darstellung des Verhältnisses von Politik und Ökonomie als seine zentrale Erkenntnis verstanden werden kann, erscheint seine Krisenanalyse, die der Annahme der unangefochtenen Hegemonialstellung der USA zugrunde liegt, unzulänglich. Die wirtschaftlichen Krisenprozesse werden vorwiegend aus Klassenkräfterelationen und sich hieraus ergebenden Verteilungsverhältnissen bestimmt und weniger aus der inneren Widersprüchlichkeit der Produktionssphäre selbst sowie dem anarchischen Charakter der Zirkulationssphäre. Dementsprechend schreiben Panitch/Gindin: „[W]orking class resistance [is] both a pivotal factor in causing the crises and a target of its resolution at the end of the 70s and beginning of the 1980s" (Panitch/Gindin 2004b, 81). Im akteurszentrierten Ansatz von Panitch/Gindin, den Negri/Hardt noch radikalisieren, bringen soziale Klassen ökonomische Krisen hervor. Weder kann mit dieser These die Universalität der langen Stagnation bzw. Instabilität seit den 1970ern hinreichend erklärt werden (es bleibt zum Beispiel offen, warum die japanische Wirtschaft trotz einer schwachen Gewerkschaftsbewegung ebenfalls eine Periode der Depression durchlief) noch die Simultanität ihres Beginns (obwohl das Verhältnis Kapital/Arbeit wie auch die institutionellen Regime in den stärksten Volkswirtschaften sehr unterschiedlich ausgeprägt waren).

Von den vorgestellten Krisentheorien weist der Harveysche Ansatz die avancierteste Position auf, weil er sowohl die Bedeutung der „großen" Krisen der 1870er, der 1930er und 1970er in ihren

---

[150] Die Autoren, die in den 1970ern im Rahmen der Marxschen Werttheorie argumentieren, sehen sich der Schwierigkeit konfrontiert, das „Wirken" des Wertgesetzes auch im Rahmen der Zirkulationssphäre zu bestimmen. Die Konkurrenz (und damit die Anarchie des Marktes) ist bei ihnen nur „Erscheinung" der „Oberfläche", nicht konstitutiver Bestandteil der kapitalistischen Produktionsweise.

geopolitischen Auswirkungen diskutiert als auch versucht, die krisenhafte Kapitalakkumulation in ihrer Einheit von Produktion, Konsumtion und Zirkulation darzustellen.

2) Gegenüber der Analyse von *Monopolisierungstendenzen* sind kritische Einwände formuliert worden. Die Strukturen und Dynamiken der Gesellschaftsformation um 1914 können mit der Idee des historischen Phasenwechsels vom „Konkurrenzkapitalismus" zum „Monopolkapitalismus", die zur Gegenüberstellung von „klassischem" Kapitalismus und modernem „imperialistischem" Kapitalismus führt – und der damit verbundenen These der Möglichkeit der Steuerung des Kapitalismus –, nicht hinreichend erklärt werden. Monopole, oder genauer, Oligopole, besitzen in der Regel eine dominante Stellung in *einem* Bereich der Volkswirtschaft, nicht in allen. Ein „Monopolkapital" in einem Segment der Volkswirtschaft ist kein starres, sondern immer ein prekäres Gebilde. Das Profitratengefälle zwischen bestehenden oder neu entstehenden Wirtschaftssektoren zwingt zur Umorientierung der Kapitalien. Technologischer Wandel und dynamische (internationale) Märkte, die sich sowohl in ihrer Größe als auch im Hinblick auf die produzierten und gehandelten Güter ständig verändern, ermöglichen immer wieder den Markteintritt von Konkurrenten. Und selbst wenn es Unternehmen gelingen sollte, einen Markt vollständig zu beherrschen, kann ihnen Konkurrenz durch andere Märkte mit substitutiven Gütern erwachsen (historisch stand etwa die Eisenbahn in Konkurrenz zum Auto- und Flugverkehr). Mit steigender Unternehmensgröße treten neue Probleme auf. Wie einige Beiträge in der Weltmarktdebatte zu Recht argumentiert haben, ist die Aussage, dass „das Monopol" die „freie Konkurrenz" ablöst und sich im Gegensatz zu ihr befindet, problematisch. In dieser Perspektive kann die „Aufhebung" der Konkurrenz als abhängig vom Willen der „Monopolkapitalisten" begriffen werden, die „den" Kapitalismus zu steuern in der Lage sind.

Die Kapitalismusanalyse in den Dependenztheorien übernimmt einige dieser Thesen und radikalisiert sie. Die kapitalistische Weltvergesellschaftung erscheint mehr als ein durch mächtige Akteure gesteuertes Regime denn als nicht regulierbarer, dynamischer Prozess ohne steuerndes Subjekt.[151] Und in der Theorie des staatsmonopolistischen Kapitalismus befindet sich der Weltkapitalismus gleichsam in einer jahrzehntelangen „allgemeinen Krise", deren temporäre Überwindung nur noch durch politische Eingriffe der mit dem Monopolkapital verbundenen Staatsapparate gelingen kann.

3) Weitere Ambivalenzen lassen sich an der Art und Weise der Unterteilung verschiedener *Erscheinungsformen des Kapitals* wie auch an der Analyse des *Kapitalexports* und der damit zusammenhängenden These der „Unterentwicklung" nachweisen. Hilferdings Gebrauch der Kategorie „Finanzkapital" besitzt einen zweideutigen Charakter. Zum einen bezieht sich Hilferding damit auf die Verschmelzung von Finanzwelt und Industrie und ihre damit einhergehende enge Verbindung zum Nationalstaat. Insofern werden bei Hilferding mit gutem Grund die „Schutzzollländer" Deutschland und die Vereinigten Staaten als Musterländer kapitalistischer Entwicklung beschrieben. Die Interessen der großen Trusts an einem Staat, der die Macht hat, Absatzmärkte zu vergrößern, in denen sie hohe Renditen erlangen können, war eine zentrale Erscheinung des Kapitalismus jener Zeit. Hilferding verwendet den Begriff „Finanzkapital" aber auch auf eine andere, entgegengesetzte Weise. Diese erinnert eher an Hobsons Darstellung des Finanzkapitals – welches andere Interessen verfolgt als das Industriekapital.[152] In dieser Perspektive erscheint das Kapital in seinen unterschiedlichen Formen (Geld-, Industrie-, Handelskapital) analytisch getrennt und einander gegenübergestellt zu sein. Nicht wenige Autoren haben daraus den Schluss gezogen, dass das „Finanzkapital" zur treibenden Kraft der Eroberung von Kolonien wird, das „Industriekapital" dagegen seine Produktion im Prinzip an der Nachfrage auf den Binnenmärkten orientiert. Lenin übernimmt diese Zweideutigkeiten. Die These der Schlüsselstellung

---

[151] Natürlich verfügen mächtige ökonomische Akteure wie auch Staaten über eine Reihe von Instrumenten, um weniger mächtige Kapitalien oder auch Staaten zumindest teilweise ihrem Willen zu unterwerfen. Aber dabei wird oft nicht mehr als nur ein Teil des Erwünschten erreicht, wie an der Entwicklung der relativ unabhängigen neuen Zentren der Kapitalakkumulation im Süden nach 1945 (z.B. Ägypten, Brasilien, Südafrika, Indien, Iran) abzulesen ist.

[152] In seinen Analysen bedient Hobson an einigen Stellen den Antisemitismus (vgl. Brewer 1990, 83).

der vom Produktivkapital getrennten Finanzkapitalien trifft jedoch
nicht einmal für die Zeit vor 1914 zu. Im Fall Deutschlands war es
besonders die Schwerindustrie, die über nationale Grenzen hinweg
durch die Einrichtung von Kolonien und Einflusssphären expandieren wollte.[153]

Der Hobsonschen Betonung des Kapitalexports und hiermit
verbundener kolonialer Bestrebungen, der viele Imperialismustheoretiker gefolgt sind, ist von Historikern entgegengehalten worden, dass
er die Beziehungen mit den Kolonien überbewertet und gleichzeitig
unterschätzt, dass die Binnenmärkte sehr wohl infolge von Steige-
rungen der Massenkaufkraft expandieren können.[154] Hobson
überbetont die direkte Korrelation von imperialer (Kolonial-
)Expansion und Zunahme des Kapitalexports (vgl. Brewer 1990, 73-
87). Lediglich einzelne Unternehmenssektoren profitierten vom
Kolonialhandel. Nur ein Teil der Investitionen wurde in den neu
erworbenen Kolonialgebieten getätigt, mehrheitlich wurden sie
zwischen den hochindustrialisierten Gesellschaften abgewickelt.
Festzuhalten bleibt eher, dass große Teile der herrschenden Eliten in
der Schaffung von Kolonialbesitz einen wichtigen Beitrag zum Erhalt
bzw. zur Erweiterung ihrer Macht *erhofften* – wenn auch diese
Hoffnungen nicht immer erfüllt wurden. So garantierten britische
Kapitalexporte zwar sichere Gewinne, aber nicht unbedingt höhere
Renditen als in inländischen Kapitalanlagen. Relevanter als garantiert

---

[153] Die „Financiers" in den Mittelpunkt zu stellen, wird noch problemati-
scher, wenn man sich den Jahrzehnten nach 1914 zuwendet. Großbritannien
begann mit der Herausbildung seiner monopolistischen Industrien (z.B. ICI,
Unilever) den deutschen Weg einzuschlagen. Zudem entwickelten sich die
Großmächte nicht zu entindustrialisierten „Parasiten", die in zunehmendem
Maße von Einkommen lebten, das aus der Produktion in anderen Weltteilen
erzielt wurde, sondern sie konnten im Gegenteil in den Jahren zwischen den
Weltkriegen neue Industrien entwickeln, die den Abstand zwischen ihnen
und fast der gesamten übrigen Welt vergrößerten.

[154] Magdoffs These der hohen Abhängigkeit von Rohstoffen aus dem Süden
nach 1945 erscheint (mit Ausnahmen wie unter anderem dem Erdöl)
überzeichnet. Einige Autoren haben in den 1960ern überzeugend
herausgearbeitet, dass die Abhängigkeit von Rohstoffen und Export-
erzeugnissen nach dem Zweiten Weltkrieg abgenommen hatte (Kidron 1974,
Barratt Brown 1972). Bereits vor 1914 war für die amerikanische und
russische Ökonomie nicht mehr der Kapitalexport allein kennzeichnend,
sondern auch der Kapitalimport aus anderen kapitalistischen Ländern.

hohe Gewinne war die Suche nach neuen Märkten. Aber auch diese Strategie war nicht immer erfolgreich. Krippendorff schreibt hinsichtlich des sich teilweise „nachträglich" herausstellenden Irrtums hinsichtlich der Rentabilität von Kolonien: „[E]s war die – wenn man so will: irrationale – Erwartung […], dass Kolonialbesitz identisch mit ökonomischer Sicherung und stabilem Wachstum sei, die sie zu imperialistischer Politik trieb" (Krippendorff 1976, 75).

In der Analyse der „Nord-Süd-Verhältnisse" gilt eine These der Dependenz- und teilweise der Weltsystemtheorien als problematisch: Die Auffassung der Unmöglichkeit der Entwicklung in der „Dritten Welt".[155] Zwar müssen Verhältnisse von Dominanz und Abhängigkeit als Merkmal des weltweiten Kapitalismus berücksichtigt werden – bis heute profitieren etwa Unternehmen von den verschiedenartigen Produktionsbedingungen und Arbeitsregimen –, diese Verhältnisse sind aber, räumlich betrachtet, relativ variabel. Der Annahme, dass die westlichen Staaten grundsätzlich ein Interesse daran haben, ihre Macht zur Verhinderung peripherer Industrialisierung einzusetzen, ist entgegengehalten worden, dass die internationale Arbeitsteilung im „Süden" Räume erzeugte, die industrialisiert wurden.[156] Die Vorstellung eines stabilen Nord-Süd-Gefälles kann weder den Aufstieg diverser, ehemals unentwickelter Staaten, noch, im Umkehrschluss, den relativen Niedergang ehemaliger Großmächte wie Großbritannien erklären (vgl. Elsenhans 1979). Einige neue Akkumulationszentren entwickelten sich zu exportorientierten Ökonomien, die teilweise seit den 1970ern den Status von

---

[155] Die Analyse der kapitalistischen (Unter-)Entwicklung erscheint als Nullsummenspiel: Definitionsgemäß können sich etwa bei Wallerstein nicht alle Staaten gleichzeitig entwickeln, denn das System beruht auf dem Fortbestand ungleich entwickelter Zentral- und Peripherieregionen. Insgesamt wird im Anschluss an eine nachvollziehbare Kritik an den apologetischen Modernisierungstheorien oftmals einseitig argumentiert. Tatsächlich spielen „interne" Faktoren im Rahmen ihrer Einbettung in das „Weltsystem" eine wichtige Rolle bei der Einschätzung von ökonomischen Entwicklungspotentialen.

[156] Diese Annahme steht im Übrigen im Gegensatz zu einigen früheren marxistischen Vorstellungen, die davon ausgingen, dass Auslandsdirektinvestitionen sehr wohl in den Aufbau der Industrie fließen konnten. In den 1970ern argumentierten einige lateinamerikanische Autoren, dass die Formen des ökonomischen Imperialismus in der Kombination von Abhängigkeit *und* Entwicklung auftreten (vgl. Cardoso 1974, 218 f.).

ernstzunehmenden Wettbewerbern für die Unternehmen in den Metropolen erhalten haben. Mit der Gleichsetzung der stärksten Industrienationen der Erde mit dem „Westen" bzw. „Norden" sowie von „Kapitalismus" und „Imperialismus", drohen ferner die konfliktreichen Verhältnisse im „Norden" aus dem Blick zu geraten. [157]

Die Vorgehensweise vieler Theorien moderner Staatenkonflikte kann noch in anderer Hinsicht problematisiert werden. So wird der Terminus „Imperialismus" oftmals mit dem Versuch der direkten territorialen Besetzung in Verbindung gebracht und dabei die eigentümliche Form *kapitalistischer* Geopolitik übersehen: den Versuch der Kontrolle von Räumen, auch wenn *keine* direkte territoriale Herrschaft über diese vorliegt bzw. in Erwägung gezogen wird.

In einigen Imperialismusdeutungen werden zudem „strukturelle" Zwänge, die sich über die „Gesetze" der Kapitalakkumulation (bzw. im Realismus über die universalhistorisch begründete Staatenrivalität) in das Handeln zumindest der herrschenden gesellschaftlichen Akteure einschreiben, besonders akzentuiert. Dies begründet den Vorwurf des Reduktionismus und des Ökonomismus gegen zwei der ambitioniertesten Versuche der 1970er, die Weltsystemtheorie und die Weltmarkttheorien. Die Weltsystemtheorien Wallersteins oder Arrighis legen eine ökonomistische Interpretation der Geschichte nahe – normative, ideologische und politische Faktoren, Handlungen

---

[157] Der Begriff Imperialismus wird in dieser Perspektive zur ökonomischen Ausbeutung der Dritten Welt und zur gewalttätigen Unterdrückung nationaler Befreiungsbewegungen durch westliche Machteliten und „Arbeiteraristokratien" umgedeutet. Diese Beschreibung neigt dazu, die internen sozialen Gegensätze in den Ländern des Nordens auszublenden. Die Erklärung von Reichtumtransfers aus dem Süden mithilfe der Kategorie des „ungleichen Tauschs" ist mit guten Gründen kritisiert worden (vgl. Busch 1974, 64 ff.; Mandel 1973, 318 ff.). Diese Kategorie kann eher dazu dienen, die Welt des 16. bis zum 18. Jahrhundert zu beschreiben, als der internationale Handel stark von politischen und militärischen Interventionen abhing und sich das Kaufmanns- und Handelskapital durch Raub, Plünderung und willkürliche Preissetzungen vermehrte. Handelsgewinne konnten in dieser Phase vor allem dadurch realisiert werden, dass „billig eingekauft und teuer verkauft" wurde und die Differenz der Preise gleicher Waren in verschiedenen Regionen genutzt wurde.

von Menschen, Gruppen und Klassen oder kontingente historische Entwicklungen werden insbesondere in Wallersteins Theorieansatz wenig einbezogen. Erst in akuten Krisenzeiten eröffnet sich die Möglichkeit für menschliches Handeln. Vorher wird der Spielraum der Akteure von den Strukturen des Weltsystems vorgegeben.[158] Auch die Weltmarktdebatte ist wegen ihres Reduktionismus kritisiert worden (vgl. Altvater 1985). Tatsächlich bleibt das Verhältnis von Struktur und Handeln – das Problem des Verhältnisses zwischen den das kapitalistische Weltsystem dominierenden und in ihm sich geschichtlich durchhaltenden wesentlichen *Strukturen* (Lohnarbeit, Konkurrenzverhältnisse, Geldverhältnisse, Vielstaatlichkeit) und den sich verändernden *Formen*, in denen diese Strukturen konkret-geschichtlich zum Ausdruck kommen, unbestimmt. Konkrete Geschichte umfasst mehr als kategorial ableitbare Strukturbestimmungen. Wie an den Ansätzen von Hannah Arendt und Robert Cox zu sehen ist, versuchen andere Theoretiker diese Klippe aus unterschiedlichen handlungstheoretischen Perspektiven zu umschiffen und der Wirkmacht von Akteuren Rechnung zu tragen (vgl. aus neogramscianischer Perspektive ebenso: Bieler/Morton 2001).

2.2. Das Verhältnis von Wirtschaft und Politik

Ein zweites Feld der Kritik bezieht sich auf die Frage des Verhältnisses zwischen Politik und Wirtschaft bzw. Staat und Kapital. Aus dieser (auch theorieinternen) Kritik resultiert der Vorwurf eines instrumentellen Politikverständnisses, in dem der Staat bzw. die Politik aus ökonomischen Interessen abgeleitet und zum sekundären „Überbauphänomenen" erklärt werden. Der Staat fungiert nicht unmittelbar im Interesse der „Finanzoligarchie" oder als Instrument des „Monopolkapitals".

---

[158] Die Geschichte hegemonialer Staaten zu rekonstruieren, erscheint bei Arrighi als eine plausible Vorgehensweise. Durch die Konstruktion einer Zyklentheorie entsteht jedoch der Eindruck, dass Arrighi sein empirisches Material teilweise an die theoretisch vorgegebenen Entwicklungsmuster anpasst. Geschichte ist aber immer auch ergebnisoffenes Produkt menschlichen Handelns. Wie es zur Transformation eines jeweils hegemonialen Systems kommt, und zur Bildung neuer Hegemone, hängt mehr vom Handeln der Akteure ab als Arrighi dies zugesteht. Vgl. als eine alternative langfristige historische Darstellung imperialer Mächte: Wood 2003.

Tatsächlich schließen einige Autoren relativ unvermittelt von ökonomischen Zusammenhängen auf politische Prozesse. Nach 1945 wurde besonders in den sowjetmarxistischen Imperialismustheorien auf Basis der Annahme einer „allgemeinen Krise" des Kapitalismus die These vertreten, dass „Staat" und „Kapital" zu einem „einheitlichen Apparat" verschmelzen, um der allgemeinen Instabilität entgegenzuwirken. Selbst bei Sweezy oder Mandel sind Staat und Kapital auf Engste miteinander fusioniert, mögliche Eigeninteressen staatlicher Instanzen bleiben kaum berücksichtigt. Diese Staatsanalyse wird nicht der Realität eines konfliktiven, wenn auch wechselseitig interdependenten Verhältnisses zwischen politischen Institutionen und Privatunternehmen gerecht. Historisch wurden zum Beispiel bestehende Oligopole durch den Staat zerschlagen. Genauso wenig kann als gesichert angenommen werden, dass ökonomische Unternehmensinteressen unmittelbar vom jeweiligen Nationalstaat durchgesetzt werden. Die aus vielen marxistischen Ansätzen abgeleitete Gleichung *Monopol = Stagnation = Wendung nach außen/Kapitalexport = imperialistische Politik* ist unzulänglich. Zudem wird die Frage, warum „viele" Staaten im Weltsystem miteinander koexistieren und konkurrieren, ausgeblendet.

Auch der vor 1918 wohl anspruchsvollste Beitrag, der Bucharins, weist in seinem Blick auf die spezifischen Verlaufsformen kapitalistischer Entwicklung zwar zukunftsweisende Trends nach, verallgemeinert diese jedoch in unzulässiger Weise. Bucharins Theorie von der Entwicklung in Richtung einer immer mehr staatlich durchdrungenen Wirtschaft („staatskapitalistischer Trust") ist für die Zeit zwischen 1914 und 1945 nur dann plausibel, wenn seine Thesen als Beschreibung widersprüchlicher Tendenzen und nicht als in der Realität sich linear durchsetzender Entwicklungen angesehen werden. Als Resultat der Weltwirtschaftskrise ab 1929 intervenierte der Staat mehr als je zuvor im (teilweise gesellschaftsintern umstrittenen) „nationalen" Interesse. Ende der 1930er standen sich (in ihrer Ausprägung sehr unterschiedliche) Staatenblöcke gegenüber.

Im Gegensatz zu dem instrumentellen Politikverständnis vertreten bereits in den 1950ern Robinson/Gallagher die These, dass informellen und formellen Formen des Imperialismus durch die verschiedenartigen Beziehungen zwischen den politischen und wirtschaftlichen Dimensionen der Expansion charakterisiert sind. In einigen Beweisführungen der staatstheoretischen Debatten der 1970er werden sowohl die Verknüpfungen zwischen Ökonomie und

Politik als auch der Staat als solcher eingehender analysiert als in den klassischen Imperialismustheorien, beispielsweise mithilfe der These der „relativen Autonomie" des Staates bei Poulantzas. Ein Defizit dieser Staatsdebatte besteht darin, dass sie den „kapitalistischen" Staat vor allem im „Singular" analysiert. Die Frage, wie das international fragmentierte Staatensystem, in der „viele" Staaten miteinander interagieren, in eine systematische Darstellung des kapitalistischen Weltsystems eingeführt werden kann, bleibt ungeklärt (Barker 1991, 204). Erst in den letzten Jahren ist diese Debatte weitergeführt worden (vgl. Callinicos 2007; Hirsch 2005). In der International Political Economy wird zudem versucht, das Verhältnis von Wirtschaft und Politik mit hegemonietheoretischen Überlegungen zu verbinden (vgl. Bieling 2007).[159]

Der Ansatz von Michael Mann begründet, über die These der relativen Autonomie des Staates hinausgehend, die Unabhängigkeit staatlicher Instanzen von der ökonomischen Sphäre. Während Marxisten eine Debatte staatlich-militärischer Eigendynamiken oft vernachlässigt haben, wird Manns „neo-weberianischem" Ansatz entgegengehalten, wirtschaftliche Entwicklungen und ihre konstitutiven Verflechtungen mit der Ebene der Politik nicht angemessen zu berücksichtigen (vgl. die Aufsätze in: Hall/Schroeder 2006).[160] Auch

---

[159] In den letzten Jahren haben eine Reihe von Autoren versucht, die Rolle des Staates eingehender zu untersuchen (vgl. Hirsch 2005; Jessop 2002; Mackert 2006). Sie stellen heraus, dass kein Marktsystem funktioniert, wenn es keine relativ unabhängige Zentralmacht gibt, die versucht, die gesellschaftlichen Antagonismen zu pazifizieren – auch wenn das zu Konflikten mit „Kapitalfraktionen" führen kann. Die Bedeutung des „kapitalistischen" Staates als Träger des Gewaltmonopols für die Wirtschaft besteht nicht einfach in der Umsetzung einzelkapitalistischer Interessen, d.h. der Staat agiert relativ autonom, nicht als bloßes Instrument der Unternehmen. Der Staat versucht die schwierige Aufgabe der Sicherung der Bedingungen einer Akkumulation der gesamten Wirtschaft zu garantieren. Eine Regierung verfolgt diese Zwecke nicht primär deshalb, weil ihre Mitglieder vom „Kapital" bestochen oder mit ihm verflochten sind, sondern weil ein funktionierender Kapitalismus die ökonomische Basis des modernen Staates bildet („Steuerstaat"). Die Einzelkapitalien und der Einzelstaat bilden ein System, welches durch wechselseitige strukturelle Abhängigkeiten gekennzeichnet ist (vgl. Block 1994, 696-705; Mackert 2006, 39 ff.).

[160] Die Annahme einer prinzipiellen Gleichwertigkeit der vier Quellen der Macht wird von Mann selbst teilweise wieder fallen gelassen. In seiner

seine „Auftrennung" von politischen und militärischen Machtressourcen ist hinterfragt worden. Geschichtlich lässt sich die Tendenz
der Integration der beiden Faktoren feststellen (vgl. Serfati 2004).
Natürlich besteht insofern eine Trennung, als Armee und Polizei
institutionell gesondert sind. Ob diesen Staatsapparaten jedoch eine
derartige Eigendynamik zukommt, wie angenommen, ist umstritten.

2.3. Internationale Macht- und Hegemonialverhältnisse

Im Rahmen kritisch-liberaler und marxistischer Ansätze wurden und
werden verschiedene Entwicklungstrends des kapitalistischen
Weltsystems prognostiziert. Da in der gegenwärtigen Debatte die
Thesen eines Empire bzw. Ultraimperialismus und eines amerikani-
schen Imperiums gegenüber der These innerimperialistischer
Rivalitäten dominieren, werden sie im Folgenden genauer diskutiert.

Während Kautskys Theorie immer wieder Gegenstand auch und
gerade marxistischer Kritik war, erhält seine Analyse in den letzten
Jahren wieder mehr Bedeutung, um die Hegemonieverhältnisse seit
dem Zweiten Weltkrieg zu erklären (vgl. Shaw 2000). Kautskys
Vorstellung, dass die Internationalisierung des Handels und der
Produktion wahrscheinlich ein internationales staatliches Zusammengehen bewirken wird, basiert allerdings auf einer einseitig-
ökonomischen Grundlage. Die kapitalistische Entwicklung beruht
dem zufolge nicht auch auf geopolitischer Macht: „Der Kapitalismus
ist zum ersten Male rein ökonomisches Gebilde, wenngleich noch
hineingebaut in einen überkommen Zwangsstaat. Der Zwangsstaat
allein also, isoliert, muss in seiner erst halb überwundenen Feudalge-
stalt, seinem Militarismus bekämpft werden, nicht aber der
industrielle Kapitalismus; denn dieser ist von Haus aus staatsfrei,
ohne Zwang" (Bloch 1971, 65 f.). Die nach dem Jahr 2000 bekannteste kritische Theorie der globalen Verhältnisse übernimmt diese
Annahme. Negri/Hardt trugen in den letzten Jahren zur Wiederbelebung der Debatte über das Problem imperialer Gewalt bei. Ihre

---

Geschichte des Übergangs zur Moderne spielt etwa der ideologische Bereich
eine nachrangige Rolle. Und auch wenn er wiederholt, dass die ökonomische
Sphäre keine „primär" reorganisierende Kraft besitzt, kommt er nicht umhin,
stellenweise streng „ökonomisch-materialistisch" zu argumentieren (vgl.
Mann 1994, 314, 328, 436; vgl. zur Kritik: Wickham 1988).

Fragestellungen weisen über einen auf den Nationalstaat begrenzten Analyserahmen hinaus. Dabei schließen sich Negri/Hardt jedoch der vorherrschenden starken Globalisierungsthese an, in der empirische Globalisierungstendenzen überzeichnet werden (vgl. Mouffe 2005, 31 ff.). Die Internationalisierung der Produktion, des Handels und der Finanzmärkte haben erhebliche Veränderungen bewirkt: dass der globale Kapitalismus sich aber gegenwärtig auf dem Weg zur Ordnung des „Gesamtkapitals" (Negri) befindet, ist nicht nachzuweisen. Diese Argumentationsfigur basiert auf einer selektiven Marx-Interpretation, die zur Überbetonung der Rolle der Beziehungen zwischen Kapital (Empire) und Arbeit (Multitude) und damit zu einer unterkomplexen Kapitalismus- und Krisenanalyse führt, in der etwa die Bedingtheit sozialer Kämpfe durch sozio-ökonomische (Konkurrenz-)Verhältnisse vernachlässigt wird.

Die Globalisierungsprozesse sowie die Transformation der Staatlichkeit seit den 1970ern haben keine integrierte Ordnung hergestellt.[161] Eher stehen sich „Wettbewerbsstaaten" und zunehmend Makro-Regionen (wie die EU) gegenüber, wiewohl gewisse Funktionen des Staates internationalisiert worden sind oder sich in einem Prozess der Privatisierung befinden (Hirsch 2001). Internationale politische Institutionen wie die WTO verteten nicht die Interessen des „Gesamtkapitals" – sozusagen als globaler „ideeller Gesamtkapitalist". In

---

[161] In diesem Zusammenhang neigt der unscharfe Souveränitätsbegriff bei Negri/Hardt dazu, das Empire als eine globale Form der Souveränität zu definieren. Das Konzept der Souveränität verweist auf die Möglichkeit, Macht ohne den Bezug auf Recht und Moral als Legitimationsgrundlage auszuüben. Die bedingungslose Akzeptanz staatlicher Souveränität in den internationalen Beziehungen ist seit einigen Jahren durch die Rechtfertigung humanitärer Interventionen wegen der „Verletzung von Menschenrechten" innerhalb von Staaten in Frage gestellt worden. Die Institutionen der „Global Governance" wie die G8, der UN-Sicherheitsrat oder die WTO sind Indikatoren dafür, dass Souveränität Mischformen annimmt, und staatliche Handlungen oft nicht mehr allein unter Bezug auf die jeweiligen nationalen Verfassungen legitimiert werden können, sondern auch der Autorität einer internationalen Einrichtung und deren Normen unterliegen. Die Formen staatlicher Souveränität wandeln sich. Allerdings konnten Staaten niemals wirklich souverän agieren, immer waren staatliche Handlungsspielräume von innen wie von außen eingeschränkt und unter Druck. „Außen" und „Innen" waren nie so klar gesondert, wie das Negri/Hardt unterstellen. Starke Staaten haben schon immer in kleine Staaten hineinregiert.

diesen Institutionen verdichten sich internationale Kräfteverhältnisse „zweiter Ordnung", die oftmals Handlungsunfähigkeit zur Folge haben. „Mit der Metapher der Verdichtung sozialer Kräfteverhältnisse ‚zweiter Ordnung' ist zwar die internationale Ebene gemeint, aber eben keine Hierarchie internationaler Politiken gegenüber nationalen oder umgekehrt. Vielmehr geht es darum, dass sich partikulare Interessen in nationalen Staaten zu einer am Allgemeininteresse orientierten Politik verdichten (Verdichtung ‚erster Ordnung'). Diese verdichteten Kräftekonstellationen äußern sich international im Sinne der Verfolgung ‚allgemeiner' bzw. ‚nationaler' Interessen. Sie müssen nicht per se gegen andere Staaten gerichtet sein, sondern können kooperativ sein und/oder sich an der Bearbeitung von Weltproblemen orientieren. Die auf internationaler Ebene vertretenen und durchaus situativ veränderbaren Interessen, Wertvorstellungen und Identitäten treffen auf internationalen politischen Terrains auf andere ‚nationale Interessen' (darin gehen Identitäten und Normen ein) sowie auf nicht-staatliche Partikularinteressen. Dabei werden spezifische Strategien oder gar umfassendere Projekte von einzelnen Staaten oder Staatengruppen oder komplexeren Allianzen formuliert" (Brand 2006, 267). Mit dieser und ähnlichen Überlegungen könnte es gelingen, eine dichotomische Konzeptualisierung des Verhältnisses zwischen nationalen und internationalen Prozessen zu überwinden. Die „Interiorisierung" außerhalb des Nationalstaates erfolgender Entwicklungen ist nicht nur ein wichtiges Bindeglied für die Verdichtung von *nationalen* Kräfteverhältnissen. Sie wirken umgekehrt auf die *internationale* Ebene zurück (Poulantzas 2001, 54).

Problematisch ist indessen auch Negri/Hardts Diskussion imperialistischer Phänomene. Zum einen werden bestimmte internationale Politikformen wie der Irakkrieg 2003 als „imperialistisch" bezeichnet, die als „Anachronismus" den eigentlichen Übergang zum Empire erschweren. Andererseits beschreiben sie den Irakkrieg als einen „Regulierungsprozess, der die existierende Ordnung des Empire konsolidiert" (Negri/Hardt 2004, 41), was den Rückschluss zulässt, dass das Empire bereits existiert. Insgesamt betonen die Autoren, dass zur Aufrechterhaltung der Herrschaft des Kapitalismus die „imperiale Logik des politischen, militärischen und diplomatischen Handelns die Oberhand über imperialistische Logiken gewinnen" muss (ebd., 80). Imperialismus ist irrational. Dem kann entgegengehalten werden, dass „irrationales" Handeln, das heißt Handeln mit nicht intendierten, paradoxen Effekten unter kapitalistischen Rahmenbedingungen immer schon charakteristisch war. Die historische Realität ist geprägt durch den Widerspruch zwischen dem Aufkommen einer „globalen" Ordnung und der Weiterexistenz einer politischen und wirtschaftlichen Ordnung, die grundlegend eine zwischenstaatliche Form hat, deren (Un-)Gleichgewicht aus der unterschiedlichen Stärke der jeweiligen Einzelstaaten resultiert. Dabei muss davon ausgegangen werden, dass die „souveränen" Staaten zugleich in hierarchischen Konstellationen koexistieren, die ihre Souveränität einschränken kann (vgl. Hobson/Sharman 2005).

In seiner anspruchsvollen Darstellung des „neuen" Imperialismus der US-Regierung versucht Leo Panitch einige Schwächen des Empire-Ansatzes zu überwinden. Der Versuch, unter Rückgriff auf die These der „Internationalisierung des Staates", also nicht nur auf sozio-ökonomische Globalisierungstendenzen, die amerikanische Hege-monie im Westen[162] nach 1945 zu beschreiben, stellt einen Fortschritt dar. Hieraus aber eine Tendenz abzuleiten, der zufolge die Übermacht der amerikanischen Unternehmen nach dem Zweiten Weltkrieg die europäischen, nationalen Kapitalien „zersetzt" und das Ende „kohärenter Bourgeoisien" einleitet, ist nicht schlüssig. Dies unterschätzt die relative Unabhängigkeit der deutschen oder französi-schen Machteliten genauso wie mögliche Bestrebungen zur Schaffung von Gegenblöcken sowie die Annahme fortwährender zwischenstaatlicher Rivalitäten, auch wenn diese andere Formen als in der Phase von 1875 bis 1945 annehmen. Hierbei muss auch die These neuartiger Formen transnationalen „Klassenhandelns"

---

[162] Dass von einer gemeinsamen, homogenisierten Herrschaft nach 1945 jedoch streng genommen nur dann ausgegangen werden kann, wenn man den Ostblock nicht im Rahmen der „imperialistischen Weltordnung" analysiert, verweist auf eine Schwachstelle älterer und neuerer Imperialismus-theorien – dem Fehlen einer plausiblen Analyse der Triebkräfte des Ost-West-Konfliktes. Die unzulängliche These, der zufolge nach 1945 „einzig und allein der amerikanische Staat ,aktiv' imperialistisch" gewesen ist (Panitch/Gindin 2004a, 52), nehmen die IB-Theoretiker Müller/Schörnig zum Anlass, eine grundsätzliche Fehlerhaftigkeit der marxistisch orientierten Imperialismustheorie zu konstatieren (Müller/Schörnig 2006, 69 f.). Die These, dass den Kalten Krieg weniger der System-Gegensatz, sondern eher eine neuartige geopolitische Konfrontation zwischen zwei unterschied-lich politisch durchorganisierten (Staats-)Kapitalismen kennzeichnete, auch wenn deren Herrschaftssysteme verschiedenartig ausgeprägt waren, wie das in den Arbeiten von Castoriadis, Cliff oder Mattick im Ansatz beschrieben wird, erscheint fruchtbarer (vgl. ten Brink 2007).

sorgfältig überprüft werden. Einige der etwa von Cox beschriebenen Tendenzen lassen sich empirisch nachweisen. Die neuartigen Formen der „Global Governance" können nicht einfach als ideologische Phänomene eingestuft werden, sondern müssen als institutionalisierte Politikkoordinierung, in der aber die Konkurrenz nicht aufgehoben, sondern fortgesetzt wird, analysiert werden. Eine Unzulänglichkeit der Argumentation von Cox besteht darin, dass er diese Tendenzen überbetont und zugleich den herrschenden Machteliten eine unverhältnismäßig große Handlungsfreiheit zuschreibt. Es entsteht zuweilen der Eindruck der Bildung eines einheitlichen transnationalen Klassensubjekts, das die Handlungszwänge der weltweiten Kapitalakkumulation in den Griff bekommen kann. Auffällig ist, dass die sozio-ökonomischen und geopolitischen Konkurrenzverhältnisse und Destabilisierungstendenzen gering geschätzt werden. Wie Michael Mann hervorhebt, ist der kapitalistische Markt ein Typus der „diffusen" Macht. Er existiert immer in einer eher spontanen, dezentralen Weise und ist prinzipiell nicht steuerbar (Mann 1990, 24). Es kann daher immer nur eine brüchige, fragmentierte „Solidarität" zwischen den Unternehmen bestehen. Gerade weil die Unternehmen sich im Kapitalismus nur in der Konkurrenz aufeinander beziehen können, sind auch die inneren Strukturen der herrschenden Klassen bzw. selbst von Klassenfraktionen niemals kohärent. Die immer nur relative Einheit kann insbesondere in krisenhaften Phasen zerstört werden.[163] Der Widerspruch zwischen transnationalen, internationa-

---

[163] Machteliten mögen global denken und handeln wollen, sie können dies jedoch nicht losgelöst von ökonomischen Funktionszusammenhängen und politisch-institutionellen Kontexten. Weil das unterschätzt wird, tendiert Cox dazu, „to overemphasize the institutional and ideological self-representation of the ruling class on a global scale at the expense of the constitution of these classes within local contexts" (Colás 2002, 200 f.). Der Einfluss von Machteliten im Kapitalismus kann nur in ihrem Verhältnis zu anderen Klassen verstanden werden. Die Rolle der „nationalen" Ebene und überhaupt der räumlichen Ebenen unterhalb der Ebene des Globalen ebenso wie die Wirksamkeit nationalistischer Ideologien dürfen nicht gering geschätzt werden. „Transnationale" Machteliten versuchen zwar eine weltweite „neoliberale" Ideologie durchzusetzen, sind aber selbst nicht von der nationalen Ebene (oder auch lokalen und makro-regionalen Ebenen) unabhängig – weil sie immer wieder nationale Kompromisse mit anderen Akteuren (z.B. auch Kapitalfraktionen, deren Interessensphären sich auf ein staatliches Territorium oder andere regionale Räume begrenzen) eingehen müssen. Es ist deshalb voreilig, von den hohen Transnationalisierungsgraden

len und nationalen Tendenzen löst sich daher nicht einseitig zugunsten der ersteren auf. Transnationale bzw. globale ökonomische Tendenzen werden überlagert durch inter- bzw. transgouvernementale politische Übereinkommen und Konkurrenzen sowie nationale (und vermehrt makro-regionale) Funktionszusammenhänge und Handlungszwänge. Zwar lassen sich Tendenzen zur Transnationalisierung von Teilen der weiterhin in den Einzelstaaten verankerten Machteliten nachweisen. Es handelt sich jedoch um relativ fragile Formen von kooperativem inter- und/oder transnationalem Handeln. Ein dauerhaftes, kohärentes transnationales Klassenhandeln mit stark integrierenden bzw. harmonisierenden Effekten ist nicht absehbar. Dabei ist es unverzichtbar, die differierenden Kriterien der Reproduktion einzelökonomischer *und* einzelstaatlicher Akteure in Rechnung zu stellen: Das wesentliche ökonomische Kriterium der Reproduktion besteht in der Behauptung der relativen Kapitalstärke (und damit der Profitabilität), das wesentliche Kriterium der politischen Reproduktion zielt dagegen darauf, die Herrschaft gegenüber der jeweiligen Bevölkerung und gegenüber anderen Staaten sowie weiteren „äußeren" sozialen Kräften zu behaupten. Beide Kollektivakteure bilden untereinander ein Spannungsverhältnis aus. Bestimmte weltweit ausgerichtete Unternehmensgruppen sind aus diesem Grund von den weniger mobilen politischen Eliten zu unterscheiden. Im Raum der EU sowie im transatlantischen Raum hat dies zu einem höheren Grad der Homogenisierung der Interessenlagen geführt als dies außerhalb dieser Räume der Fall ist.[164]

Die Vorstellung, dass die Vormachtstellung des amerikanischen Kapitalismus gegenwärtig eine hegemoniale Qualität im neogramscianischen Sinne besitzt, kann ebenso mit guten Gründen kritisiert werden. Die seit den 1970ern stagnierenden BIP-Wachstumsraten des Kapitalismus zumindest in den ehemaligen „Zentren" – wiewohl die USA aufgrund ihrer Weltvormachtstellung bislang vergleichsweise am erfolgreichsten ein hohes Wirtschaftswachstum erzielen

---

der größten Konzerne auf die gesamte Struktur der Weltwirtschaft *und* Weltpolitik zu schließen.

[164] Ob dieser Prozess mit dem Konzept der „inneren" Bourgeoisie (Poulantzas) auf den Begriff gebracht werden kann, kann hier nicht abschließend diskutiert werden. Der Begriff legt auf die transnationale Verflechtung Wert und verdeutlicht zugleich, dass die Einzelstaaten ein bedeutender Bezugspunkt der „transnationalen" Machteliten bleiben.

konnten – sowie die Entwicklung gewisser Rivalitäten innerhalb des westlichen Blocks nach 1989, als der wichtigste Beweggrund für die Vielfalt der Allianzen und Institutionen, welche den Westen zusammenhielt (Antikommunismus), erst einmal wegfiel, ließen in den letzten Jahren ein infragileres weltweites Kräfteverhältnis entstehen (vgl. Brenner 2006; Risse 2006). Die relative Beständigkeit des transatlantischen Bündnisses in den 1990ern war keine zwangsläufige, sondern eine unter größeren Anstrengungen seitens der USA politisch erkämpfte Entwicklung, wie das amerikanische Engagement in den Balkankriegen, die NATO-Osterweiterung, die Einflussnahme auf die EU-Osterweiterung oder die Etablierung des „Washington Consensus" und des anglo-amerikanischen Modells der freien Marktwirtschaft anzeigt.

Die USA sind keine unhinterfragte Hegemonialmacht, wie nicht nur die amerikanische Ordnungspolitik im Nahen und Mittleren Osten zeigt.[165] Es gehört zu den nicht-intendierten Folgen der amerikanischen Durchsetzung „neoliberaler" Politik in Lateinamerika, die zur

---

[165] Dies kann am Beispiel der *Kontrolle der Weltölressourcen* kurz veranschaulicht werden: Auf der einen Seite steht hier der Anspruch des amerikanischen Staates, als hegemonialer Ordnungsgarant die Ölnachfrage zu regulieren, indem auch die Interessen anderer berücksichtigt werden (Bromley 2005, 254). Diese Zielsetzung trifft allerdings in der Realität auf strategische Präferenzen anderer Akteure, die mitunter mit den amerikanischen kollidieren. Im Raum des Nahen und Mittleren Ostens interagieren mehrere, relativ wirkungsmächtige lokale Staaten, teilweise als subimperialistische Mächte, in einem Raum hoher geopolitischer Bedeutung. Zugleich spielen sich in dieser Region geopolitische Konflikte zwischen den größten Staaten der Welt in einer vermittelten Weise ab: Die europäischen und ostasiatischen Mächte sind beispielsweise erheblich abhängiger von den Öl- und Gasressourcen des Nahen Ostens als die Vereinigten Staaten. Weil die Regierungen der Vereinigten Staaten um die *strategische Bedeutung* der Ware Erdöl wissen, reagieren sie mit ihrem Ringen um den Nahen und Mittleren Osten nicht in erster Linie auf das Interesse einiger einheimischer Ölkonzerne, sondern möchten als vorherrschende Kraft die *Bedingungen* und *Regeln der Aneignung* der Energieressourcen bestimmen, auch wenn dafür wie im Fall des Irakkriegs 2003 politische Interventionen nötig sind, die sich unmittelbar überhaupt nicht ökonomisch „rechnen". Eine Vormacht in dieser Frage, so die Annahme, befördert die Vorherrschaft in anderen weltwirtschaftlichen Fragen, etwa bei der Durchsetzung des US-Dollars als Weltleitwährung (vgl. Altvater 2005, 163 ff.; van der Pijl 2006, 368).

Öffnung vormals relativ geschützter Märkte führte, dass hiervon in erster Linie europäische transnationale Konzerne profitieren (Cammack 2004, 266 f.). Auf den Charakter einer zwar von den USA dominierten, aber nicht vollständig hegemonial kontrollierten Weltordnung weist ebenso die Entwicklung Chinas zu einer regionalen Mittelmacht mit der Perspektive einer stärkeren internationalen Ausweitung seiner Interessenpolitik hin, genauso wie die Bildung möglicher neuer weltpolitischer Staatenkoalitionen (eine stärkere Bindung der EU mit Russland und China war allerdings bisher, wie vor Beginn des Irakkriegs 2003, nur ein temporäres Phänomen). Eine Reihe von Autoren sieht daher einen Trend in Richtung der verstärkten Anwendung „harter", militärbasierter Geopolitik, der auch ein Kräftemessen zwischen den stärksten Industriegesellschaften und Makro-Regionen ausdrückt (vgl. Albo 2003; Callinicos 2003; Hirsch 2005).

Die Kritik an den modernisierten Varianten eines „Ultraimperialismus" und eines „US-Superimperialismus" darf nicht zur Annahme führen, dass denjenigen Ansätzen, die Konflikte zwischen den größten Ländern der Erde als ein fortwährendes Kennzeichen des globalen Kapitalismus beschreiben, nunmehr gleichsam automatisch die größte Erklärungskraft zukommt. Den klassischen Ansätzen eines Lenin oder Bucharin kann entgegengehalten werden, dass sie zu unvermittelt von ökonomischen Verwerfungen auf geopolitische Konflikte schließen. Die Wechselbeziehungen der größten Staaten bilden zu Beginn des 21. Jahrhunderts weder ein friedliches Zusammenspiel noch eine Zerrissenheit wie vor 1945. Trotz des relativen Bedeutungsverlustes der Vereinten Nationen oder der Konflikte innerhalb der WTO kommt es gegenwärtig nicht zu einer nicht mehr aufzuhaltenden, sich verstärkenden politischen Staatenkonkurrenz.[166]

---

[166] Zur Analyse der neuartigen Phase nach 1989 gehören die enormen Unterschiede bezüglich der militärischen Kapazitäten starker Staaten im Verhältnis zu den USA. Weitere spezifische Gründe für das Ausbleiben schärferer geopolitischer Konflikte im Norden könnten in der Gegenwart der Europäischen Union zu finden sein, deren Kernstaaten Deutschland und Frankreich zwar bis zu einem gewissen Grad eine größere Autonomie von den USA anstreben, die dafür notwendigen praktischen Schritte wie die Schaffung einer eigenständigen europäischen Sicherheits- und Verteidigungspolitik allerdings aufgrund des Kräfteverhältnisses in der EU wenn überhaupt nur partiell und verzögert umsetzen. Hinzu kommt das Ausmaß an transatlantischer Interdependenz, die dazu anhält, das Schwergewicht auf

Die klassischen marxistischen Ansätze dürfen nicht umstandslos auf andere historische Konstellationen übertragen werden. Neuere theoretische Ansätze versuchen an diese Tradition anzuknüpfen, ohne deren Defizite zu wiederholen. Einem instrumentellen Staatsverständnis wird dadurch entgegenzutreten versucht, indem etwa Harvey zwischen kapitalistischen und territorialen Machtlogiken unterscheidet, um die Analyse von Staatenkonkurrenz in einem weltwirtschaftlichen Zusammenhang zu ermöglichen, ohne dass erstere auf letzteren reduziert wird (vgl. auch: Callinicos 2007).[167] Die Konstatierung des baldigen Endes der amerikanischen Vorherrschaft bei Arrighi, die er im historischen Vergleich mit dem niedergehenden Britischen Empire diskutiert, lässt außer Acht, dass es sich in den letzten Jahrzehnten nur um eine relative Schwächung der amerikanischen Macht- und Handlungspotentiale handelt.

---

die Kooperation zu legen, zumindest so lange, wie eine gewisse Stabilität durch die USA gewährleistet werden kann (vgl. Altvater/Mahnkopf 2007; Bieling/Steinhilber 2000).

[167] Harveys Analyse operiert nicht frei von Unzulänglichkeiten, wie das an der überfrachteten These der „Akkumulation durch Enteignung" gezeigt werden kann (vgl. Ashman/Callinicos 2006; vgl. die Aufsätze in: Castree/Gregory 2006). Sind Harveys Bemerkungen zur kapitalistischen Logik der Macht ausgereift, so bleiben seine Vorstellungen zur territorialen Machtlogik unterentwickelt. Es scheint, bloßer Machterhalt bzw. -erwerb bildeten den Impetus für staatliches Handeln (vgl. Jessop 2006). Wie sich die Anwendung „harter" geopolitischer Instrumente verändert, kann wie folgt erörtert werden: „Die Geschichte des Krieges in der zweiten Hälfte des 20. Jahrhunderts lässt sich – auch – als eine sukzessive Herauslösung untergeordneter taktischer Elemente des Gewaltgebrauchs aus dem Rahmen einer genuin militärischen Strategie begreifen" (Münkler 2002, 187, 214 ff.). Diese Entwicklung sieht Münkler auch in den Formen der Führung militärischer Interventionen, ausgehend von westlichen Industrienationen, die heute noch denkbar sind. Sie stellen „taktische" Elemente früherer Kriege dar, die zur „Strategie" fortentwickelt wurden. Hierunter fallen der offensive „Blitzkrieg", der auf die Vermeidung langer Kriege zielt (Golfkrieg 1991), die defensive „Maginotdoktrin", die darauf setzt, die Verteidigungskräfte tendenziell unverwundbar zu machen (und u.a. in der Diskussion um ein amerikanisches Raketenabwehrsystem eine aktuelle Entsprechung findet), und drittens ein „indirect approach", der von der Wirtschaftsblockade bis zum strategischen Luftkrieg reicht.

Möglicherweise kann es sinnvoll sein, einen falschen Gegensatz zwischen dem Begriff des amerikanischen Imperiums und der Realität vieler „Imperialismen" derart zu vermeiden, indem man auf folgendes Paradoxon hinweist: Die Vereinigten Staaten sind der einzige Staat, der ein imperiales, das heißt weltweites hegemoniales Projekt zu verfechten und durchzusetzen versucht. Doch dieser Versuch stößt auf Widerstände. Der von amerikanischen Machteliten unterstützte (und von Segmenten anderer nationaler Machteliten geteilte) Wunsch nach einem „US-Imperium" wird von der Realität der geopolitischen Machtrivalitäten im internationalen Staatensystem, der Instabilität der Weltwirtschaft und den Konkurrenzverhältnissen im Bereich der Geld- und Währungsverhältnisse untergraben (vgl. Herr/Hübner 2005).

3. Die liberalen und neoinstitutionalistischen Ansätze

Die liberalen und neoinstitutionalistischen Ansätze reklamieren für sich, neuartige gesellschaftliche Tendenzen aufgedeckt zu haben, die die realistischen und marxistischen Theorien nicht oder kaum einbeziehen. Gemeint sind *erstens* die zivilisierenden Aspekte der kapitalistischen Modernisierung, *zweitens* die grenzüberwindenden Interdependenz- und Globalisierungsprozesse und *drittens* die pazifizierenden Potentiale demokratischer Entwicklung. Diese Positionen sind begründeter Kritik ausgesetzt worden, wie im Folgenden dargestellt wird.

3.1. Zivilisierungstendenzen „des" Kapitalismus

Der Exponent der vor 1945 in sich schlüssigsten liberalen Analyse, der zufolge die volle Entfaltung des Kapitalismus die Staatenkonkurrenz obsolet werden lässt, ist Schumpeter. Der Kern des Arguments in seinem Imperialismusaufsatz (Schumpeter 1953) besteht in der Behauptung, dass der staatsinterventionistische Charakter des Imperialismus vom Standpunkt einzelkapitalistischer Rationalität aus irrational ist. Schumpeter und nach ihm andere Autoren setzen an dieser Frage einen Typus kapitalistischer Vergesellschaftung voraus, wie er sich in den Lehrbüchern der neoklassischen Ökonomie findet, in der vollkommene Konkurrenz herrscht und der Kapitalismus im Wesentlichen auf ein Warenaustauschsystem reduziert wird. Politische Institutionen, nationale Einheiten usw. stellen diesen Modellen zufolge etwas dem Kapitalismus „äußerliches" dar. Es erscheint schwierig, auf der Grundlage dieses Modells des Kapitalismus geopolitische Entwicklungen ableiten und analysieren zu können. Dass „imperialistische" Politik nach 1945 gerade von dem Staat am intensivsten betrieben wurde, dem Schumpeter die „reinste" kapitalistische Entwicklung und die niedrigste Kontamination durch vorkapitalistische Überbleibsel bescheinigt, den USA, ist eher ein Beispiel für die Unzulänglichkeit seiner Annahmen. Historische Soziologen weisen zudem auf den bereits vor 1914 „kapitalistischen" und nicht mehr nur vorbürgerlich-aristokratischen Charakter der entwickelten Staaten hin (vgl. Mann 1998, 100 ff.). Die Verallgemeinerung dieses unrealistischen Modells des Kapitalismus tendiert dazu, sozio-ökonomische Verwerfungen, kapitalistische Krisen und die moderne Geopolitik der Staaten von der Verantwortung für die

Katastrophen zwischen 1914 und 1945, aber auch danach, freizusprechen, wie das Wehler herausgestellt hat (Wehler 1970, 16).

Die schumpeterianische Denkfigur ist bis heute wirksam geblieben. In der differenzierten, denkschulenübergreifenden Kriegsursachenforschung des Hamburger Ansatzes wird nicht nur die These des „Atavismus", sondern auch das gewissermaßen modelltheoretische Idealbild „des" Kapitalismus in seiner entwickelten Form, der „bürgerlichen Gesellschaft", aufgegriffen. Analog gilt das für die These, dass die „Beseitigung nationaler Grenzen" in der „Logik des Kapitals" liegt. In den theoretischen Darstellungen des Hamburger Ansatzes erscheint das, was als Kapitalismus bzw. genau genommen als zivilisierte „bürgerliche Gesellschaft" verstanden wird, als eine idealisierte Form. Das deutet auf ein Verständnis der „inneren Logik" des Kapitalismus hin, in der die historische Variabilität kapitalistischer Gesellschaften gering geschätzt und geopolitische Staatenkonflikte außerhalb des Rahmens kapitalistischer „Logik" diskutiert werden.[168] Die der bürgerlichen Gesellschaft immanente „strukturelle Gewalt" (Galtung) und die Tatsache, dass es selbst in den entwickeltsten Industriegesellschaften immer wieder zur Anwendung direkter Gewalt kommt, droht aus dem Blickfeld zu geraten. Die „strukturelle Gewalt" kann auf „primitive" Methoden zurückfallen, besonders in Zeiten sozialer Krisen und schärferer gesellschaftlicher Auseinandersetzungen, ohne dass die fortgeschrittene „Entwicklungsstufe" der Gesellschaft sich zuvor zurück entwickelt haben muss.

An dieser Stelle muss zudem auf die Problematik des umstrittenen Begriffs der „Zivilisierung" des Kapitalismus hingewiesen werden. Das Bild der Zivilisierung kann den Eindruck erwecken, dass negative Seiten von Entwicklungsprozessen und „Ambivalenzen der Moderne" vorwiegend als Gegensatz zur Moderne dargestellt

---

[168] Einige der aus den Untersuchungen des Hamburger Ansatzes resultierenden Fragen könnten wie folgt formuliert werden: Es besteht eine Häufung kriegerischer Konflikte in den Zonen des „Übergangs" – aber warum befinden sich viele Staaten eigentlich noch im „Übergang"? Was hält sie an den „Rändern"? Welche Antworten würden wir erhalten, wenn wir die Transformationsbereiche stärker im Rahmen eines kapitalistischen Weltzusammenhanges diskutieren? Wie wirken Krisen in der Ersten Welt in der Form der Krisenexternalisierung auf die Dritte Welt zurück? (Vgl. Brand 2004).

werden. Es beruht auf der Annahme, dass gewaltförmige gesellschaftliche Beziehungen im Verlaufe des Zivilisationsprozesses abnehmen und vernunftgemäßes Handeln immer größeren Einfluss auf die Steuerung gesellschaftlicher Prozesse gewinnt. Dagegen scheint es angemessener zu sein, strukturelle und direkte Gewalt selbst als Bestandteil und nicht lediglich als Gegenpol zum Zivilisationsprozess zu begreifen (vgl. Imbusch 2005). Die verbreitete These, der zufolge Gewalt und Barbarei „Rückfälle" in die unzivilisierte Vormoderne seien, ist nicht aufrechtzuerhalten. Die „Barbarei" selbst ist Teil des Prozesses der „Zivilisierung" bzw. des Prozesses der weltweiten Ausbreitung des Kapitalismus. Die These beispielsweise der pazifizierenden Wirkungen des staatlichen Gewaltmonopols kann eine Ausblendung der Tatsache zur Folge haben, dass im 20. Jahrhundert nicht nur eine fortschreitende „Befriedung" der Gesellschaft, sondern gleichzeitig Verfeinerungen und Perfektionierungen des Gewaltapparates zu beobachten sind. Vorstellungen einer „Weltzivilgesellschaft" (Kaldor 2005) müssen die weiterhin „unzivilisierte" Rivalität innerhalb des kapitalistischen Weltsystems berücksichtigen (vgl. Colás 2005).[169]

3.2. Interdependenz und Harmonisierung

Die neoinstitutionalistische These „komplexer Interdependenzen" bei Keohane/Nye, welche die Bildung einer höheren „Sensitivität" der Gesellschaften füreinander befördern, und die Thesen von Zürn

---

[169] Wie Senghaas in dem seit den 1980ern entwickelten normativ-friedenspolitischen Ansatz des „zivilisatorischen Hexagons" schreibt – seine Bausteine zur Erreichung pazifizierter Verhältnisse sind Rechtsstaatlichkeit, demokratische Partizipation, Gewaltmonopol, soziale Gerechtigkeit, Interdependenzen und Affektkontrolle sowie politische Konfliktkultur –, ist dieses Ziel über jedes seiner sechs „Eckpunkte" gefährdet: „Das Gewaltmonopol [...] kann in einen Polizeistaat umkippen; die Rechtsstaatlichkeit und demokratischen Prozesse können sich als reine Fassade herausstellen und an Legitimität verlieren; überwältigende Interdependenzen können zu Identitätsverlust und im Folge zur erneuten Freisetzung von Affekten führen; Verteilungsungerechtigkeit ist eine ständige Gefahr. Wenn solche abträglichen Sachverhalte sich bündeln, hat auch konstruktive Konfliktkultur keine Chance" (Senghaas 1995, 204 f.). Vgl. zur Kritik des gegenwärtigen internationalen Rechts: Miéville 2005.

oder Shaw, die den Globalisierungsprozess als Ursache einer grundlegenden Transformation moderner Staatlichkeit verstehen, lassen sich als wichtige Argumente gegen die Idee fortwährender zwischenstaatlicher Konflikte interpretieren. Die ausdifferenzierten Versionen des neoinstitutionalistischen Ansatzes (zum Beispiel die Regimetheorie) gelten nicht umsonst als Korrektiv zur neorealistischen Schule in der Disziplin der IB. In der Tat erscheinen die Integration der ökonomischen Dimension sowie die historisch fokussierte Perspektive als Blickfelderweiterung gegenüber dem (Neo-)Realismus. Allerdings verwickelt sich der Neoinstitutionalismus in Widersprüche, weil er politische Kooperation zu unvermittelt aus Interdependenz ableitet. Während marxistische Überlegungen aus einer Analyse der wirtschaftlichen Krisenhaftigkeit oftmals vorschnell die Notwendigkeit der Anwendung militärischer Gewalt ableiten, führen für die Neoinstitutionalisten, gewissermaßen spiegelverkehrt, ökonomische Interdependenzen zur politischen Harmonie (vgl. Bonder/Röttger/Ziebura 1993). Im (Neo-)Realismus kooperieren Staaten eher aus taktischen Gründen, im Neoinstitutionalismus dagegen sind Staaten daran interessiert, aus strategischen Gründen kooperative zwischenstaatliche Beziehungen aufzubauen.[170]

Die Entstehung von Interdependenzen wird dabei verallgemeinernd auf eine durch „Modernisierungskräfte" herbeigeführte Entwicklung zurückgeführt (Keohane/Nye 1989, 226 ff.). Dieser Ansatz suggeriert ferner die Gleichartigkeit der internationalen Akteure: „Wo Interdependenz herrscht, herrscht niemand – oder alle, ist alles oder sind alle weder abhängig noch unabhängig, sondern eben einfach interdependent" (Schlupp/Nour/Junne 1973, 248). Dabei besteht die Gefahr, die reale Asymmetrie der Machtbeziehungen zu verkennen und die Analyse konfliktorischer internationaler Beziehungen zu verhindern.

---

[170] Unterstützung erhalten die neoinstitutionalistischen und liberalen Modelle beispielsweise vom „kosmopolitischen Realismus" des Soziologen Ulrich Beck – „Weil Staaten überleben wollen, müssen sie zusammenarbeiten. [...] Nicht Rivalität, sondern Kooperation maximiert die nationalen Interessen" (Beck 2004, 265). Und: Kolonialismus und Imperialismus „sind nicht nur anti-kosmopolitisch [...], sondern auch anti-ökonomisch. Mit der wirtschaftlichen Globalisierung wächst die zivilisierende Macht des ‚pazifistischen Kapitalismus'" (Beck 2003, 238 f.).

Gemäß der Kategorisierung des Globalisierungsforschers David Held und anderen (1999) können die Ansätze von Shaw (und, eingeschränkt, von Zürn) zur Kategorie der „Hyperglobalizers" gezählt werden, die im Gegensatz zu den „Sceptics" und den „Transformationalists" von einer weltweiten Integration der Märkte, einem abnehmenden oder sogar sich auflösenden Nationalstaat und der Erosion alter Hierarchien sprechen. Dass diese Ansätze reale Entwicklungstendenzen des Globalisierungsprozesses zu überzeichnen neigen, ist bereits weiter oben anhand von Negri/Hardt angedeutet worden (vgl. zur Kritik der starken Globalisierungstheorien: Rosenberg 2000; 2005). Empirische Untersuchungen verweisen dagegen auf den überwiegend makro-regionalen Charakter der Internationalisierungsprozesse. Die Makro-Regionalisierung (in Europa, Nordamerika und Ostasien) bildet einen Kern des so genannten Globalisierungsschubes (Dieter 2005, 194 ff.; Held/McGrew 2002, 38 ff.; Hirst/Thompson 2002, 66-76, 114-121, 228 ff.).

Obwohl Shaw den Begriff „Ökonomismus" polemisch gebraucht, wenn er die marxistische Idee, staatliches Handeln mithilfe von Klassenstrategien zu verstehen, kritisiert, bleibt Shaws eigener Versuch selbst einem Ökonomismus verhaftet: Er vergleicht den entstehenden globalen Staat mit einem Unternehmenskonglomerat (Shaw 2002, 201). Daneben wird tendenziell von den zwischenstaatlichen Machtbeziehungen abstrahiert. Sicherlich existiert ein regelrechter Kooperationszwang zwischen den stärksten Staaten der Welt – allerdings in unterschiedlicher Intensität: Japan und die USA zum Beispiel sind enger verflochten als die EU mit Japan. Die in den letzten Jahren zunehmend paradoxe Situation einer Relevanz internationaler Konfliktverhältnisse, auch wenn diese nicht gleich in einen Krieg münden, nicht nur trotz, sondern gerade aufgrund Kooperations- und Integrationsprozessen, droht gering geschätzt zu bleiben (Görg 2002; Gritsch 2005). Nicht die Transformation in eine homogene „Weltgesellschaft", sondern die mitunter konflikthafte Interaktion „vieler" Gesellschaften kennzeichnet die Gegenwartswelt. Auch wenn sich Ansätze eines „kosmopolitischen Problembewusstseins" (Beck 2004) ausbilden, setzt dies noch nicht die institutionalisierten Handlungszwänge von Akteuren unter kapitalistischen Imperativen außer Kraft, was die mangelhafte Kooperation in der Frage der „Klimakatastrophe" belegt.

3.3. Demokratie und Frieden

Im Unterschied zum Neorealismus hat sich mit dem neuen Liberalismus in der Disziplin der IB eine Strömung herausgebildet, die einen Optimismus hinsichtlich der menschlichen Entwicklungsmöglichkeiten mit einem gesellschaftlichen Fortschrittsglauben verbindet. Im Gegensatz zu den Neoinstitutionalisten, die vor allem in der Verregelung internationaler Beziehungen eine Strategie hin zu einer friedlichen Weltordnung sehen, bildet bei Czempiel die Demokratisierung die wichtigste Friedensstrategie. Der Vorteil des Ansatzes des neuen Liberalismus liegt in der systematischen Einbeziehung der innergesellschaftlichen Verhältnisse. Hiermit wird ein wichtiger Schritt zur Zusammenführung, oder besser zum Zusammendenken, von „Innen-" und „Außenpolitik" getan. Czempiels Analysen der innergesellschaftlichen Verhältnisse werfen allerdings selbst wieder viele Fragen auf: Die Verbindung von Argumenten des alten „republikanischen" Liberalismus in der Tradition Kants („Frieden durch Demokratisierung") mit denen des „Handelsliberalismus" („Frieden durch Handel") kann problematisiert werden, insofern die Destabilisierungspotentiale sozio-ökonomischer und politischer Krisen- und Konfliktverhältnisse sowie nationalistische Bewegungen unterschätzt werden, eine analytische Trennung von Kapitalismus, Staat und Demokratie vorgenommen und/oder der Inhalt des Begriffs der „Demokratie" als solcher nicht genauer bestimmt wird.[171] Bei Czempiel führt eine wenig ausgeführte Sozialstruktur- bzw. Klassenanalyse der modernen Gesellschaften sowie der

---

[171] In Anknüpfung an Hannah Arendt, die darauf insistiert, dass keine Analyse des modernen Imperialismus am Faktor des Nationalismus vorbeigehen kann – ohne eine auf die Bevölkerung ausgreifende Begeisterung für eine imperiale Weltpolitik vermögen die herrschenden Machteliten keine ausreichende Legitimation zu gewinnen –, kann hierfür auf die Erkenntnisse der neueren Nationalismusforschung zurückgegriffen werden. Gellner, Anderson und andere behaupten, dass einzig die „Nationform" die nötige soziale Kohärenz innerhalb von Gesellschaften sichern kann, die notwendig ist, um innerhalb eines dynamischen und zugleich krisenhaften Weltsystems überleben zu können (Anderson 1996; Balibar 1998; Gellner 1991; Gellner 1999). Die Bedeutung der Nation bzw. nationalistischer Bewegungen als mächtiger „imaginierter Gemeinschaften" bleibt im Zuge der Globalisierung erhalten. Das beharrliche Fortbestehen des Nationalismus begründet ein innergesellschaftliches Moment der Entstehung von Geopolitik, wie das auch in der These des „Sozialimperialismus" vertreten wird.

unterstellte Zusammenhang zwischen Demokratisierung und Frieden dazu, imperialistische Politikformen ähnlich wie bei Schumpeter als „Atavismen" und/oder als irrationales Fehlverhalten zu interpretieren.

Die Entwicklung der letzten 15 Jahre stellt einige Hypothesen der Theorie des „demokratischen Friedens", die Vorstellung einer Friedfertigkeit demokratischer Gesellschaften, zumindest untereinander, in Frage. Demokratisch gewählte Eliten in kapitalistischen Gesellschaften sind „nicht *per se* gewaltaversiver als autoritäre Herrscher" – „sie müssen ihre Entscheidungen aber sorgsamer abwägen und gegenüber der Öffentlichkeit rechtfertigen" (Chojnacki 2004, 89). Insofern kommt Legitimationsdiskursen weiterhin eine hohe Bedeutung zu (vgl. zum Diskurs über die „Normalisierung" der deutschen Außenpolitik nach 1990: Hawel 2007). In der Disziplin der IB werden in den letzten Jahren verstärkt die Ambivalenzen der Theorie des demokratischen Friedens diskutiert (vgl. die Aufsätze in: Schweitzer/Aust/Schlotter 2004; Geis 2006). In einer kritischen Auseinandersetzung mit der Figur des „Friedensdreiecks" im Ansatz des demokratischen Friedens entwickelt Lothar Brock die Möglichkeit des *demokratischen Krieges*. In diesem Zusammenhang diskutiert er Aspekte der drei Eckpunkte des Friedensdreiecks – Demokratie, Interdependenz und internationale Organisationen –, die bislang fast ausschließlich als eine sich selbst verstärkende Konstellation „zivilisierender" Kräfte in der internationalen Politik verstanden wurden (Brock 2006, 203). Dagegen können alle drei Variablen auch Konflikte generieren und Gewalt befördern. Einige Autoren ergänzen dieses Argument um die faktische Aushöhlung demokratischer Standards: Die Regierungsorgane der G7-Staaten haben in den letzten Jahren Entscheidungsgewalt an exekutive nationale, teilweise inter- oder supranationalisierte Apparate delegiert (etwa an die EU), zudem entziehen sich die Einzelstaaten zugleich im Zuge ihrer „Verschlankung" (besonders bezogen auf soziale Sicherungssysteme und öffentliches Eigentum) sich zunehmend der demokratischen Willensbildung. Weniger die Entscheidungsbefugnisse der Einzelstaaten als solche, als die in ihr existierenden liberal-demokratischen Mechanismen werden geschliffen. Eine autoritäre Wende der westlichen Staaten ist im Rahmen dieser Entwicklung vorstellbar oder bereits in Gang gesetzt worden (vgl. Gritsch 2005). Der „Demokratisierungsschub" nach 1990 hat zwar, weltweit betrachtet, zur *Ausweitung* von liberal-demokratischen Institutionen geführt, aber nicht zu ihrer partizipativen *Vertiefung*, und damit nicht zur Einlösung einer der zentralen Prämissen dieses Ansatzes beigetragen, der zufolge erst eine umfassende Demokratisierung den Frieden vorbereitet (Czempiel 1996).[172]

Die Theorie des demokratischen Friedens unterschätzt, dass die westlichen liberal-demokratischen Staaten in erster Linie „kapitalistische" Staaten sind und in einem weltweiten System existieren, das Destabilisierungspotentiale in sich birgt (vgl. van der Pijl 2006). Auch liberale Demokratien können auf Methoden der Gewaltanwendung zurückgreifen – prinzipiell ist dies auch zwischen entwickelten kapitalistischen Demokratien vorstellbar, wenn auch gegenwärtig unwahrscheinlich. Dass direkte militärische Konfrontationen zwischen entwickelten kapitalistischen Staaten in Zukunft wieder Realität werden, erscheint aufgrund der spezifischen weltpolitischen Konstellation nach 1989, den innergesellschaftlichen Kräfteverhältnissen, den engen wirtschaftlichen Verflechtungen (insbesondere in den transatlantischen Beziehungen) sowie den absehbar zerstörerischen Folgen eines Krieges zwischen hochindustrialisierten Ländern als schwer vorstellbar. Der Ausbruch von gewaltsamen Konfrontationen wäre wahrscheinlich an erhebliche sozio-ökonomische Krisen und Restrukturierungen der Konkurrenzverhältnisse, weltpolitisch veränderte Bündniskonstellationen und innenpolitische Radikalisierungen gebunden.

---

[172] Ob die empirisch nachzuweisende Erhöhung der Gewaltneigung von kapitalistischen Demokratien seit 1990 vor allem in Form von militärischen Interventionen (Chojnacki 2006, 63 ff.) mehr mit den innergesellschaftlichen Entwicklungen als mit den internationalen bzw. inter-gesellschaftlichen Kräfteverhältnissen zu tun hat, kann hier nicht geklärt werden.

4. Ausblick

Die Darstellung der historischen Debatten zur Staatenkonkurrenz im kapitalistischen Weltsystem hat eine Reihe divergierender Erklärungsansätze hervorgebracht. Die Vielfalt der Beschreibungen und die Mannigfaltigkeit ihrer Entwicklungsprognosen lassen sich – trotz ihrer teilweise defizienten theoretischen Begründungen – zu einer Erkenntnis zusammenfassen: Schien die Beschäftigung mit „Staatenkonkurrenz", „Geopolitik" oder dem Begriff des „Imperialismus" bzw. des „Imperiums" bislang einer lang entrückten Vergangenheit anzugehören, so stellt sich heraus, dass diese Begriffe dabei dienen können, wesentliche Konfliktdimensionen gegenwärtiger Gesellschaften zu beleuchten, die etwa in der (öffentlichen und akademischen) Globalisierungsdebatte voreilig in den Hintergrund gedrängt wurden.

Die in diesem Teil des Buches vorgetragenen Weiterentwicklungen und Defizite der Theorien werfen zugleich ein Schlaglicht auf die Unabgeschlossenheit des Diskurses und die Notwendigkeit, in kritischer Perspektive an ihn anzuknüpfen. Um dies an einigen wenigen Punkten zu verdeutlichen, die bereits in einzelnen Beiträgen der Debatte implizit oder explizit angedeutet wurden:

- Die in vielen Ansätzen zugrunde gelegte Kategorie des Kapitalismus wurde bislang nicht hinreichend bestimmt. Konstitutive Strukturmerkmale des Kapitalismus wie die Konkurrenz sind häufig nicht ausreichend genug herausgearbeitet worden. Zur Beantwortung dieses Fragekomplexes gehört die Kontroverse über das Verhältnis von Politik und Wirtschaft bzw. die Frage, ob das internationale Staatensystem als grundlegender Bestandteil des kapitalistischen Weltsystems angesehen werden muss oder sich im Zuge der Bildung inter-, trans- und supranationaler Institutionen auflöst.

- Angesichts der Relevanz internationaler Staatenkonflikte erwächst die Aufgabe, das Verhältnis der sich durchhaltenden konstitutiven *Strukturmerkmale* des kapitalistischen Weltsystems zu diversen historischen *Phasen* der kapitalistischen Entwicklung in Beziehung zu setzen. Diese Historisierung könnte dabei helfen, die Analyse spezifischer historischer *Konstellationen* (in die weitere Phänomene wie nationalistische Bewegungen, Ressourcenabhängigkeiten, aber auch spezifische gesellschaftliche Kräfteverhältnisse und normative Faktoren einbezogen werden müssen), in denen die Struktur- und Phasenmerkmale ihre konkrete Gestalt gewinnen, angemessener zu ermöglichen.

- Die vielschichtigen Konkurrenz- und Konfliktformen unterhalb der Schwelle der offenen Gewaltanwendung oder gar dem zwischenstaatlichen Krieg sollten dazu veranlassen, geopolitische Strategien genauer auszudifferenzieren. Kapitalistische Geopolitik stellt den Versuch der Kontrolle von Räumen dar, auch und gerade wenn keine direkte territoriale Kontrolle über diese vorliegt: Dabei kann in einem ersten Schritt zwischen weichen und harten Formen der Geopolitik unterschieden werden. Auf der Grundlage dieser Differenzierungsmerkmale lassen sich womöglich – in einer Anknüpfung an den Hegemoniebegriff – verschiedenartige Mischungsverhältnissse von Zwangs- und Konsenselementen in der internationalen Politik beschreiben.

- Um die komplexen Artikulationen von globalen Kooperations- und Konkurrenzverhältnissen genauer zu erfassen, sollten neben den zwei Basisinstitutionen der „Welt"-Gesellschaft – das internationale Staatensystem und die Weltwirtschaft – weitere „inter-gesellschaftliche" Beziehungen in die Analyse mit einbezogen werden: soziale, politische, sozio-kulturelle und normative Dimensionen jenseits des Staates und der Ökonomie. Das Inter-Gesellschaftliche geht in der Weltwirtschaft und im Weltstaatensystem nicht auf.

- Bei der Fragestellung, inwieweit Transnationalisierungstendenzen die Strukturmerkmale des internationalen Systems außer Kraft setzen, spielt nicht nur die Frage nach der Reichweite dieser Prozesse eine Rolle, sondern auch die Frage nach den konfliktfördernden Effekten genau jener, oftmals voreilig als harmonisierend beschriebener Globalisierungsphänomene. In einer Analyse gegenwärtiger und zukünftiger Konkurrenz-, und erweitert, Konfliktbeziehungen gilt es mit anderen Worten, das Paradoxon des Konflikts *durch* Globalisierung bzw. Interdependenz zu untersuchen.

Freilich wären zu diesen möglichen Anschlüssen und Ausblicken einer kritischen Internationalen Politischen Ökonomie einige weitere hinzuzufügen. Die angeführten Punkte sollen lediglich verdeutlichen, dass die Debatten noch lange nicht abgeschlossen sind und können möglicherweise der Ermutigung dienen, in diese einzugreifen. Zweifellos sind eine Reihe von bislang kaum oder nicht artikulierten Erkenntnissen erst noch zu gewinnen.

Literatur Einleitung

Beck, Ulrich (1998): Wie wird Demokratie im Zeitalter der Globalisierung möglich? – Eine Einleitung, in: Beck, Ulrich (Hg.) (1998): Politik der Globalisierung, Frankfurt/M.

Bieling, Hans-Jürgen (2007): Internationale politische Ökonomie. Eine Einführung, Wiesbaden

Brewer, Anthony (1990): Marxist Theories of Imperialism. A Critical Survey, London/New York

Cox, Robert W. (1998): Weltordnung und Hegemonie – Grundlagen der ‚Internationalen Politischen Ökonomie', Marburg

Chojnacki, Sven (2006): Kriege im Wandel. Eine typologische und empirische Bestandsaufnahme, in: Geis, Anna (Hg.) (2006): Den Krieg überdenken. Kriegsbegriffe und Kriegstheorien in der Kontroverse, Baden-Baden

Deppe, Frank / Heidbrink, Stephan / Salomon, David / Schmalz, Stefan / Schoppengerd, Stefan / Solty, Ingar (2004): Der neue Imperialismus, Heilbronn

Heinrich, Michael (2003): Imperialismustheorie, in: Schieder, Siegfried / Spindler, Manuela (Hg.) (2003), Theorien der Internationalen Beziehungen, Opladen

Kaldor, Mary (2000): Neue und alte Kriege. Organisierte Gewalt im Zeitalter der Globalisierung, Frankfurt/M.

Kemp, Tom (1967): Theories of Imperialism, London

Mommsen, Wolfgang J. (1987): Imperialismustheorien. Ein Überblick über die neueren Imperialismusinterpretationen, Göttingen

Münkler, Herfried (2002): Die neuen Kriege, Reinbek bei Hamburg

Nachtwey, Oliver (2005): Weltmarkt und Imperialismus – Zur Entstehungsgeschichte der klassischen marxistischen Imperialismustheorie, Köln

Schlichte, Klaus (2006): Neue Kriege oder alte Thesen? Wirklichkeit und Repräsentation kriegerischer Gewalt in der Politikwissenschaft, in: Geis, Anna (Hg.) (2006): Den Krieg überdenken. Kriegsbegriffe und Kriegstheorien in der Kontroverse, Baden-Baden

Schmidt, Dorothea (2002): Kleinwaffen in „alten" und „neuen" Kriegen", in: Prokla, 127/2002

Wehler, Hans-Ulrich (Hg.) (1970): Imperialismus, Köln

Literatur zu Teil I:

Adorno, Theodor W. / Horkheimer, Max (1998): Dialektik der Aufklärung. Philosophische Fragmente, in: Adorno, Theodor W. (1998): Gesammelte Schriften, Band 3, Frankfurt/M.

Angell, Norman (1910): Die große Täuschung. Eine Studie über das Verhältnis zwischen Militärmacht und Wohlstand der Völker, Leipzig

Arendt, Hannah (2003): Elemente und Ursprünge totaler Herrschaft. Antisemitismus, Imperialismus, totale Herrschaft, Frankfurt/M.

Benhabib, Seyla (1998): Hannah Arendt – Die melancholische Denkerin der Moderne, Hamburg

Brewer, Anthony (1990): Marxist Theories of Imperialism. A Critical Survey, London/New York

Bucharin, Nikolai (1925): Der Imperialismus und die Akkumulation des Kapitals, in: Unter dem Banner des Marxismus, 1. Jg., 1925, Wien/Berlin

Bucharin, Nikolai (1969): Imperialismus und Weltwirtschaft, Berlin

Carr, Edward H. (1948): The Twenty Years' Crises 1919-1939. An introduction to the study of international relations, London

Cox, Robert W. (1998): Weltordnung und Hegemonie – Grundlagen der ‚Internationalen Politischen Ökonomie', Marburg

Czempiel, Ernst-Otto (1965): Die Entwicklung der Lehre von den Internationalen Beziehungen, in: Politische Vierteljahreszeitschrift, 3/1965

Czempiel, Ernst-Otto (1998): Friedensstrategien. Eine systematische Darstellung außenpolitischer Theorien von Machiavelli bis Madariaga, Opladen/Wiesbaden

Davis, Mike (2004): Die Geburt der Dritten Welt. Hungerkatastrophen und Massenvernichtung im imperialistischen Zeitalter, Berlin/Hamburg/Göttingen

Deppe, Frank (1999): Politisches Denken im 20. Jahrhundert. Die Anfänge, Hamburg

Deppe, Frank (2003): Politisches Denken zwischen den Weltkriegen, Hamburg

Dobb, Maurice (1953): Political Economy and Capitalism. Some Essays in Economic Tradition, London

Friedjung, Heinrich (1919): Das Zeitalter des Imperialismus 1884-1914, Erster Band, Berlin

Friedjung, Heinrich (1922): Das Zeitalter des Imperialismus 1884-1914, Zweiter Band, Berlin

Gerschenkron, Alexander (1973): Wirtschaftliche Rückständigkeit in historischer Perspektive, in: Wehler, Hans-Ulrich (Hg.) (1973): Geschichte und Ökonomie, Köln

Gramsci, Antonio (1998): Heft 19 - § 5, in: Ders. (1998): Gefängnishefte, Band 8, Hefte 16-21, Hamburg/Berlin

Gramsci, Antonio (1999): Heft 22 (V) - § 1-16, in: Ders. (1999): Gefängnishefte, Band 9, Hefte 22-29, Hamburg

Grossmann, Henryk (1970): Das Akkumulations- und Zusammenbruchsgesetz des kapitalistischen Systems (Zugleich eine Krisentheorie), Frankfurt/M.

Grossmann, Henryk (1971): Eine neue Theorie über Imperialismus und soziale Revolution, in: Ders. (1971): Aufsätze zur Krisentheorie, Frankfurt/M.

Grossmann, Henryk / Gumperz, Julian / Horkheimer, Max / Wittfogel, Karl August (1985): Diskussion aus einem Seminar über Monopolkapitalismus, in: Horkheimer, Max (1985): Gesammelte Schriften, Band 12, Frankfurt/M.

Heinrich, Michael (2003): Imperialismustheorie, in: Schieder, Siegfried / Spindler, Manuela (Hg.) (2003), Theorien der Internationalen Beziehungen, Opladen

Hilferding, Rudolf (1955): Das Finanzkapital, Berlin/Ost

Hobson, John A. (1968): Der Imperialismus, Köln/Berlin

Hobsbawm, Eric (1999): Das imperiale Zeitalter. 1875-1914, Frankfurt/M.

Jacobs, Andreas (2003): Realismus, in: Schieder, Siegfried / Spindler, Manuela (Hg.) (2003): a.a.O.

James, Harold (2003): Der Rückfall. Die neue Weltwirtschaftskrise, München/Zürich

Kant, Immanuel (1996): Zum ewigen Frieden. Ein philosophischer Entwurf, Stuttgart

Kautsky, Karl (1897-98), Ältere und neuere Kolonialpolitik, in: Die Neue Zeit. 16. Jg., Bd. 1, Stuttgart

Kautksy, Karl (1898): Kiatoschau, in: Die Neue Zeit, 16. Jg., Bd.2, Stuttgart

Kautsky, Karl (1911): Krieg und Frieden, in: Die Neue Zeit. 29. Jg., Bd. 2. Stuttgart

Kautsky, Karl (1914): Der Imperialismus, in: Die Neue Zeit, 32. Jg., Bd. 2, Berlin

Kautsky, Karl (1915a): Zwei Schriften zum Umlernen, in: Die Neue Zeit, 33. Jg., Bd. 2, Berlin

Kautsky, Karl (1915b): Nationalstaat, imperialistischer Staat und Staatenbund, Nürnberg

Kemp, Tom (1967): Theories of Imperialism, London

Keynes, John Maynard (1955): Allgemeine Theorie der Beschäftigung, des Zinses und des Geldes, Berlin

Lenin, Wladimir I. (1971): Die Entwicklung des Kapitalismus in Russland, in: Ders. (1971): Werke, Bd. 3, Berlin

Lenin, Wladimir I. (1977): Der Imperialismus als höchstes Stadium des Kapitalismus. Gemeinverständlicher Abriss, in: Ders. (1977): Werke, Band 22, Berlin

Lukács, Georg (1962): Die Zerstörung der Vernunft, in: Lukács, Georg (1962): Werke, Neuwied am Rhein/Berlin

Luxemburg, Rosa (1981): Die Akkumulation des Kapitals. Ein Beitrag zur ökonomischen Erklärung des Imperialismus, in: Luxemburg, Rosa (1981): Gesammelte Werke, Band 5, Berlin

Mann, Michael (1998): Geschichte der Macht, Dritter Band. Teil I: Die Entstehung von Klassen und Nationalstaaten, Frankfurt/New York

Marcuse, Herbert (1967): Die Gesellschaftslehre des sowjetischen Marxismus, Neuwied

Marx, Karl (1962): Das Kapital. Kritik der politischen Ökonomie. Erster Band, in: Marx, Karl / Engels, Friedrich (1962): Marx-Engels-Werke, Band 23, Berlin

Marx, Karl (1986): Das Kapital. Kritik der politischen Ökonomie. Dritter Band, in: Marx, Karl / Engels, Friedrich (1986): Marx-Engels-Werke, Band 25, Berlin

Marx, Karl/ Engels, Friedrich (1959): Manifest der Kommunistischen Partei, in: Marx, Karl / Engels, Friedrich (1959): Marx-Engels-Werke, Band 4, Berlin

Mayer, Arno (1984): Adelsmacht und Bürgertum: Die Krise der europäischen Gesellschaft 1848-1914, München

Morgenthau, Hans J. (1963): Macht und Frieden. Grundlegung einer Theorie der internationalen Politik, Gütersloh

Müller, Harald / Schörnig, Niklas (2006): Rüstungsdynamik und Rüstungskontrolle. Eine exemplarische Einführung in die Internationalen Beziehungen, Baden-Baden

Nachtwey, Oliver (2005): Weltmarkt und Imperialismus - Zur Entstehungsgeschichte der klassischen marxistischen Imperialismustheorie, Köln

Neumann, Franz (1977): Behemoth. Struktur und Praxis des Nationalsozialismus 1933-1944, Frankfurt/M.

Parvus [A. Helphand] (1896): Der Weltmarkt und die Agrarkrisis, in: Die Neue Zeit, 14. Jg., Bd. 1, Stuttgart

Parvus [A. Helphand] (1900/01), Die Industriezölle und der Weltmarkt, in: Die Neue Zeit, 18. Jg., Bd. 1, Stuttgart

Polanyi, Karl (1973): Der Hundertjährige Frieden, in: Krippendorff, Ekkehard (Hg.) (1973): Internationale Beziehungen, Köln

Polanyi, Karl (1978): The Great Transformation. Politische und ökonomische Ursprünge von Gesellschaften und Wirtschaftssystemen, Frankfurt/M.

Pollock, Friedrich (1975a): Ist der Nationalsozialismus eine neue Ordnung?, in: Dubiel, Helmut (Hg.) (1975): Friedrich Pollock. Stadien des Kapitalismus, München

Pollock, Friedrich (1975b): Staatskapitalismus, in: Dubiel, Helmut (Hg.) (1975): a.a.O.

Reifeld, Helmut (1987): Imperialismus, in: Fetscher, Iring / Münkler, Herfried (1987): Pipers Handbuch der politischen Ideen, München/Zürich

Röpke, Wilhelm (1934): Kapitalismus und Imperialismus, in: Zeitschrift für schweizerische Statistik und Volkswirtschaft, in: http://www.unil.ch/webdav/site/ihes/shared/bibliotheque_virtuelle/roepke.all.pdf (Zugriff am 13.5.2005)

Röpke, Wilhelm (1945): Internationale Ordnung, Zürich

Rosenberg, Arthur (1962): Demokratie und Sozialismus. Zur politischen Geschichte der letzten 150 Jahre, Frankfurt/M.

Schöllgen, Gregor (1986): Das Zeitalter des Imperialismus, München

Schröder, Hans-Christoph (1970): Hobsons Imperialismustheorie, in: Wehler, Hans-Ulrich (Hg.) (1970): Imperialismus, Köln

Schumpeter, J. (1950): Kapitalismus, Sozialismus und Demokratie, Bern

Schumpeter, J. (1953): Zur Soziologie der Imperialismen, Archiv für Sozialwissenschaft und Sozialpolitik, Band 46, Tübingen in: Ders. (1953): Aufsätze zur Soziologie, Tübingen

Stalin, Josef W. (1972): Werke, Band 6, Frankfurt/M.

Sternberg, Fritz (1971): Der Imperialismus, Frankfurt/M.

Sternberg, Fritz (1929): 'Der Imperialismus' und seine Kritiker, Berlin

Teschke, Benno (2003): The Myth of 1648. Class, Geopolitics and the Making of Modern International Relations, London

Tipton, Frank B. / Aldrich Robert (1987): An Economic and Social History of Europe. 1890-1939, Baltimore

Trotzki, Leo (1969): Die permanente Revolution, in: Trotzki, Leo: Ergebnisse und Perspektiven; Die permanente Revolution. Mit Einleitungen von Helmut Dahmer und Richard Lorenz, Frankfurt/M.

Trotzki, Leo (1972a): Wohin treibt England?; Europa und Amerika, Berlin

Trotzki, Leo (1972b): Die wirtschaftliche Weltkrise und die neuen Aufgaben der Komintern, in: Parvus / Kautsky, Karl / Trotzki, Leo / Kondratieff, N.D. / Mandel, Ernest (1972): Die langen Wellen der Konjunktur, Berlin

Trotzki, Leo (1973): Geschichte der russischen Revolution, Erster Teil: Februarrevolution, Frankfurt/M.

van der Pijl, Kees (1996): Vordenker der Weltpolitik: Einführung in die internationale Politik aus ideengeschichtlicher Perspektive, Opladen

Varga, Eugen (1930): Akkumulation und Zusammenbruch des Kapitalismus, in: Unter dem Banner des Marxismus, IV. Jg., 1930, Wien/Berlin

Varga, Eugen (1974): Die Krise des Kapitalismus und ihre politischen Folgen, Frankfurt/M.

Walther, Rudolf (1981): „…aber nach der Sintflut kommen wir und nur wir": „Zusammenbruchstheorie", Marxismus und politisches Defizit in der SPD, 1890-1914, Frankfurt/M.

Weber, Max (1964): Wirtschaft und Gesellschaft. Grundriss der verstehenden Soziologie, 2. Halbband, Köln/Berlin

Weber, Max (1993): Der Nationalstaat und die Volkswirtschaftspolitik, in: Ders. (1993): Gesamtausgabe. Landarbeiterfrage, Nationalstaat und Volkswirtschaftpolitik, Abt. 1, Band 4, 2. Halbband, Tübingen

Wehler, Hans-Ulrich (1970): Einleitung, in: Wehler, Hans-Ulrich (Hg.) (1970): Imperialismus, Köln

Zürn, Michael / Zangl, Bernhard (2003): Frieden und Krieg. Sicherheit in der nationalen und postnationalen Konstellation, Frankfurt/M.

Literatur zu Teil II:

Adorno, Theodor W. (1993): Soziologie und empirische Forschung, in: Adorno, Theodor W. / Albert, Hans et al. (Hg.) (1993): Der Positivismusstreit in der deutschen Soziologie, München

Altvater, Elmar (1969): Die Weltwährungskrise, Frankfurt/Wien

Altvater, Elmar (1972): Zu einigen Problemen des Staatsinterventionismus, in: Prokla, 3/1972

Altvater, Elmar / Mahnkopf, Birgit (1996): Grenzen der Globalisierung. Ökonomie, Ökologie und Politik in der Weltgesellschaft, Münster

Amin, Samir (1973): Die Akkumulation im Weltmaßstab, in: Krippendorff, Ekkehard (Hg.) (1973): Internationale Beziehungen, Köln

Amin, Samir (1975): Die ungleiche Entwicklung, Hamburg

Amin, Samir / Arrighi, Giovanni / Frank, Andre Gunder / Wallerstein, Immanuel (1986): Dynamik der globalen Krise, Opladen

Aron, Raymond (1963): Frieden und Krieg. Eine Theorie der Staatenwelt, Frankfurt/M.

Baran, Paul A. (1966): Politische Ökonomie des wirtschaftlichen Wachstums, Neuwied

Baran, Paul A. / Sweezy, Paul M. (1970): Monopolkapital. Ein Essay über die amerikanische Wirtschafts- und Gesellschaftsordnung, Frankfurt/M.

Barratt Brown, Michael (1972): Essays on Imperialism, Nottingham

Blaschke, Jochen (Hg.) (1983): Perspektiven des Weltsystems: Materialien zu Immanuel Wallersteins, 'Das moderne Weltsystem', Frankfurt/New York

Boccara, Paul et al. (1973): Der staatsmonopolistische Kapitalismus, Frankfurt/M.

Bornschier, Volker / Suter, Christian (1990): Lange Wellen im Weltsystem, in: Rittberger, Volker (Hg.) (1990): Theorien der Internationalen Beziehungen. Bestandsaufnahme und Forschungsperspektiven, Opladen

Brandes, Volkhard (1973): Die Krise des Imperialismus, Frankfurt/M.

Braun, Oskar (1974): Wirtschaftliche Abhängigkeit und imperialistische Ausbeutung, in: Senghaas, Dieter (Hg.) (1974): Peripherer Kapitalismus. Analysen über Abhängigkeit und Unterentwicklung, Frankfurt/M.

Bull, Hedley (1977): The Anarchical Society. A Study of Order in World Politics, London

Bull, Hedley (1985): Die anarchische Gesellschaft, in: Kaiser, Karl / Schwarz, Hans-Peter (Hg.) (1985): Weltpolitik. Strukturen - Akteure - Perspektiven, Bonn/Stuttgart

Busch, Klaus (1974): Die multinationalen Konzerne. Zur Analyse der Weltmarktbewegung des Kapitals, Frankfurt/M.

Busch, Klaus (1978): Die Krise der Europäischen Gemeinschaft, Köln/Frankfurt

Busch, Klaus (1981): Internationale Arbeitsteilung und Internationalisierung des Kapitals. Bemerkungen zur neueren französischen Weltmarktdiskussion, in: Leviathan, 1/1981

Cardoso, Fernando Henrique (1974): Abhängigkeit und Entwicklung in Lateinamerika, in: Senghaas, Dieter (Hg.) (1974): Peripherer Kapitalismus. Analysen über Abhängigkeit und Unterentwicklung, Frankfurt/M.

Cardoso, Fernando Henrique / Faletto, Enzo (1976): Abhängigkeit und Unterentwicklung in Lateinamerika, Frankfurt/M.

Castoriadis, Cornelius (1981): Devant la guerre, Paris

Castoriadis, Cornelius (1988a): The Concentration of the Forces of Production, in: Ders. (1988): Political and Social Writings, Volume 1, Minneapolis

Castoriadis, Cornelius (1988b): The Relations of Production in Russia, in: Ders. (1988): a.a.O.

Castoriadis, Cornelius (1988c): The Yugoslavian Bureaucracy, in: Ders. (1988): a.a.O.

Castoriadis, Cornelius (1988d): The Situation of Imperialism and Proletarian Perspectives, in: Ders. (1988): a.a.O.

Castoriadis, Cornelius (1988e): The Role of Bolshevik Ideology in the Birth of the Bureaucracy , in: Ders. (1988): Political and Social Writings, Volume 3, Minneapolis

CEPAL (1990): Review - The ideas of ECLAC and of Raúl Prebisch, United Nations Economic Commission For Latin America And The Caribbean, Santiago

Clarke, Simon (Hg.) (1991): The State Debate, London

Cliff, Tony (1975): Staatskapitalismus in Russland. Eine marxistische Analyse, Frankfurt/M.

Czempiel, Ernst-Otto (1975): Friede und Konflikt in den internationalen Beziehungen, in: Haftendorn, Helga (Hg.) (1975): Theorie der internationalen Politik, Hamburg

Czempiel, Ernst-Otto (1981): Internationale Politik. Ein Konfliktmodell, Paderborn/München/Wien

Czempiel, Ernst-Otto (1998): Friedensstrategien. Eine systematische Darstellung außenpolitischer Theorien von Machiavelli bis Madariaga, Opladen/Wiesbaden

Czempiel, Ernst-Otto (2003): Weltpolitik im Umbruch. Die Pax Americana, der Terrorismus und die Zukunft der internationalen Beziehungen, München

Dahrendorf, Ralf (1963): Gesellschaft und Freiheit. Zur soziologischen Analyse der Gegenwart, München

Deutsch, Karl W. / Senghaas, Dieter (1977): Die brüchige Vernunft der Staaten, in: Senghaas, Dieter (Hg.) (1977): Kritische Friedensforschung, Frankfurt/M.

Deutschmann, Christoph (1973): Der linke Keynesianismus, Frankfurt/M.

dos Santos, Theotonio (1976): Über die Struktur der Abhängigkeit, in: Senghaas, Dieter (Hg.) (1976): Imperialismus und strukturelle Gewalt. Analysen über abhängige Reproduktion, Frankfurt/M.

Elsenhans, Hartmut (1979): Grundlagen der Entwicklung der kapitalistischen Weltwirtschaft, in: Senghaas, Dieter (Hg.) (1979): Kapitalistische Weltökonomie. Kontroversen über ihren Ursprung und ihre Entwicklungsdynamik, Frankfurt/M.

Emmanuel, Arghiri (1972): Unequal Exchange: A Study of the Imperialism of Trade, London

Erklärung der Friedensforschung 1971, in: Senghaas, Dieter (Hg.) (1977): Kritische Friedensforschung, Frankfurt/M.

Ferguson, Niall (2004): Das verleugnete Imperium. Chancen und Risiken amerikanischer Macht, Berlin

Fieldhouse, David K. (1973): Economics and Empire. 1830-1914, London

Frank, Andre Gunder (1969): Kapitalismus und Unterentwicklung in Lateinamerika, Frankfurt/M.

Fröbel, Folker / Heinrichs, Jürgen / Kreye, Otto / Sunkel, Osvaldo (1974): Internationalisierung von Arbeitskraft, in: Kreye, Otto (Hg.) (1974): Multinationale Konzerne. Entwicklungstendenzen im kapitalistischen System, München

Galtung, Johan (1976): Eine strukturelle Theorie des Imperialismus, in: Senghaas, Dieter (Hg.) (1976): Imperialismus und strukturelle Gewalt. Analysen über abhängige Reproduktion, Frankfurt/M.

Galtung, Johan (1977): Gewalt, Frieden und Friedensforschung, in: Senghaas, Dieter (Hg.) (1977): Kritische Friedensforschung, Frankfurt/M.

Gantzel, Klaus Jürgen (1973): Internationale Beziehungen als System, Opladen

Gantzel, Klaus Jürgen (1976): Zu herrschaftssoziologischen Problembereichen von Abhängigkeitsbeziehungen in der gegenwärtigen Weltgesellschaft, in: Senghaas, Dieter (Hg.) (1976): Imperialismus und strukturelle Gewalt. Analysen über abhängige Reproduktion, Frankfurt/M.

Geiger, Theodor (1963): Demokratie ohne Dogma. Die Gesellschaft zwischen Pathos und Nüchternheit, München

Geiss, Immanuel (1991): Kontinuitäten des Imperialismus, in: Reinhard, Wolfgang (Hg.) (1991): Imperialistische Kontinuität und nationale Ungeduld im 19. Jahrhundert, Frankfurt/M.

Gerstenberger, Heide (1977): Zur Theorie des bürgerlichen Staates. Der gegenwärtige Stand der Debatte, in: Brandes, Volkhard (Hg.) (1977): Staat. Politische Ökonomie: Handbuch 5, Frankfurt/M.

Gilpin, Robert (1981): War and Change in World Politics, Cambridge

Greiner, Bernd / Müller, Christian Th. / Walter, Dierk (Hg.) (2006): Heiße Kriege im Kalten Krieg, Studien zum Kalten Krieg, Band 1, Hamburg

Hasenclever, Andreas (2003): Liberale Ansätze zum demokratischen Frieden, in: Schieder, Siegfried / Spindler, Manuela (Hg.) (2003): Theorien der Internationalen Beziehungen, Opladen

Haynes, Mike (2002): Russia. Class and Power 1917-2000, London

Herr, Hansjörg (2001): Keynes und seine Interpreten, in: Prokla, 123/2001

Herz, John H. (1974a): Idealistischer Internationalismus und das Sicherheitsdilemma (1950), in: Ders.: Staatenwelt und Weltpolitik. Aufsätze zur internationalen Politik im Nuklearzeitalter, Hamburg

Herz, John H. (1974b): Rückblick auf den Territorialstaat, in: Ders. (1974): Staatenwelt und Weltpolitik. Aufsätze zur internationalen Politik im Nuklearzeitalter, Hamburg

Hirsch, Joachim (1998): Vom Sicherheitsstaat zum nationalen Wettbewerbsstaat, Berlin

Hobsbawm, Eric (1995): Das Zeitalter der Extreme. Weltgeschichte des 20. Jahrhunderts, Frankfurt/Wien

Hopkins, Terence K. / Wallerstein, Immanuel (1979): Grundzüge der Entwicklung des modernen Weltsystems. Entwurf für ein Forschungsvorhaben, in: Senghaas, Dieter (Hg.) (1979): Kapitalistische Weltökonomie. Kontroversen über ihren Ursprung und ihre Entwicklungsdynamik, Frankfurt/M.

Hymer, Stephen (1974): Die Internationalisierung des Kapitals, in: Kreye, Otto (Hg.) (1974): Multinationale Konzerne. Entwicklungstendenzen im kapitalistischen System, München

Hymer, Steven (1976): Multinationale Konzerne und das Gesetz der ungleichen Entwicklung, in: Senghaas, Dieter (Hg.) (1976): Imperialismus und strukturelle Gewalt. Analysen über abhängige Reproduktion, Frankfurt/M.

Jalée, Pierre (1971): Das neueste Stadium des Kapitalismus, München

Katzenstein, Robert (1973): Zur Theorie des staatsmonopolistischen Kapitalismus, in: Prokla 8/9, 1973

Kennedy, Paul (1989): Aufstieg und Fall der großen Mächte. 1500-2000, Frankfurt/M.

Keohane, Robert O. (1984): After Hegemony: Cooperation and Discord in the World Political Economy, Princeton

Keohane, Robert O. (Hg.) (1986): Neorealism and its Critics, New York

Keohane, Robert O. / Nye, Joseph S. (1975): Transnationale Beziehungen und Weltpolitik, in: Haftendorn, Helga (Hg.) (1975): Theorie der internationalen Politik, Hamburg

Keohane, Robert O. / Nye, Joseph S. (1989): Power and Interdependence, Harvard

Keohane, Robert O. / Nye, Joseph S. (1986): Macht und Interdependenz; in: Kaiser, Karl / Schwarz, R. (Hg.) (1986): Weltpolitik. Strukturen - Akteure - Perspektiven, Bonn/Stuttgart

Kidron, Michael (1971): Rüstung und wirtschaftliches Wachstum. Ein Essay über den westlichen Kapitalismus, Frankfurt/M.

Kidron, Michael (1974): Imperialism: Highest Stage but One, in: Ders. (1974): Capitalism and Theory, London

Kindermann, Gottfried-Karl (Hg.) (1977): Grundelemente der Weltpolitik. Eine Einführung, München

Koch, Claus (1973): Friedensforschung - eine politische Wissenschaft?, in: Senghaas, Dieter (Hg.) (1973): Friedensforschung und Gesellschaftskritik, Frankfurt/M.

Kolko, Gabriel (1999): Das Jahrhundert der Kriege, Frankfurt/M.

Kopenhagener Erklärung zur Lage der Friedensforschung 1969, in: Senghaas, Dieter (Hg.) (1977): Kritische Friedensforschung, Frankfurt/M.

Kreye, Otto (Hg.) (1974): Multinationale Konzerne. Entwicklungstendenzen im kapitalistischen System, München

Krippendorff, Ekkehard (Hg.) (1973): Internationale Beziehungen, Köln

Krippendorff, Ekkehard (1976): 'Imperialismus' in der Friedensforschung. Plädoyer für einen Begriff, in: HSFK / AFK (Hg.) (1976): Friedensanalysen - Für Theorie und Praxis 3. Schwerpunkt: Unterentwicklung, Frankfurt/M.

Krippendorff, Ekkehard (1977): Internationale Beziehungen als Wissenschaft, Frankfurt/M.

Krippendorff, Ekkehard (1983): Die Rolle des Krieges im kapitalistischen Weltsystem, in: Blaschke, Jochen (Hg.) (1983): Perspektiven des Weltsystems: Materialien zu Immanuel Wallersteins, 'Das moderne Weltsystem', Frankfurt/New York

Krippendorff, Ekkehard (1985): Staat und Krieg. Die historische Logik politischer Unvernunft, Frankfurt/M.

Landes, David S. (1970): Über das Wesen des ökonomischen Imperialismus, in: Wehler, Hans-Ulrich (Hg.) (1970): Imperialismus, Köln

Lichtheim, George (1972): Imperialismus, München

Lüthy, Herbert (1970): Die Kolonisation und die Einheit der Geschichte, in: Wehler, Hans-Ulrich (Hg.) (1970): Imperialismus, Köln

Magdoff, Harry (1970): Das Zeitalter des Imperialismus. Die ökonomischen Hintergründe der US-Außenpolitik, Frankfurt/M.

Magdoff, Harry / Sweezy, Paul M. (1972): Imperialism in the Seventies: Problems and Perspectives, in: Monthly Review, 23:10, 1972

Mandel, Ernest (1968): Die EWG und die Konkurrenz Europa-Amerika, Frankfurt/M.

Mandel, Ernest (1971): Marxistische Wirtschaftstheorie, Frankfurt/M.

Mandel, Ernest (1973): Der Spätkapitalismus. Versuch einer marxistischen Erklärung, Frankfurt/M.

Mandel, Ernest (1980): Methodisches zur Bestimmung der Klassennatur des bürgerlichen Staates, in: Bloch, Ernst / Garstka, Dietrich / Seppmann, Werner (1980): Marxismus und Anthropologie. Festschrift für Leo Kofler, Bochum

Marx, Karl (1953): Grundrisse der Kritik der politischen Ökonomie, Berlin

Mattick, Paul (1971): Marx und Keynes. Die Grenzen des 'gemischten Wirtschaftssystems', Frankfurt/Köln

Mayer, Arno (1984): Adelsmacht und Bürgertum: Die Krise der europäischen Gesellschaft 1848-1914, München

Mommsen, Wolfgang J. (Hg.) (1971): Der moderne Imperialismus, Stuttgart

Mommsen, Wolfgang J. (1987): Imperialismustheorien. Ein Überblick über die neueren Imperialismusinterpretationen, Göttingen

Murray, Robin (1974): Der Nationalstaat und die Internationalisierung des Kapitals, in: Kreye, Otto (Hg.) (1974): Multinationale Konzerne. Entwicklungstendenzen im kapitalistischen System, München

Neusüss, Christel / Müller, Wolfgang (1970): Die Sozialstaatsillusion und der Widerspruch von Lohnarbeit und Kapital, in: Sozialistische Politik, 6/7, 1970

Neusüss, Christel (1972): Imperialismus und Weltmarktbewegung des Kapitals, Erlangen

Niess, Frank (1973): Imperialismustheorie und politische Ökonomie der armen Welt, in: Politische Vierteljahreszeitschrift, 3/1973

Nölke, Andreas (2003): Weltsystemtheorie, in: Schieder, Siegfried / Spindler, Manuela (Hg.) (2003): Theorien der Internationalen Beziehungen, Opladen

O´Connor, James (1976): Die Bedeutung des ökonomischen Imperialismus, in: Senghaas, Dieter (Hg.) (1976): Imperialismus und strukturelle Gewalt. Analysen über abhängige Reproduktion, Frankfurt/M.

Olle, Werner / Schoeller, Wolfgang (1977): Weltmarkt, nationale Kapitalreproduktion und Rolle des Nationalstaats, in: Brandes, Volkhard (Hg.) (1977): Staat. Politische Ökonomie: Handbuch 5, Frankfurt/M.

Palma, Gabriel (1981): Dependency and Development: A Critical Overview, in: Seers, Dudley (Hg.) (1981): Dependency Theory. A Critical Reassessment, London

Petrowsky, Werner (1971): Zur Entwicklung der Theorie des staatsmonopolistischen Kapitalismus nach 1945, in: Prokla, 1/1971

Poulantzas, Nicos (2001): Die Internationalisierung der kapitalistischen Verhältnisse und der Nationalstaat, in: Hirsch, Joachim / Jessop, Bob / Poulantzas, Nicos (2001): Die Zukunft des Staates. Denationalisierung, Internationalisierung, Renationalisierung, Hamburg

Poulantzas, Nicos (2002): Staatstheorie. Politischer Überbau, Ideologie, Autoritärer Etatismus, Hamburg

Prebisch, Raúl (1984): Five Stages in my Thinking on Development, in: Meier, Gerald M. / Seers, Dudley (Hg.): Pioneers in Development. New York

Reinhard, Wolfgang (Hg.) (1991): Imperialistische Kontinuität und nationale Ungeduld im 19. Jahrhundert, Frankfurt/M.

Rittberger, Volker / Hummel, Hartwig (1990): Die Disziplin 'Internationale Beziehungen' im deutschsprachigen Raum auf der Suche nach ihrer Identität: Entwicklung und Perspektiven, in: Rittberger, Volker (Hg.) (1990): Theorien der Internationalen Beziehungen. Bestandsaufnahme und Forschungsperspektiven, Opladen

Robinson, Ronald / Gallagher, John (1970): Der Imperialismus des Freihandels, in: Wehler, Hans-Ulrich (Hg.) (1970): Imperialismus, Köln

Rödel, Ulrich (1974): Die Verschärfung der internationalen Kapitalkonkurrenz, in: Brandes, Volkhard (Hg.) (1974): Handbuch 1 - Perspektiven des Kapitalismus, Frankfurt/Köln

Rödel, Ulrich (1997): Von der Totalitarismustheorie zur Demokratietheorie. Claude Lefort und Cornelius Castoriadis, in: Söllner, Alfons / Walkenhaus, Ralf / Wieland, Karin (Hg.) (1997): Totalitarismus: Eine Ideengeschichte des 20. Jahrhunderts, Berlin

Rostow, Walt Whitman (1960): Stadien des wirtschaftlichen Wachstums. Eine Alternative zur marxistischen Entwicklungstheorie, Göttingen

Rowthorn, Robert E. (1971a): Die Bedeutung des Staates im modernen Kapitalismus, in: Kapitalismus in den siebziger Jahren (1971), Referate vom Kongress in Tilburg im September 1970, Frankfurt/Wien

Rowthorn, Robert E. (1971b): Imperialism in the 1970s – Unity or Rivalry?, in: New Left Review, 69/1971

Schlupp, Frieder / Nour, Salua / Junne, Gerd (1973: Zur Theorie und Ideologie internationaler Interdependenz, in: Gantzel, Klaus Jürgen (1973): Internationale Beziehungen als System, Opladen

Schmidt, Alfred (1973): Imperialismus-Forschung, in: Leviathan, 4/1973

Schmidt, Hajo (2001): Krieg, Frieden und Gewalt im Leben Johan Galtungs, in: Leviathan, 4/2001

Schmiederer, Ursula (1973): Systemkonkurrenz als Strukturprinzip der internationalen Politik, in: Gantzel, Klaus Jürgen (1973): Internationale Beziehungen als System, Opladen

Schöllgen, Gregor (1986): Das Zeitalter des Imperialismus, München

Schörnig, Niklas (2003): Neorealismus, in: Schieder, Siegfried / Spindler, Manuela (Hg.) (2003): Theorien der Internationalen Beziehungen, Opladen

Seers, Dudley (Hg.) (1981): Dependency Theory. A Critical Reassessment, London

Senghaas, Dieter (1972): Rüstung und Militarismus, Frankfurt/M.

Senghaas, Dieter (Hg.) (1973): Friedensforschung und Gesellschaftskritik, Frankfurt/M.

Senghaas, Dieter (1974): Elemente einer Theorie des peripheren Kapitalismus (Vorwort), in: Senghaas, Dieter (Hg.) (1974): Peripherer Kapitalismus. Analysen über Abhängigkeit und Unterentwicklung, Frankfurt/M.

Senghaas, Dieter (Hg.) (1976): Imperialismus und strukturelle Gewalt. Analysen über abhängige Reproduktion, Frankfurt/M.

Senghaas, Dieter (Hg.) (1977): Kritische Friedensforschung, Frankfurt/M.

Senghaas, Dieter (Hg.) (1979): Kapitalistische Weltökonomie. Kontroversen über ihren Ursprung und ihre Entwicklungsdynamik, Frankfurt/M.

Senghaas, Dieter (1988): Konfliktformationen in der gegenwärtigen internationalen Gesellschaft, in: Senghaas, Dieter (1988): Konfliktformationen im internationalen System, Frankfurt/M.

Siegel, Tilla (1980): Kapitalismus als Weltsystem – Methodische Probleme einer marxistischen Analyse des Weltmarktes, Frankfurt/New York

Sozialistische Studiengruppen (SOST) (1981): Kapitalistische Weltwirtschaft, Hamburg

Strachey, John (1959): The End of Empire, London

Sweezy, Paul (1970a): Theorie der kapitalistischen Entwicklung, Frankfurt/M.

Sweezy, Paul (1970b): Die Zukunft des Kapitalismus und andere politische Aufsätze, Frankfurt/M.

Vilmar, Fritz (1973a): Die Verflechtung von Rüstung, Wirtschaft und Wissenschaft, in: Senghaas, Dieter (Hg.) (1973): Friedensforschung und Gesellschaftskritik, Frankfurt/M.

Vilmar, Fritz (1973b): Ursachen und Wandlungen des modernen Imperialismus, in: Senghaas, Dieter (Hg.) (1973): Friedensforschung und Gesellschaftskritik, Frankfurt/M.

von Braunmühl, Claudia (1973): Weltmarktbewegung des Kapitals, Imperialismus und Staat, in: von Braunmühl, Claudia / Funken, Klaus / Cogoy, Mario / Hirsch, Joachim (1973): Probleme einer materialistischen Staatstheorie, Frankfurt/M.

von Braunmühl, Claudia (1974): Kapitalakkumulation im Weltzusammenhang. Zum methodischen Ansatz einer Analyse des bürgerlichen Nationalstaats, in: Backhaus, Hans-Georg et al. (Hg.) (1974): Gesellschaft. Beiträge zur Marxschen Theorie 1, Frankfurt/M.

von Braunmühl, Claudia (1976): Die nationalstaatliche Organisiertheit der bürgerlichen Gesellschaft. Ansatz zu einer historischen und systematischen Untersuchung, in: Backhaus, Hans-Georg et al. (Hg.) (1976): Gesellschaft. Beiträge zur Marxschen Theorie 8/9, Frankfurt/M.

Wallerstein, Immanuel (1979): Aufstieg und künftiger Niedergang des kapitalistischen Weltsystems. Zur Grundlegung vergleichender Analyse, in: Senghaas, Dieter (Hg.) (1979): Kapitalistische Weltökonomie. Kontroversen über ihren Ursprung und ihre Entwicklungsdynamik, Frankfurt/M.

Wallerstein, Immanuel (1986): Das moderne Weltsystem. Die Anfänge kapitalistischer Landwirtschaft und die europäische Weltökonomie im 16. Jahrhundert, Frankfurt/M.

Waltz, Kenneth (1979): Theory of International Politics, Reading/Massachusetts

Wehler, Hans-Ulrich (1970): Einleitung, in: Wehler, Hans-Ulrich (Hg.) (1970): Imperialismus, Köln

Wehler, Hans-Ulrich (1984): Bismarck und der Imperialismus, Frankfurt/M.

Wirth, Margaret (1973): Zur Kritik der Theorie des staatsmonopolistischen Kapitalismus, in: Prokla 8/9, 1973

Wolff, Richard D. (1976): Der gegenwärtige Imperialismus in der Sicht der Metropole, in: Senghaas, Dieter (Hg.) (1976): Imperialismus und strukturelle Gewalt. Analysen über abhängige Reproduktion, Frankfurt/M.

Ziebura, Gilbert (1972): Interne Faktoren des französischen Hochimperialismus 1871-1914, in: Mommsen, Wolfgang J. (Hg.) (1971): Der moderne Imperialismus, Stuttgart

ZK der SED (Hg.) (1971): Der Imperialismus der BRD, Berlin

Literatur zu Teil III

Albert, Mathias (1994): ,Postmoderne' und Theorie der internationalen Beziehungen, in: Zeitschrift für Internationale Beziehungen, 1/1994

Albrow, Martin (1998): Abschied vom Nationalstaat. Staat und Gesellschaft im Globalen Zeitalter, Frankfurt/M.

Alnasseri, Sabah (2004): Periphere Regulation. Regulationstheoretische Konzepte zur Analyse von Entwicklungsstrategien im arabischen Raum, Münster

Altvater, Elmar / Mahnkopf, Birgit (1996): Grenzen der Globalisierung. Ökonomie, Ökologie und Politik in der Weltgesellschaft, Münster

Arrighi, Giovanni (1978): The Geometry of Imperialism. The Limits of Hobson´s Paradigm, London

Arrighi, Giovanni (1994): The Long Twentieth Century. Money, Power, and the Origins of Our Times, London/New York

Arrighi, Giovanni (2002): The African Crises. World Systemic and Regional Aspects, in: New Left Review, 15/2002

Arrighi, Giovanni (2003): Entwicklungslinien des Empire: Transformationen des Weltsystems, in: Atzert, Thomas / Müller, Jost (Hg.) (2003): Kritik der Weltordnung. Globalisierung, Imperialismus, Empire, Berlin

Arrighi, Giovanni (2005a): Hegemony Unravelling – 1, in: New Left Review, 32/2005

Arrighi, Giovanni (2005b): Hegemony Unravelling – 2, in: New Left Review, 33/2005

Arrighi, Giovanni / Silver, Beverley J. (1999a): Chaos and Governance in the Modern World System, Minneapolis/London

Arrighi, Giovanni / Silver, Beverley J. (1999b): Conclusion, in: Dies. (1999): Chaos and Governance in the Modern World System, Minneapolis/London

Arrighi, Giovanni / Moore, Jason W. (2001): Kapitalismus in welthistorischer Sicht, in: Das Argument, 239/2001

Ashcroft, Bill / Griffiths, Gareth / Tiffin, Helen (Hg.) (1995): The Post-colonial Studies Reader, London

Becker, David G. / Frieden, Jeff / Schatz, Sayre P. / Sklar, Richard L. (1987): Postimperialism. International Capitalism and Development in the Twentieth Century, London

Beisheim, Marianne / Dreher, Sabine / Walter, Gregor / Zangl, Bernhard / Zürn, Michael (1999): Im Zeitalter der Globalisierung? Thesen und Daten zur gesellschaftlichen und politischen Denationalisierung, Baden-Baden

Biel, Robert (2000): The new Imperialism: Crisis and Contradictions in North/South relations, London/New York

Bieler, Andreas / Morton, Adam D. (2003): Neo-Gramscianische Perspektiven, in: Schieder, Siegfried / Spindler, Manuela (Hg.) (2003): Theorien der Internationalen Beziehungen, Opladen

Bieling, Hans-Jürgen (2003): Internationale Politische Ökonomie, in: Schieder, Siegfried / Spindler, Manuela (Hg.) (2003): Theorien der Internationalen Beziehungen, Opladen

Bishop, Alan J. (1995): Western Mathematics: The Secret Weapon of Cultural Imperialism, in: Ashcroft, Bill / Griffiths, Gareth / Tiffin, Helen (Hg.) (1995): The Post-colonial Studies Reader, London

Boeckh, Andreas (1993): Entwicklungstheorien: Eine Rückschau, in: Nohlen, Dieter / Nuscheler, Franz (Hg.): Handbuch der Dritten Welt 1, Grundprobleme, Theorien, Strategien, Bonn

Brenner, Robert (2006): The Economics of Global Turbulence. The Advanced Capitalist Economies from Long Boom to Long Downturn, 1945-2005, London/New York

Brock, Lothar (1996): Nord-Süd-Politik, in: Knapp, Manfred / Krell, Gerd (Hg.) (1996): Einführung in die internationale Politik, München

Chase-Dunn, Christopher / Podobnik, Bruce (1999): The Next World War: World-System Cycles and Trends, in: Bornschier, Volker / Chase-Dunn, Christopher (Hg.) (1999): The Future of Global Conflict, London

Conrad, Sebastian / Randeria, Shalini (2002): Geteilte Geschichten – Europa in einer postkolonialen Welt, in: Dies. (Hg.) (2002): Jenseits des Eurozentrismus. Postkoloniale Perspektiven in den Geschichts- und Geisteswissenschaften, Frankfurt/New York

Cox, Robert W. (1987): Production, Power, and World Order. Social Forces in the Making of History, New York

Cox, Robert W. (1993): Structural issues of global governance: implications for Europe, in: Gill, Stephen (Hg.) (1993): Gramsci, historical materialism and international relations, Cambridge

Cox, Robert W. (1998a): Weltordnung und Hegemonie – Grundlagen der ,Internationalen Politischen Ökonomie', Marburg

Cox, Robert W. (1998b): Soziale Kräfte, Staaten und Weltordnungen: Jenseits der Theorie Internationaler Beziehungen, in: Ders. (1998a), a.a.O.

Cox, Robert W. (1998c): Gramsci, Hegemonie und Internationale Beziehungen: Ein Aufsatz zur Methode, in: Ders. (1998a), a.a.O.

Cox, Robert W. (1998d): Multilateralismus und Weltordnung, in: Ders. (1998a), a.a.O.

Cox, Robert W. / Schechter, Michael G. (2002): The Political Economy of a Plural World, London

Chase-Dunn, Christopher / Podobnik, Bruce (1999): The Next World War: World-System Cycles and Trends, in: Bornschier, Volker / Chase-Dunn, Christopher (Hg.) (1999), The Future of Global Conflict, London

Chilcote, Ronald H. (Hg.) (2000): Imperialism. Theoretical directions, New York

Czempiel, Ernst-Otto (1998): Friedensstrategien. Eine systematische Darstellung außenpolitischer Theorien von Machiavelli bis Madariaga, Opladen/Wiesbaden

Diez, Thomas (2003): Postmoderne Ansätze, in: Schieder, Siegfried / Spindler, Manuela (Hg.) (2003): Theorien der Internationalen Beziehungen, Opladen

Duménil, Gerard / Lévy, Dominique (2002): Das Wesen und die Widersprüche des Neoliberalismus, in: Aglietta, Michel / Bischoff, Joachim / Boccara, Paul / Haug, Wolfgang F./ Huffschmid, Jörg/ Wallerstein, Immanuel u.a. (2002): Umbau der Märkte. Akkumulation – Finanzkapital – Soziale Kräfte, Hamburg

Ferdowski, Mir A. (1996): Kriege seit dem Zweiten Weltkrieg. Dimensionen – Ursachen – Perspektiven, in: Knapp, Manfred / Krell, Gerd (Hg.) (1996): Einführung in die internationale Politik, München

Ferguson, Niall (2004): Das verleugnete Imperium. Chancen und Risiken amerikanischer Macht, Berlin

Foster, John Bellamy (2002): The Rediscovery of Imperialism 11/2002, in: http://www.monthlyreview.org/1102jbf.htm (Zugriff am 12.3.2003)

Fues, Thomas / Messner, Dirk (2003): Die Beziehungen zwischen Nord und Süd im Schatten der Irak-Krise: Perspektiven kooperativer Weltpolitik nach der Johannesburg-Konferenz, in: Hauswedell, Corinna/ Weller, Christoph/ Ratsch, Ulrich / Mutz, Reinhard / Schoch, Bruno (Hg.) (2003): Friedensgutachten 2003, Münster

Fukuyama, Francis (1992): Das Ende der Geschichte. Wo stehen wir?, München

Fukuyama, Francis (2004): Staaten bauen. Die neue Herausforderung internationaler Politik, Berlin

Geiss, Immanuel (1991): Kontinuitäten des Imperialismus, in: Reinhard, Wolfgang (Hg.) (1991): Imperialistische Kontinuität und nationale Ungeduld im 19. Jahrhundert, Frankfurt/M.

Ghosh, Baidyanath N. (2001): Dependency Theory Revisited, Aldershot

Giddens, Anthony (1987): The Nation-State and Violence, Berkeley/Los Angeles

Gill, Stephen (Hg.) (1993): Gramsci, historical materialism and international relations, Cambridge

Gill, Stephen (2000): Theoretische Grundlagen einer neo-gramscianischen Analyse der europäischen Integration, in: Bieling, Hans-Jürgen / Steinhilber, Jochen (Hg.) (2000): Die Konfiguration Europas. Dimensionen einer kritischen Integrationstheorie, Münster

Gill, Stephen (2003a): Übermacht und Überwachungsgewalt im globalen Kapitalismus, in: Das Argument, 249/2003

Gill, Stephen (2003b): Grand Strategy and World Order: A Neo-Gramscian Perspective, Lecture delivered on April 20, 2000, Yale University, ISS´s Grand Strategy Lecture Series, Yale

Gowan, Peter (1999): The Global Gamble. Washington's Faustian Bid for World Dominance, London

Gowan, Peter (2002): US-Hegemonie und globale Unordnung, in: Supplement der Zeitschrift Sozialismus, 5/2002

Gowan, Peter / Panitch, Leo / Shaw, Martin (2001): The state, globalisation and the new imperialism: a roundtable discussion, in: www.theglobalsite.ac.uk/librarytexts/201gowan.htm (Zugriff am 20.3.2003)

Habermas, Jürgen (1996): Kants Idee des ewigen Friedens – aus dem historischen Abstand von zweihundert Jahren, in: Lutz-Bachmann, Mathias / Bohman,

James (Hg.) (1996): Frieden durch Recht: Kants Friedensidee und das Problem einer neuen Weltordnung, Frankfurt/M.

Habermas, Jürgen (1998): Die postnationale Konstellation. Politische Essays, Frankfurt/M.

Harman, Chris (2003): Analysing Imperialism, in: International Socialism, 99/2003

Harris, Nigel (1986): The End of the Third World. Newly Industrializing Countries and the Decline of an Ideology, Harmondsworth/Middlesex

Harvey, David (1982): The Limits to Capital, Oxford

Harvey, David (2003): Der ‚neue' Imperialismus: Akkumulation durch Enteignung, in: Supplement der Zeitschrift Sozialismus, 5/2003

Harvey, David (2004a): Von der Globalisierung zum Neuen Imperialismus; in: Supplement der Zeitschrift Sozialismus, 3/2004

Harvey, David (2004b): Die Geographie des „neuen" Imperialismus. Akkumulation durch Enteignung, in: Zeller, Christian (Hg.) (2004): Die globale Enteignungsökonomie, Münster

Harvey, David (2004c): Der neue Imperialismus und die globale Enteignungsökonomie. Ein Interview, in: Zeitschrift Marxistische Erneuerung Z., 59/2004

Harvey, David (2005): Der neue Imperialismus, Hamburg

Hauswedell, Corinna / Weller, Christoph / Ratsch, Ulrich / Mutz, Reinhard / Schoch, Bruno (Hg.) (2003): Friedensgutachten 2003, Münster

Hay, Colin (2005): Globalisation's Impact on States, in: Ravenhill, John (2005) (Hg.): Global Political Economy, Oxford

Held, David / McGrew, Anthony (2002): Globalization/Anti-Globalization, Cambridge

Hippler, Jochen (1991): Die neue Weltordnung, Hamburg 1991

Hobsbawm, Eric (1995): Das Zeitalter der Extreme. Weltgeschichte des 20. Jahrhunderts, Frankfurt/Wien

Hübner, Kurt (1998): Der Globalisierungskomplex: grenzenlose Ökonomie – grenzenlose Politik?, Berlin

Huntington, Samuel (1996): Der Kampf der Kulturen. Die Neugestaltung der Weltpolitik im 21. Jahrhundert, München/Wien

Joas, Hans / Steiner, Helmut (Hg.) (1989): Machtpolitischer Realismus und pazifistische Utopie, Frankfurt/M.

Jung, Dietrich (1998): Weltgesellschaft als theoretische Konzept der Internationalen Beziehungen, in: Zeitschrift für Internationale Beziehungen, 2/1998

Jung, Dietrich / Schlichte, Klaus / Siegelberg, Jens (2003): Kriege in der Weltgesellschaft. Strukturgeschichtliche Erklärung kriegerischer Gewalt (1945-2002), Wiesbaden

Kaldor, Mary (1983): Krieg und Kapitalismus, in: Das Argument, 141/1983

Kaldor, Mary (1992): Der imaginäre Krieg: Eine Geschichte des Ost-West-Konflikts, Hamburg/Berlin

Knöbl, Wolfgang (2002): Historische Friedensforschung und die These vom Verschwinden des Staates, in: Ziemann, Benjamin (Hg.) (2002): Perspektiven der Historischen Friedensforschung, Essen

Knodt, Michèle / Jachtenfuchs, Markus (2002): Einleitung: Regieren in internationalen Institutionen, in: Knodt, Michèle / Jachtenfuchs, Markus (Hg.) (2002): Regieren in internationalen Institutionen, Opladen

Lindlar, Ludger (1997): Das missverstandene Wirtschaftswunder: Westdeutschland und die westeuropäische Nachkriegsprosperität, Tübingen

Link, Werner (1994): Überlegungen zu einer strukturellen Konflikttheorie, in: Krell, Gert / Müller, Harald (Hg.) (1994): Frieden und Konflikt in den internationalen Beziehungen, Frankfurt/New York

Link, Werner (1996): Die Entwicklung des Ost-West-Konflikts, in: Knapp, Manfred / Krell, Gert (Hg.) (1996): Einführung in die internationale Politik, München

Link, Werner (1998): Zur weltpolitischen Aktualität des Mächtegleichgewichts (Balance of Power), in: Masala, Carlo / Roloff, Ralf (Hg.) (1998): Herausforderungen der Realpolitik. Beiträge zur Theoriedebatte in der Internationalen Politik, Köln

Link, Werner (1999): Die Neuordnung der Weltpolitik. Grundprobleme globaler Politik an der Schwelle zum 21. Jahrhundert, Frankfurt/München

Mann, Michael (1987): The Roots and Contradictions of Modern Militarism, in: New Left Review, 162/1987

Mann, Michael (1990): Geschichte der Macht, Erster Band: Von den Anfängen bis zur griechischen Antike, Frankfurt/New York

Mann, Michael (1994): Geschichte der Macht, Zweiter Band: Vom Römischen Reich bis zum Vorabend der Industrialisierung, Frankfurt/New York

Mann, Michael (1997): Hat die Globalisierung des Siegeszug des Nationalstaates beendet?, in: Prokla, 106/1997

Mann, Michael (1998): Geschichte der Macht, Dritter Band. Teil I: Die Entstehung von Klassen und Nationalstaaten, Frankfurt/New York

Mann, Michael (2001): Geschichte der Macht, Dritter Band. Teil II: Die Entstehung von Klassen und Nationalstaaten, Frankfurt/New York

Mann, Michael (2003): Die ohnmächtige Supermacht. Warum die USA nicht die Welt regieren können, Frankfurt/New York

Mearsheimer, John J. (1990): Back to the Future. Instability in Europe after the Cold War, in: International Security, 15/1990

Mearsheimer, John J. (2003): The Tragedy of Great Power Politics, New York

Mearsheimer, John J. (2004): Interview with John J. Mearsheimer, in:://globetrotter.berkeley.edu/people2/Mearsheimer/mearsheimer-con0.html (Zugriff am 16.1.2005)

Mearsheimer, John J. / Walt, Stephen M. (2003): Serientäter Saddam? Die Beweise der Kriegsbefürworter stechen nicht, in: Blätter für deutsche und internationale Politik, 3/2003

Mearsheimer, John J. / Walt, Stephen M. (2007): Die Israel-Lobby, Frankfurt/New York

Moravcsik, Andrew (1998): The Choice for Europe. Social Purpose and State Power from Messina to Maastricht, Ithaka

Moravcsik, Andrew (1999): Taking Preferences Seriously: A Liberal Theory of International Politics, in: Lipson, Charles / Cohen, Benjamin J. (Hg.) (1999): Theory and Structure in International Political Economy, Massachusetts

Morley, Morris H. / Petras, James (1992): Latin America in the Time of Cholera, New York

Müller, Harald (1993): Die Chance der Kooperation. Regime in den Internationalen Beziehungen, Darmstadt

Müller, Harald / Schörnig, Niklas (2006): Rüstungsdynamik und Rüstungskontrolle. Eine exemplarische Einführung in die Internationalen Beziehungen, Baden-Baden

Münkler, Herfried (2002): Die neuen Kriege, Reinbek bei Hamburg

Münkler, Herfried (2005): Imperien. Die Logik der Weltherrschaft – vom Alten Rom bis zu den Vereinigten Staaten, Berlin

Negri, Antonio (2000): Wert und Affekt, in: Das Argument, 235/2000

Negri, Antonio (2001a): Empire – das höchste Stadium des Kapitalismus, in: Le Monde Diplomatique, 1/2001

Negri, Antonio (2001b): Risse im Empire. Interview mit Toni Negri, in: http://www.jungle-world.com/_2001/50/sub05a.htm (Zugriff am 20.12.2001)

Negri, Antonio / Hardt, Michael (1997), Die Arbeit des Dionysos. Materialistische Staatskritik in der Postmoderne, Berlin

Negri, Antonio / Hardt, Michael (2002): Empire – Die neue Weltordnung, Frankfurt/New York

Negri, Antonio / Hardt, Michael (2004): Multitude – Krieg und Demokratie im Empire, Frankfurt/New York

Panitch, Leo (1998): Die Verarmung der Staatstheorie, in: Görg, Christoph / Roth, Roland (Hg.) (1998), Kein Staat zu machen, Münster

Panitch, Leo (2000): The new imperial State, in: New Left Review, 2/2000

Panitch, Leo (2002a): Neuer Imperialismus – Neue Imperialismustheorie, in: Z. Zeitschrift für marxistische Erneuerung, 52/2002

Panitch, Leo / Gindin, Sam (2002b): „Schätze und Schund". Eine Rezension zu Empire von Michael Hardt und Antonio Negri, in: Ränkeschmiede. Texte zur Internationalen ArbeiterInnenbewegung, Offenbach

Panitch, Leo / Gindin, Sam (2004a): Globaler Kapitalismus und amerikanisches Imperium, Hamburg

Panitch, Leo / Gindin, Sam (2004b): Finance and American Empire, in: Panitch, Leo / Leys, Colin (Hg.) (2004): Socialist Register 2005, The Empire Reloaded, London/New York/Halifax

Panitch, Leo / Gindin, Sam (2006): ‚Imperialism and Global Political Economy' – A reply to Alex Callinicos, in: International Socialism, 109/2006

Patnaik, Prabhat (2000): Whatever happened to Imperialism?, in: Chilcote, Ronald H. (Hg.) (2000): Imperialism. Theoretical directions, New York

Petras, James / Veltmeyer, Henry (2001): Globalization Unmasked. Imperialism in the 21st Century, London/New York

Reinhard, Wolfgang (Hg.) (1991): Imperialistische Kontinuität und nationale Ungeduld im 19. Jahrhundert, Frankfurt/M.

Rittberger, Volker (1995): Über die Friedensleistung internationaler Regime, in: Senghaas, Dieter (Hg.) (1995): Den Frieden denken, Frankfurt/M.

Rittberger, Volker / Zangl, Bernhard (2003): Internationale Organisationen. Politik und Geschichte, Opladen

Rosecrance, Richard (2001): Das globale Dorf. New Economy und das Ende des Nationalstaats, Düsseldorf

Said, Edward (1994): Kultur und Imperialismus. Einbildungskraft und Politik im Zeitalter der Macht, Frankfurt/M.

Schieder, Siegfried / Spindler, Manuela (Hg.) (2003): Theorien der Internationalen Beziehungen, Opladen

Shaw, Martin (1989): Ideen über Krieg und Militarisierung in der Gesellschaftstheorie des späten zwanzigsten Jahrhunderts, in: Joas, Hans / Steiner, Helmut (Hg.) (1989): Machtpolitischer Realismus und pazifistische Utopie, Frankfurt/M.

Shaw, Martin (1991): Post-Military Society. Militarism, Demilitarization and War at the End of the Twentieth Century, Oxford

Shaw, Martin (2000a): Leo Panitch, The New Imperial State. Reply to article in New Left Review 2, 2000, in: http://www.sussex.ac.uk/Users/hafa3/panitch.htm (Zugriff am 12.6.2004)

Shaw, Martin (2000b): The state of international relations, in: http://www.sussex.ac.uk/Users/hafa3/stateofIR.htm (Zugriff am 12.6.2004)

Shaw, Martin (2001): The Problem of the Quasi-Imperial State: Uses and Abuses of Anti-Imperialism in the Global Era, in: http://www.martinshaw.org/empire.htm (Zugriff am 12.6.2004)

Shaw, Martin (2002): Theory of the Global State: Globality as Unfinished Revolution, Cambridge

Siegelberg, Jens (1994): Kapitalismus und Krieg. Eine Theorie des Krieges in der Weltgesellschaft, Münster/Hamburg

Strange, Susan (1989): Toward a Theory of Transnational Empire, in: Czempiel, Ernst-Otto / Rosenau, James N. (Hg.) (1989): Global Changes and Theoretical Challenges. Approaches to World Politics for the 1990s, Massachusetts/Toronto

Strange, Susan (1994): States and Markets, London/New York

Teschke, Benno (2006): Imperial Doxa from the Berlin Republic, in: New Left Review, II, 40/2006

van der Pijl, Kees (2006): Global Rivalries from the Cold War to Iraq, London

Wallerstein, Immanuel (2002): Utopistik. Historische Alternativen des 21. Jahrhunderts, Wien

Wallerstein, Immanuel (2004): Absturz oder Sinkflug des Adlers? Der Niedergang der amerikanischen Macht, Hamburg

Warren, Bill (1980): Imperialism: Pioneer of Capitalism, London

Wendt, Alexander (1999): Anarchy is what states make of it: the social construction of power politics, in: Lipson, Charles / Cohen, Benjamin J. (Hg.) (1999): Theory and Structure in International Political Economy, Massachusetts

Zeller, Christian (Hg.) (2004): Die globale Enteignungsökonomie, Münster

Zürn, Michael (1998): Regieren jenseits des Nationalstaates. Globalisierung und Denationalisierung als Chance, Frankfurt/M.

Zürn, Michael (2000): Vom Nationalstaat lernen. Das zivilisatorische Hexagon in der Weltinnenpolitik, in: Menzel, Ulrich (Hg.) (2000): Vom Ewigen Frieden und vom Wohlstand der Nationen, Frankfurt/M.

Zürn, Michael (2002): Zu den Merkmalen postnationaler Politik, in: Jachtenfuchs, Markus / Knodt, Michèle (Hg.) (2002): Regieren in internationalen Institutionen, Opladen

Zürn, Michael (2003): Die Entwicklung der Internationalen Beziehungen im deutschsprachigen Raum nach 1989, in: Hellmann, Gunther / Wolf , Klaus Dieter / Zürn, Michael (Hg.) (2003): Die neuen Internationalen Beziehungen – Forschungsstand und Perspektiven in Deutschland, Baden-Baden

Zürn, Michael / Zangl, Bernhard (2003): Frieden und Krieg. Sicherheit in der nationalen und postnationalen Konstellation, Frankfurt/M.

Literatur zu Teil IV

Albo, Greg (2003): The Old and New Economics of Imperialism, in: Panitch, Leo / Leys, Colin (Hg.) (2003): Socialist Register 2004, The New Imperial Challenge, London

Altvater, Elmar (1985): Die Kläglichkeit der Weltmarkttheorien, in: Prokla, 59/1985

Altvater, Elmar (2005): Das Ende des Kapitalismus, wie wir ihn kennen. Eine radikale Kapitalismuskritik, Münster

Altvater, Elmar / Mahnkopf, Birgit (1996): Grenzen der Globalisierung. Ökonomie, Ökologie und Politik in der Weltgesellschaft, Münster

Altvater, Elmar / Mahnkopf, Birgit (2007): Konkurrenz für das Empire. Die Zukunft der Europäischen Union in der globalisierten Welt, Münster

Anderson, Benedict (1996): Die Erfindung der Nation. Zur Karriere eines folgenreichen Konzepts, Frankfurt/New York

Ashman, Sam / Callinicos, Alex (2006): Capital accumulation and the State System: Assessing David Harvey's The New Imperialism, in: Historical Materialism. Research in Critical Marxist Theory, Vol. 14, 4/2006

Balibar, Etienne (1998): Die Nation-Form: Geschichte und Ideologie, in: Balibar, Etienne / Wallerstein, Immanuel (1998): Rasse, Klasse, Nation. Ambivalente Identitäten, Hamburg/Berlin

Baran, Paul A. / Sweezy, Paul M. (1970): Monopolkapital. Ein Essay über die amerikanische Wirtschafts- und Gesellschaftsordnung, Frankfurt/M.

Barker, Colin (1991): A note on the theory of capitalist states, in: Clarke, Simon (Hg.) (1991): The state debate, Houndmills/London

Beck, Ulrich (2003): Pax Americana, Pax Europeana, in: Speck, Ulrich / Sznaider, Natan (Hg.) (2003): Empire Amerika. Perspektiven einer neuen Weltordnung, München

Beck, Ulrich (2004): Der kosmopolitische Blick oder: Krieg ist Frieden, Frankfurt/M.

Bieler, Andreas / Morton, Adam D. (2001): The Gordian Knot of Agency-Structure in International Relations: A Neo-Gramscian Perspective, in: European Journal of International Relations, Vol. 7, 1/2001

Bieling, Hans-Jürgen (2007): Internationale politische Ökonomie. Eine Einführung, Wiesbaden

Bieling, Hans-Jürgen / Steinhilber, Jochen (Hg.) (2000): Die Konfiguration Europas. Dimensionen einer kritischen Integrationstheorie, Münster

Bloch, Ernst (1971): Recht – Moral – Staat, Pfullingen

Block, Fred (1994): The Roles of the State in the Economy, in: Smelser, Neil / Swedberg, Richard (Hg.) (1994): Handbook of Economic Sociology, Princeton

Bonder, Michael / Röttger, Bernd / Ziebura, Gilbert (1993): Vereinheitlichung und Fraktionierung in der Weltgesellschaft. Kritik des globalen Institutionalismus, in: Prokla, 91/1993

Brand, Ulrich (2004): Kritische Theorie der Nord-Süd-Verhältnisse. Krisenexternalisierung, fragmentierte Hegemonie und die zapatistische Herausforderung, in: Beerhorst, Joachim / Demirovic, Alex / Guggemos, Michael (Hg.) (2004): Kritische Theorie im gesellschaftlichen Strukturwandel, Frankfurt/M.

Brand, Ulrich (2006): Die politische Form der Globalisierung. Politische Institutionen und soziale Kräfte im internationalisierten Staat, Habilitationsschrift, eingereicht an der Universität Kassel

Brenner, Robert (2006): The Economics of Global Turbulence. The Advanced Capitalist Economies from Long Boom to Long Downturn, 1945-2005, London/New York

Brewer, Anthony (1990): Marxist Theories of Imperialism. A Critical Survey, London/New York

Brock, Lothar (1993): Im Umbruch der Weltpolitik, in: Leviathan, 21. Jg., 2/1993

Brock, Lothar (2006): Kriege der Demokratien. Eine Variante des Demokratischen Friedens, in: Geis, Anna (Hg.) (2006): Den Krieg überdenken. Kriegsbegriffe und Kriegstheorien in der Kontroverse, Baden-Baden

Bromley, Simon (2005): The United States and the Control of World Oil, in: Government and Opposition, Vol. 40, 2/2005

Burnham, Peter (2001): Marx, international political economy and globalisation, in: Capital & Class, 75/2001

Busch, Klaus (1974): Die multinationalen Konzerne. Zur Analyse der Weltmarktbewegung des Kapitals, Frankfurt/M.

Callinicos, Alex (2002): Marxism and Global Governance, in: Held, David / McGrew, Anthony (Hg.) (2002): Governing Globalization. Power, Authority and Global Governance, Cambridge

Callinicos, Alex (2003): The New Mandarins of American Power, Cambridge

Callinicos, Alex (2004): Making History. Agency, Structure and Change in Social Theory, Leiden/Boston

Callinicos, Alex (2007): Benötigt der Kapitalismus das Staatensystem?, in: Arrighi, Giovanni u.a. (2007), hg. von Kaindl, Christina / Lieber, Christoph / Nachtwey, Oliver / Rilling, Rainer / ten Brink, Tobias: Kapitalismus Reloaded. Kontroversen zu Imperialismus, Empire und Hegemonie, Hamburg

Cammack, Paul (2004): 'Signs of the Times': Capitalism, Competitiveness and the New Face of Empire in Latin America, in: Panitch, Leo / Leys, Colin (Hg.) (2004): Socialist Register 2005, The Empire Reloaded, London/New York/Halifax

Cardoso, Fernando Henrique (1974): Abhängigkeit und Entwicklung in Lateinamerika, in: Senghaas, Dieter (Hg.) (1974): Peripherer Kapitalismus. Analysen über Abhängigkeit und Unterentwicklung, Frankfurt/M.

Castree, Noel / Gregory, Derek (Hg.) (2006): David Harvey. A Critical Reader, Oxford

Chibber, Vivek (2004): The Return of Imperialism to Social Science, in: Archives de Européennes de Sociologie - The European Journal of Sociology, Vol. 45, 3/2004

Chojnacki, Sven (2004): Demokratien und Krieg: Das Konfliktverhalten demokratischer Staaten im internationalen System, 1946-2001, in: Schweitzer, Christine / Aust, Björn / Schlotter, Peter (Hg.) (2004): Demokratien im Krieg, Baden-Baden

Chojnacki, Sven (2006): Kriege im Wandel. Eine typologische und empirische Bestandsaufnahme, in: Geis, Anna (Hg.) (2006): a.a.O.

Clarke, Simon (Hg.) (1991): The State Debate, London

Colás, Alejandro (2002): The class politics of globalisation, in: Rupert, Mark / Smith, Hazel (Hg.) (2002): Historical Materialism and Globalization, London/New York

Colás, Alejandro (2005): Imperious civility: violence and the dilemmas of global civil society, in: Contemporary Politics, Vol. 11, 2-3/2005

Czempiel, Ernst-Otto (1996): Kants Theorem und die zeitgenössische Theorie der internationalen Beziehungen, in: Lutz-Bachmann, Mathias / Bohman, James (Hg.) (1996): Frieden durch Recht: Kants Friedensidee und das Problem einer neuen Weltordnung, Frankfurt/M.

Dieter, Heribert (2005): Die Zukunft der Globalisierung. Zwischen Krise und Neugestaltung, Baden-Baden

Elsenhans, Hartmut (1979): Grundlagen der Entwicklung der kapitalistischen Weltwirtschaft, in: Senghaas, Dieter (Hg.) (1979): Kapitalistische Weltökonomie. Kontroversen über ihren Ursprung und ihre Entwicklungsdynamik, Frankfurt/M.

Gellner, Ernest (1991): Nationalismus und Moderne, Berlin

Gellner, Ernest (1999): Nationalismus: Kultur und Macht, Berlin

Geis, Anna (Hg.) (2006): Den Krieg überdenken. Kriegsbegriffe und Kriegstheorien in der Kontroverse, Baden-Baden

Glassman, Jim (2005): The new imperialism? On continuity and change in US foreign policy, in: Environment and Planning A, Vol. 37, No. 9

Görg, Christoph (2002): Einheit und Verselbständigung. Probleme einer Soziologie der 'Weltgesellschaft', in: Zeitschrift für Internationale Beziehungen, 9. Jg., 2/2002

Grieco, Joseph M. / Ikenberry, John G. (2003): State Power and World Markets. The International Political Economy, New York / London

Gritsch, Maria (2005): The nation-state and economic globalization: soft geopolitics and increased state autonomy?, in: Review of International Political Economy, Vol. 12, 1/2005

Hall, John A. / Schroeder, Ralph (Hg.) (2006): An Anatomy of Power. The Social Theory of Michael Mann, Cambridge

Hawel, Marcus (2007): Die normalisierte Nation. Vergangenheitsbewältigung und Außenpolitik in Deutschland, Hannover

Haynes, Michael (1985): Nikolai Bukharin and the transition from capitalism to socialism, New York

Held, David / McGrew, Anthony / Goldblatt, David / Perraton, Jonathan (1999): Global Transformations. Politics, Economics and Culture, Cambridge

Held, David / McGrew, Anthony (2002): Globalization/Anti-Globalization, Cambridge

Hellmann, Gunther / Wolf, Klaus Dieter / Zürn, Michael (Hg.) (2003): Die neuen Internationalen Beziehungen – Forschungsstand und Perspektiven in Deutschland, Baden-Baden

Henning, Klaus (2006): Aufstieg der „Neocons". Politische Intellektuelle in den USA und der „Neue Imperialismus", Köln

Herr, Hansjörg / Hübner, Kurt (2005): Währung und Unsicherheit in der globalen Ökonomie. Eine geldwirtschaftliche Theorie der Globalisierung, Berlin

Hirsch, Joachim (2001): Die Internationalisierung des Staates, in: Hirsch, Joachim / Jessop, Bob / Poulantzas, Nicos (2001): Die Zukunft des Staates. Denationalisierung, Internationalisierung, Renationalisierung, Hamburg

Hirsch, Joachim (2005): Materialistische Staatstheorie. Transformationsprozesse des kapitalistischen Staatensystems, Hamburg

Hirst, Paul / Thompson, Grahame (2002): Globalization in Question. The International Economy and the Possibilities of Governance, Cambridge

Hobson, John M. / Sharman, J.C. (2005): The enduring Place of Hierarchy in World Politics: Tracing the Social Logics of Hierarchy and Political Change, in: European Journal of International Relations, Vol. 11, 1/2005

Hübner, Kurt (1998): Der Globalisierungskomplex: grenzenlose Ökonomie – grenzenlose Politik?, Berlin

Imbusch, Peter (2005): Die Konflikttheorie der Zivilisierungstheorie, in: Bonacker, Thorsten (Hg.) (2005), Sozialwissenschaftliche Konflikttheorien, Wiesbaden

Jessop, Bob (2002): The Future of the Capitalist State, Cambridge

Jessop, Bob (2006): Spatial Fixes, Temporal Fixes and Spatio-Temporal Fixes, in: Castree, Noel / Gregory, Derek (Hg.) (2006): David Harvey. A Critical Reader, Oxford

Kaldor, Mary (2005): The idea of global civil society, in: Baker, Gideon / Chandler, David (Hg.) (2005): Global Civil Society. Contested futures, London/New York

Keohane, Robert O. / Nye, Joseph S. (1989): Power and Interdependence, Harvard

Krippendorff, Ekkehard (1976): 'Imperialismus' in der Friedensforschung. Plädoyer für einen Begriff, in: HSFK / AFK (Hg.) (1976): Friedensanalysen - Für Theorie und Praxis 3. Schwerpunkt: Unterentwicklung, Frankfurt/M.

Layne, Christopher (2006): The Peace of Illusions: American Grand Strategy from 1940 to the Present, Ithaka/London

Mackert, Jürgen (2006): Ohnmächtiger Staat? Über die sozialen Mechanismen staatlichen Handelns, Wiesbaden

Mandel, Ernest (1973): Der Spätkapitalismus. Versuch einer marxistischen Erklärung, Frankfurt/M.

Mann, Michael (1990): Geschichte der Macht, Erster Band: Von den Anfängen bis zur griechischen Antike, Frankfurt/New York

Mann, Michael (1994): Geschichte der Macht, Zweiter Band: Vom Römischen Reich bis zum Vorabend der Industrialisierung, Frankfurt/New York

Marcuse, Herbert (1995): Der Friede als gesellschaftliche Lebensform, in: Senghaas, Dieter (Hg.) (1995): Den Frieden denken, Frankfurt/M.

Marx, Karl (1962): Das Kapital. Kritik der politischen Ökonomie. Erster Band, in: Marx, Karl / Engels, Friedrich (1962): Marx-Engels-Werke, Band 23, Berlin

Mearsheimer, John J. (2003): The Tragedy of Great Power Politics, New York

Miéville, China (2005): Between Equal Rights. A Marxist Theory of International Law, Leiden/Boston

Mouffe, Chantal (2005): Exodus und Stellungskrieg. Die Zukunft radikaler Politik, Wien

Müller, Harald / Schörnig, Niklas (2006): Rüstungsdynamik und Rüstungskontrolle. Eine exemplarische Einführung in die Internationalen Beziehungen, Baden-Baden

Münkler, Herfried (2002): Die neuen Kriege, Reinbek bei Hamburg

Negri, Antonio / Hardt, Michael (2004): Multitude – Krieg und Demokratie im Empire, Frankfurt/New York

Panitch, Leo / Gindin, Sam (2004a): Globaler Kapitalismus und amerikanisches Imperium, Hamburg

Panitch, Leo / Gindin, Sam (2004b): Finance and American Empire, in: Panitch, Leo / Leys, Colin (Hg.) (2004): Socialist Register 2005, The Empire Reloaded, London/New York/Halifax

Ravenhill, John (Hg.) (2005): Global Political Economy, Oxford

Risse, Thomas (2006): The End of the West? Conclusions (Draft), in: http://www.atasp.de/downloads/conclusions_tr.pdf (Zugriff am 6.9.06); in: Anderson, Jeffrey / Ikenberry, John G. / Risse, Thomas (Hg.): The End of the West? Exploring the Deep Structure of the Transatlantic Order (im Erscheinen)

Rittberger, Volker / Zangl, Bernhard (2003): Internationale Organisationen – Politik und Geschichte, Opladen

Rosenberg, Justin (1994): The Empire of Civil Society: A Critique of the Realist Theory of International Relations, London/New York

Rosenberg, Justin (2000): The Follies of Globalisation Theory, London/New York

Rosenberg, Justin (2005): Globalization Theory: a Post Mortem, in: International Politics, 42/2005

Rosenberg, Justin (2006): Why is There No International Historical Sociology? in: European Journal of International Relations, Vol. 12, 3/2006

Röttger, Bernd (1997): Neoliberale Globalisierung und eurokapitalistische Regulation. Die politische Konstitution des Marktes, Münster

Rupert, Mark / Smith, Hazel (Hg.) (2002): Historical Materialism and Globalization, London/New York

Schlupp, Frieder / Nour, Salua / Junne, Gerd (1973): Zur Theorie und Ideologie internationaler Interdependenz, in: Gantzel, Klaus Jürgen (1973): Internationale Beziehungen als System, Opladen

Schumpeter, J. (1953): Zur Soziologie der Imperialismen, Archiv für Sozialwissenschaft und Sozialpolitik, Band 46, Tübingen in: Ders. (1953): Aufsätze zur Soziologie, Tübingen

Schweitzer, Christine / Aust, Björn / Schlotter, Peter (Hg.) (2004): Demokratien im Krieg, Baden-Baden

Senghaas, Dieter (1995): Frieden als Zivilisierungsprojekt, in: Ders. (Hg.) (1995): Den Frieden denken, Frankfurt/M.

Serfati, Claude (2004): Militarismus: der bewaffnete Arm der Globalisierung, in: Zeller, Christian (Hg.) (2004): Die globale Enteignungsökonomie, Münster

Shaw, Martin (2002): Theory of the Global State: Globality as Unfinished Revolution, Cambridge

Smith, Neil (2005): The Endgame of Globalization, London/New York

Strange, Susan (1994): States and Markets, London/New York

ten Brink, Tobias (2007): Imperialistische Phänomene. Struktur und Geschichte kapitalistischer Staatenkonkurrenz, Dissertation, eingereicht an der Universität Frankfurt/M.

ten Brink, Tobias / Nachtwey, Oliver (2004): Die klassische marxistische Imperialismustheorie: Noch relevant?, in: Gerlach, Olaf / Kalmring, Stefan / Kumitz, Daniel / Nowak, Andreas (Hg.) (2004): Peripherie und globalisierter Kapitalismus. Zur Kritik der Entwicklungstheorie, Frankfurt/M.

Teschke, Benno / Heine, Christian (2002): The dialectic of globalisation: A critique of Social Constructivism, in: Rupert, Mark / Smith, Hazel (Hg.) (2002): Historical Materialism and Globalization, London/New York

van der Pijl, Kees (2006): Global Rivalries from the Cold War to Iraq, London

Waltz, Kenneth (1979): Theory of International Politics, Reading/Massachusetts

Wehler, Hans-Ulrich (1970): Einleitung, in: Wehler, Hans-Ulrich (Hg.) (1970): Imperialismus, Köln

Wehler, Hans-Ulrich (2000): Nationalstaat und Krieg, in: Rösener, Werner (Hg.) (2000): Staat und Krieg, Vom Mittelalter bis zur Moderne, Göttingen

Wickham, Chris (1988): Historical Materialism, Historical Sociology, in: New Left Review, 171/1988

Williams, Michael C. (2005): What is the National Interest? The Neoconservative Challenge in IR Theory, in: European Journal of International Relations, Vol. 11, 3/2005

Wood, Ellen Meiksins (2003): Empire of Capital, London/New York

Zürn, Michael (1994): We Can Do Much Better! Aber muss es auf amerikanisch sein?, in: Zeitschrift für Internationale Beziehungen, 1/1994

Personen- und Sachregister

Volker v. Prittwitz

Vergleichende Politikanalyse

unter Mitarbeit von
Alina Barenz, Hannes Ebert, Carsten Koschmieder,
Mathias Öhlschlägel und Heiko Pfeiffer

2007. XIV/383 S., kt. € 21,90
UTB 2871. ISBN 978-3-8252-2871-2

Vergleichen bedeutet analysieren. Dementsprechend heißt das vorliegende Buch Vergleichende Politikanalyse. In dem Text werden zunächst theoretische und methodische Grundlagen und dann drei Bereiche der Vergleichenden Politikanalyse dargestellt: die Vergleichende Analyse politischer Systeme, die Vergleichende Situationen- und Prozessanalyse und die Vergleichende Governanceanalyse. Schließlich geht es um Formen kombinierter Vergleichsanalyse anhand der Themen: Wie entwickelt sich Demokratie? Der Vergleich von Wohlfahrtsregimen und Demokratischer Frieden?

Inhaltsübersicht

 Stuttgart

Guy Kirsch
Neue Politische Ökonomie

5. überarbeitete und erweiterte Auflage

2004. XVIII/445 S., kt. € 32,90.
UTB 8272 (ISBN 978-3-8252-8272-1)

Dies ist nicht nur ein Buch über Politik, sondern auch ein politisches Buch. Anhand der wichtigsten theoretischen Ansätze der Neuen Politischen Ökonomie erörtert es die Gefahren für die Freiheit des Einzelnen, die heute von der privaten Gewalt und der staatlichen Herrschaft ausgehen. Die Neuauflage trägt den neueren theoretischen Entwicklungen und den realen Herausforderungen der Gegenwart Rechnung, indem sie unter anderem Verbrechen und Verbrechensbekämpfung, Angst, Medien, Bürgergesellschaft und zwischenmenschliche Vertrauensbeziehungen mit einbezieht. Das Buch wendet sich an Studierende der Wirtschaftswissenschaften und der politischen Wissenschaft sowie an alle, die als Bürger die Logik des politischen Handelns verstehen und nutzen wollen.

Aus dem Inhalt:

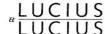 Stuttgart

Bettina Heintz /
Richard Münch /
Hartmann Tyrell (Hrsg.)

Weltgesellschaft

Theoretische Zugänge und empirische Problemlagen

2005. VI/514 S., 48,- €
ISBN 978-3-8282-0303-7

Dieser Sonderband der "Zeitschrift für Soziologie" ist der Thematik der "Weltgesellschaft" gewidmet, der Frage also nach den Grenzen und der Reichweite der Gesellschaft heute. Der Band behandelt umfassend die Theorie und Theoriegeschichte der Weltgesellschaft und setzt sich detailliert mit dem Problem von Differenzierung und Integration der Weltgesellschaft auseinander und ebenso mit empirischen Fragen wie Welthandel, Region, Nationalität, Lokalität, der Rolle Europas u.a.

Inhaltsübersicht:

 Stuttgart

Friedrich L. Sell

Aktuelle Probleme der europäischen Wirtschaftspolitik

2., stark erweiterte Auflage

2007. XII/260 S., € 14,90.
UTB 2307
(ISBN 978-3-8252-2307-6)

Auch die zweite Auflage dieses Buches verfolgt das Ziel, StudentInnen die Gelegenheit zu bieten, aktuelle, teilweise stark kontroverse Themen in der europäischen Wirtschaftspolitik mit dem Rüst- und Werkzeug der Theorie der Wirtschaftspolitik zu analysieren. Die Erfahrung im Hörsaal zeigt immer wieder, dass die Anwendung des Begriff- und Instrumentenapparats der Theorie der Wirtschaftspolitik auf konkrete Konflikte und Entscheidungssituationen in der praktischen Wirtschaftspolitik den Studierenden Mühe macht.

In insgesamt sechs Kapiteln werden Probleme der europäischen Wirtschaftspolitik aus den folgenden Themengebieten diskutiert:

- Arbeitsmarkt- und Sozialpolitik
- Finanzpolitik
- Euro und EZB
- Zahlungsbilanz, Währungen und Wechselkurse
- Globalisierung
- Bildung

Das Buch richtet sich in erster Linie an Studierende wirtschaftswissenschaftlicher Fächer, aber auch an alle, an aktuellen politischen und wirtschaftlichen Entwicklungen in Europa Interessierte.

 Stuttgart

Petrus Han
Soziologie der Migration
Erklärungsmodelle, Fakten, Politische Konsequenzen,
Perspektiven
2., überarb. u. erw. A.
2005. XIV, 418 S., kt. € 21,90. UTB 2118. ISBN 978-3-8252-2118-8

Das vorliegende Buch beschreibt als Einführung die komplexen Themenbereiche der Migrationssoziologie. Es hat zum Ziel, Studierenden, sozialen Fachkräften in den Migrationsdiensten und interessierten Lesern einen Überblick über migrationssoziologische Zusammenhänge zu vermitteln und bietet eine Strukturierung und Bewertung von Themen, die den Lesern umfassende und praxisnahe Orientierung bieten.

Petrus Han
Theorien zur internationalen Migration
Ausgewählte interdisziplinäre Migrationstheorien und deren zentrale Aussagen
2006. IX/300 S., kt. € 19,90. UTB 2814. ISBN 978-3-8252-2814-9

Der Strukturwandel der kapitalistischen Weltwirtschaft im 20. Jahrhundert hat die Bedingungen für die internationale Migration kontinuierlich und grundlegend verändert. Die Migrationsforschung stellt sich mit sukzessivem Paradigmenwechsel auf diese Veränderungen ein: Assimilation, ethnischer Pluralismus, Feminisierung, Transmigranten und Transnationalismus, Migration als Funktion steigender Mobilität des Kapitals und Kosten-Nutzen-Analyse der Migration.

Das vorliegende Buch versteht sich als Grundlagenwerk, das Studierende, thematisch Interessierte und Politiker in relevante interdisziplinäre Theorien zur internationalen Migration einführt.

 *Stuttgart*